Inhalt

Mein Frühlingsgarten

März

Eine Winterecke... Und unter »Winter« ist hier die Zeit vom Januar bis zum Ende März gemeint. Ich wünschte, wir hätten einen Namen für diese Zwischensaison, in der der Valentinstag am 14. Februar und der Narrentag am 1. April liegen. Diese Zeit ist weder Fisch noch Fleisch, weder Winter noch Frühling. Vielleicht könnten wir sie »Wintling« nennen, das klingt doch schön altfränkisch, und sie dann einfach hinnehmen wie die Ehe, in guten wie in schlechten Zeiten?

Es gibt verschiedene Arten von Helleboren, aber die in englischen Gärten vor allem heimischen sind eher unter ihren hübscheren Namen Christrose und Fastenrose bekannt, *helleborus niger* und *helleborus orientalis*. Warum die weiße Christrose auf Latein »schwarz« genannt wird, konnte ich nicht begreifen, bis mir dann aufging, daß sich dieses Adjektiv auf die Wurzel bezieht; auf jeden Fall weiß ich noch immer nicht, warum beide Arten nicht viel häufiger angepflanzt werden. Sie könnten manchen unbenutzten Winkel füllen; sie stellen keine großen Ansprüche, und sie liefern zu einer Jahreszeit Blumen, in der es nicht viele gibt.

Was ihre Ansprüche angeht, so mögen sie es kalt, nach Westen gerichtet zum Beispiel, oder in einer von Sträuchern beschatteten Nische; sie wollen ziemlich schweren Boden, je feuchter, desto besser; was sie nicht vertragen können, ist karger sandiger Boden, der im Sommer austrocknet. Sie werden auch nicht gern gestört, also pflanzen Sie sie an einer Stelle, an der sie auch bleiben sollen. Wenn Sie Pflanzen kaufen, dann dauert es noch einige Jahre, bis diese Pflanzen mit dem Blühen anfangen, doch dann werden sie immer üppigere Blüten treiben, vor allem, wenn Sie sie ab und zu mit Kompost, alten Blättern oder verrottetem Dung versorgen.

Natürlich ist es billiger, sie aus Samen zu ziehen, statt Setzlinge zu kaufen, und die Samen keimen sehr eifrig, wenn wir sie im Mai oder Juni frisch beziehen, aus dem Garten von Freunden, zum Beispiel.

Christrose und Fastenrose halten sich an den Kalender, was bedeutet, daß zwischen Dezember und April eine von beiden immer in Blüte steht. Die Christrose ist die ideale Schnittblume, sie bleibt in der Wohnung wochenlang frisch, wenn die Stiele angeschnitten werden. Die Fastenrose dagegen ist leider eine unzuverlässige Vasenblume; wenn der Stiel angeschnitten wird, dann bringt sie das manchmal dazu, ihr wunderschönes weinrotes Haupt ein paar Tage lang aufrecht zu halten, manchmal jedoch siecht sie nach derselben Behandlung schon wenige Stunden später kläglich dahin; den Grund für dieses wechselhafte Verhalten habe ich nie feststellen können.

Wer meine Vorliebe für grünliche Blumen teilt, sollte es mit der Korsischen Hellebore (*H. corsicus*) versuchen, einer zähen, hübschen Pflanze, deren aus dichtsitzenden, seltsam blassen Blüten bestehender Blütenkopf im Garten oder in einer Schüssel mit Wasser von Anfang März bis Mai überlebt. Ehe die Knospen sich öffnen, sehen sie fast aus wie eine Dolde Muskattrauben, doch dann öffnen sie sich zu flachen Blüten, wie winzigkleine blaßgrüne Seerosen (falls Sie sich Seerosen von der Größe eines Pennys überhaupt vorstellen können).

Der März ist der Monat, in dem Tigridien und Gladiolen gepflanzt werden sollten. Beide erzielen für überraschend wenig Geld eine große Wirkung. Ich möchte den in Büchern aufgestellten Regeln kühn widersprechen: Ich finde, daß wir sie durchaus in der Erde lassen und auf den zeitraubenden und ermüdenden Prozeß verzichten können, sie im Herbst auszugraben, sie dann in einem frostgeschützten Schuppen aufzubewahren und sie im Frühling wieder einzugraben. Wenn Sie diesen unorthodoxen Rat, der gar nicht so unorthodox ist, weil er auf Experimenten und Erfahrung beruht, beherzigen, dann möchte ich Ihnen noch dazu raten, sie tief genug zu setzen, um sie vor den wenigen Zentimetern Bodenfrost zu schützen, die es bei uns in normalen Wintern gibt. Natürlich müssen wir damit rechnen, daß einige umkommen, aber nach meiner Erfahrung taucht im Frühling doch ein Großteil wieder auf.

Tigridien, Pfauenblumen, sollten, in so großen Mengen, wie Sie sich das leisten können, an schmalen sonnigen Stellen gepflanzt werden, wie wir sie oft an der Südseite von Häusern finden. Sie werden nicht hoch, auf jeden Fall nicht höher als dreißig Zentimeter, und sie weisen überraschend leuchtende und unterschiedliche Farben auf: Koralle, orange, butterblumengelb, rot und reinstes Weiß. Wenn Sie schon früher Tigridien gepflanzt haben, dann brauchen Sie meine Empfehlungen nicht mehr. Wenn nicht, dann bitte ich Sie, geben Sie ihnen eine Chance, ich glaube, Sie werden überrascht sein.

Auch Gladiolen sollten in diesem Monat oder auf jeden Fall zwischen März und Mai gepflanzt werden, um für neue Blüten zu sorgen. Ich kann mich einfach nicht entscheiden, was ich von den Gladiolen halten soll. Schön, ja, wunderbare Farben, ja, leicht zu schneiden, ja, unersetzlich im August-September Garten, ja, überragend auf den Blumenausstellungen des Spätsommers, ja, in diesen großen pfauenschwanzähnlichen Formationen, wie Schwerter, die in alle Farbtöne von Sonnenuntergang, Sonnenaufgang und Sturm getunkt worden sind. Doch danach ist Schluß, und ich sage »Nein.« Es gefällt mir nicht, wie sie unten schon wieder verblassen, noch ehe sie sich oben richtig entfaltet haben. Mir gefällt es nicht, daß sie oben so schwer sind, denn das führt dazu, daß sie aufgebunden werden müssen, wenn wir keine mit Erde be-

fleckte Blume haben wollen, die flach am Boden liegt.
Und schließlich mag ich ihr Blumenladen-Aussehen
nicht. Nein, ganz allgemein, ich kann die großen Gladiolen nicht lieben. Sie rühren nicht an mein Herz.

Die kleine *Gladiolus primulinus* ist da schon viel weniger massiv. Vielleicht nicht so protzig, aber für den wählerischen Geschmack viel eleganter. Es gibt sie in einem erstaunlich breiten Farbspektrum.

Es hat mich überrascht und gefreut, in einem Blumenladen auf eine alte Freundin zu stoßen. Ehrlich gesagt,
ich hatte sie schon so lange nicht mehr gesehen, daß ich
ihre Existenz vollständig vergessen hatte. Dann stellte
sich heraus, daß sie sehr viel weniger gepflanzt wird als früher. Das hat offenbar keinen besonderen Grund, schließlich verlangt sie nur ein einigermaßen beheiztes Treibhaus, ist durchaus nicht schwierig und zweifellos eine
hervorragende Topfblume. (Als Schnittblume macht sie
sich nicht gut.) Ich rede von der *Bouvardie*.

Auf den ersten Blick könnten wir sie für ein fest zusam-
mengepreßtes Büschel von weißem Jasmin halten, das ein
Opfer dieser schändlichen Mode geworden ist, Blumen
eine unnatürliche Farbe zu geben, indem man sie in mit
Tinte in der gewünschten Farbe verdünntes Wasser stellt.
Die Bouvardie hat die rohrförmige Gestalt des Jasmin, sie
wächst in Doldentrauben, und jede einzelne Blüte entfal-

tet sich oben flach und rund wie eine kleine Münze. Sie ist fleischiger als Jasmin und sieht aus, als sollte sie aromatischer riechen als Gardenien oder Stephanotis; unser erster Impuls ist, die Nase hineinzustecken, aber das führt nur zu einer Enttäuschung, ihr wächsernes Aussehen ist durchaus irreführend, diese Blume riecht nach überhaupt nichts.

Immerhin hat sie eine Farbe, darum geht es hier. Wie sollten wir Farben mit Worten beschreiben? Wenn ich sage, zyklamenrosa oder kirschrosa oder Rose du Barry oder persischrot, dann vermittele ich meinen Zuhörern vielleicht einen ganz falschen Eindruck. Ich kann nur sagen, daß diese *Bouvardia*-Büschel als Kontrast zum Schnee draußen Herz und Auge erwärmen. Sie sehen so freundlich aus wie Glut in einem Kamin.

Übrigens gibt es angeblich Bouvardien mit Geruch: *B. jasminiflora* und *B. longiflora*. Beide sind weiß. Müssen wir daraus den Schluß ziehen, daß wir nicht Farbe und Geruch erwarten dürfen? Wäre das zu viel verlangt? Ich kann nur sagen, daß ich auf den Duft verzichten würde, wenn ich nur die übervollen Blütenbüschel in ihrem weichen Rosa und dem tiefen Rosenrot von *B. angustifolia* oder *B. ternifolia* sehen könnte.

Sie stammen ursprünglich aus Mexiko, und das große *Dictionary of Gardening* der Royal Horticultural Society gibt als ihr erstes Auftauchen in England das Jahr 1857 an. Bei allem Respekt, ich glaube nicht, daß das stimmt, denn die *Bouvardia* wird bereits 1822 in Loudouns *Encyclopædia*

Crocus chrysanthus ›Cream Beauty‹

of Gardening erwähnt. Auf jeden Fall ist es heutzutage sehr schwierig, Bouvardien aufzutreiben.

Vor kurzem hatte ich ein seltsames, schönes Erlebnis. Wie und warum spielt keine Rolle, jedenfalls fand ich mich ganz allein in der Halle der Royal Horticultural Society am Vincent Square wieder, nachdem die vierzehntägige Ausstellung abends für den Publikumsverkehr geschlossen worden war.

Und da war ich dann, ganz allein, nicht einmal ein verirrtes Kätzchen trieb sich dort herum. Die Lampen waren noch eingeschaltet, sie verwandelten die riesige Halle in ein Kirchenschiff mit Holztäfelung und strahlten die stummen Blumen auf dem Boden an. Ich hatte das Gefühl, durch eine mit Blumen gepflasterte Kathedrale zu wandern, in der der Duft von Tausenden von Hyazinthen an die Stelle des Weihrauchs getreten war. Ein alter Satz aus dem fünfzehnten Jahrhundert fiel mir ein: »Die blendenden blühenden Felder von Blumen und Kräutern, deren Geruch unsere Nase wie Balsam umschmeichelt, so daß jegliche empfindsame Seele in Entzücken verfallen muß.«

Ich schreibe das jedoch nicht so sehr, um mein Erlebnis zu beschreiben, sondern um Ihnen eindringlich zu raten, auf die vielen kleinen Knollenpflanzen zu achten, die diese Jahreszeit verschönern. Der winzige Krokus zum Beispiel. Manchmal sehen die äußeren Blütenblätter ein wenig aus wie Federn und weisen darunter eine ergänzende Farbe auf, manchmal, wie beim *Crocus angustifolius*, sind sie goldgelb mit Bronze gefleckt oder *C. chrysanthus*, der weißgefedert und lavendelblau ist. Es gibt zu viele, um hier noch mehr aufzuführen, ein guter Katalog enthält ausführliche Beschreibungen, falls Sie keine Blumenausstellung besuchen können. Sie sind billig und sollten, finde ich, allesamt in einer besonderen Ecke, in einem Steinbecken oder, für das Haus, in einem Alpinum untergebracht werden. Dazu passen die Miniaturnarzissen und natürlich auch die kleinen Irisarten; es gibt eine besonders schöne weinrote Art der *I. reticulata*, auch *J. S. Dijt* genannt. Die frühe Traubenhyazinthe, *Muscari azureum*, vermischt ihre himmelblauen Blütenspeere ganz perfekt, sie ist von fast derselben Farbe wie *I. reticulata Cantab*.

Die übrigen dieser brillanten kleinen Gesellschaft werden Sie sicher auch nicht ruinieren, und außerdem können Sie in den folgenden Jahren immer neue hinzufügen. Sie brauchen so wenig Platz und sind so willkommen in den Monaten, wenn der Frühling einfach endlos lange herumzutrödeln scheint.

Nach einem meiner Artikel über Topfhaltung von großen Cyclamen hat sich eine interessante Korrespondenz entwickelt. Und dabei scheint sich meine Überzeugung zu bestätigen, daß sie temperamentvoll, individualistisch, erratisch, unvorhersagbar, ungehorsam sind und keinen festen Regeln unterliegen. Wie die Kinder einer großen Familie, jedes wächst in derselben Umgebung auf und erfährt die gleiche Menge an Liebe und Fürsorge, und doch schlägt jedes anders aus. Manche sind umgänglich, andere Schurken und Rebellen.

Aus den Briefen, die ich erhalten habe, entnehme ich die folgenden Tatsachen. Eine Schreiberin teilt mir mit, daß sie ihre alten Knollen in einem Gartenbeet eingepflanzt hat, dann hat sie sie restlos vergessen, weshalb sie zwei Jahre später höchst erstaunt war, als sie plötzlich wieder blühten, sich jedoch zu dem alten kleinen wilden Typus zurückentwickelt hatten, aus dem die Cyclamen der Blumenhändler gezüchtet worden sind. Ein anderer Briefschreiber erzählt mir, daß er eine Knolle siebzehn und eine andere sechzehn Jahre lang aufbewahrt hat, daß jedoch keine sich zu dem alten kleinen Typus zurückentwickelt hat. Ein dritter Schreiber hat jahrelang seine Topfpflanzen im Haus stehen gehabt, und in diesem Jahr haben sich die Blätter erstmals gelblich verfärbt.

Aus einem vierten Brief erfahre ich, daß französische Züchter die Knollen in der Erde vergraben, wovon uns immer abgeraten wird, hier heißt es, wir sollten sie an der Oberfläche lassen, ein harter Klumpen, der sich nackt, braun und den Elementen preisgegeben an der Erdkruste anklammert.

Ach, ach! Was sollen wir von allem bloß halten? Es ist

so widersprüchlich und ungereimt. Ich habe langsam das höchst unwissenschaftliche Gefühl, daß Cyclamen ihren ganz eigenen unerklärlichen Charakter haben; den haben wir schließlich alle, warum sollten wir ihn Pflanzen also absprechen?

Und doch stellen die großen persischen Cyclamen mehrere Probleme dar, und ich wünschte, ich wüßte genug, um diese zu lösen.

Um auf ein ganz anderes Thema zu sprechen zu kommen, so hat mir jemand erzählt, daß er in seinem Garten in Buckinghamshire künstlich erwärmte Oliven vor einer Wand aus Ziegeln angebaut hat. Sie tragen zwar keine Früchte, aber ich glaube ihm gern, daß ihr graugrünes Aussehen einen angenehmen Anblick bietet, vor allem im Winter, wenn die meisten Spaliere kahl und blattlos sind. Von Oliven heißt es normalerweise, daß sie »nur in milderen Grafschaften« wachsen können, wozu Buckinghamshire sich nun wirklich nicht rechnen kann; doch andererseits wächst auch in Kew eine auf diese Weise gezogen Olive, jedenfalls war sie jahrelang dort zu sehen. Als Experiment für alle, die sich nach mediterranen Landschaften sehnen, ist sie allemal zu empfehlen.

Als ich kürzlich über Zwiebeln schrieb, die im März gesetzt werden sollten, dachte ich an *Acidanthera bicolor*, die in Katalogen zumeist unter dem Namen *Aci-*

danthera Murielæ angeboten wird. Der korrekte Name ist eigentlich A. *bicolor var.* Murielæ, aber das nur nebenbei. Solange wir diese liebliche, duftende Sterngladiole überhaupt beziehen können, wird uns seine exakte botanische Beschreibung nicht weiter Kopfzerbrechen machen.

Vielleicht ist es eine Pflanze für den wählerischen, anspruchsvollen Gärtner, nicht für den, der großes Aufsehen erregen will. Sie wird keinen prunkvollen Anblick bieten können. Vielleicht sollten wir sie vor allem als Schnittblume betrachten, denn dann entfaltet sie erst wirklich ihr starkes, süßes Aroma. Schlank und graziös, auf drahtigen, sechzig bis neunzig Zentimeter hohen Stengeln, mit weißen sternförmigen Blüten mit dunkelbraunem Mittelpunkt, stammt sie von den aromatischen Hügeln Abessiniens, und deshalb können wir ihr zu Recht nachsagen, sie »hänge wie ein kostbares Juwel am Ohre eines Äthiopiers« und daß sie sich vor allem an sehr sonnigen, trockenen Orten wohl fühlt und gern über Winter ins Haus geholt und vor Frost und Feuchtigkeit geschützt aufbewahrt wird.

In diesem Monat und dem nächsten sollten in passenden Zwischenräumen, damit immer Blüten vorhanden sind, die Anemonen gepflanzt werden. Je weiter wir das Pflanzen der Anemonenknollen verteilen, um so länger werden wir Blüten haben. Sie sind außerdem billig, aber ich rate Ihnen, bei einem zuverlässigen Züchter zu kaufen, nicht in einem Discount, wo die Knollen manchmal wochenlang herumliegen, austrocknen und ihre Lebenskraft einbüßen. Ich brauche sie nicht zu beschreiben, wir alle kennen diese dichten, kleinen, billigen Büschel, die im Januar aus Cornwall bei den Blumenkarren eintreffen und die sich zu verblüffender Schönheit öffnen, sowie wir sie von ihrem Gummiband befreit und in Wasser gestellt haben, und die so lange halten, daß wir sie fast schon für unsterblich halten. Bekannt sind die Sorten *Anemone St. Brigid* und *Anemone De Caen.* Es gibt noch schönere Anemonensorten, aber diese beiden sind uns vor allem vertraut. Vielleicht sind sie ein wenig ungeschlacht, verglichen mit einem exquisiten Dandy wie der *Acidanthera,* doch wie nützlich und schmückend! Wir sollten unsere Blumen nicht zu snobistisch sehen. Wir sollten immer auf dem goldenen Mittelweg zwischen Erlesenem und Gewöhnlichem verharren. Selbst im kleinsten Garten ist genug Platz für jeden Geschmack. Ich würde niemals irgendeine Blume verachten, nur weil wir sie überall sehen, so lange sie ihre eigene Schönheit besitzt und in einer passenden Umgebung wächst. Der schlichte Fingerhut kann uns soviel Freude machen wie die seltenste Lilie – ach, vielleicht stimmt das nicht so ganz, aber ich hoffe, Sie wissen, was ich meine.

Wie sehr sehne ich mich manchmal nach einem mit breiten grauen Steinen gepflasterten Hof. Nachts träume ich davon, tagsüber denke ich daran, ich male ihn mir aus, und meine Vernunft sagt mir, daß ich niemals einen haben werde. Trotzdem beneide ich die glücklichen Menschen, die in Steinländern leben, wie den Cotswolds oder den nördlichen Grafschaften Yorkshire, Westmorland und Cumberland. Auf diesem Hof sollten alle Arten von kleinwüchsigen Pflanzen zwischen den Steinen stehen und nach Herzenslust ihre Samen ausstreuen können ... und als ich in meinem Artikel so weit gekommen war, brachte mir die Post einen Brief, der fragte, ob ich je einen sehr kleinen Garten gesehen hätte, der ganz und gar gepflastert war, und der deshalb zu einem Blumenteppich hatte werden dürfen?

Nein, das habe ich nicht, aber ich habe mir oft einen vorgestellt, es scheint mir eine Lösung für die üblichen Probleme eines taschentuchgroßen Gartens zu sein, und mehr haben die meisten Leute heutzutage ja nicht. Es wäre extrem arbeitssparend: Kein Mähen, kein Unkrautjäten. Und sehr hübsch und originell wäre es auch. Ich sehe aber zwei Einwände voraus: Es würde einiges kosten, die Steine anzuschaffen, und außerdem möchten die meisten von uns ein wenig grünes Gras sehen. Es gibt jedoch auch ältere oder behinderte Menschen, für die dieses grüne Gras eher eine Sorge als eine Freude wäre; und was den Preis der Steine angeht, so könnten doch selbstgegossene Zementblöcke verwendet werden, was viel billiger wäre, und außerdem würden sie ja ohnehin sehr bald teilweise überwuchert sein. Seen von Aubrietien, Büschel von Grasnelken, Matratzen von gelbem Steinkraut, Kissen von Federnelken, Bäche von Veilchen – verstehen Sie, was ich meine?

Zwischen diesen unerläßlichen und grundlegenden Deckpflanzen würde ich kleine Schätze unterbringen. Sollen wir das Axiom aufstellen, daß ein sehr kleiner Garten auch sehr kleine Dinge enthalten sollte? Das Bild sollte zum Rahmen passen. Ich würde viele kleine Zwiebeln anschaffen, alle, die im Frühling blühen, auf jeden Fall. Für die späteren Monate würde ich blaßblaue Prairiekerzen und außerdem rosa und lila Leinkraut anpflanzen, einfache Geschöpfe, die sich selber in jedem Spalt aussäen. Ich kann Mr. Haworth-Booth nur energisch zustimmen, wenn er so ungefähr sagt, daß jeder Garten als Palette eines Malers betrachtet werden sollte. Vielleicht gibt mein unzuverlässiges Gedächtnis dieses Zitat nicht korrekt wieder, aber jedenfalls hat er es gemeint. Nur auf diese Weise können wir einen Garten anlegen, auf Größe oder Reichtum kommt es dabei nicht an. Der winzigste Garten kann durchaus der hübscheste sein. Sehen Sie sich doch die Cottage-Gärten an, wenn Sie noch nicht überzeugt sind!

Wie aber legen wir einen kleinen Garten an? Unter einem kleinen Garten verstehe ich alles zwischen einem halben und zwei Morgen. Es ist ein sehr großes Thema für einen so kleinen Artikel. Ich kann nur hoffen, einige allgemeine Überlegungen vorzutragen.

Bei unserem kleinen Garten kann es sich um den eines Bungalows, eines Reihenhauses, den Garten, der ein altes Cottage umgibt oder den Garten eines neues Hauses an einer Hauptverkehrsstraße handeln. Auf jeden Fall wird der wahre Gärtner soviel wie möglich aus diesem Flecken des Planeten Erde machen wollen, der unter seinem eigenen, persönlichen Kommando steht. In den meisten Fällen wird er sich von der Form dieses Fleckens und von der Lage seines Wohnhauses leiten lassen. So wird er sich vielleicht gezwungen sehen, einen geraden Fußweg vom Gartentor zur Haustür und seine Blumenbeete und die Rasenfläche entsprechend anzulegen. In diesem Fall wird sein Garten genauso aussehen wie der seines Nachbarn. Ich möchte darauf hinweisen, daß ein wenig Phantasie dieses Muster auflockern kann.

Ich denke dabei an drei Gärten. Einer ist vor einem kleinen Haus zur Straße hin angelegt worden und erscheint als Landschaftsgarten in Miniaturformat. Der Fußweg führt nicht direkt vom Gartentor zur Haustür, sondern verläuft seitwärts, während sich in der Mitte des Vorgartens ein Teich, ein tiefer, von Trauerweiden und *Iris sibirica*, der Sibirischen Schwertlilie, umstandener Teich befindet, deren blasse Malvenfarbe und tiefes Lila vom Wasser reflektiert wird. Auch einige irische Eiben sind gepflanzt worden, die sich im Wasserspiegel verdoppeln und diesen winzigen Garten doppelt so groß aussehen lassen.

Der zweite Garten liegt ebenfalls zur Straße hin, zu einer Hauptstraße. Es wäre leicht und naheliegend gewesen, daraus einen konventionellen Garten zu machen. Aber seine Besitzer sind viel raffinierter vorgegangen: Sie haben ihn seitlich zum Haus hin angelegt, so daß die Blumenbeete nicht wie normalerweise geometrisch neben dem Haus liegen, sondern auf überraschende Weise seitlich dazu.

Der dritte Garten ist die Art von Garten, die mir am besten gefällt. Es ist ein Cottage-Garten von der besten Sorte, der einem wahren Gärtner gehört. Dieser Garten senkt sich sehr sanft zur Rodney Marsh hinunter ab und erlaubt freien Blick auf die Marsh. Zu allen Jahreszeiten ist er von Blumen überwuchert, die so geschickt angeordnet sind, daß jede überall ihren vollen Reiz entfaltet.

Ich kann mich vor allem an blaue Primeln und Blausterne erinnern, die um eine graue steinerne Brunneneinfassung herum angelegt worden sind, eine wirklich perfekte Kombination.

In mehreren Briefen bin ich gebeten worden, etwas über diese seltsame schwarzgrüne Blume zu sagen, die allgemein *Iris tuberosa* oder Schlangenkopf genannt wird und die wir im März und April in Blumenläden finden, wo sie in größeren Mengen ziemlich billig verkauft wird. Ich mag solche Anfragen, denn sie stellen eine Herausforderung an meine vielen Mißerfolge im Garten dar und veranlassen mich zu einer Gewissenserforschung, um festzustellen, wo ich mich geirrt habe. Was meine *Iris tuberosa* angeht, so habe ich mich auf jeden Fall geirrt. Ich habe sie an einer zu schattigen Stelle gepflanzt, unter einem Apfelbaum, in reichem altem Boden, und ich weiß jetzt, daß sie möglichst viel Sonne und sandigen, trockenen Boden braucht, um soviel Hitze aufnehmen zu können, wie unser englischer Sommer überhaupt nur liefern kann.

Sie zu pflanzen ist eigentlich kein großes Problem. Die Knolle kostet im Dutzend nicht sonderlich viel, und sie vermehren sich an der richtigen Stelle, also, wenn es heiß, trocken und sonnig ist, normalerweise von selbst. Ursprünglich aus Italien stammend, wächst sie in anderen Teilen Südeuropas wild, woraus wir schließen können, daß sie am liebsten Bedingungen hat, die denen der Mittelmeerküste möglichst ähnlich sind.

Eine weise Vorsorgemaßnahme: Kennzeichnen Sie die Pflanzstelle durch einen Stock oder einen Steinring, denn während des Sommers sind keine Spuren zu sehen, und deshalb kann sie aus Versehen wieder ausgegraben werden.

Das hört sich vielleicht ziemlich langweilig an, aber meine historischen Forschungen über die *Iris tuberosa* waren alles andere als das. Es ist eine interessante Pflanze, sowohl botanisch als auch mythologisch gesehen. In botanischer Hinsicht ist es gar keine echte Iris. Ihr eigentlicher Name ist *Hermodactylus tuberosus*, was übersetzt »Finger des Hermes« (oder Merkur) bedeutet. *Tuberosus* bezieht sich auf den knotigen Wurzelstock, der tatsächlich einige

Ähnlichkeit mit den Fingern der menschlichen Hand aufweist. Als ich das festgestellt hatte, machte ich mir Gedanken über den volkstümlichen Namen Schlangenkopf und fragte mich, ob die Annahme, dieser Name sei der Ähnlichkeit mit einer Schlange zu verdanken, wirklich zutreffen kann. Vielleicht, dachte ich, gibt es eine doppelte Bedeutung, denn obwohl die düstere, unheilschwangere Farbe und die häßliche Form wirklich an den Kopf eines spuckenden Reptils erinnern können, gibt es doch auch noch den Heroldsstab des Merkur, den *caduceus*, dieses rasche, elegante Symbol der verschlagensten unter allen kleineren Gottheiten, um den sich zwei miteinander verschlungene Schlangen ranken. Könnte es möglich oder sogar wahrscheinlich sein, fragte ich mich, daß dieser Name von klassischer Herkunft ist, daß wir das jedoch nie vermutet haben? Ich stelle mir gern vor, daß diese Vermutung zutrifft. Ich stelle mir gern vor, daß der Götterbote, Hermes in Griechenland, Merkur in Rom, einer unserer Frühlingsbotinnen sein Symbol zum Namen gegeben hat.

Eine Freundin mit extrem grünen Daumen wirft mir bisweilen vor, daß sich Gartenarbeit bei mir zu leicht anhört. Mein Optimismus sei, sagt sie, irreführend. Aber ich versuche wirklich, keine »schwierigen« Pflanzen zu empfehlen oder zumindest immer davor zu warnen. Doch vermutlich sind alle Pflanzen temperamentvoll, abgesehen vom Unkraut, das über die allerbeste Konstitution zu verfügen scheint. Das Geheimnis der Madonnenlilie zum Beispiel ist noch nie zufriedenstellend erklärt worden. *Daphne mezereum*, der Seidelbast, ist ebenfalls ein Rätsel: Wir können alle Regeln einhalten, aber nichts kann sie gegen ihren Willen zum Blühen bringen. Und dann gibt es den Fall des selbstgesäten Keims, der unter scheinbar unmöglichen Bedingungen in die Höhe schießt und in Gesundheit und Lebenskraft alles übertrifft, was wir mit größter Sorgfalt in einem vorbereiteten Beet mit saftigstem Boden angepflanzt haben.

In meinem eigenen Garten kann ich ein kurioses Beispiel für das perverse Benehmen mancher Pflanzen vorführen. Zwei Pappelsetzlinge, die ich in meinem Toilettenbeutel aus Marokko mitgebracht hatte, waren beide gleichzeitig beschnitten und gepflanzt. Dasselbe Alter, dieselben Eltern, dasselbe Aussehen, derselbe Boden – und doch, fünfzehn Jahre später, ist die eine Pappel nur halb so groß wie die andere. Warum? Ich kann nur annehmen, daß sie sich wie zwei Kinder von derselben Herkunft und Erziehung in Charakter und Veranlagung eben doch unterscheiden.

Wir sehen also, daß Gartenarbeit, anders als Mathematik, keine exakte Wissenschaft ist. Aber das wäre doch auch langweilig! Natürlich gibt es bestimmte Gesetze, deren Überschreitung zur Katastrophe führt: Sie sollten niemals eine Azalee in einer Kalkgrube pflanzen. Ich

stimme meiner Freundin jedoch zu, daß in der Gartenlite-
ratur oft grundsätzliche Bemerkungen fehlen, durch die
mögliche Fehlerquellen aufgezeigt werden könnten. Was
mich zu zwei Dingen bringt, die ich auf dem Herzen habe.
Zunächst geht es hier um Schneeglöckchen. Wenn Sie sie
verpflanzen möchten, dann sollte das gleich nach dem
Blühen geschehen; mit anderen Worten: Jetzt. (Schneiden Sie die Köpfe nicht ab, denn sie sind sehr großzügige
Selbstsäer.) Dann geht es um Mäuse. Sie fressen Zwiebeln
und hinterlassen kahle Stellen, wo wir Schneeglöckchen
und Krokus gepflanzt hatten. Ich habe einen hervorragenden Gärtner um Rat gefragt, und er meinte, da wir Erbsen
vor dem Säen in rote Bleilösung legen, sehe er keinen
Grund, warum dieses Verfahren Zwiebeln schaden sollte.
Es wäre ein lohnendes Experiment, denn immer wieder
tauchen entmutigende Kahlstellen auf, für die ich außer
Mäusen keine Erklärung finden kann. Und außerdem gibt
es ja noch diese verräterischen kleinen Löcher.

Ich schäme mich, weil ich neulich vergessen habe, die
blauen Leberblümchen als Bewohner einer Winterecke zu
erwähnen. Sie sollten auf keinen Fall ausgelassen werden.

Kein Gärtner, der auf sich hält, kann der Versuchung
der Sundries Avenue bei der Chelsear Ausstellung
oder zumindest dem bescheideneren Verlocken des Kram-
ladens in der Dorfstraße widerstehen. Unsere Erfahrung

Hepatica nobilis ›Plena‹

sagt uns, daß keine neue Erfindung so zuverlässig ist wie das althergebrachte Werkzeug; und doch können wir nie widerstehen. In uns allen muß eine optimistische Ader stecken, die uns glauben läßt, endlich das Richtige gefunden zu haben.

Ich bin den Verlockungen des Mini-Grini erlegen. Ich achte noch immer die Würde der englischen Sprache, und in der Regel verachte ich solche Verniedlichungen, zum Spaß oder im Rahmen eines Wortspiels falsch geschriebene Namen, aber in diesem Fall muß ich zugeben, daß dieser ziemlich verspielte Beiname zu seinem Objekt paßt: Das Mini-Grini ist ein Miniatur-Treibhaus (Greenhouse). Es ist vierundfünfzig Zentimeter hoch, achtundvierzig Zentimeter tief und sechsunddreißig Zentimeter breit, und es ist eine wirklich solide kleine Konstruktion aus Glas und Metall, in zünftigem Grün gehalten. Es kann im Haus von Gärtnern benutzt werden, die kein beheiztes Treibhaus zu ihrer Verfügung haben, um halbherzige Einjährige wie die Prachtglocke oder die Prachtwinde *Cobaea scandens* oder *Convolvulus tricolor* Heavenly Blues anzupflanzen. Ein Mini-Grini bietet Platz genug für eine Keimdose oder ein Dutzend kleiner Töpfe. Die werden dort erwärmt, denn das Mini-Grini verfügt über einen Lichtschalter und eine 40-Watt-Birne, was keinen zu hohen Stromverbrauch bedeutet. Ich kann mir allerlei Verwendungsmöglichkeiten dafür vorstellen. Wir können darin Keime ziehen, wir können es aber auch als Zuchtanstalt für Ableger benutzen. Außerdem wäre es lehrreich und unterhaltsam für Kinder und außerdem ein hübsches Spielzeug im Zimmer eines Invaliden, der zusehen könnte, wie die Pflanzen fast von Tag zu Tag wachsen. Dieses starke kleine Ding, an dem nichts schäbig ist, ist überraschend preisgünstig.

Um diese Zeit sollte auch der Hundszahn (*Erythronium dens-canis*) zu blühen anfangen, es ist also die richtige Zeit, um diese Pflanzen mit ihren gekräuselten Blättern zu beobachten und zu entscheiden, ob Sie einige bestellen wollen, um sie dann im nächsten Herbst zu pflanzen. Bei den vierzehntägigen Frühlingsausstellungen der Royal Horticultural Society wird es sicher schöne Exemplare zu sehen geben, und alle, die nicht allzuweit vom Vincent Square in Westminster entfernt wohnen, können sich auf diesem Debütantinnenfest eine schöne Stunde machen. Natürlich sehen die meisten Pflanzen auf einer Ausstellung immer besser aus als in unserem eigenen Garten. Die Aussteller haben ihre besten Exemplare ausgesucht und sie in einem kleidsamen Beet aus feuchtem, samtigem, dunkelbraunem Torf arrangiert, wo sie wirklich am schönsten zur Geltung kommen.

Der Hundszahn müßte eigentlich unter den großen blühenden Kirschen und Mandeln des Frühlings zu finden sein. Er ist klein, von bescheidener Gestalt, wird selten höher als achtzehn Zentimeter, hat aber mit seinen wunderschön marmorierten Blättern und seinen schillernden Blütenblättern, die an winzige Türkenbundlilien erinnern, seinen Platz mehr als nur verdient. Einige Hundszahnarten sind Eingeborene aus Mitteleuropa, andere stammen aus Nordamerika; sie gehören zu den Lilien und haben mit Veilchen eigentlich nichts zu tun. Den Namen »Hundszahn« verdanken sie ihrer Knolle, die weiß und spitz ist, wie ein Fangzahn. Sie haben es gern ein wenig schattig; ein offener Wald ist ideal für sie; sie mögen ein wenig Sand und Torf oder Lauberde im Boden, und der Boden sollte feucht, aber nie mit Wasser vollgesogen sein: Sie ziehen nicht sehr gern um, lassen Sie sie für die nächsten Jahre in Ruhe, wenn sie sich erst einmal eingelebt haben. Ich habe Hundszahn unter Buchen, wo eigentlich sonst nur wenig wächst, wirklich blühen und gedeihen gesehen. Es gibt ihn in den Farben Weiß, Rosa, Lila und Gold.

Das Dreiblatt, auch nordamerikanische Waldlilie oder, wegen seiner dreieckigen Form, auch Dreifaltigkeitsblume genannt, blüht ein wenig später, braucht aber soviel Schatten und ähnlichen Boden wie der Hundszahn. Wir sehen es nicht sehr oft, aber es ist ein wirklicher Blickfang. Es ist weinrot oder weiß, es wird etwa dreißig Zentimeter hoch und ist, wie die meisten anderen Waldpflanzen, sehr langlebig. Ich nehme an, das liegt daran, daß diese Pflanzen nicht von heißer Sonne versengt werden. Leider ist das Dreiblatt eine ziemlich teure Pflanze, aber durch sein gutes Aussehen ist schon eine Gruppe von nur drei oder vier Pflanzen von ziemlicher Wirkung, und schließlich können wir jedes Jahr noch ein paar dazusetzen. Wie der Hundszahn ist auch das Dreiblatt nicht nur für Wälder, sondern auch für kühle, schattige Stellen in einem Steingarten geeignet.

Das weinrote Dreiblatt ist das *Trillium erectum*. Das weiße heißt *Trillium grandiflorum* und ist in seiner Heimat als »Wake Robin« bekannt, ein Name, den wir normalerweise für unseren wildwachsenden Aronstab reservieren.

D er Freundlichkeit und Hilfsbereitschaft eines *Observer*-Lesers verdanke ich die Möglichkeit, in einem alten Gartenhandbuch aus dem Jahre 1797 zu blättern. Es ist wirklich interessant, die Methoden von gestern und heute zu vergleichen. Wir kommen dabei zu der Erkenntnis, daß unsere Vorfahren fast soviel wußten wie wir und daß sich die Grundweisheiten des Gartenbaus seither nur wenig geändert haben.

In manchen wissenschaftlichen Fragen sind wir vielleicht weitergekommen, aber wir könnten unseren Vorfahren über den Gartenalltag nur wenig beibringen.

Sie kannten sich mit Kompost aus und schätzten ihn vor allem zur Kopfdüngung. Ihr Kompost bestand aus faserigem Lehm, trockenen Blättern und Dung, offenbar haben sie, anders als wir heute, keine grünen pflanzlichen Bestandteile hinzugegeben. Sie arbeiteten mit Glasglokken, die sie Gläser oder Glockengläser nannten und die wir heute ausgiebiger und möglicherweise auch exakter verwenden, das Prinzip aber war dasselbe. Sie legten Buchsbaumumrandungen an, die aber niemals »auswachsen« durften. Sie beherrschten die Künste des Pfropfens und des Okulierens. Und das Anlegen von Frühbeeten spielt eine große Rolle in ihren Anweisungen.

Ansonsten kann dieses sehr praktische Buch in uns nur einen wütenden Neid entfachen. Unsere Vorfahren scheinen damals über große Scharen von Untergärtnern und Gartenburschen verfügt zu haben, die immer mit Matten bereit standen, um zarte Pflanzen schon vor der leisesten Frostgefahr zu beschützen, die scheinbar unbegrenzte Mengen von Pferdedung in Schubkarren umherfuhren und die die Heizöfen von ausgedehnten Treibhausanlagen schürten. Einige der im Buch als gang und gäbe erwähnten Pflanzen können ebenfalls niedrigste Gefühle in uns wachrufen: Doppelter Goldlack, doppelte Wucherblume, doppelte Bartnelke, das alles sind heute Raritäten, die wir nur selten und dann nur zu hohen Preisen bekommen können. Und was haben sie wohl unter »Baumprimeln« verstanden? Ich müßte es vielleicht wissen, aber ich weiß es nicht. Es ist kein Polyanthus, wie ich zuerst gedacht hatte, der ist nämlich an anderer Stelle aufgeführt. Es hört sich aufregend und auch recht beunruhigend an.

Andererseits dürfen wir uns, verglichen mit der bemitleidenswerten Kargheit ihrer Blumenbeete, an dem Reichtum erfreuen, den wir heute genießen. Rhododendron wird nicht einmal erwähnt; die gewaltigen botanischen Schatzkammern Chinas und des Himalajas waren damals noch kaum berührt worden. In dieser Hinsicht glaube ich durchaus, daß wir besser dran sind.

Ich hatte gehofft, in diesem Buch neue oder, besser gesagt, alte vergessene Ideen zu finden und wiederbeleben zu können. Ich fand aber nur eine Methode zum Anbauen von Zierkürbissen in ihren »zahlreichen unterschiedlichen und einzigartigen Formen, Größen, Farben, Streifen und Mustern«. Unsere Ahnen haben sie »an hohen, festen Stangen« wachsen lassen, wenn sie in den Monaten Juli, August und September am ansprechendsten aussahen. An Bohnenstangen nämlich. Ich will wohl glauben, daß sie im Küchengarten wirklich ansprechend und überhaupt überraschend gewirkt haben.

Nach einer angemessenen Pause möchte ich mir nun gestatten, wieder auf den Rittersporn zu sprechen zu kommen, vor allem, weil jetzt der Zeitpunkt näherrückt, zu dem er in der sich langsam erwärmenden Frühlingserde zu blühen beginnt und die Raupen die zarten grünen Keimlinge noch vor uns bemerken. Sie hätten ihre Spitzen schon längst mit grober Asche bedecken sollen, aber besser spät als nie. Wir müssen uns und unsere Pflanzen, die sich selber nicht verteidigen können, vor den Verheerungen dessen schützen, was der französische Dichter Paul

Valéry so zärtlich *Tout ce merveilleux petit monde qui fait de l'opposition* genannt hat.

Das mag alles gut und schön sein, und eine solche Meinung steht einem Dichter natürlich gut zu Gesicht, aber auch Dichter müssen praktisch vorgehen, wenn sie einen Garten haben wollen, der diesen Namen verdient. Und wir müssen uns von den Raupen befreien. Wir können uns da keine Sentimentalität erlauben. Kaum haben wir Raupentod ausgestreut, schon zeigen sich die allerersten blauen oder cremeweißen Keime. Sie müssen dann ausgedünnt werden, jede Pflanze darf nur drei oder vier Sporne behalten, wenn wir eine vorzeigbare Anpflanzung und keinen bloßen Wald von Grünzeug haben wollen. Dann müssen sie gestützt werden, und das ist ein kniffliges Problem. Sollen wir für jeden Sporn einen Bambusstock nehmen, oder sollen wir fünfzehn Zentimeter hohe Erbsenschlingen um die ganze Gruppe stellen? Ich ziehe die letztere Methode vor, aber dabei besteht das Risiko, daß bei einem plötzlichen Sommersturm die schweren Köpfe durch ihr eigenes Gewicht abgeknickt werden. Sie sollten also noch zusätzliche Stöcke anbringen und jeden Kopf einzeln daran befestigen, das macht zusätzliche Arbeit, sorgt jedoch für Sicherheit.

Wenn Sie Ihren Pflanzenvorrat erweitern wollen, dann sind dieser und der nächste Monat dafür ein guter Zeitpunkt. Sie können die alten Pflanzen jetzt ausgraben und vorsichtig in Einzelteile mit starken Wurzeln und jungen Trieben aufteilen. Ich meine damit junge grüne Triebe, die schon um die zehn Zentimeter hoch sind. Es empfiehlt sich normalerweise nicht, eine krautartige Pflanze zu stören, die sich schon auf den Sommer vorbereitet, aber der Rittersporn scheint solche Behandlung zu genießen. Werfen Sie alles Tote oder Verwelkte weg. Der Boden sollte reich sein: Er sollte, wenn Sie welchen auftreiben können, organischen Dünger enthalten, oder Kompost und ein wenig Knochenmehl, das ist vermutlich das beste und sicherste aller Düngemittel, ein Nahrungsmittel, kein Cocktail.

Der Rittersporn ist eine äußerst genügsame Pflanze. Er wächst in fast jeder Art von Boden, ob er nun leicht ist oder schwer, und immer wird er auf irgendeine Weise sein Bestes geben; er erwartet jedoch gute Behandlung, und wer tut das schließlich nicht? Hier heißt es nicht »die Bestie füttern«, sondern »die Schönheit füttern«.

Der neue, kleine Garten ist bisweilen ein ziemliches Problem. Sein Besitzer oder Pächter möchte normalerweise sofort irgendeine Wirkung erzielen, und das ist natürlich verständlich, aber für den Garten ist es nicht gut, und gute Gartenarbeit verlangt endlose Geduld. Ich habe vor kurzem ein Foto eines Hintergartens in einer Stadt oder vielleicht auch einer Neubausiedlung gesehen, das eine wirklich bezaubernde Lösung zeigte.

In der Mitte des Grundstücks befand sich eine Rasenfläche, an dessen einer Seite ein Pfad verlief, der am Ende der Rasenfläche eine Kurve bildete, um Zugang zur Hintertür des Hauses zu gewähren. Das klingt vielleicht ganz alltäglich, aber interessant war das Aussehen dieses schmalen Pfades. Er bestand aus fünf Streifen, die beiden äußeren, von denen jeder vielleicht sechzig Zentimeter breit war, waren mit Nelken, Stiefmütterchen und ähnlichen niedrigen, büschelweise wachsenden Pflanzen eng besetzt. Dazwischen lagen zwei gepflasterte Streifen, belegt mit einigermaßen regelmäßig angeordneten Platten aus Stein oder vielleicht auch selbstgegossenem Beton. In der Mitte wurden diese beiden Streifen von einem weiteren Blumenbeet getrennt, es war schmaler als die äußeren und vielleicht nur dreißig Zentimeter breit. Auch in diesem Streifen standen niedrigwüchsige Blumen dicht an dicht. Ich konnte Steinkraut, hier und dort ein Büschel Grasnelken und auch Einjährige erkennen, bei denen es sich vermutlich um Leberbalsam (*Ageratum*) und Eisenkraut (*Verbena*) handelte, dazu der Zwergphlox *drummondii* und vielleicht Nemesien, um ein bißchen Höhe zu geben. Es soll einfach einen munteren Anblick bieten, und die ganze Wirkung läßt sich schlicht und schnell mit einem Dutzend Samentüten herstellen, wir haben dann eine Art geraden Fluß voller leuchtender Farben. Wenn erst der Plattenweg angelegt und finanziert worden ist, und wenn die Beete erst gegraben und mit gutem Boden angereichert worden sind, ist es bestimmt einfach genug, den Garten jedes Jahr zum Blühen zu bringen.

Manchmal erbt oder erwirbt jemand ein altes Wohnhaus oder ein Cottage, zu dem ein Weiher oder sogar die Überreste eines Wallgrabens gehört. Ein solches Grundstück ist vermutlich äußerst pittoresk, und der glückliche Besitzer möchte das Beste daraus machen. Nehmen wir nun an, kein früherer Besitzer habe sich um die passende Bepflanzung gekümmert und das Wasser zu einem schrecklichen Chaos von unwillkommenem Unkraut verkommen lassen.

Eine Wasserfläche kann einen Garten wirklich prägen und bedeutet für den Gärtner eine seltene Gelegenheit. Er kann *im* Wasser, *neben* dem Wasser und sogar *auf* dem Wasser anpflanzen – ein dreifaches Vergnügen, viel angenehmer als das Ausfüllen von Dokumenten in dreifacher Ausfertigung. Ich will mich erst dem widmen, was in und auf dem Wasser gepflanzt werden kann, und mir die höhere Randbepflanzung für die nächste Woche aufheben.

Natürlich denken wir als erstes an Seerosen; und abgesehen von den weißen und unseren einheimischen gelben gibt es rosa, rote und blaßgelbe Hybriden. Etwa vierzig Zentimeter Wassertiefe und genügend Sonne sind eine brauchbare Faustregel. Meistens werden die Pflanzen in einem alten Korb hinuntergelassen, sie schlagen durch den Korb hindurch auf dem Weihergrund Wurzeln; aber sie können auch an zwei Grassoden befestigt und damit versenkt werden (die richtige Seite nach oben drehen!) Ende Mai oder Anfang Juni ist dafür die richtige Zeit. Wenn Ihnen die Seerosenblätter für einen kleinen Weiher zu groß vorkommen, dann sollten Sie zur Wasserähre, *Aponogeton*, greifen, mit den kleinen weißen, schwimmenden Blüten. Auch die *Pontederia cordata*, das Hechtkraut, das aussieht wie eine blaßblaue Gartenlilie, ist ein guter Tip. Im seichten Wasser in Ufernähe erweist sich unsere einheimische gelbe Schwertlilie als dekorativ und zuverlässig; die Blumenbinse *Butomus umbellatus* ist ein pfeilförmiges, etwa einen Meter hohes Gewächs mit rosenroten Blüten; sie sieht exotisch aus, wächst in Großbritannien jedoch wild. *Sagittaria*, das echte Pfeilkraut, mit seinen weißen Blüten paßt gut zu dieser recht stacheligen Versammlung.

Als ein wenig niedrigeres Gewächs für das sumpfige Ufer kann das Sumpfvergißmeinnicht *Myosotis scorpioides*, das ein wenig blasser ist als die Gartenvarianten, für chinablaue Farbtöne sorgen. Die Sumpfdotterblume wächst in Sonne und Schatten zugleich, was wirklich ein sehr schöner Zug von ihr ist.

Schließlich könnten wirklich Mutige noch mit der gewöhnlichen weißen Gartenlilie experimentieren, der Schmucklilie, die einen durchschnittlichen südenglischen Winter überleben müßte, wenn sie tief genug gepflanzt wird. Aber wenn Sie im Wasser und unter freiem Himmel pflanzen wollen, dann ist die *Calla palustris*, die Sumpfkalla, eine weniger riskante Investition.

Vor vielen Jahren konnte ich einmal im persischen Hochgebirge einige Samenhülsen einer Mimose an mich bringen, die dort aus unerfindlichen Gründen mehr als fünfzehnhundert Meter über dem Meeresspiegel und mehrere hundert Kilometer vom nächstgelegenen Garten wuchs, aus dem sie sonst möglicherweise entsprungen sein könnte. Ich will gar nicht erst versuchen zu erklären, wie sie dort hingelangt ist, in diese kalte, steinige, verschneite, trostlose Gegend; ich weiß nur, daß sie dort wuchs und daß ich ihren Samen mit nach Hause nahm, und daß jetzt in meinem Garten ein Baum wächst, daß eine Vase auf meinem Tisch steht und nicht nach Schnee duftet, sondern nach dem warmen Süden.

Ich halte sie allerdings für eine *Acacia dealbata* und somit nicht für eine echte Mimose; aber sie hat so große Ähnlichkeit mit den »Mimosen« genannten Gewächsen im Blumenladen oder an der französischen Riviera, daß wir bei diesem Namen bleiben können. Botaniker werden mir jetzt vielleicht mitteilen, daß es sich wohl eher um eine *Albizia julibrissin* handelt, den Seidenbaum, eine in Persien heimische Pflanze, während Mimosen aus Australien stammen, was ihr Auftauchen im Elbursgebirge nur noch geheimnisvoller macht; ich bin aber ganz sicher, daß es keine *Albizia* ist.

Diese ganze Rede soll nur zu meinem Rat überleiten, daß unternehmungslustige Gärtner in Südengland es durchaus wagen sollten, eine solche Pflanze in eine geschützte Ecke zu setzen. Natürlich wäre ein großes Gewächshaus viel besser, aber heutzutage verfügen nur noch die wenigsten über große Gewächshäuser. Eine solche Pflanze würde vielleicht einen so schrecklichen Winter wie den des Jahres 1947 nicht unbeschadet überstehen, aber meinem Baum hat der Frost bisher noch kein Haar gekrümmt, und die Stelle, an der ich ihn gefunden habe, war karger und stürmischer als alles, was wir hierzulande bieten können. Wir wickeln den Stamm und die unteren Zweige in Sackleinen, und damit hat sich's. Um noch mehr Sicherheit zu erzielen, könnten die Zweige fächerweise an der Mauer befestigt werden, aber damit muß man sehr früh anfangen. Ich sollte vielleicht noch hinzufügen, daß eine hohe Mauer unseren Baum von Norden her schützt und daß er nach Süden hin gepflanzt worden ist. Ich sollte auch noch erwähnen, daß man keine Zweige schneiden sollte, solange die Blüten sich noch nicht geöffnet haben, in der Hoffnung, daß sie sich im Wasser dann öffnen; manche Wesen tun uns nicht alle Gefallen, und dieses ist ganz offenbar eins davon. Sie müssen geduldig warten, bis die Blütendolden so flauschig und gelb sind wie Entenküken.

Mein persisches Gewächs ist auch als Topfblume ganz bezaubernd, bis es dann zu groß ist und in einen Kübel oder gleich in den Garten umziehen muß.

Ich bin um einen Artikel über duftende Blumen im Garten und im Gewächshaus gebeten worden. Was für ein wunderbares Thema, und warum bin ich nicht schon selber auf diese Idee gekommen? So oft zerbreche ich mir den Kopf darüber, was ich als nächstes behandeln soll, und dann fällt ein so schöner Vorschlag geradewegs vom Himmel!

Ich muß mir zuerst den Garten vornehmen und das Gewächshaus für später aufbewahren. Wir alle haben Gärten, aber nicht alle haben auch Gewächshäuser. Als erstes ist über Düfte unter freiem Himmel zu sagen, daß nur relativ wenige Pflanzen so stark duften, daß wir im Vorübergehen neugierig zu schnuppern beginnen. Die meisten riechen gut, wenn wir unsere Nase hineinstecken oder sie in ein warmes Zimmer stellen, aber hier geht es um Gerüche, die uns wirklich auffallen, wenn wir einen Gartenweg entlangschlendern. Ich schlage in diesem Sinne vor:

– eine Kante aus Polsternelken
– eine Hecke aus hybriden Moschusrosen, vor allem *Penelope*
– einige Sträucher der Rugosa Rose *Blanc de Coubert*
– Azaleen
– eine Hecke mit *Rosa eglanteria*
– die Balsampappel, wenn sie jung ihre stacheligen Blätter entfaltet
– *Lilium auratum*, als Luxus

Ich weiß, daß jetzt alle anderer Meinung sind und gerne andere Vorschläge machen wollen. Bestimmt wird mir ausgiebig vorgehalten werden, was ich alles vergessen habe, denn im Bereich der fünf Sinne ist der Geruchssinn (und der damit verwandte Geschmackssinn) doch sehr umstritten. Manche Menschen riechen gern Phlox: Mich erinnert dieser Geruch an Schweinekoben, nicht daß ich Schweinekoben nicht leiden könnte, ich bin schließlich auf dem Land geboren und an Schweinekoben gewöhnt. Vieles hängt auch von der Aufmerksamkeit der betreffenden Nase ab, außerdem geben nicht alle duftenden Pflanzen ihren Duft gleichzeitig ab. Das kann von der Temperatur, vom Feuchtigkeitsgrad der Luft und sogar von der Tageszeit abhängen. Diese Launenhaftigkeit macht den Geruch vielleicht noch kostbarer. Wir schnappen vielleicht ganz unerwartet einen Duft auf, wenn wir an einem Winterblüten-Strauch oder einer Zaubernuß vorbeikommen, die wir eine Stunde früher nicht wahrgenommen hätten, vielleicht gibt auch die kleine *Azara microphylia* gerade einen Vanillegeruch ab. Und der Duft des von Sonne beschienenen Buchsbaums oder seiner Zweige, wenn wir sie zertreten. Und das eines Beetes mit angewärmtem Goldlack. Und die in der Nacht duftende Levkoje, diese unscheinbare Einjährige, die erst nach der Dämmerung zu ihrem Recht kommt.

Aber vielleicht ist nichts mit den Waldwiesen unserer einheimischen Glockenblume zu vergleichen: rauchigblau wie ein Freudenfeuer im Herbst, von schwerem Duft wie eine Sommerrose und doch so jung wie ihre Jahreszeit, der Frühling.

Mit derselben Post sind zwei weitere Briefe gekommen. Der eine bittet mich, über Show-Aurikeln zu schreiben, der andere bittet um einen Artikel über die altmodischen Primeln, die gefüllten, die doppelwändigen usw. »Falls Sie diese Pflanzen leiden mögen.« Ob ich sie leiden kann? Keine Frage, ich liebe sie und wünschte, sie erwiderten meine Zuneigung.

Ich werde meine Antworten auf diese beiden Briefe auf zwei getrennte Artikel verteilen müssen. Zuerst kommen die altmodischen Primeln an die Reihe. Ich finde es unbeschreiblich schwer, sie an meinem Wohnort in Kent in Südwest-England anzupflanzen. Angeblich fühlen sie sich im warmen, feuchten Klima Irlands und an der Westküste Schottlands wohl, wo der geheimnisvolle Einfluß des Golfstroms dahinkriecht wie eine unsichtbare Form von Zentralheizung. Es wäre lustig, die Hände ins Wasser zu tauchen oder an einer bestimmten Stelle die Finger durch den Ozean zu ziehen und festzustellen, daß das Wasser spürbar wärmer wird, aber ich glaube nicht, daß das möglich ist.

Wir erinnern uns an die langen Reihen von doppelten Primeln, die in alten Küchengärten die Beete einfaßten, oft unter Spalieren mit Äpfeln und Birnen – eine bezau-

Primula veris

bernde Kombination. Die Obstblüte findet zum selben Zeitpunkt statt wie die dieser wunderschönen Blumen. »Fänden wir sie nicht im Garten jeder Landfrau, dann würden wir sie höher achten«, schreibt im Jahre 1665 John Rea. Niemand scheint sich je um sie gekümmert zu haben, aber sie blühten in Büscheln von der Größe eines dicken Salatkopfes und blühten jedes Jahr malvenfarben, lila oder weiß. Doch wo sind sie jetzt? Dem Kultivator und der Hackfräse zum Opfer gefallen? Und warum sind sie heutzutage so heikel, wenn wir ein seltenes Mal zu einem beträchtlichen Preis von einem der wenigen Züchter, die sie noch im Angebot haben, einige wenige Setzlinge beziehen können? Ich habe immer wieder Züchter um ihren Rat gebeten und kann hier nur die allgemein vertretene Einschätzung wiedergeben.

Sie sind gierig. Darüber sind alle einer Meinung. Vielleicht waren sie deshalb mit dem immer neu angereicherten Boden der Küchengärten so zufrieden?

Sie möchten vor heißer Sonne geschützt werden.

Sie mögen es feucht; nicht triefnaß, aber soviel Feuchtigkeit, daß ihre Köpfe nicht schlaff hinunter hängen.

Sie müssen jedes Jahr nach dem Blühen vereinzelt werden, am besten Ende Juni oder Anfang Juli. Andere Züchter allerdings machen das lieber erst im Herbst.

Uneinigkeit herrscht über die Beschaffenheit des Bodens, in dem sie gepflanzt werden sollten. Ein Züchter empfiehlt Lehm. Ein anderer lockere, humusreiche Lauberde. In diesem Punkt müssen wir uns also selber entscheiden, doch wir dürfen nie vergessen, sie mit Nahrung in Form von Kompost, organischem Dünger oder Knochenmehl so unablässig vollzustopfen, wie es die Pflegeeltern von jungen Kuckuckskindern tun.

Die Nostalgie hat auch ein neues Interesse für altmodische Blumen mit sich gebracht: für gefleckte Nelken, gefüllte Primeln, gefranste Tulpen, die doppelte Studentennelke. Vielleicht haben wir es aber nicht nur mit der Sehnsucht nach einer Zeit zu tun, die wir, ob nun zu Recht oder zu Unrecht, für glücklicher als unsere eigene halten, da sie auf jeden Fall weniger hektisch war, sondern auch mit einer natürlichen Reaktion auf die übertriebenen Blüten, die uns heute angeboten werden: Quantität statt Qualität – wer will schon eine tellergroße Begonie?

Unter den vielen Pflanzen, die jetzt wieder zu Ansehen kommen, findet auch die Aurikel ihr Plätzchen. Ich spreche hier nicht über die Aurikel, die unter freiem Himmel wächst, die alpine Aurikel, die wir so oft in Cottage-Gärten finden, sondern über die Abart, die normalerweise Show-Aurikel genannt wird, die im Haus oder unter Glas gepflanzt werden muß, nicht weil sie nicht zäh genug wäre, sondern weil der Regen ihren Puder (*farina*) abwäscht und ihr dadurch ihre sauberes Aussehen nimmt. Diese Blume kann es sich einfach nicht leisten, einen schlampigen Eindruck zu machen. Weil sie die adretteste und unverwechselbarste Blumensorte ist, muß sie sich so sorgfältig putzen, wie eine Katze das macht, wenn sie vor dem Kamin liegt. Und wenn sie das darf, dann wird sie in April und Mai Blüten produzieren, die schlichte Bescheidenheit und extreme Verfeinerung miteinander verbinden. Grau, grün, weiß mit grünem Rand, scharlachrot mit grünem Rand, gelb mit grauem Rand, es gibt sehr viele Variationen. Die alten Züchter stellten ihre Töpfe in terrassenförmig abgestufte Regale, die manchmal ein kleines selbstgemachtes Theater darstellten, bei dem die Landschaft als Hintergrund gemalt war.

Nur wenige unter uns haben genug Zeit, sich auf so charmante Weise die Zeit zu vertreiben, aber auf jeden Fall können wir uns einen an der Wand befestigten Halter mit vier oder fünf Brettern gönnen, die uns jeder geschickte Schreiner aus überzähligen Holzstücken machen kann.

Aber nun zu den praktischen Fragen der Aurikelzucht. Sie als Pflanzen zu kaufen ist ziemlich teuer, es kostet dagegen nicht viel, von einer guten Firma eine Packung Samen zu beziehen. Säen Sie sie im April in einer Schale mit fein gesiebtem Boden, und bedecken Sie die Samen nur wenig. Das ist wichtig: Wenn sie zu tief begraben werden, werden sie nicht keimen. Stecken Sie die Setzlinge dann in winzige Töpfchen, und bringen Sie diese in einen zwölf Zentimeter-Topf, nie in einen großen. Sie sollten immer kühl stehen und niemals der heißen Sonne ausgesetzt werden.

Ich habe gerade erst einen *Metasequoia glyptostroboides* gepflanzt. Falls dieser Name nicht gerade vertraut klingt, sollte ich vielleicht erklären, daß es sich um einen Baum handelt, dessen Entdeckung zu den romantischen Geschichten der Pflanzenkunde gehört. Dieser Baum war schon seit einiger Zeit als ins Mesozoikum datierbares Fossil bekannt, das, wenn ich richtig informiert bin, vor zweihundert Millionen Jahren stattgefunden hat, aber da niemals ein lebendiges Exemplar gesichtet worden war, gingen die Botaniker davon aus, daß es ungefähr zur selben Zeit ausgestorben war wie seine Zeitgenossen, die Riesenechsen. Wir können uns deshalb vorstellen, wie überrascht Mr. T. Wang war, als im Jahre 1946 in einem abgelegenen Tal in Nordwest-Sezuan drei seltsame Koniferen entdeckt wurden. Ihre Blätter entsprachen den fossilen Überresten. Weitere Untersuchungen führten in derselben Gegend zu verstreut stehenden ähnlichen Bäumen; zumeist in sumpfigem Boden in der Nähe von Gewässern; ihre Samen keimten sehr rasch, und deshalb kann dieser außergewöhnliche Überlebende aus einer unvorstellbar weit zurückliegenden Zeit jetzt für kommende Generationen von Europäern und Amerikanern als sicher erhalten gelten.

Vermutlich werden sich nicht viele Besitzer kleiner Gärten versucht fühlen, den Urwaldmammutbaum zu pflanzen, denn seine Endhöhe von über vierzig Metern kann ebenso einschüchternd wirken wie sein Name. Aber da in einigen Parks und auch manchen Privatgärten schon

53

junge Exemplare zu sehen sind, sollte ich sie beschreiben, damit Sie eine *Metasequoia* auch erkennen können, wenn Sie einer über den Weg laufen. Blaßgrün und federartig in Frühling und Sommer, im Herbst dann hellrosa, ein umwerfender Anblick, wenn das Sonnenlicht darauf fällt. Meine eigene, mit einem winzigen Setzling, der mir einmal geschenkt wurde, gemachte Erfahrung zeigt, daß er sehr schnell wächst, in einem Jahr bis zu einem Meter, vor allem, wenn er an einer feuchten Stelle gepflanzt wird, wie er das liebt.

Als ich nach einem zweimonatigen Auslandsaufenthalt wieder nach Hause kam, fand ich in der inzwischen aufgehäuften Post so allerlei Interessantes. Deshalb wird dieser Artikel ein wenig zusammenhanglos aus einigen auserwählten Briefstellen zusammengebaut.

Die aufregendste Nachricht war, daß hierzulande nun Klettererdbeeren erhältlich sind. Leser meiner Gartennotizen erinnern sich vielleicht, daß ich im letzten Jahr eine seltsame neue Pflanze beschrieben habe, die über drei Meter groß wird und an einem Pfahl oder einem Gitter wachsen sollte, die von ihren Züchtern auf dem Festland jedoch so eifersüchtig gehütet wurde, daß jeglicher Export verboten war. Wer sich in der Schweiz, in Deutschland oder Frankreich ein Exemplar kaufte, mußte sein Ehrenwort geben, es nicht auszuführen. Jetzt ist das endlich erlaubt. Diese Pflanzen sind teuer, und kein Kunde bekommt mehr als fünf, deshalb sollten Sie sofort beim einzigen Importeur, Messr. Baker, Codsall, Wolverhampton, eine Bestellung aufgeben.

Diese »Sonjana« genannte Klettererdbeere lohnt für den unternehmungslustigen Gärtner wirklich den Versuch. Ihre Vorzüge liegen auf der Hand: Sie muß nicht mit Stroh bestreut werden, wir trampeln nach dem Regen nicht durch Lehm, es gibt keine kriechenden Raupen, und wir brauchen uns beim Pflücken nicht zu bücken. Und außerdem sieht sie hübsch aus und und liefert angeblich von Juni bis Oktober Früchte.

Die nächste außergewöhnlich interessante Mitteilung in meinen Briefen drehte sich um die Schwierigkeit, von Ablegern Seidelbast zu ziehen. Ich hatte in einem Artikel behauptet, daß Seidelbast wie auch Rhododendron diese Art der Vermehrung nicht schätzen. Empörte Briefe informierten mich über große Erfolge; doch mir ist aufgefallen, daß dabei ausnahmslos von *Daphne odora* die Rede ist. Mit keinem Wort wurden *Daphne mezereum* oder *tangutica* oder *retusa* oder *collina* erwähnt; ganz zu schweigen von der seltenen und wunderschönen chinesischen *D. genkwa*, die sich bekanntlich allen normalen Vermehrungsmethoden widersetzt. *D. odora* und ihre Variante *Odora variegata* scheinen sich also zum Ableger zu eignen, bei ihren übrigen Verwandten ist das offenbar nicht der Fall.

Ich muß noch hinzufügen, daß in einem Brief ein bezaubernder Vorschlag wiederholt wurde. Sein Absender hatte in einem Cottage-Garten eine *D. odora* gesehen und sich erkundigt, ob sie von einem Ableger her stamme. Der Gartenbesitzer konnte das bejahen, wies aber daraufhin, daß Ableger nur an vier Tagen im Jahr genommen werden dürfen, zwischen dem 26. und dem 30. August. Ich frage mich, woher solche volkstümlichen Überzeugungen stammen und wie sie überleben. Manchmal scheinen sie durchaus einen wahren Kern zu haben, bestimmte Samen sollte man wirklich nur bei zunehmendem oder abnehmendem Mond aussäen.

Wo hier schon vom Säen die Rede ist, so ist vielleicht nicht allgemein bekannt, daß im März gesäter Rittersporn im Spätsommer reichlich blüht und daß es Anfang April bereits zu spät ist, vom ausgewachsenen Rittersporn Ableger zu nehmen. Am besten schlägt er Wurzeln in sehr lockerem Boden.

April

Ein sehr ansprechender kleiner Busch oder kleiner Baum, den wir in Gärten nicht oft sehen, blüht schon seit Mitte März. Er macht nicht viel von sich her, und die meisten gehen wohl achtlos vorüber, falls sie seinen Duft nicht aufschnappen. Denn der enthält das reinste Vanillearoma.

Die Rede ist von *Azara microphylla*.

Ich neige eigentlich dazu, ihn nur Gärtnern zu empfehlen, die etwas haben wollen, das ihr Nachbar vermutlich nicht hat; aber schließlich schreibe ich meine Artikel für genau solche Gärtner. Für Gärtner, die sich etwas Außergewöhnliches wünschen, das aber trotzdem leicht anzupflanzen ist. Das ist bei *Azara microphylla* der Fall. Es ist eine immergrüne Pflanze, seine hübschen glänzenden Blättlein sehen aus wie lackiert; und er hat winzige gelbe Blüten, die ihren Duft jetzt über meinem Schreibtisch und in meinem ganzen Zimmer verbreiten. Ich schnuppere nur noch. Und beim Schreiben umweht mich das Vanillearoma.

Azara microphylla kommt ursprünglich aus Südamerika, aus Chile. Einige Fachleute behaupten, er könne in Großbritannien nur das günstige Klima von Devon oder Cornwall ertragen. Das glaube ich aber nicht. Er gedeiht auch hier bei mir in Kent, und ich habe im eher kühleren Klima von Gloucestershire einen über sechs Meter hohen Baum gesehen. Mein Rat ist also: Lassen Sie es darauf ankommen, und pflanzen Sie!

Dieser Baum fühlt sich in Lauberde wohl. Der Schutz einer Nord-, Ost- oder Westmauer bietet sich an; die Morgensonne sollte ihn nach einer Frostnacht nicht sofort erreichen können. Daran sollten wir immer bei Frost ausgesetzten Pflanzen denken, für die die warme Morgensonne nach der kalten Nacht oft einen zu argen Schock bedeutet. Pflanzen müssen sich langsam umstellen können, es darf keinen zu abrupten Übergang geben.

Ein weiterer empfehlenswerter Strauch ist *Osmanthus delavayi*, auch Duftblüte genannt. Wie *Azara microphylla* hat er dunkelgrüne, buchsbaumähnliche Blätter und statt gelber weiße, duftende Blumen. Er blüht im März und April, und wir können ihn beschneiden, soviel wir wollen, je mehr er beschnitten wird, um so besser wächst er. Er hat die Aufmerksamkeit von Gärtnern, die sich etwas Außergewöhnliches wünschen, wirklich verdient.

Wie bezaubernd und wie raffiniert sind doch diese frühblühenden Sträucher! Wir sind alle daran gewöhnt, jedes Jahr in den Gärten Osterglocken zu sehen, aber nur wenige unter uns kommen auf den Gedanken, unsere englische Luft mit Vanille des *Azara microphylla* oder dem Duft des *Osmanthus* anzureichern, den Father Davy vor etwa sechzig Jahren in Yünan entdeckt hat.

Ich möchte mich bei dieser Gelegenheit bei allen bedanken, die mir geschrieben haben, daß sich hinter dem Namen Baumprimel kein esoterischeres Geschöpf versteckt als unsere alte Freundin, die Nachtkerze *Oenothera biennis*. Das hätte ich mir eigentlich denken können. Wie dumm man doch sein kann. Ich bin einfach nicht auf diese Idee gekommen.

Auf jeden Fall möchte ich, wo jetzt schon von Nachtkerzen die Rede ist, diese Pflanze allen empfehlen, die nichts dagegen haben, wenn etwas sich überall aussät, ob es nun erwünscht ist oder nicht. Wir können die unerwünschten Setzlinge immer noch herausziehen und die erwünschten ihrem Wachstum überlassen. Die Nachtkerze ist eine überaus fähige Selbstsäerin, sie gedeiht in Sonne und Schatten, sie macht sich nützlich als Sommerkante oder im wilden Garten, sie wird etwa einen Meter hoch und produziert viele Wochen hindurch eine Generation blaßgelber Blüten nach der anderen, sie ist unordentlich und schlampig und für einen alten Cottage-Garten wie geschaffen.

Die Rede ist hier von der häufigst auftretenden Nachtkerzenart, die zweijährlich blüht, doch weil die selbstgesäten Setzlinge dermaßen großzügig blühen, brauchen wir uns über das nächste Jahr niemals Sorgen zu machen. *Oe. perennis* sieht ihr sehr ähnlich, wird jedoch nicht ganz so groß. Es gibt außerdem noch Zwergarten, die für sehr warme, trockene Stellen im Steingarten geeignet sind, die zuverlässigste ist vielleicht *Oe. missouriensis*, eine blaßgelbe Nachtkerze, die manchmal auch *macrocarpa* genannt wird. Auch sie blüht zweijährlich und kann von jetzt an gesät werden, um dann Ende des Sommers einen Schwung neuer Setzlinge zu liefern. Sie ist von ausschweifender Art und hat zwischen ihren graugrünen Blättern von Juli bis Oktober immer wieder große gelbe Blüten. Sie macht sich sehr gut, wenn sie über einen großen grauen Felsen kriecht.

Meine Bemerkungen über Gloxinien (*Sinningia speciosa*) vor einigen Wochen haben mir mehrere Briefe eingetragen. Ich würde gern zwei der unterhaltsameren Vorschläge weiterreichen.

Eine Briefschreiberin aus Deutschland teilt mit, daß sie abgefallene Blütenblätter auf die grünen Blätter legt, wo sie noch »zwei Wochen lang frisch bleiben und der Pflanze mehr Farbe geben, als sie ohne die abgefallenen Blütenblätter hätte«. Eine andere Briefschreiberin erzählt, daß sie ihre Gloxinien in »diesen großen Cognacschwenkern, mit sechsunddreißig Zentimeter Umfang und zwanzig Zentimetern Durchmesser« pflanzt, die sie über Nacht mit einem Glasteller bedeckt. Das schützt die Pflanzen vor Zug und Rauch aus dem Kamin.

Auf was für Ideen manche Leute doch kommen! Was für ein Vorschlag, Gloxinien in einem Cognacschwenker anzubauen!

Noch einmal zurück zu den Show-Aurikeln. Ich spreche hier nicht von den unter freiem Himmel wachsenden Primeln des Cottage-Gartens, sondern von ihren aristokratischeren, intellektuelleren Verwandten, die unter Glas gezogen werden müssen, damit unser rauhes Wetter ihre Anmut nicht molestiert. Mir gefällt dieses obsolete Wort »molestieren«, es bedeutet verletzen, beschädigen, verderben oder auch entstellen und verzerren. Ich bringe gern alte Wörter wieder in Umlauf.

Und dieses Wort läßt sich vor allem auf die Show-Aurikel anwenden, die recht ausdauernd ist, aber vor dem Regen geschützt werden muß, der aus ihrem mehlig-weißen Puder sonst ein breiiges Chaos machen würde. Das reine Weiß der mehligen *farina* ist ein wichtiger Wesenszug der Show-Aurikel, sie verliert ihre ganze Schönheit, wenn dieses Weiß verdorben wird. Die Pflanzen brauchen jedoch nicht verwöhnt zu werden; ein unbeheiztes, gut durchlüftetes Gewächshaus reicht schon, und wenn sie verblüht sind, können sie ins Freie verpflanzt werden, ihre Töpfe sollten geschützt vor der heißen Sonne bis zum Rand in Sand oder gesiebte Asche gestellt werden.

Ich habe schon angedeutet, daß die Show-Aurikel zu den intellektuellen Pflanzen gehört, und Sie würden mir sicher zustimmen, wenn Sie die viele Literatur gelesen hätten, die sich mit dieser Pflanze und den Problemen Mendelscher Rezession, den Formen von Augen und Feldern und dem unerwünschten weißen Auge befaßt. Nicht alle werden sich über solche Feinheiten den Kopf zerbrechen wollen, sondern diese schöne bunte Pflanze in irgendeiner Farbe und Gestalt anpflanzen.

Die diversen Varianten sind recht teuer, lassen sich aber leicht aus Samen ziehen, und ein Schwung Setzlinge bringt immer ein interessantes Ergebnis. Es ist übrigens eine erstaunliche Tatsache, daß der charakteristische rüschenähnliche Rand, der zu den Blütenblättern zu gehören scheint, in Wirklichkeit ein Blatt für sich ist.

Im 18. und 19. Jahrhundert, als die leidenschaftliche Liebe zu Aurikeln der früheren zu Tulpen gleichkam, vor allem, was ich ziemlich rührend finde, unter den Bergarbeitern und Baumwollspinnern in Lancashire, hatten alle Züchter ihre eigenen Vorstellungen über die richtige Erde. Gänsedung und Maulwurfshügel fanden gleichermaßen ihre Verteidiger. Heute wird John-Innes-Kompost befürwortet: Zwei Teile sterilisierter und gesiebter Lehm, drei Teile Torf, zwei Teile Sand, ein wenig zerstoßene Kohle und auf einen Scheffel ca. 30 Gramm Huf und Horn. Umgetopft werden sollte im Juni, nehmen Sie keinen zu großen Topf, und stellen Sie die Töpfe in den Schatten, bis die Setzlinge neue Wurzeln geschlagen haben.

Wenn wir bedenken, was ich über die mehlige *farina* gesagt habe, dann brauche ich wohl nicht mehr hinzuzufügen, daß die Pflanzen sehr vorsichtig begossen werden müssen, aus einer Tülle, nicht aus einer Rosette. Sie müssen gegossen werden, denn sie dürfen in ihrem Glaspalast niemals austrocknen. Das bedeutet bei Dauerfrost ein Problem, schließlich könnte die Erde im Topf über Nacht gefrieren, wenn sie tagsüber durch das Gießen zu feucht geworden ist. Die einzige Lösung ist, wenn sie ein elendes Exemplar, das den Kopf hängen läßt, wirklich zu einem so unangebrachten Zeitpunkt gießen müssen, es vorübergehend an eine geschützte Stelle zu bringen, wo die grimmigen Klauen des Frosts ihm nichts anhaben können.

Ich glaube nicht, in irgendeinem Artikel je den Namen *Billbergia* erwähnt zu haben. Wie konnte ich sie vergessen! Es ist eine sehr angenehme Pflanze für ein kaltes Gewächshaus oder sogar für ein Zimmer im Haus, denn sie ist so zäh, daß wir sie wirklich nur vor Frost schützen müssen. Sie wird bisweilen als »normale Cottage-Fensterpflanze« beschrieben, ich muß jedoch zugeben, daß ich sie noch nie auf einer Cottage-Fensterbank gesehen habe. Und das sollte doch heutzutage, wo so viele ihre Pflanzen im Haus ziehen, Empfehlung genug sein.

Wie sie aussieht? Schwer zu beschreiben. Wenn ich sie mit botanischen Begriffen beschreiben wollte, dann müßte ich ihre Blüten als zygomorph bezeichnen und darauf hinweisen, daß ihre Stabblätter auf dem Grund der Blütenhülle befestigt sind, aber was für ein Bild würde ich damit vermitteln? Nein, da sage ich doch lieber, daß sie eher aussieht wie der Traum eines verrückten Juweliers denn wie eine Blume, nämlich wie ein unendlich langes Ohrgehänge mit einer phantastischen Farbkombination:

hellrosa Stengel und Deckblätter, mit einem zwölf Zentimeter langen Gebammel in Grün, Blau, Rosa und Gelb, etwas, das am Kopfputz einer balinesischen Tänzerin oder an den Ohrläppchen einer Schönheit auf einer persischen Miniatur hängen sollte. Doch selbst dieser dilettantische Beschreibungsversuch des Zimmerhafers kann Ihnen das richtige Bild nicht vor Augen führen. Hilft die Information, daß diese Pflanze zur stacheligen Ananas-Familie gehört?

Am leichtesten ist *Billbergia nutans* zu ziehen. Es gibt andere Varianten, einige haben sogar noch hinreißendere Namen, wie die *Billbergia zebrina* mit ihren Zebrastreifen, aber *nutans* ist unter allen die zuverlässigste Blüherin; sie hat mich noch nie enttäuscht und blüht jedes Jahr von März bis April auf großzügigste Weise. Wenn Sie sie vermehren wollen, dann sollten Sie sie nach der Blüte in Rosetten zerbrechen, die dann neu getopft werden können, während Sie die alten wegwerfen. Sie können auch die gesamte Pflanze mit frischer, eher leichter und gut drainierter Erde in einen größeren Topf pflanzen. Auf diese Weise kann eine einzige Pflanze an die zwei Dutzend ihrer seltsamen hängenden Blüten produzieren. Die Heimat der Billbergien ist das ganze weite Gebiet zwischen Brasilien und Mexiko.

Ich experimentiere liebend gern. Meistens geht alles schief, aber ich kann der Versuchung nicht widerstehen. Deshalb habe ich Samen einer raschen einjährigen Kletterpflanze bestellt, offenbar handelt es sich um eine nahe Verwandte unserer alten Freundin, der *Ipomaea*, Heavenly

Blue oder Morning Glory. Ihr richtiger Name lautet *Convolvulus tricolor*, der Beschreibung nach variieren die Blüten der Prachtwinde im Laufe eines einzigen Tages zwischen zartrosa-orange und hellrot-rosa. Ich habe gelernt, solchen Beschreibungen zu mißtrauen, und im Grunde hat der Spitzname dieses Geschöpfs, der Herzen und Honig lautet, mich zu meiner Bestellung veranlaßt. Und diese Entscheidung habe ich nicht bereut. Es ist ein hübsches Ding, kleine fette Blüten, ungefähr so groß wie eine mittelgroße Münze.

Für den wahren Pflanzenliebhaber gibt es nur wenige wertvollere Schätze als die, die er selber gesammelt hat, am liebsten während eines Auslandsaufenthaltes. Ich weiß nur zu gut, wie wichtig mir die wenigen Überlebenden sind, die Ableger, die ich zwischen feuchten Schwämmen im Toilettenbeutel transportierte, oder die Zwiebeln, die ich in die Spitze eines Schuhs gestopft nach Hause schaffen konnte. Die fremde Erde, die ich noch immer spürte, als ich diese Schuhe das nächste Mal anzog, machte nicht den geringsten Teil meines Vergnügens aus, ist sie doch ein Teil von Persien, Frankreich, Italien oder Spanien. Die Überlebenden dieser Expeditionen sind mir lieber als alles, was ich für bares Geld bei einem Züchter hätte bestellen können. Und wo nun Ostern näherrückt und der ein oder andere vielleicht vorhat, sein Geld auf dem anderen Ufer des Kanals auszugeben, möchte ich ein warnendes Wort anbringen.

Ich habe erst kürzlich eine ganze Serie von ekstatischen Briefen eines Griechenlandreisenden erhalten. »Wenn Sie sie doch nur sehen könnten«, schrieb er, »die mit Anemonen, Narzissen, Iris, Jonquillen, Cyclamen bewachsenen Hänge ... ich grabe alles mit dem Pflanzenheber aus, den ich umsichtigerweise mitgenommen habe. Könnten Sie wohl beim Landwirtschaftsministerium in Erfahrung bringen, welche Erlaubnis ich brauche, um Zwiebeln und Knollen mit nach England zu nehmen? Es würde mir das Herz brechen, wenn ich sie am Ende alle in den Hafen von Dover werfen müßte.«

Das Landwirtschaftsministerium machte keinerlei Schwierigkeiten und schickte postwendend die Erlaubnis, unter der Bedingung, wie es hieß, daß besagte Zwiebeln und Knollen privat und nicht zu Geschäftszwecken genutzt werden sollten; mit anderen Worten, daß der Ausgräber sie für seinen eigenen Garten bestimmt hatte. Man wies aber auch darauf hin, daß strenggenommen eine solche Erlaubnis bereits vor der Abreise aus England hätte eingeholt werden müssen. (Zukünftige Pflanzensammler, bitte, merken Sie sich diese wichtige Bestimmung!)

Aber nun kommt doch noch das dicke Ende. Mein Griechenlandreisender, der kein Schmuggler ist, hatte durchaus bedacht, daß es Schwierigkeiten machen könnte, seine Paketchen durch den englischen Zoll zu bringen. Womit er nicht gerechnet hatte, war die Tatsache, daß die italienische Dogana sich einmischen würde, als er auf der Rückfahrt in Brindisi eintraf, und daß seine griechischen Zwiebeln deshalb nicht im Hafen von Dover enden sollten, sondern in der Adria.

Die Moral dieses Artikels ist: Wenn Sie ins Ausland reisen und von dort Pflanzen mit nach Hause bringen möchten, dann informieren Sie sich über die Bestimmungen in allen Ländern, nicht nur bei Ihnen zu Hause.

Die rote Zierjohannisbeere, *Ribes sanguineum*, sehen wir oft in Cottage-Gärten, wo sie manchmal wie eine Hecke geschnitten ist – und sie bildet dann eine sehr dichte, hübsche Hecke, die um diese Jahreszeit mit rosa Blüten übersät ist. Ein ausgesprochen zuverlässiger Strauch, der niemals ein Jahr ausläßt und nur ein Minimum an Pflege oder Fürsorge verlangt, doch gerade deshalb steht er nicht in allzu hohem Ansehen, und es gibt sogar Leute, die das ein wenig schmuddelige Rosa der einzelnen Blüte verachten; solche Menschen, deren Ansicht ich durchaus teile, sollten sich nicht mit dem Originaltypus, der 1826 aus dem Westen der Vereinigten Staaten zu uns gekommen ist, zufriedengeben, sondern sich die Varianten *splendens* und *King Edward VII* zulegen, die beide viel leuchtendere Farben aufweisen und ansonsten ebenso umgänglich sind.

Ich nehme an, daß die meisten wissen, daß man im Ja-

Ribes sanguineum

nuar Johannisbeerzweige schneiden kann, die man dann im Haus in einen Eimer Wasser stellt und die im März in einem so reinen Weiß erblühen, wie wir das sonst nur von wilden Kirschen kennen.

Es gibt jedoch noch weniger häufig auftretende *Ribes*. Dazu gehört *Ribes speciosum*, die ich nur mit einer stacheligen Fuchsie vergleichen kann. So widerspenstig und stachelig wie die Stachelbeere, erblüht dieser kalifornische Strauch im April und Mai mit einer großen Menge winziger roter, fuchsienhafter Blüten, die wie kleine Quastenreihen vor ihren rötlichen jungen Trieben hängen. Wenn wir diese Triebe an einer Mauer befestigen, dann richten sie sich waagerecht in einer Länge von bis zu vierzig Zentimetern aus, und das sieht ganz reizend aus, vor allem, wenn sie so gepflanzt werden, daß das Sonnenlicht auf die Triebe fällt und sie in die fast blutrote Transparenz eines Granaten oder eines vor starkem Licht gesehenen Hundeohres verwandelt. Sie benötigen keine Mauer zum Schutz, es sei denn, Sie leben in einer sehr kalten Gegend, denn sie wachsen ebenso bereitwillig als einzeln stehender Busch; doch zweifellos bilden sie eine sehr dekorative Wandbedeckung, und Sie werden feststellen, daß Menschen, die sie noch nie gesehen haben, sich wirklich den Kopf darüber zerbrechen, was das nun für ein Gewächs sein kann.

Es gibt auch noch *Ribes aureum*, das in einem alten Katalog als Büffel-Johannisbeere des Wilden Westens auftaucht. Hier sind die Blüten gelb und haben für alle Nelkenliebhaber den Vorzug, daß sie diesen würzigen Geruch abgeben; außerdem verfärben sich die Blätter im Herbst zu feinem Gold.

Ich finde es immer interessant und amüsant, Menschen zu beobachten, die durch fremde Gärten wandern. Wir können sie in zwei Gruppen einteilen. Es gibt die Augen und die Nicht-Augen. Die Augen gehen langsam, sie sehen sich alles an, registrieren alles, lesen Schildchen, machen sich Notizen, denn normalerweise haben sie ein Notizbuch bei sich, in das sie mit stumpfem Bleistift Eintragungen machen, die sie zu Hause dann nicht mehr entziffern können.

Die Nicht-Augen trotten blindlings durch die Gegend. Sie haben nur den vagen Eindruck, sich in einem fremden Garten zu befinden, es ist zweifellos ein sehr hübscher Garten, denken sie, schließlich haben sie Eintritt bezahlt, deshalb wollen sie so lange wie möglich bleiben und den Besuch so sehr genießen wie nur möglich. Aber ist der Genuß wirklich so groß, wenn sie nicht wissen, wie sie hinschauen müssen? Blumen, Design, Layout zu betrachten ist eine Kunst, die wir erst lernen müssen, wenn wir nicht mit einem natürlichen Talent dazu auf die Welt gekommen sind, und je mehr wir über diese Kunst wissen, um so größer wird unser Genuß sein.

Es ist eine Kunst, die wir uns durch Praxis aneignen

können, und deshalb möchte ich allen raten, die Möglichkeiten zu nutzen, die die vielen Hunderte von privaten
Parks bieten, die jetzt der Öffentlichkeit zugänglich sind.
Es ist eine ungeheuer gute Gelegenheit, um zu sehen und
zu lernen, zu genießen und zu profitieren. Das National
Gardens Scheme (Hatchlands Park, East Clandon, Surrey,
GU4 7RT) weist für England und Wales über tausend solcher Parks und Gärten auf, für Schottland sind es über
zweihundert. Es gibt alles zwischen großen berühmten
Parks und kleinen bescheidenen Gärten, Sie brauchen
sich nur noch zu entscheiden.

Vor Jahren habe ich an dieser Stelle einen Thymian-
garten beschrieben, eine schlichte und eigentlich auf
der Hand liegende Idee, die überraschend populär wurde.
Alpine Gärten dagegen habe ich meines Wissens noch
nicht behandelt. Wer das Glück gehabt hat, über die
hohen Alpenweiden der Schweiz, Französisch-Savoyens
oder der österreichischen Dolomiten zu wandern, wird
mich verstehen. In dieser klaren, reinen Luft zieren die
Blumen das Gras und kuscheln sich an den natürlichen
Ausläufern grauer Felsen an, sie umgeben die raschen,
schmalen Bäche, die silbrig glänzend wie Elritzen aus
ihren Quellen entspringen; sie bewegen sich im Bergwind
und drücken sich aus Selbsterhaltungstrieb zum Schutz
vor Gebirgsstürmen gegen den Boden.

Wir können eine dermaßen majestätische Szenerie natürlich nicht liefern, aber auf unsere bescheidene Weise können wir durchaus in einem englischen Garten ein Stück Alpin-Wiese wiedergeben. Ideal dafür sind die kleinen Ausläufer eines Steingartens. Wir müssen unsere Alpin-Wiese so dicht wie möglich wachsen lassen, sie so dicht weben wie einen Teppich oder Gobelin. Wir können kein Gras als Grundlage nehmen, wenn wir nicht bereit sind, es mit der Nagelschere zu schneiden. Ich schlage deshalb andere dichte Deckpflanzen vor: Kletterthymian, Minze, gelbes Steinkraut, Kamille, blauen Ehrenpreis, alles, was kriecht und krabbelt und zu einer groben grauen Decke wird, die sich in der richtigen Jahreszeit mit munteren kleinen Blumen schmückt. Wenn bei Ihnen der im Frühling blühende Enzian *acaulis* gedeiht, um so besser; er bildet normalerweise eine dicke grüne Matte, auch wenn er nicht blüht, und eine dicke grüne Matte ist unerläßlich. Auch die silbrige *Raoulia australis* bildet eine solche Matte, sie neigt jedoch dazu, wie eine mottenzerfressene Matte auszusehen. Ich hätte auch nichts gegen einige, diskret verteilte Aubrietien einzuwenden oder gegen wilde Veilchen, die an Alpenveilchen oder unsere einheimische Glockenblume erinnern.

Fast immer stellt sich die Frage der Feuchtigkeit. Ein solches unterirdisches Netz aus kleinen gierigen Wurzeln saugt im Erdreich jeden Tropfen auf. Bei echten Alpenwiesen gibt es viele kleine Quellen, der Boden ist manchmal sogar dort, wo Steinbrech wächst, ein wenig sumpfig, aber in England können wir normalerweise nicht mit solchem Segen rechnen. Ein guter Ersatz für eine natürliche Quelle oder einen Bach ist der Schlauch, der Schlangen-Irrigator genannt wird. Wie der Name schon sagt, läßt er sich in jede Richtung drehen, und da er aus porösem Leinwandstoff besteht, gibt er langsam und ohne es zu verschwenden sein Wasser ab. Ich habe mir gerade erst einen zugelegt und bin sehr angetan davon, denn anders als andere Neuerrungenschaften leistet er genau das, was die Werbung verheißt.

Wenn ich an die scheußlichsten Wochen des vergangenen, ungeliebten Winters zurückdenke, dann versuche ich, voller Dankbarkeit an die Dinge zu denken, die mir Freude gemacht haben, als draußen alles grau und farblos und kalt war. Ich konnte in einem unbeheizten Gewächshaus in einem Regal oder Gestell Platz schaffen und ihn von Neujahr bis Ostern mit winzigen, leuchtenden Pflanzen füllen. Ihre leuchtenden Farben bildeten einen Kontrast zum Schnee und zum bleigrauen Himmel: Ich hatte das Gefühl, eine Voliere mit tropischen Vögeln oder Schmetterlingen zu betreten, und doch waren sie alle pflegeleicht und weder eigen noch tiefgründig. Es handelte sich einfach um einige Schalen mit frühen Krokussen, um einen Topf *Cyclamen coum*, der dermaßen heftig blühte, daß ich dachte, diese Großzügigkeit müsse seinen

Tod bedeuten; um eine Schüssel mit aus dem Garten ausgegrabenen Traubenhyazinthen, um einige unmittelbar vor dem Blühen hochgenommene Schneeglöckchen, um Steinbrech, der sich zu winzigen, stecknadelkopfgroßen Blüten öffnete, die sich an die dichten graugrünen Rosetten ihrer Unterblätter anklammern, um einige frühblühende Narzissen und Jonquillen, um einen Topf mit der schönen rosa Kamelie *Donation*, um die frühen Primeln *frondosa marginata* und *Linda Pope*, um einen Topf duftenden Seidelbast *collina* und *tangutica* und um die früheste und tapferste von allen, um die winzige himmelblaue *Iris histrioides major*, die ich allen empfehlen möchte, ob sie nun im Garten steht oder im Haus. Sie macht sich auch in einem Alpin-Becken ganz ideal.

Stücke von grauem Granit oder Kalkstein heben die Farben und die Zartheit der Pflanzen noch beträchtlich hervor.

Der große Vorteil, diese kleinen Dinger unter Glas zu ziehen, ist, daß das Wetter, das nur zu oft die Blütenblätter zerreißt und verdreckt, ihnen dort nichts anhaben kann. Außerdem erleben wir dabei oft wunderschöne Überraschungen. Das ist mir passiert. Im Herbst hatte ich einige achtzehn Zentimeter hohe *Iris pumila* aufgeteilt und einige überschüssige Wurzelstöcke in flachen Schalen ins Regal gestellt. Geheimnisvolle Setzlinge kamen zum Vorschein, bei denen es sich offenbar nicht um Unkraut handelte; ich überließ sie sich selber, und sie entwickelten sich zu kräftigen kleinen Pflanzen, die ich für *Huntercombe Purple*, das

Hornveilchen halte; die Samen müssen untätig in der Erde gelegen haben. Sie blühten zur selben Zeit wie die Iris und bildeten eine hübsche, wenn auch ungewöhnliche Kombination, ihre Farbe glich fast der der dunkleren Variante der *Iris atropurpurea* und war ein ebenso guter Hintergrund für die blaßblaue *Iris coerula*. Solche schlichten Ereignisse machen eine ungeheuer große Freude. Ich habe den beunruhigenden Verdacht, daß geplante Versuche oft nicht halb so befriedigend enden. Die Natur hat manchmal eben weitaus bessere Ideen als wir.

Die große weiße *Magnolia denudata* oder Yulan öffnete die Blüten auf ihren blattlosen Zweigen am Karsamstag und bot vor dem blaßblauen Aprilhimmel einen großartigen Anblick. Das kalte Wetter, das wir in diesem Jahr in Februar und März ertragen hatten, schien ihr nur recht gewesen zu sein, denn wärmeres Wetter in dieser Zeit beschleunigt die Blüte, und die Blüten werden dann nur zu oft von ihren beiden Feinden Frost und Wind beschädigt. Ich frage mich oft, warum dieser schönste aller blühenden Bäume nicht häufiger gepflanzt wird. Er wächst recht schnell und kann schließlich eine Höhe von sieben bis elf Metern erreichen. Anders als andere Magnolien wie *kobus* und *campbellii* blüht er schon in jungem Alter. Er ist mit jedem guten Gartenlehm zufrieden, vor allem, wenn noch ein wenig verrottete Lauberde dazugegeben werden kann. Am besten pflanzt man ihn im April oder Mai, und man darf niemals vergessen, daß er Dürre erst überleben kann, wenn er auf Dauer Wurzeln geschlagen hat. Wenn er sich in seinem neuen Zuhause erst richtig niedergelassen hat, kann er sich selber überlassen werden. Stellen Sie ihn nicht in eine Frostnische oder an eine Stelle, wo er nach einer Frostnacht warmen Sonnenstrahlen ausgesetzt ist; der Schutz einer Nord- oder Westmauer ist vermutlich der beste Standort, aber auch im Schutz von Sträuchern macht er sich gut.

Dieser würdevolle und anmutige Baum findet sich seit 1789 in unseren Gärten, damals wurde er von einem der Sammler, die Sir Joseph Banks, dieser aufgeklärte Mäzen der Botaniker, finanzierte, aus China mitgebracht. In China ist er schon sehr viel länger bekannt, seit an die dreizehnhundert Jahren nämlich, während der er neben Tempeln und im Garten des Sommerpalastes zu sehen war. Vermutlich macht ihm auch in seiner Heimat der Frost zu schaffen; Frost bedeutet den Ruin für die kommende Blüte, und wer zu wenig Platz hat, um dieses Risiko eingehen zu mögen, sollte lieber die später blühende *Magnolia soulangeana* (deren Weiß nicht ganz so rein ist, denn die Blütenblätter sind außen rosa oder lila gesprenkelt) oder die *Magnolia lennei* anpflanzen, die strahlend rosa ist, deren große Kelchgläser jedoch wunderschön sind und die nur selten vom Frost befallen wird, falls sie nicht Ende April oder Mitte Mai an den Festtagen der boshaften drei Eisheiligen ganz besonderes Pech hat.

Im letzten Monat wurde ein weiterer großer englischer
Park in Besitz und Obhut des National Trust übergeben.
Die Rede ist hier von Nymans bei Handcross in East Sussex. Die *Eucryphien* von Nyman sind berühmt, diese weiß
und golden blühenden Spätsommerbüsche.

Nur wenige von uns können einen Großvater vorweisen, der damals in den 1870er Jahren über ausreichendes
Wissen verfügte und sich die Mühe machte, für die Nachkommenschaft zu pflanzen, und der noch dazu einen Sohn
hatte, der diese Tradition fortsetzte. Wir verdanken es der
Großzügigkeit dieses Sohnes, des verstorbenen Colonel
Messel, und seiner Familie, daß wir jetzt die Früchte ihrer
liebevollen Bemühungen genießen dürfen. Der Eröffnungstag des Parks fiel zu früh, um die wahren Schätze von
Nymans zu ihrem Recht kommen zu lassen, die Kamelien,
die Magnolien, den Rhododendron und den grenzenlosen
Reichtum an seltenen Sträuchern und Bäumen. Ich könnte mir vorstellen, daß sie im April, Mai und Juni am besten
zur Geltung kommen. Wir können durch den Besuch in
einem solchen Park soviel lernen; er bedeutet eine Abkürzung auf dem Weg zu schwer errungenem Wissen. Ich bedaure es so sehr, daß ich vor dreißig Jahren nicht Vernunft und Verstand genug hatte, um mir anzusehen, was
andere geleistet und gepflanzt hatten, sondern daß ich in
meiner Ignoranz einen Fehler nach dem anderen machte
und auf diese Weise wertvolle Jahre verlor, die sich nie
wieder aufholen lassen.

Aber solche Klagen helfen uns nicht weiter, und des-

Erythronium ›Knightshays Pink‹

halb möchte ich nun von etwas erzählen, das ich an diesem ziemlich düsteren Tag im März in Nymans gesehen
habe, etwas, das wir alle im kommenden Herbst in der
Gewißheit pflanzen können, daß es im nächsten Frühling
sofort seine Wirkung entfalten wird. Sie wissen doch, wie
perfekt sich Osterglocken im Gras machen? Es mag sich
um einen naheliegenden und nicht besonders originellen
Platz für Osterglocken handeln, aber es interessiert mich
nicht, wie naheliegend und wie wenig originell irgendeine
Art des Pflanzens ist, wenn sie nur Auge und Pflanze gleichermaßen behagt. Gras und Osterglocken scheinen in
der Kombination von Grün und Gelb von der Vorsehung
füreinander bestimmt zu sein. In Nymans, in einem halb-
wilden, mit Gras bewachsenen Teil des Parks, standen
nicht nur Osterglocken, sondern auch ein gelber Hundszahn, *Erythronium tuolumnense*. Dieser Hundszahn ist golden wie eine Osterglocke und glänzt wie eine Butterblume. Er bringt eine entzückende Abwechslung von der
Osterglocke und ist nicht unerschwinglich teuer.

Der Park von Nymans ist von März bis Oktober Mitt-
woch bis Sonntag von 11 – 19°° geöffnet.

Zur Zeit wird von den Behörden ein Plan entwickelt,
der für das zukünftige Aussehen unseres Landes von
ziemlichem Einfluß sein wird. Die Rede ist hier von dem
Plan, in städtischen Gegenden und an Haupt- und Ne-

benstraßen auf dem Lande Bäume und Hecken zu pflanzen. Es ist eine befriedigende Vorstellung, daß wir zwar
einerseits eifrig unsere Wald- und Heckengegenden zerstören, daß aber andererseits ein aufmerksames Ministerium örtliche Behörden und Komitees mit Leitfäden ver-
sieht; mit Leitfäden, die im ganzen vernünftig und sogar
phantasievoll aufgestellt worden sind und die das berücksichtigen, was Ministerien zweifellos als der Landschaft
angemessene Ausdrucksmittel bezeichnen, während wir
anderen in unserer Einfalt weiterhin starrköpfig von
Schönheit reden.

Es ist ermutigend, daß wir neben naheliegenden Empfehlungen wie Platane, Birke, Linde, Esche, Sykomore,
Roßkastanie, Buche und Pappel, inklusive der duftenden
Balsampappel, auch die Wild- oder Vogelkirsche finden,
diese Braut des Frühlings, oder den Weißwurz, dessen Un-
terblatt sich in der Brise silbrigschimmernd bewegt; den
Tulpenbaum mit seinen seltsamen grüngelben Blüten,
den Trompetenbaum, dessen Blüten wie eine Mischung
aus gesprenkeltem Fingerhut und einer Miniaturorchidee
wirken, den Ginkgo oder Frauenhaar und die Robinien
oder Scheinakazien, vor allem deren blaßrosa Variante
Decaisneana, die uns so viel weniger vertraut ist als die
weiße.

Diese vielen Vorschläge zeigen mehr Phantasie und
größere Rücksichtnahme, als wir das sonst von den offiziellen Stellen in Whitehall gewöhnt sind. Wenn wir das
Rundschreiben Nr. 24 durchsehen, dann entdecken wir

erfreut und voller Zustimmung, daß auch die Herbstfarben bedacht worden sind, und daß die Eberesche mit ihrem hellen Gold ebenso erwähnt wird wie der kleine *Liquidambar*, der Amberbaum, dessen botanischer Name ausnahmsweise einmal wirklich deskriptiv ist.

Erst wenn wir zu den Bäumen kommen, die die meisten als relativ kleine, blütentragende Bäume bezeichnen würden, denen gern die gefährliche Vorsilbe Zier- zugeordnet wird, gerät unser Vertrauen in die Weisheit der Behörden ins Schwanken. Es ist so leicht und so trügerisch, sich über eine Neueinführung zu begeistern, wenn wir sie zum ersten Mal sehen. Der Anblick der goldenen Fülle des Goldregens muß auf unsere viktorianischen Vorfahren so berauschend gewirkt haben wie das Glas Champagner, das sie sich ein seltenes Mal gönnten. Heute jedoch leidet der Goldregen unter der Assoziation »billig«. Er hat noch immer seine ursprüngliche Schönheit, aber er ist jetzt zu häufig zu sehen, ist zu allgegenwärtig, um für uns eine erfreuliche Überraschung sein zu können.

Wir sollten aber in solchen Fällen nicht in gärtnerischen Snobismus verfallen, finde ich. Allgegenwart muß nicht in jedem Fall das Gegenteil von Schönheit bedeuten. Ich möchte jedoch gleichzeitig darauf hinweisen, daß das, was wir gemeinhin als »Augenschmaus« bezeichnen, nicht immer viele Jahre überlebt. Der populäre Geschmack, der leicht getroffen wird, kann rasch in schlechten Geschmack umschlagen oder zumindest von wählerischen Geistern abgelehnt werden. Wir möchten unsere neuen Landstraßen und Neubausiedlungen nicht mit dem schreienden Rosa bepflanzt sehen, das früher einmal unseren groben Geschmack getroffen hat.

Voller Bedauern beobachte ich zum Beispiel, daß eine Variante der japanischen Zierkirsche, die *Hisakura*, ganz besonders empfohlen wird. Warum? Wenn das Ministerium hier von der echten *Hisakura* redet, dann gut und schön, aber ich habe den Verdacht, daß die lokalen Behörden sich statt dessen die grauenhaft vulgäre *Kanzan* bestellen werden, die so stark und grob ist, daß sie sich alsbald wie eine ansteckende Krankheit ausbreiten wird.

Aber verlassen wir nun diese hohen Temperaturen und reden wir von etwas Kühlerem – betrachten wir die weniger auffällig blühenden Bäume, die besser als so ein »Augenschmaus« den Test von Zeit und Geschmack überleben sollten. Das Ministerium empfiehlt zu Recht die gewöhnliche Mandel und einige japanische Kirschen wie *yedoensis*, *sargentii* und *lannesiana erecta*, die mit ihren pappelähnlichen, parallel aufragenden Zweigen besonders gut für den Straßenrand geeignet zu sein scheinen. Nicht erwähnt werden jedoch andere noch schönere Varianten wie *Tai-Haku*, die große weiße Kirsche, oder die grünliche *Ukon*, oder die *Mount Fuji*, die in Japan von der Kunst geliebt wird, oder die weiße kanadische Felsenbirne *Amelanchier canadensis*.

Dagegen kann natürlich eingewandt werden, daß die meisten Menschen leuchtendes Rosa mögen – »so fröhlich« – und daß wir den Beweis für diese Behauptung in zahllosen Vorortgärten finden; doch diese privaten Aktivitäten sollten ausreichen, sie brauchen nicht durch weitere von der öffentlichen Hand geförderte Initiativen ermutigt zu werden. Wir möchten darauf hinweisen, daß es zu den Pflichten der von der Regierung beschäftigen Berater gehört, auf sanfte Weise den Geschmack des Publikums (und den der lokalen Behörden) in wünschenswertere Bahnen umzulenken.

Wir haben schon gesehen, daß irgendwer in Whitehall ziemlich weitgehend weiß, worüber er redet: Könnte er nicht einen Schritt weitergehen und einige unserer bedeutenden Gärtner, ob es sich nun um Liebhaber oder Profis handelt, zur ehrenamtlichen Beratung hinzuziehen? In diesem Land der Gärten und der Gartenliebhaber hat es nie größere Möglichkeiten gegeben; es wäre doch traurig, wenn unsere Straßen und Landschaften, unsere neuen Städte, unsere Neubausiedlungen jetzt ganz offiziell mit der Art von Bäumen bepflanzt werden sollten, die den Begonien und Pantoffelblumen so vieler Parkanlagen entsprechen.

Nun ein paar Worte zum Thema Frühling. Ich hatte damit gerechnet, daß die Osterglocken enttäuschen würden, nachdem sie sich im letzten Jahr von ihrer prachtvollsten Seite gezeigt hatten, aber obwohl einige Büschel blütenlos geblieben sind, ist die Mehrzahl, die zuerst drohte auf verkümmerten Stengeln zu blühen, beim ersten Regen plötzlich in die Höhe geschossen und nun so stark und groß, wie wir uns das nur wünschen können.

Nun nehmen Sie bitte nicht an, ich wüßte mehr über Osterglocken als der durchschnittliche Gartenliebhaber, das ist nämlich nicht der Fall. Es ist ein sehr komplizierter Bereich, und ich habe nie auch nur den Versuch unternommen, darin zur Meisterschaft zu gelangen. Wie Tausende meiner Landsleute reicht es mir, jedes Jahr im Gras einige zusätzliche Zwiebeln zu verbuddeln und aufs Beste zu hoffen; das ist eine elementäre Gärtnereimethode, aber auch eine der befriedigendsten. Ich pflanze meine Osterglocken in einem Obstgarten, unter alten Apfelbäumen: keine besonders originelle Idee, aber so unwiderstehlich hübsch, daß ihr wohl kein Gärtner widerstehen könnte. Die flachgesichtigen Narzissen und die Trompeten-Osterglocken stehen dort bunt durcheinander. Ich weiß, ich sollte sie *narcissi* nennen, aber das alte Wort *Osterglocke* läßt sich nun einmal nicht ausrotten, und wir können es getrost den Profis überlassen, die Grenze zwischen Flachgesichtigen und Trompeten zu ziehen.

Unter den gelben Trompeten gilt meine Treue *Fortune*, *Carlton*, *Golden Harvest*, *King Alfred* und sogar der alten *Winter Gold*. Von den ganz weißen Trompeten erscheint mir weiterhin *Beersheba* als die Beste, zumal sie nicht allzu teuer ist. Auch *Tunis*, eine cremeweiße, ist zu empfehlen. *John Evelyn*, weiß und gelb, vermehrt sich so rasch, daß ich kaum damit hinterherkomme, Zwiebelballen auszugraben, wenn die Blätter gelb werden, und sie in der Nachbarschaft des ersten, vor Jahren gekauften Dutzends wieder einzupflanzen, und jedes Jahr liefert *John Evelyn* zuverlässig ein ganzes Blütenmeer. Von den flachgesichtigen gefällt mir *Medusa* mit ihrem süßen Duft; unter den Sorten mit den dicken Köpfen mag ich *Cheerfulness*, *Abundance* und *Soleil d'Or*, die unsere englischen Gärtner, die kein Französisch sprechen, auf so bezaubernde Weise als »Sally Door« anglisiert haben: Dieser Name deutet ein Blütenbüschel an, das in einem Cottage-Garten wächst, so als könne jeden Moment Sally mit ihrem Sonnenhut und einem Eimer in der Hand aus der Tür treten.

Einer der hübschesten und pflegeleichtesten der im Frühling Blüten tragenden Sträucher ist zweifellos *Spirea arguta*, plastischer übersetzt mit Brautkranz oder Maischaum. In warmen Jahren schäumt dieses Gewächs oft schon im April, und wir können hier wirklich von »Schäumen« reden, denn jeder seiner schwarzen Zweige ist dicht an dicht mit unzähligen winzigen weißen Blüten besetzt. Wirklich, wir können den Strauch vor lauter Blüten nicht sehen.

Er fühlt sich in der Sonne wohl; ist mit jedem anständigen Lehm zufrieden, hat auch nichts gegen eine Prise Kalk im Boden einzuwenden, bildet einen oben abgerundeten Busch von etwa zwei Meter Höhe und kann durch Ableger vergrößert werden. Es gibt eine frühere Variante namens *Spirea thunbergii*, deren Blätter angeblich im Herbst eine wunderschöne Färbung annehmen.

Es liegt auf der Hand, daß das reine Weiß der Blüten sich vor dem dunklen Hintergrund einer Eibenhecke oder überhaupt irgendeines dunklen Strauchs, wenn Eiben nicht aufzutreiben sind, am besten machen würde. Ich kann mir jedoch vorstellen, daß es auch sehr gut zur japanischen Zierkirsche *Tai-Haku* passen würde, deren riesige weiße Blütenblätter sich zur selben Zeit entfalten. In der Dämmerung gibt es einen Moment, wenn die weißen Pflanzen eine ganz besondere geisterhafte Blässe annehmen. Ich möchte behaupten, daß Weiß, diese neutrale Färbung, die gemeinhin als Fehlen von Farbe aufgefaßt wird, für Lichtveränderungen ebenso empfänglich ist wie Blau, Rot oder Lila. Weiß verlangt vielleicht ein geduldig beobachtendes Auge, das an weniger schroffe Unterschiede gewöhnt ist, als wir sie zum Beispiel von den krautartigen Phloxarten her kennen, die auf wunderbare Weise ihre Farbe ändern, wenn das Abendlicht sich über sie senkt. Ich liebe Farben und schwelge darin, aber auch Weiß erscheint mir als unendlich lieblich.

Die eisgrünen Schattierungen, die es in bestimmtem Licht zeigen kann, in der Dämmerung oder im Mondlicht, vor allem im Mondlicht, verwandeln den Garten in einen Traum, in eine märchenhafte Vision, und doch wissen wir, daß nichts daran unwirklich ist, denn wir haben es nur um dieser Wirkung willen so gepflanzt.

Und wenn schon um dieser Wirkung willen gepflanzt werden soll, dann dürfen wir die Zierkirsche *Pandora* nicht vergessen. Sie ist einfach wunderschön! Ein Wolkenbausch, ein Hauch von Tüll. Wenn ein junger Baum überhaupt jungfräulich aussehen kann, dann tritt *Prunus Pandora* aus ihrem Stamm hervor wie eine Debütantin in ihrem ersten Ballkleid.

Nun aber einige Worte zum Lob der berühmten Parks. Es ist durchaus manchmal bekömmlich, die eigenen kleinen Pflanzereien zu verlassen und die ehrgeizigen Versuche der Vergangenheit zu betrachten, die jetzt ihre Reife erlangt haben. Sie mögen Neid erwecken, aber auf jeden Fall zerstören sie jegliche Selbstzufriedenheit. Und damit nicht genug, der Anblick solcher Errungenschaften ist durchaus nicht entmutigend, sondern wird für uns zum Ansporn zu weiteren Anstrengungen. Wir sehen ja schließlich, daß diese Anstrengungen sich bezahlt machen.

Ich bin vor kurzem zwei Tage durch einige der großen Parks in Cornwall gewandert. Gewaltige Kamelienbüschel, *reticula, saluenensis, Donckelaeri, J. C. Williams*; aufragende Magnolien, die ihre weißen oder rosa Köpfe vor dem weichen dunkelgrünen Hintergrund der Kiefer *Pinus radiata* heben; enorme Ballen von blutroten oder orangefarbenen, in der Sonne aufflammenden Berberitzen; flauschige gelbe Mimosen vor weißgekalkten Mauern; Rhododendron so groß wie eine Hütte; die blaue Steinsame, *Lithodora*, über grauen Felsen – diese ganzen Gewächse standen in voller Blüte, während andere weitere Schönheiten verhießen: pyramidenhaft aufgebaute *Eucryphien*, *Embrothium*, das sich jeden Moment scharlachrot entfalten kann, *Davidien*, die Taubenbäume, die ihre seltsamen weißen Fahnen heraushängen. Ich denke vor allem an eine Anpflanzung aus hohen Myrten mit seltsam gefleckter Rinde, sie sahen ein wenig aus wie Platanen, doch wo Platanen grau sind, waren sie hellgelb und braun, weshalb jemand nach dem Spaziergang durch diesen Hain das Gefühl hatte, zwischen Giraffenbeinen herumgewandert zu sein: *Myrtus Letchleriana*, für alle, die damit ihr Glück versuchen wollen.

Ich fürchte, für mich in Südostengland wäre das keine gute Idee, bei mir wäre an solch üppige und wildwachsende Vegetation nicht zu denken, aber ich habe doch eine mir wenig vertraute Säckelblume gesehen, die sich in einer geschützten Ecke vermutlich als ebenso zäh erweisen würde wie ihre Verwandtschaft, aber das heißt vielleicht nicht sehr viel: *Ceanothus impressus*.

Ziemliche Ähnlichkeit damit hat der hübsche pulverblaue *Ceanothus rigidus*, doch die Knospen des *impressus* hatten rötliche Einsprengsel, was sie bunter und interessanter machte. In aller Bescheidenheit werde ich damit einen Versuch machen.

Mai

Die alten weißen Freesien der Gewächshäuser sind uns schon seit langem vertraut, später kamen dann die wundervoll gefärbten Hybriden dazu, die wir einheimischen und ausländischen Züchtern verdanken, vor allem dem verstorbenen Mr. G. H. Dalrymple, der in der Nähe von Southampton lebte, und den Herren van Tunbergen bei Haarlem. Vor dem Krieg haben diese Blumen bei den Royal Horticulture Society-Ausstellungen viele verwirrt, wenn in großen Schüsseln gelbe, orange, rosa, rötliche, rote und violette Exemplare vorgeführt wurden; Wolken von leuchtenden Schmetterlingen, die wir zuerst gar nicht mit den eleganten, rein weißen Freesien in Verbindung bringen mochten. Vielleicht war ihr Duft nicht ganz so süß, aber das glich ihr dekorativer Wert rasch aus. Es war nicht schwer, sie bei gemäßigter Wärme zu ziehen, und ihre Schönheit stieg allen zu Kopf, die gerne für ihr Haus Blumen arrangierten.

Nun soll es eine neue Züchtung geben, die angeblich zäh genug für das Leben in englischen Gärten ist. Ich möchte vorsichtig sein. Ich habe vor einigen Jahren Anzeigen dafür gesehen, war aber zu skeptisch, um mir welche zu bestellen. Vor zwei Wochen jedoch schickte mir ein Freund des verstorbenen Mr. W. A. Constable, ein unter Züchtern hochgeschätzter Mann, netterweise eine

Packung, auf der genau das behauptet wurde. Er teilte mir mit, es selber probiert zu haben, und fügte, was ich recht charmant fand, hinzu, er habe drei Gruppen unter einer an beiden Seiten verschlossenen Glasglocke gezogen und auf diese Weise seiner Frau am 25. November einen Strauß perfekter Blumen überreichen können, »was zufällig mein Geburtstag ist, und ich glaubte, sie auf diese Weise geschickt an diese Tatsache erinnern zu können«.

Da ich weiß, daß diese Blumen ursprünglich aus Afrika stammen, hätte ich sie eigentlich an einer ähnlichen Stelle gepflanzt wie Ixien (Klebschwertel) oder Fransenschwertel (Sparaxis), an einer trockenen kleinen Kante unter einer Südwand, wo sie im Sommer von der Sonne gebacken werden können. Das scheint aber alles falsch zu sein. Die Anweisungen auf der Packung, die unser Freund mit solchem Erfolg befolgt zu haben behauptet, empfehlen uns eine einigermaßen schattige Stelle, in die die Sonnenstrahlen möglichst nicht direkt fallen sollen, mit jeder guten Sorte von Gartenerde, feucht, aber nicht zu naß. Sie sollten von Ende April an gesetzt werden, etwa zehn bis zwölf Zentimeter tief und mit Zwischenräumen von sechs Zentimetern, während der ersten zwei oder drei Wochen sollten sie großzügig gegossen werden, sie brauchen ein paar Zweige, die ihnen Halt geben. Das hört sich nicht weiter schwer an, und ich hoffe, es wird reichen Ertrag bringen.* Ich hoffe auch, daß diese Freiluftvariante weni-

---

* Das tat es.

Anemona blanda ›White Splendor‹

ger anfällig für das *Mosaic* genannte Virus ist, von dem Gewächshausfreesien oft befallen werden. Das Virus ist sofort daran zu erkennen, daß die Blätter fleckig werden und dann schließlich eine kränkliche grünweiße Färbung annehmen. Es ist keinerlei Schutz gegen dieses Virus bekannt, es gibt auch keine Heilmethode. Der einzige Platz für befallene Pflanzen ist ein großes Feuer.

Es muß irgendein seltsames Grimmsches Gesetz geben, das englisch sprechende Leute dazu bringt, statt »Anemonen« »Anenomen« zu sagen, also das m und das n zu vertauschen. Auf englisch empfiehlt sich deshalb der hübsche, wenn auch unwissenschaftliche Name »Windflower« (»Windröschen«), und am heutigen Frühlingstag werde ich nun über Anemonen oder Windröschen schreiben.

Sie sind so munter, so strahlend fröhlich, so glänzend, so abwechslungsreich in ihrer Farbgebung, diese Windröschen, die aus allen möglichen Ecken der Welt zu uns gekommen sind. Für uns beginnt die Saison mit dem blauen Stern *Anemone blanda* aus Griechenland, die im März blüht; gefolgt von *A. apennina* aus Italien, ebenfalls ein Stern und von noch leuchtenderem Blau. Dann gibt es noch die bekannte doppelte oder halbdoppelte *St. Brigid*, die zu Beginn des Jahres fast überall angeboten wird, meiner Meinung nach jedoch von der *De Caen*, einer mohnroten einzelnen, um einiges und von dem Einzelstern *St. Bavo* um weites übertroffen wird. Und diese Blume möchte ich Ihnen heute ganz besonders ans Herz legen.

Ich weiß wirklich nicht, warum die *Anemone St. Bavo* nicht viel häufiger angepflanzt wird. Ein Dutzend von diesen kleinen Knollen, von denen niemand so recht weiß, wie herum sie gepflanzt werden müssen, was allerdings offenbar auch kaum eine Rolle spielt, kostet nicht viel – eben eine sehr englische Pflanze. *St. Bavo* ist eine Hybride der *Anemone coronaria* und ist in einem Farbenspektrum erhältlich, wie es nur wenige andere pflegeleichte Blumen aufweisen können. Jegliche Beschreibung der verschiedenen Farben würde sich, auf dem Papier, übertrieben anhören: Weinroter Samt mit elektrischblauem Zentrum, scharlachrot mit schwarzem Zentrum, rosa oder lila mit hellbraunem Zentrum, oder eine ganz besonders raffiniert benannte und etwas teurere Variante, *Salmonea*, mit der Färbung einer reifen Aprikose im Sonnenschein. Das glaubte ich zumindest, aber als mir dann ernsthafte Zweifel kamen und ich noch einmal nachsah, stellte ich fest, daß ich mich um einiges geirrt hatte. Sie sieht eher so aus, als hätte jemand Tudorziegel zerstoßen, zu einer Paste verrührt, diese Paste lackiert und daraus spitze Blütenblätter geformt.

Ich glaube, ich werde bald mit diesen Artikeln aufhören müssen, schließlich werden sie mehr und mehr zu einer Parodie meines eigenen Stils. Der *Punch* parodiert sie seinerseits, was auf seine Weise durchaus ein Kompliment ist. Was mir aber wirklich Sorgen macht, ist, daß ich gar nicht anders schreiben kann. Ich wüßte einfach nicht, wie ich sonst zum Beispiel die im April blühende Zwergiris beschreiben sollte, und das hört sich bestimmt wie eine Parodie an und vermittelt möglicherweise ein verzerrtes Bild dieser kleinen Irissorte, von der hier die Rede sein soll.

Iris pumila und *lutescens* sind bekannt: Wir alle pflanzen sie seit Jahren, und wenn nicht, dann sollten wir damit anfangen. Ich will Sie nicht mit den botanischen Unterschieden zwischen beiden langweilen. Beim durchschnittlichen Gärtner können sie durchaus mit einem Namen auskommen. Und sie sind so schön und pflegeleicht: eine gedrungene kleine Iris, die zwischen gedrungenen kleinen Blättern zum Vorschein kommt. Sie blühen so großzügig, lassen sich so leicht aufteilen und vermehren so bereitwillig ihre Wurzelstöcke. Wer einen hat, kann daraus zwei machen, wer ein Dutzend hat, hat bald zwei Dutzend, wenn er sie zerteilt und gleich nach dem Blühen neu einpflanzt.

Aber vielen ist vielleicht nicht klar, daß es jetzt eine ganze Anzahl von unterschiedlichen kleinen Iris-Varianten gibt. Sie haben phantasievolle Namen: *Mist o'pink*, *The Bride*, *Amber Queen*, *Orange Queen*, *Blue Lagoon*, *Burgundy*, *Mauve Mist* und noch viele andere, und alle sind wunderschön. Ihre Größe, zwischen achtzehn und vierundzwanzig Zentimeter, ist so unterschiedlich wie ihr Preis. *Mist o'pink* ist vielleicht die teuerste, aber auch die schönste, die blaue *Cyanea* ist billig und duftet noch dazu. Ich finde den Namen *The Great Smokies* attraktiv, angeblich soll es sich dabei um eine rauchig scharlachrote Pflanze handeln, aber ich habe sie noch nie blühen sehen. Sentimentale Naturen ziehen vielleicht die gelbe *Tiny Treasure* vor.

Diese vielen winzigen Blumen können an vielen Orten gesetzt werden. Oben auf einer trockenen Mauer, im Steingarten, in Trögen oder auf einem Plattenweg, wo sie sich offenbar ganz besonders wohl fühlen, da sie ihre Wurzeln unter die kühle Decke des Steines stecken können. Auch ein erhöhtes Beet bietet sich an, aus dem die Feuchtigkeit so abfließen kann, wie sie das lieben. Sie verlangen nur eine sonnige, offene Stelle mit ausreichender Entwässerung. Manche setzen sie als breite Streifen vor irgendeine Kante, so wie man das oft mit Nelken oder Grasnelken sieht. Mir persönlich gefällt das nicht, ich finde, daß die Zartheit dieser kleinen Gewächse vor dem Hintergrund der stärkeren krautartigen Pflanzen verlorengeht; sie können sich von ihrer besten Seite zeigen, wenn sie ihren Standplatz für sich haben. Ich stelle mir allerdings vor, daß sie sehr gut zu einigen Miniatur- oder Feenrosen passen würden, bei dieser Kombination würden die Maßstäbe übereinstimmen.

Angeblich hat einst ein Mann seinen ganzen Garten mit britischen wilden Blumen bepflanzt. Er war keiner dieser gutwilligen Vandalen, die irgendwo eine Pflanze ausbuddeln, ohne eine Vorstellung davon, wann oder wo sie sie wieder einpflanzen werden, die sich nicht weiter um die Verhältnisse kümmern, unter denen diese Pflanze eingepflanzt werden möchte, und die sich bitterlich beklagen, wenn sie ihnen dann eingeht. Für solche Menschen gibt es außer ihrer Ignoranz keine Entschuldigung, aber Ignoranz läßt sich nun einmal nicht entschuldigen. Dieser Mann wußte, was er tat, und zweifellos konnte er auf diese Weise viele Pflanzen retten, die sonst verlorengegangen wären.

Derzeit gibt es Rechtfertigung genug für solche wohlüberlegten Rettungsaktionen. Unsere einheimischen Blumen sind bedroht. Intensive Landwirtschaft hat so manchen Dekar von Narzissen, Schlüsselblumen und Orchideen aufgepflügt. In der Forstwirtschaft ist so manch ein Wald zertrampelt worden, in dem früher die Maiglöckchen gediehen sind. Beim Zuschütten von Gräben wurden viele üppige Veilchen unter lehmiger Erde begraben. (Ich freue mich, erzählen zu können, daß ich sehr viele wilde Veilchen retten konnte, als ich von diesem bevorstehenden Schicksal erfuhr, sie befinden sich nun in meinem Garten in Sicherheit.) Diese ganzen Bestrebungen zur Verbesserung der Landwirtschaft waren und sind natürlich notwendig, andere entsetzliche Pläne jedoch bedrohen jetzt unsere wilden Blumen. Angeblich sollen selektive Unkrautvertilgungsmittel zur Anwendung kommen, und vielleicht werden sie auch schon an den mit Gras bewachsenen Kanten unserer Landstraßen verwendet. Das wird zum Verschwinden vieler entzückender Pflanzen wie Mädesüß, Walderdbeere, Katzenpfötchen, Wiesenschaumkraut führen... sie alle sind unschuldig und können sich gegen den entsetzlichen Erfindergeist des Menschen nicht wehren.

Was können wir dagegen machen? Wie können wir gegen diese chemische Zerstörung angehen? Ich wünschte, irgendwer, vielleicht ein Leser dieses Artikels, schriebe einen praktischen Leitfaden zur Rettung unserer wilden Blumen, sagte uns, wie wir eine Pflanze so kennzeichnen können, daß wir sehen können, wenn ihre Samen reif sind, wie wir eine Zwiebel oder eine Wurzel so kennzeichnen können, daß wir sie im richtigen Moment ausgraben, wie wir überhaupt unsere einheimischen Schätze retten können, die das selektive Unkrautvernichtungsmittel in seiner verworfenen Effektivität einfach nur für Unkraut hält.

Ab und zu passieren weiterhin auch angenehme Dinge, und noch immer scheint es Tage zu geben, an denen auf wundersame Weise alles klappt, statt schiefzugehen, Raritäten, die wir voller Dankbarkeit registrieren sollten, ehe sie in Vergessenheit geraten.

Ein solcher Tag, der in einem solchen Ereignis gipfelte, ist mir kürzlich geschenkt worden. Ich hatte die Gelegenheit, etwa anderthalb Dutzend Kilometer durch Kents Obstanbaugebiet zu fahren. Die Apfelblüte war noch nicht voll in Gang, sie befand sich noch in diesem kostbaren Stadium, wo sie eher ein Versprechen ist denn eine Erfüllung. Die Apfelblüten erscheinen zu rasch als überreif, während es doch zu ihrem wahren Wesen gehört, so unbedingt jugendlich zu sein wie ein achtzehnjähriger Poet. Und so waren sie, die geschlossenen Knospen waren hold errötet und ließen die altersgrauen Bäume ebenfalls zartrosa aussehen; die geschlossenen Knospen erröteten, wie sich das für Jugend angesichts des Alters gehört, und sie wußten nur zu gut, daß sie sich innerhalb weniger Monate in herbstliche Äpfel verwandeln würden.

Aber während die Apfelblüte nur ein rosa Schleier war, in den die Obstgärten sich gehüllt hatten, so war die Kirschblüte einfach umwerfend. Sie ist niemals so üppig gewesen wie in diesem Jahr, oder so weiß, so rein weiß. Diese schwere Weiße der Kirschen, immer noch verstärkt durch die Schwärze der Zweige, wurde an diesem Nachmittag noch vertieft – wenn wir überhaupt sagen dürfen, daß Weiß vertieft werden kann – von einem zinngrauen, stürmischem Himmel im Hintergrund; und ich dachte nicht zum ersten Mal, wie vollkommen diese beiden Charakterzüge des Aprils zueinander passen: die betörende Blüte und der eigentümlich düstere Himmel, der nur eine halbe Drohung darstellt. Nur eine halbe, denn so tückisch er sich auch gebärden mag, immer wieder sehen wir an den Wolkenrändern Licht auffunkeln, sehen wir irgendwo in der Landschaft Sonnenstrahlen auf eine Kirche auftreffen. Es ist keine wahre Bedrohung, sondern eine vorübergehende, die wegen ihres dramatischen Effekts angeordnet worden ist – es handelt sich um das natürliche Original dieser seltsamsten und schönsten neuen Erfindung der Menschen, des Flutlichts.

Als ich bereichert von diesen Erlebnissen nach Hause kam, erwartete ich mir von diesem Tag keine weiteren Freuden, aber dort sah ich vor der Eingangstür einen verschlossenen Lastwagen. Ich wartete schon seit langem auf Ersatzteile zur Reparatur des Boilers, langweilig, aber notwendig, und deshalb ging ich um den Lastwagen herum und überlegte mir dabei, wie rasch die täglichen Bedürfnisse die Schönheit doch vertreiben. Mit einem Seufzer machte ich mich bereit, mir eine unschöne Sammlung von Klempnerutensilien anzusehen, von deren Bedeutung ich kein Wort verstehen würde. Aber dann trat ein lächelnder junger Mann vor mich hin und sagte, er wisse ja nicht, ob mich das interessieren könne, aber er habe dieses hier mitgebracht ... und als er das sagte, öffnete er seinen Lastwagen.

»Dieses hier« waren riesige Stiefmütterchen, Tausende und Abertausende. Das Wageninnere war wie eine farbenfrohe Schatzhöhle. Irgendeine großzügige Hand hatte Samtdecken über die Stapel aus Holzkästen geworfen. Ich sah sehr viel Lila, aber auch subtilere Farben als Lila:

Bronze, Grünlich-Gelb, Weinrot, Rosenrot, alle mit ihren seltsamen Katzengesichtern aus zerknülltem Samt. Ich konnte nur noch staunen. Was für ein phantasievoller junger Mann, dachte ich, daß er mit dieser Riesenauswahl durchs Land zieht und seine Pflanzen den möglichen Käufern anbietet. Als ich ihn danach fragte, antwortete er bescheiden, er hoffte, daß niemand seinen Blumen widerstehen können werde.

Damit hatte er vermutlich recht, und ich wünsche ihm für sein Unternehmen alles Gute. Bei denen, deren Häuser nicht auf seinem Weg liegen, kann aber auch eine Samentüte ihren Zweck erfüllen, und im nächsten Frühling sollte Ihr Garten so aussehen, als bedecke ihn ein überaus kunstvoll geknüpfter Teppich aus Isfahan.

Jetzt ist vielleicht nicht die passende Jahreszeit, um über Phlox zu schreiben, denn diese Pflanze verbinden wir normalerweise mit Spätsommer und Frühherbst, aber es geht hier nicht um die krautartige Abart, *Phlox decussata*, sondern um die in April und Mai blühenden Varianten, *subulata, divaricata, stolonifera, adsurgens*, die alle leicht anzupflanzen sind und breite blühende Matten ergeben. Normalerweise werden sie von Züchtern in Töpfen verkauft, deshalb können sie jederzeit gesetzt werden.

Subulata sehen wir vielleicht am häufigsten, sie scheint unverwüstlich zu sein, die beliebteste Variante, *vivid*, ist dagegen nicht so genügsam wie die meisten anderen. Die blaßblaue *E. F. Wilson* gehört zu den besten Vertreterinnen der *subulata* Sippe. Eine weitere Amerikanerin, *Phlox divaricata*, macht sich an einem schattigen Ort wunderbar, auch sie ist blaßblau und sehr wachstumsfreudig. Ich mag auch *P. adsurgens* und *P. stolonifera* sehr. *P. stolonifera* liebt den Schatten und wird manchmal auch *reptans* genannt, beide Namen weisen daraufhin, daß diese Pflanze kriecht und sich durch unterirdische Ausläufer oder Wurzelstengel vermehrt. Die beste Variante ist *Blue Ridge*. *P. adsurgens* ist weniger wählerisch und wirklich sehr hübsch mit ihrer eleganten und seltenen lachsrosa Färbung. Sie blüht ein wenig später, im Juni. Machen Sie sich nichts daraus, wenn der Winter sie umzubringen scheint, sie ist recht zäh und wird im Frühling wieder in die Höhe schießen.

Vor einiger Zeit habe ich ein neues Gerät erwähnt, das ich entdeckt hatte, den Schlangen-Irrigator. In der Regel mißtraue ich solchen Neuerungen, denn die alten, vertrauten Diener leisten in der Regel doch viel bessere Arbeit, schließlich sind Jahrhunderte der Erfahrung in ihre Herstellung eingeflossen. Und wenn wir alles Neue ausprobiert haben, dann schlägt doch nichts einen Nagel besser ein als ein Hammer, nicht einmal ein Schuhabsatz kann da mithalten, nichts gräbt besser als ein Spaten, recht besser als ein Rechen oder hackt besser als eine Hacke.

Phlox divaricata

Und doch scheint dieses Bewässerungsgerät für den Gartenschuppen wirklich eine Bereicherung zu bedeuten. Irgendwer hat seinen Namen aufgrund der unseligen Assoziation mit dem Garten Eden für ein böses Omen gehalten, aber lassen Sie sich davon nicht abhalten. Der Irrigator hat durchaus nichts Reptilienhaftes, schließlich ist er aus schönem sauberen weißem Leinenstoff gemacht und ist, anders als Schlangen, nicht trocken, sondern naß. Manche Menschen fühlen sich von der spröden Trockenheit der Schlangen abgestoßen und können sich von ihrer atavistischen Angst vor Schlangenbissen nicht befreien. Der Schlangen-Irrigator kann und will dagegen überhaupt nicht beißen. Das einzige, was er mit den Schlangen gemeinsam hat, ist seine Fähigkeit zu schlängeln. Er schlängelt sich in jegliche Richtung, wenn Sie sie ihm anweisen, niemals tut er das jedoch aus eigenem Antrieb. Und das ist zweifellos sein größter Vorzug. Sie können ihn überall hinschicken, wo Sie ihn brauchen. Sie kaufen ihn in Längen von etwa sechs Metern und befestigen ihn entweder an einem Wasserhahn oder an einem normalen Gartenschlauch, dann lassen Sie ihn die Nacht oder den Tag hindurch vor sich hintröpfeln und machen sich keine weiteren Gedanken. Sie lassen ihn einfach liegen und drehen den Wasserhahn zu, wenn der Irrigator seine Pflicht getan hat. Allerdings habe ich, als ich ihn nun ausprobiert habe, eins festgestellt: Er mag nicht geknickt werden. Entweder will er gerade liegen oder weite Schleifen und Kreise bilden.

Allerlei Verwendungsmöglichkeiten sind vorstellbar: Wir können ihm um frischgepflanzte Bäume oder Sträucher herum oder auf ein Beet mit Setzlingen legen; wir können mit seiner Hilfe für feuchtigkeitsliebende Pflanzen einen künstlichen Sumpf anlegen, wir können im Frühling das Wachstum von Amaryllis und verschiedenen Lilienarten mit ihm befördern und im Sommer Pflanzen, die schon den Kopf hängen lassen, vor dem Verdursten retten.

Ich frage mich allerdings, was die Wasserwerke dazu sagen würden, obwohl er wirklich sparsam mit dem Wasser umgeht und nichts verschwendet. Wir haben hier zum Glück einen tiefen alten Regentank, der durch eine Röhrenleitung mit dem Garten verbunden ist. Das hat den einzigen Nachteil, das bisweilen irgendein winziger Gegenstand in der Röhre steckenbleibt. Ohne eine solche unendliche und unabhängige Versorgungsquelle könnten eine Regentonne oder ein Teich eine Lösung darstellen, wenn eine dieser bedrohlichen Mitteilungen eintrifft, die uns verbietet, im Garten Wasser zu benutzen.

Nun habe ich erst eben noch mit dem Gedanken gespielt, über Schachbrettblumen zu schreiben, und schon wird eine komplette illustrierte Monographie über dieses Thema vorgelegt: *Fritillaries* von Christabel Beck, erschienen bei Faber & Faber.

Frau Beck erzählt uns alles, was der durchschnittliche Gärtner wissen muß. Sie erzählt sogar noch mehr, denn es steht doch nicht zu erwarten, daß viele sich an die unzuverlässigen Varianten herantrauen werden. Ich kenne die Enttäuschungen, die auf einen solchen Versuch folgen. Bei unserer einheimischen Schachbrettblume, der *meleagris*, dagegen kann man einfach nichts falsch machen, sie blüht so ungefähr überall, sogar im gröbsten Gras, und sie sät sich selber aufs freigiebigste aus und taucht bisweilen an seltsamen Stellen und in beträchtlicher Entfernung von ihren Eltern wieder auf. Das ist immer eine der schönsten Überraschungen, die uns unser Garten überhaupt bereiten kann. Frau Beck weist auf die seltsame Tatsache hin, die ich auch selber schon beobachtet hatte, daß selbstgesäte Setzlinge der *F. meleagris* oft Weiß statt der vertrauten rosa-violetten Färbung zeigen, »ein Geheimnis, das noch nie befriedigend aufgedeckt worden ist«. Aber ob sie nun rosa-violett blüht oder weiß, die Zwiebeln dieser karierten wilden Blume unserer Wiesen sollten in großen Mengen gesetzt werden und sich selber vermehren dürfen; setzen Sie die Zwiebeln aber tief, sonst könnte ein Fasan aus dem benachbarten Wald kommen und sie wieder ausgraben.

Fritillaria pyrenaica ist ebenfalls pflegeleicht. Ihr seltsames Aussehen jedoch ist vielleicht nicht jedermanns Geschmack. Aber wenn Sie sie mögen, dann haben Sie Sinn für Extravaganzen. Sie müssen ihre hängende Glocke umdrehen, um sich von ihrem wirklichen Aussehen zu überzeugen: Einem seltsamen grünlich-schwarzen Gold, einer wie lackiert aussehenden inneren Trompete, die an eine Schlange oder eine Eidechse erinnert. Leider ist sie sehr schwer zu beziehen, und die Zwiebeln sind teuer, doch sie läßt sich, wie die meisten Schachbrettblumen, auch aus Samen ziehen, wenn Sie die Geduld haben, vier oder fünf Jahre auf eine setzfähige Zwiebel zu warten.

Frau Becks Buch erzählt uns alles darüber, wie Schachbrettblumen aus Samen gezogen werden können. Das einzige, was sie uns nicht verrät, ist, warum die edelste aller Fritillarien, die Kaiserkrone, *F. imperialis*, so oft blütenlos bleibt. Sie hält es für möglich, daß es daran liegt, daß die Zwiebeln zu alt sind, aber ich halte das nicht für die einzige Erklärung, denn das Problem ergibt sich auch bei erst kürzlich gesetzten Zwiebeln. Kann es möglich sein, daß eine Zwiebel sich teilt und Zwillingsstengel produziert?

Nicht zum ersten Mal wurde mir bewußt, daß das Unkraut des einen Landes die Blume des anderen sein kann. Kürzlich war ich in den Tropen und beobachtete mit Entsetzen, wie mein Gastgeber und meine Gastgeberin durch ihren Garten wanderten und dabei grüne Pflanzen aus dem Boden rissen, so wie wir das mit Kreuzkraut machen, und dabei sagten sie: »Dieses elende Kraut! Hat sich schon wieder überall breitgemacht!« Die Rede war von *Gloriosa superba*, der Ruhmeskrone, die bei uns

behutsam und bei hoher Wärme gezogen werden muß,
wenn wir überhaupt Lust dazu haben.

Ich möchte keine *Gloriosa superba* ziehen, aber ich muß
zugeben, daß eine Kombination von *Ceanothus dentatus*
und *Solanum crispum* an meiner Hausmauer mir sehr gefällt. Beide blühen zur selben Zeit, und die malvenfarbenen Blüten des Nachtschattens passen sehr gut zur
pulverblauen Säckelblume. Ich habe immer die Angst, ein
übler Winter könne sie allesamt ums Leben bringen, aber
obwohl die Säckelblume vom Februar arg gezaust wurde,
haben bisher doch alle durchgehalten, und ich möchte
allen, die Lust haben, ihr Haus im April und Mai in eine
blaue und malvenfarbige Wolke zu hüllen, empfehlen,
diese Idee zu übernehmen, auf die ich wahrlich stolz bin.

Wieso stolz? Man sollte niemals zu stolz sein. Das kann
sich nämlich rächen. Eine sehr reizende und freundliche
Dame aus Kalifornien besuchte meinen Garten und sah
sich die Säckelblume an. »Ach, ist das nicht hübsch?«
sagte sie. »Und dabei wächst das wie wild überall bei uns
im Wald, und niemand kommt auf die Idee, es in den Garten zu holen. Für uns ist das alles nur Unkraut. Aber nun
sehen Sie sich Ihre Hyazinthen an, überall wachsen die
bei Ihnen am Flußufer und im Wald, wir könnten sie niemals in solchen Mengen anpflanzen.«

Ich stellte dann fest, daß sie unter Hyazinthen das verstand, was wir in England normalerweise, aber fälschlich
»Bluebell« nennen, und ich stimmte ihr darin zu, daß niemand freiwillig einen Wald aus Glockenblumen anlegen

Solanum crispum

würde, nicht einmal ein Millionär, der tausend Gärtner anstellen könnte. Und wenn doch, dann würde es einfach nicht so aussehen wie unsere natürlichen Wälder.

Das Unkraut des einen Landes ist wirklich die Blume des anderen. Wie herzlich wir doch irgendwo in Illinois oder Missouri angesichts eines sorgfältig angelegten Glokkenblumenbeets lächeln würden. Ich kann nur hoffen, daß dieses Lächeln dann so tolerant sein würde wie das meiner Besucherin aus Kalifornien, als sie vor der Säckelblume stand, die für sie einfach nur ein Unkraut war.

Noch immer sind alle damit beschäftigt, den wahren Umfang der Schäden festzustellen, die der Februar mit seinen unverschämten Scherzen angerichtet hat. Ich bin allerdings ganz sicher, daß wir über keine Pflanze in Verzweiflung geraten sollten, solange wir nicht ganz sicher wissen, daß sie tot ist. Noch ehe die kleinen grünen Lebenszeichen wieder zum Vorschein kommen, kann ein Schnitt mit dem Taschenmesser unter der braunen Rinde ein weiches Grün freilegen. Wir erleben Überraschungen, manche sind unangenehm, andere angenehm. Die angenehmen haben normalerweise mit der angeblichen Zähigkeit oder Empfindlichkeit der betreffenden Pflanze zu tun.

Unsere Vorstellungen in dieser Hinsicht ändern sich immer wieder. In einem fast hundert Jahre alten Gartenkatalog werden *Alstroemeria ligtu* für das Treibhaus und das zähe kleine *Cyclamen repandum* für das Gewächshaus empfohlen. *Alstroemeria aurea*, die gemeine gelbe Inkalilie, ist längst als viel zu aufdringliches Unkraut verworfen worden und taucht heutzutage höchstens noch in Cottage-Gärten oder in wildwuchernden Nischen auf, doch auch sie wird hier für das Gewächshaus empfohlen. Wir lächeln über solche Irrtümer, aber wir sollten uns in unserem Hochmut nicht zu sicher sein und in aller Demut daran denken, daß wir noch immer viel zu lernen haben. Ich bin jetzt davon überzeugt, daß es ebenso wichtig ist, Knöchel, Unter- und Oberschenkel eines Holzgewächses mit Säcken einzuwickeln, wie seine Schultern und seinen Kopf mit Sackleinen oder anderem Stoff zu bedecken. Warme, mit Bindfaden umwickelte Jutegamaschen können verhindern, daß der Frost die Rinde platzen läßt oder das der Stamm selber springt, eine fatale Verletzung, die er einfach nicht überleben kann. Ich kann als Beispiel einen alten Zitronenstrauch anführen, den ich seit vielen Jahren im Garten habe. In diesem Jahr haben wir ihn zum ersten Mal ganz und gar eingepackt, aber kann ich deshalb bei ihm irgendwelche Lebenszeichen entdecken? Nein. Es war viel bekömmlicher für ihn, als wir seine Füße mit Asche bestreuten, seinen Schienbeinen eine mit Stroh ausgestopfte Jutegamasche verpaßten und den Rest sich selber überlassen haben.

Überhaupt war der vergangene Winter meiner Ansicht nach weniger zerstörerisch. Es gab Eisregen, und alle unsere Sträucher waren mit Eis überzogen und verwandelten sich vor der Hausmauer in gefrorene Bärte, während die freistehenden klirrten wie gläserne Kronleuchter; die Zweige der Bäume schillerten, wenn die Strahlen der tiefstehenden Sonne auf sie schienen, und die verwirrten Vögel, die sich auf ihnen niederlassen wollten, rutschten hin und her und fanden keinen Halt.

W enn ich um Artikel über das Gärtnern in London oder anderen Städten gebeten werde, bin ich zuerst immer verzweifelt. Ich möchte so gern helfen, aber ich verfüge über keinerlei Erfahrungen über Gartenarbeit in der Stadt, und ich gebe nur ungern Wissen weiter, das ich nur vom Hörensagen habe. Wir alle müssen selber lernen. Ich habe allerdings vor kurzem einen Brief von einer sehr prominenten Dame erhalten, deren Name allen bekannt wäre, wenn ich ihn erwähnen würde. Sie schickte mir Fotos ihres Vordergartens, der, wie sie sagt, »in einer ziemlich miesen Gegend in London liegt«.

Dieser Garten ist an die einundzwanzig Quadratmeter groß, nicht gerade überwältigend, sondern eher von den Ausmaßen eines großzügig bemessenen Zimmers. Wenn die Fotos nicht lügen, dann muß dieser Garten eine wahre Farbenpracht sein. Seine Besitzerin schreibt, daß sie diese Wirkung durch Zwiebeln, Iris, Ringelblumen, Kapuzinerkresse, die unverwüstlichen Wicken und wilde Geranien erzielt. »Gewöhnlichen Kram« nennt sie das, und sie be-

merkt voller Bedauern, daß sogar die Aubrietien sich zie-
ren. Ein Wasserhahn tröpfelt in ein leckendes Becken, das
Gauklerblumen und Trollblumen bewässert; ein Teil des
Gartens ist ein »Amateur-Steingarten«.

Vorübergehende, teilt meine Korrespondentin mit,
bleiben stehen und bringen ihre Begeisterung zum Ausdruck, und obwohl ihr Tor nie abgeschlossen ist, glaubt sie
nicht, in über zwanzig Jahren mehr als ein halbes Dutzend
Blumen verloren zu haben – was doch wirklich ein hohes
Lob auf die Ehrlichkeit der britischen Öffentlichkeit ist.

Alles, was sich machen läßt, um unsere Städte zu verschönern, ist gut – ganz abgesehen von dem Vergnügen,
das der Stadtgärtner vielleicht empfindet, wenn er Pflanzen in der Vorstellung ziehen kann, er lebe in Wirklichkeit
auf dem Lande.

Was für Stadtgärtner noch wichtiger und viel besser,
als Bücher zu lesen, ist: Selber hingehen und beobachten,
was andere Gärtner in der Stadt zustande bringen. Wenn
Sie zum Beispiel in London leben, dann sehen Sie sich
gleich neben der City Hall den Garten an, der auf dem
Gelände des von einer Bombe zerstörten Gebäudes der
Goldsmiths' and Silversmiths' Company angelegt worden
ist. Dieser Garten ist natürlich außergewöhnlich groß,
und das Grundstück ist auf ungewöhnlich phantasievolle
Weise genutzt worden. Nur wenige unter uns können
kellertiefe Gärten flankiert von den Überresten einer
römischen Mauer anlegen, mit einer steilen Treppen zwischen den verschiedenen Teilen, einen höchstromanti-

schen Garten mitten im Herzen der Stadt. Und doch können die Blumen und Sträucher, die dort angepflanzt worden sind, nützliche Tips dafür geben, was selbst in der rußigen Londoner Luft gedeihen kann.

Es ist eine ungewöhnliche Methode, Clematis waagerecht zu legen, nicht senkrecht. Dazu benötigen Sie eine Art längliches Gitter aus Bambusstecken, das an den vier Ecken auf dicken kleinen, an die sechzig Zentimeter hohen Pfosten ruht. Auch ein Rechteck aus Maschendraht erfüllt diesen Zweck und ist dazu noch dauerhafter. Wir brauchen eine niedrige, flache, offene Art von Tischplatte, unter der wir die Pflanze setzen, und durch die sie dann hindurchwachsen kann. Sie werden während der Wachstumsperiode alle paar Tage die Stränge durch Gitter oder Draht ziehen müssen, denn Clematis wächst erstaunlich rasch, wenn sie erst einmal angefangen hat, und von Natur aus wächst sie senkrecht, nicht waagerecht. Seien Sie dabei aber so behutsam wie möglich, denn Clematis scheint nicht gern von Menschenhand berührt zu werden.

Oder finden Sie, daß sich das alles viel zu kompliziert anhört? Das ist wirklich nicht der Fall, und Sie werden für Ihre Mühen reich belohnt. Zum einen werden Sie ins nach oben gekehrte Gesicht der Blüte hinabschauen können, statt den Hals recken zu müssen, um einige Meter über Ihrem Kopf ihre Farbe zu erkennen. Auf diese Weise sehen

Sie die volle Schönheit dieser Blume auf eine Weise, die sich nie bietet, wenn Sie sie von unten betrachten. Zum anderen hat die Clematis gern Schatten an ihren Wurzeln, in diesem Fall ihren eigenen, während ihr Kopf in der Sonne liegt, und das genießt sie dann wirklich.

Die großblütige Variante *Jackmanii* bietet sich für dieses Verfahren ganz besonders an, wie auch die *Patens* Gruppe, denn beide haben flache Blüten. Die bekannte dunkellila *Jackmanii* oder ihre Variante *Superba* bieten einen wunderschönen Anblick. *Nelly Moser* ist von blasser Malvenfarbe mit rosa Streifen, *Gipsy Queen* ist violett-purpurn.

Auch andere Kletterpflanzen lassen sich so anbringen, zum Beispiel das Geißblatt, die Einjährige Prachtwinde und sogar die starkwüchsigen Rosensorten. Die dauerhaften Hybriden wie die weiße *Frau Karl Druschki*, die kirschrote *Ulrich Brunner* oder die alte dornlose rosa *Zephirine Drouhin* (eine hybride Bourbon) werden an allen Gelenken Knospen treiben, wenn sie so gelegt oder einfach an der Spitze der Triebe mit Holznägeln am Boden befestigt werden. Die zusätzliche Blumenmenge, die Sie auf diese Weise ernten können, ist allerdings sehr anstrengend für die Pflanze, deshalb beschränken Sie sich auf drei oder vier Triebe, und geben Sie zur Ermutigung Dung oder Kompost dazu.

Ein Herr beschwert sich brieflich bei mir, weil er keine Bambusverehrer finden kann, und er bittet mich, ihm zu erzählen, wie und wann er eine Pflanze, die er in seinem Garten entdeckt hat, aufteilen und umpflanzen soll.

Ich kann und will mich nun nicht als Bambusverehrerin bezeichnen. Ich hasse diese scheußlichen Dinger mit ihrem viktorianischen Aussehen fast so sehr wie Pampasgras. Aber auf jeden Fall möchte ich meinem Korrespondenten mitteilen, daß Mai der richtige Monat ist, wenn er wirklich seinen Bambus aus einem Teil seines Gartens in einen anderen versetzen will, ich könnte ihm auch noch den guten Rat geben, die geteilten Wurzeln heftig zu bewässern, bis sie sich an ihrem neuen Standort eingewöhnt haben.

Ich wünsche ihm viel Vergnügen und bin auch dankbar für seinen Brief, da dieser mich dazu gebracht hat, über diese Pflanze und ihre seltsamen Eigenschaften nachzudenken. Sie sieht in unseren englischen Gärten so langweilig und trübe aus, aber wenn wir daran denken, wie sie in anderen Ländern genutzt wird, dann steigt sie doch um einiges in unserer Achtung. Wir können Bambus als Fackel benutzen, die uns den Weg durch den Dschungel leuchtet. Wir können ihn essen, einlegen und so gut wie alles daraus herstellen, von einem Wohnhaus bis zur Grammophonnadel. Er dient uns im Boot als Mast, er möbliert unsere Zimmer, umgibt als Zaun unser Grundstück und liefert Papier für unsere Korrespondenz. Dieses beunruhigende Gras sieht noch dazu zweifellos höchst beeindruckend aus, wenn es an einem Tag fast fünfzig Zentimeter wächst und eine Höhe von über dreißig Metern erreicht. Seine seltsamste Eigenschaft aber ist vielleicht seine unerklärliche Angewohnheit, im Abstand von etwa dreißig Jahren zu blühen, wobei jedes zu einer bestimmten Spezies gehörende Gewächs auch in weit voneinander entfernt liegenden Gegenden gleichzeitig blüht und dann abstirbt, ein Geheimnis der Natur, das eine Analogie zum jahreszeitlich bedingten Wachstum bestimmter Weingewächse nahelegt, auch wenn sie aus ihrer Heimat an die Antipoden gebracht worden sind.

Es gibt eine Familie von Pflanzen, die so pflegeleicht und in Charakter und Interessen so unterschiedlich ist, daß ich mich wundere, warum man sie in unseren Gärten nicht viel häufiger sieht. Ich rede hier von der großen Familie der Wolfsmilch, die angeblich mehr als tausend Mitglieder zählt. Das Schönste darunter ist *Euphorbia pulcherrima*, uns besser bekannt unter dem Namen Poinsettie oder Weihnachtsstern, doch sie ist nur für Gärtner geeignet, die über ein beheiztes Treibhaus verfügen.

Andere Wolfsmilchgewächse passen in jeden normalen Garten. Würde es weniger beunruhigend klingen, wenn ich ihren englische Namen verwendete, »spurge«? Es gibt etwa ein Dutzend einheimische Arten, von der gemeinen Wald-Wolfsmilch, die sich sehr gut als Bodenbedeckung unter Bäumen pflanzen läßt, wenn Sie sie nicht als Invasorin fürchten, zur seltsam schönen Zypressenwolfsmilch, die aufrecht steht wie eine kleine Säule. Sie ist einjährig, sät sich selber so freigebig aus und scheint wie aus einem natürlichen Gefühl für Architektur heraus immer die Stelle zu finden, wo sie sich am besten macht.

Ich mag *Euphorbia marginata* sehr, leider auch einjährig und für Spatzen unangenehm attraktiv. Ich pflanze sie aber weiterhin an, aus Liebe zum grün-silbernen Schillern der gestreiften Blätter und des weißen Deckblattes. Wenn die Zypressenwolfsmilch einen Sinn für Architektur hat, dann hat *Euphorbia marginata* einen für Wappenkunde: Sie könnte auch einen Heroldsrock tragen. Sie stammt ursprünglich aus dem Süden der USA, wo sie als Bergschnee bekannt ist.

Ich mag auch *Euphorbia nicaeensis* sehr. Sie ist winterhart und wächst in einem ordentlich gerundeten, kleinen Klumpen von grünlich-gold und wird etwa dreißig Zentimeter lang. Der Sommer ist ihre beste Zeit, aber sie kann sich das ganze Jahr hindurch sehen lassen. Ich habe sie einmal mit dem grünlichen Veilchen *Irish Molly* kombiniert, was eine sehr glückliche Verbindung war. Die *Molly* ist mir dann eingegangen, die Wolfsmilch dagegen scheint herzloserweise immer kräftiger zu werden.

Meine aufregendste Wolfsmilch heißt *Euphorbia griffithii*. Sie stammt aus Tibet und wurde vor einigen Jahren mit dem Award of Merit ausgezeichnet. Sie weist eine höchst seltsame Farbkombination auf: braun, orange und grün, was einen allgemeinen Eindruck von rostrot ergibt. Machen Sie einen Versuch, wenn Sie diese Pflanze nicht schon längst kennen.

Dann gibt es noch *Euphorbia myrsinitis*, die Walzen-wolfsmilch. Ich habe sie noch nie gepflanzt, und ich möchte lieber keine Pflanzen empfehlen, die ich nicht aus eigener Erfahrung kenne, aber mir ist auch klar, daß es sich um ein arges Versäumnis handelt. Bestimmt ist sie eine der empfehlenswertesten Wolfsmilch-Sorten.

Ich muß hier noch eine Warnung anfügen. Zwei Leser haben mich brieflich darauf hingewiesen, daß manche Menschen auf den weißen Pflanzensaft der Wolfsmilch allergisch reagieren, einer hat sogar aus einem alten Buch zitiert, daß »Wilde in Afrika und Amerika ihre Pfeilspit-zen mit diesem tödlichen Gift einreiben«. Ich hoffe, diese beunruhigende Mitteilung wird keine abschreckende Wirkung haben. Grundsätzlich sollte man niemals den Stengel abbrechen oder durchschneiden und die Pflanze nur mit Handschuhen anfassen, wenn man auch nur das leiseste Risiko fürchtet. Ein ähnlich weißer Saft, den der Stengel von Feigenblättern abgibt, ist angeblich ein Hilfs-mittel gegen Warzen, vermutlich ist in beiden Fällen irgendein ätzender Bestandteil vorhanden.

V oller Vergnügen habe ich vor zwei oder drei Wochen einen Artikel des Washington Korrespondenten des *Observer* gelesen. Er schreibt, daß die *Multiflora* Rose derzeit in den USA überall am Rand der wichtigen Landstraßen und auch auf dem Zwischenstreifen der Autobahnen gepflanzt wird. Er beschreibt diese Rose als eine Art Sicherheitsnetz, das sogar einen Anderthalb-Tonnen-Laster zum Stehen bringt, wenn er in hohem Tempo hineinfährt. Man wird zurückgeschleudert und kommt zum Stillstand, ohne am Fahrzeug andere Schäden als einige Kratzer im Lack davongetragen zu haben.

Ich hatte schon vor einiger Zeit von diesem ganz besonderen Prellbock gelesen, habe aber nicht darüber geschrieben, weil ich wußte, daß diese Pflanze hierzulande nicht erhältlich ist, und nichts ist ärgerlicher als eine verlockende Beschreibung von Pflanzen, die man sich nicht zulegen kann. Da sie nun aber in aller Öffentlichkeit erwähnt worden ist, und noch dazu in meinem *Observer*, kann ich es mir doch erlauben, mich über dieses hochinteressante Thema zu verbreiten. Außerdem wird sie in absehbarer Zeit auch bei uns in Form von Setzlingen erhältlich sein, die schon jetzt bei Rosenzüchtern wie Senf und Kresse in die Höhe schießen. Ich hatte das Glück, von einer großzügigen amerikanischen Freundin einige Samen zu bekommen, und reichte einen Teil davon an Hilda Murrell von den Portland Nurseries in Shrewsbury weiter, die mitteilt, sie habe sie zu hundert Prozent zum Keimen bringen können.

Die *Multiflora* klingt wirklich wie eine Rosenhecke, mit der man prahlen kann. Es gibt sie mit und ohne Dornen. Die dornige Variante wird in einer amerikanischen Broschüre wirklich erschreckend beschrieben: »Pferdehoch, bullenstark, ziegendicht, dick und grausam genug, um jegliche Art von umherstreunendem Vieh auszusperren.« Dazu kommt noch, daß sie über zwei Meter hoch werden kann und von kleinen weißen und manchmal auch sehr blaßrosa Blüten übersät ist. Der Staat Missouri hat während der letzten fünf Jahre an dreitausend Straßenmeilen solche Rosen angepflanzt. Wir hier auf unserer kleinen Insel operieren nicht in solchen Maßstäben. Ich wünschte, wir täten das. Unsere Hauptverkehrsstraßen würden dann ganz anders aussehen, kein kahler Asphalt mehr, sondern von Rosen umgeben, was Schönheit und Nützlichkeit kombinieren würde.

Die Amerikaner behaupten auch, daß die *Multiflora* Rose keine Pflege braucht und nicht beschnitten, gestützt oder aufgebunden werden muß. Sie ist langlebig, windresistent, schnellwüchsig – bis zu ein Meter fünfzig im Jahr, und sie bietet kleinen Tieren einen passenden Lebensraum. Ich muß zugeben, daß die Fotos in der Broschüre ungeheuer beeindruckend sind.

Mir ist in letzter Zeit so oft gesagt worden: »Unsere Anemonen wollen einfach nicht gedeihen, während Ihre wie Unkraut zu wuchern scheinen«, daß ich mich gefragt habe, wie sich das wohl erklären läßt. Ich bin zu dem Schluß gekommen, daß die anderen nicht zur rechten Zeit gepflanzt worden sind. Mit anderen Worten, die kleine schwarze Anemonenknolle mag nicht länger als unbedingt nötig aus dem Boden weggehalten werden. Manchmal liegt sie in einer Papiertüte herum, bis wir die Zeit zum Pflanzen finden können, und wer weiß, wie lange sie für die Reise vom Züchter bis zu Ihnen gebraucht hat. Wie ungeduldige Menschen haßt sie das Warten, und, anders als ungeduldige Menschen, rächt sie sich dann, indem sie verwelkt und stirbt. Wie traurig wäre es doch, wenn auch unsere Freunde und Bekannten so reagieren würden, wenn wir uns bei einer Verabredung verspäteten!

Es gibt viele verschiedenen Anemonensorten, alle sehr geeignet für den Frühlingsgarten, und ich bin sicher, daß für alle dieselbe Regel gilt: Pflanzen Sie sie, sowie ihre Blätter anfangen, abzusterben und sich gelb zu verfärben. Das ist wirklich leicht, wenn Sie schon welche im Garten haben, die Sie aufteilen, neu pflanzen oder versetzen möchten. Es ist nicht so leicht, wenn Sie sie zum ersten Mal bei einem Züchter bestellen, denn vielleicht bekommen Sie sie nicht frisch und wohlgenährt im Juni, sondern müssen eventuell auf die sogenannte Herbstlieferung warten.

Wie hell und farbenfroh manche Anemonen doch sind! *Blanda*, die blaßblaue Griechin, die zwei Wochen früher blüht als die *apennina*, die dunkelblaue Italienerin, auf die nacheinander die scharlachrote *fulgens* und die hybride *St. Bavo* mit ihren vielen Farben folgen, dann kommen die zarte malvenfarbige *Allenii* und die blassere *Robinsoniana*, die alle verwandt sind mit dem Windröschen, der Blume des Adonis, der Blume der Auferstehung, der Blume des Frühlings. Sie sind inzwischen verwelkt, und ihre Blätter sterben ab. Nun sollten sie versetzt werden, ich bin sicher, daß für Anemonen dasselbe gilt wie für manche andere Knollenpflanzen wie den Winter-Eisenhut, der sich nicht gut pflanzen läßt, falls wir nicht Setzlinge auftun und sie mit ihrer Erde an ihren neuen Aufenthaltsort bringen können.

Sie dürfen niemals austrocknen. Sie müssen sehr schnell versetzt werden. Das ist die Moral dieses Artikels.

Manchmal wird mir vorgeworfen, ich schriebe nur für Besitzer von sehr großen, uralten, romantischen Gärten mit jahrhundertealten Eiben- und Stechpalmenhecken, mit Springbrunnen, deren Wasser sich in von Tritonen, Seejungfrauen und springenden Delphinen umrandete Marmorbecken ergießt, mit Rasenflächen so rein wie eine Golfbahn und Libanonzedern, die sich in Teichen mit durchscheinendem Wasser spiegeln, in dem altehrwürdige Karpfen mit goldenen Nasenringen hausen.

Aber ich versuche wirklich, alle Arten von Gärten zu

berücksichtigen und ganz besonders an die Besitzer nagel-
neuer Gärten zu denken, die nicht wissen, was sie damit
anfangen sollen. Und in diesem Zusammenhang möchte
ich darauf hinweisen, daß sich auch aus dem kleinsten
Garten mit Phantasie etwas machen läßt. Das ist keine
Frage der Flächen, sondern eine Frage von Geschmack,
Vision, Design, Farbsinn und Anordnung. Allgemeine
Regeln lassen sich nicht aufstellen, da jeder Garten seine
eigenen Probleme aufwirft, was Form, Größe, Aussehen,
Konturen, Verhältnis zum Haus, Lage, Boden, Hanglage
oder Ebene und die Geldmittel seines Besitzers angeht.

Und doch gibt es einige allgemeine Prinzipien. Zum
Beispiel kann ein dunkles aufrechtes Bäumchen wie eine
irische Eibe oder ein Wacholder an der richtigen Stelle
dem Garten Würde verleihen, da es das Auge gerade dann
anhalten läßt, wenn Ruhe erforderlich ist. Gerade Linien
von Wegen und Kanten erwecken normalerweise einen
größeren Eindruck von Weite und Entfernung als die
schwachen, welligen, wackeligen Linien, die manche für
künstlerisch halten. (Erfolgreicher Umgang mit Welligem
und Wackeligem fordert einen wahren Künstler.) Das alles
bezieht sich natürlich nicht auf Cottage-Gärten, in denen
die Blumen wild durcheinander stehen und die von
äußerst unregelmäßigen Plattenwegen durchzogen werden, vermutlich die schönste Art von kleinem Garten, die
dieses Land je entwickelt hat. Vor allem möchte ich vorschlagen, daß Sie, wenn Sie einen Rasen haben, diesen
nicht mit nierenförmigen Beeten oder mit Beeten über-

haupt ruinieren sollten. Wir murren über unser Klima, aber es liefert uns unvergleichlichen Rasen, und wir sollten als Ruheplatz für Augen und Seele eine grüne, ungestörte Fläche beibehalten.

Darf ich darauf zurückkommen, daß ich vor einigen Wochen geschrieben habe, wie viele Pflanzen sich wohl zu fühlen scheinen, wenn sie ihre Wurzeln unter Steine stecken können? Ich denke jetzt nicht nur an alpine Pflanzen, deren natürliche Gewohnheit es ist, sondern an zufällige Streuner, oft selbstgepflanzt, manchmal Zwiebelpflanzen, manchmal einfach Ein- oder Zweijährige, die durch einen glücklichen Zufall den Weg zur dieser Gärtnermethode gewiesen haben. Noch der schmalste Spalt in einem Weg oder einer gepflasterten Terrasse überrascht uns mit einem schönen Setzling; ich habe sogar so große ungebetene Gäste wie Rittersporn und Stockrose bei solchen Versuchen ertappt. Es liegt zweifellos daran, daß sie niemals unter zu hoher Feuchtigkeit oder exzessiver Trockenheit leiden; der Stein bewahrt die Bodenfeuchtigkeit auf, verhindert jedoch, daß die Erde nach kräftigem Regen zum schwammigen Pudding wird; er schützt vor brennender Sonne und darauffolgendem Welken, das die Gießkanne nötig macht.

Wenn wir diesen Fingerzeig der Natur ernst nehmen wollen, dann sollten wir uns sofort von Unkraut befreien, um uns späteren Ärger zu ersparen. Unkraut auf Wegen bedeutet für die, die das teuflische Vergnügen, das Unkrautvertilgungsmittel uns bereiten können, noch nicht entdeckt haben, ein konstantes Ärgernis; und selbst Eingeweihte lassen sich vom Preis der Unkrautmittel bisweilen abschrecken und greifen auf Knieschutz und abgebrochene Messerklingen zurück. Heute allerdings können wir Natriumchlorat pfundweise kaufen, der Preis ändert sich häufig, deshalb will ich keinen angeben, aber da Sie ein Pfund auf etwa vierzig Liter nehmen, ist es noch immer ziemlich billig. Natriumchlorat wirkt durch die Blätter und sollte deshalb verwendet werden, wenn das Unkraut noch grün ist – der einzige Nachteil ist, daß wir in den nächsten sechs Monaten an dieser Stelle nichts anderes pflanzen können.

Danach würde ich die Spalten mit gutem Boden oder Kompost füllen und hemmungslos drauflos säen. Es wäre mir auch egal, wie gewöhnlich meine Kandidaten sein mögen, königsblaues Vergißmeinnicht, Goldlack, indische Nelken, das Steinkraut *Violet Queen*, Stiefmütterchen – denn später würde ich fünfundneunzig Prozent wieder herausreißen und nur hier und da einzelne Pflanzen stehen lassen. Schließlich geht es hier nicht um das Anlegen eines Blumenbeetes. Aber wenn Sie es für Zeit- oder Platzverschwendung halten, so gewöhnliche Gewächse auszusäen, dann gibt es ausreichend viele erlesenere, niedrigwüchsige Pflanzen, vor allem solche, die im Winter exzessive Feuchtigkeit an ihren Wurzeln nicht zu

Dianthus ›Stäfa‹

schätzen wissen; die Steindecke sollte sie davor schützen. Die altmodischen Nelken ergeben bezaubernde Blütenkissen: *Dad's Favourite, Inchmery* oder *Little Jock.*

Die wenigen Glücklichen unter uns, die weiterhin ein Gewächshaus ihr eigen nennen, das im Winter warm genug ist, um den Frost auszusperren, werden es nicht bereuen, wenn sie Platz für einige Töpfe mit dem unbekannten, hübschen, blaublühenden *Oxypetalum caeruleum* schaffen. Diese Pflanze sticht zwar nicht unbedingt ins Auge, aber mir ist doch aufgefallen, daß sie immer Aufmerksamkeit erregt, wenn wir im Sommer die Töpfe in den Garten stellen. Sie hat flauschige grüne Blätter und seltsam graubläuliche Blüten, in deren Mitte ein hellblauer Knopf von der Große eines flachen Samenkorns sitzt. Ich stelle gern einige Töpfe *Plumbago auriculata*, Bleiwurz, daneben, deren kräftigeres Blau einen Blaunebel erzeugt, in dem die Farbtöne sich gegenseitig verstärken. Beide sind natürlich kühle Gewächshauspflanzen, fühlen sich aber von Ende Mai bis Oktober auch im Freien wohl.

Ich arbeite gern mit Töpfen. Das erinnert mich an Süditalien, Spanien, die Provence, wo überall Töpfe mit Nelken und Zinnien stehen, in einem sonnigen Hinterhof oder, terrassenförmig angeordnet, auf einer Treppe im Freien, staubig, aber so munter! Ich weiß, daß dabei ständiges Gießen wichtig ist, aber ist es nicht wunderbar, einen Farbfleck genau dorthin setzen zu können, wo wir ihn brauchen, in irgendeine Ecke, in der gerade eine andere Blume ihren Geist aufgegeben hat? Wir sollten in dieser Hinsicht von anderen Ländern lernen. Hierzulande benutzen wir bei weitem nicht so viele Töpfe, vermutlich unter anderem, weil es bei uns keine Töpfertradition gibt, nichts, was sich mit dem in Italien so verbreiteten Kamelientopf vergleichen ließe, bei dem aus einem Löwenmaul Girlanden quellen. Ich habe mehrmals versucht, Ziegelbrenner dazu zu überreden, dieses italienische Standardmodell nachzubilden. Und immer sind sie dann beunruhigt und mißtrauisch. »O nein, das können wir nicht. So etwas haben wir noch nie gemacht. Tut uns leid, Ihnen nicht helfen zu können.«

Wir umranden derweil den ganzen Sommer über einen großen chinesischen Krug mit blauem *Oxypetalum* und blauem *Plumbago* und setzen *Ipomea rubocaerulea* hinein, das ergibt eine Symphonie aus verschiedenen Blautönen.

Der chinesische Krug hat eine romantische Geschichte. Er stammt aus der Ming-Dynastie, also aus der Zeit zwischen 1368 und 1644 – und in diesem Krug wurde Porzellan von China nach Ägypten transportiert, dabei wurden die Krüge in Talg gepackt, um nicht herumzukullern. Die äußerst soliden Griffe zeigen, wo Seile hindurchgezogen wurden, um die Krüge an Bord der Schiffe zu hieven. Er ist nicht wirklich schwarz, sondern eher auberginenfarben.

In diesen ziemlich zusammengestoppelten Notizen gehe ich, ob nun zu Recht oder zu Unrecht, davon aus, daß meine Leser auch etwas über Pflanzen hören möchten, die pflegeleicht und trotzdem ungewöhnlich sind. In dieser Woche möchte ich deshalb ein gutes Wort für einige Tulpen einlegen, die wir viel seltener sehen als unsere alten Freundinnen Cottage oder Darwin. Ich weiß sehr wohl, daß die Tulpenblüte vorüber sein wird, wenn dieser Artikel erscheint, aber da alle guten Gärtner sich schon Monate vorher Notizen für ihre Herbstbestellungen machen, möchte ich diese Blumen für Ihre Herbstliste empfehlen.

Die *Papageien-* oder *Drachen-*Tulpen tragen ihre Namen zu Recht, denn manche von ihnen erinnern in ihrer Farbgebung wirklich an die farbenprächtigen Aras, während die zackigen Kanten ihrer Blütenblätter an die Schimäre erinnern, diese geflügelte heraldische Kusine des Drachen. Ich habe diesen Vergleich bei einer gärtnernden Freundin angebracht, die mich verständnislos anstarrte und behauptete, kein Wort davon verstanden zu haben, und wie eine Schimäre denn eigentlich aussehe. Aber ich finde noch immer, wir sollten Blumen mit Phantasie betrachten, um ihnen den größtmöglichen Genuß zu entlocken.

Die rosa *Fantasy* mit ihren apfelgrünen Federblättern tritt recht häufig auf; *Mme. Lefèbre* ist eine tiefere Version von *Fantasy*, wirklich kirschrot, von enormer Größe und mit schwerer Kante; *Orange Emperor*, butterblumengelb und grün gefleckt, ist nicht ganz so groß; *Blue Parrot* ist überhaupt nicht groß, sondern tief malvenfarben, so in etwa wie Blaubeerpudding (Züchter haben manchmal sehr seltsame Farbvorstellungen), *Bellona* ist goldgelb – und es macht Spaß, diese vielen Sorten anzupflanzen, und teurer als normale Tulpen sind sie auch nicht.

Aber es gibt durchaus noch pfiffigere Versionen. *Gadelan* war die verrückteste Tulpe, die ich je in meinem Garten hatte. Sie zeigte so viele Farben wie eine Malerpalette nach einem langen Arbeitstag – dunkelblau, dunkelrot, lila, grün, weiß –, und als sie ganz aufgegangen war, maß sie an die vierundzwanzig Zentimeter im Durchmesser. Die Zwiebeln sind ziemlich teuer, deshalb kaufte ich für mein Experiment nur drei Stück und verzichtete gänzlich auf die noch teurere *Red Parrot*. *Gadelan* reichte mir für den Moment, sie war befriedigend und verwirrend genug.

Dieser »Papageieneffekt« beruht auf genetischen Veränderungen und ist eine natürliche Entwicklung, keine Krankheit.

Vielleicht sollte ich diesen Artikel »In Ihrem Haus« oder »Ihr Garten in Ihrem Haus« nennen, denn ich möchte über Schnittblumen schreiben, dazu hat mich ein interessanter Brief eines Herrn angeregt, der sich als Botaniker und Gartenbauspezialist bezeichnet und gerade in diesem Bereich Forschungen angestrengt hat. Wir befinden uns gerade in der Jahreszeit, in der Gartenbesitzer ziemlich rücksichtslos pflücken und weniger Angst haben, das Aussehen des Gartens zu schädigen, doch diese angenehme Beschäftigung ist zeitraubend, und die vielbeschäftigte Frau möchte, daß ihre Blumen so lange halten wie möglich.

»Die Probleme, die wir so oft mit Schnittblumen haben«, sagt mein Korrespondent, »liegen daran, daß in dem Zeitraum zwischen Pflücken und ins Wasser stellen Luft in die Wasserkanäle der Stengel eindringt.« Um das zu verhindern, rät er, die frischgeschnittenen Blumen in vor kurzem gekochtes Wasser zu stellen, das eine Spur wärmer ist als lau, also, nicht heiß genug, um uns die Hand zu verbrennen, aber warm genug, um unseren Fingern ein angenehmes Wärmegefühl zu geben. Schneiden Sie die Blumen, sagt er, in trüben, sonnenlosen Stunden; eine Empfehlung, auf die wir alle schon selber gekommen waren, aber ich frage mich, wie viele Leser dieses Artikels mit einem Kessel mit vor kurzem gekochten Wasser durch ihren Garten wandern werden. Das alles ist zeitraubend, und wir haben noch anders zu erledigen. Aber ich werde es trotzdem versuchen.

Mein Korrespondent tut die Sitte, eine Aspirintablette oder eine Kupfermünze ins Wasser zu geben, als Ammenmärchen ab. Kohlenstücke dagegen finden durchaus seine Billigung, da sie dem Wasser Luft entziehen. Ich nehme an, daß wir alle eigene Theorien haben, aber die Vorstellung, daß Luft in die Stengel eindringt, klingt ja durchaus plausibel. Und deshalb wollte ich Ihnen davon erzählen.

Manche Sprichwörter treffen den Nagel einfach auf den Kopf, andere sind völlig falsch, wieder andere nur zur Hälfte wahr. Eines der zur Hälfte wahren besagt, daß wir verachten, was wir kennen.

Verachten ist das falsche Wort. Was wir wirklich meinen ist, daß wir einige Tugenden für selbstverständlich halten, wenn wir jeden Tag mit ihnen zu tun haben. Unsere Wertschätzung stumpft ab, so, wie die wunderbar scharfe Klinge des Blumenmessers, das wir zu Weihnachten geschenkt bekommen haben, zu Ostern schon stumpf ist. In unserem Garten wachsen Pflanzen, die wir einfach vergessen und an die wir uns dann plötzlich erinnern, so, wie ich mich gerade an den Waldmeister erinnert habe, an diesen sanften, kleinen, hellgrünen Briten, der so leicht wächst, sich so rapide vermehrt – jedes kleinste Wurzelstückchen wächst und vergrößert sich –, der Unkraut klein hält, und wo immer Sie wollen, einen hellgrünen Streifen oder Flecken ergibt.

Waldmeister ist ein hübscher Name für ihn, auf Latein heißt er *Galium odoratum*.

Er ist vielseitig verwendbar. Sie können ihn an Stellen setzen, an denen andere Pflanzen eingehen würden, in den Schatten und sogar unter tropfende Bäume. Sie kön-

Galium odoratum

nen ihn als Deckpflanze benutzen, die Unkraut vertreibt. Im Herbst können Sie die Blätter abschneiden, trocknen und in Duftkissen einnähen, die wie frischgemähtes Gras duften und diesen Duft jahrelang behalten.

Waldmeister protzt nicht. Seine kleinen weißen Blüten sind kein überwältigender Anblick, aber sie füllen Leerstellen aufs beste aus, während sich die Blätter für Duftkissen eignen, die im Wäscheschrank liegen und Motten vertreiben oder die Sie sich nachts unters Kopfkissen stecken können. Denken Sie daran, daß Waldmeister erst riecht, wenn er geschnitten und getrocknet ist, deshalb sollten Sie nicht enttäuscht sein, wenn Sie durch den Garten wandern und dabei seinen typischen Geruch nicht wahrnehmen. Was mich daran erinnert, daß Mai der richtige Monat ist, um *Matthiola bicornis* zu säen, diese kleine dunkle Levkoje, die nachts ihren Duft ausströmt. Ich habe gerade einige Gramm am Fuße eine Eibenhecke am Wegrand gesät und freue mich auf warme Abende, wenn die bleiche Schleiereule über dem Garten umherstreift und der starke Duft dieser kleinen Pflanzen mich immer wieder von Neuem überrascht. Sie kündigen den Sommer an, während noch vor kurzer Zeit Schnee den Boden bedeckt hat, aber diese bescheidene kleine Einjährige wird so leicht vergessen, daß es sicher nicht falsch ist, wenn ich sie hier in Erinnerung bringe. Wenn Sie ihre Samen mit dem von Virginia-Levkojen vermischen, dann haben Sie tagsüber einen hübschen Farbfleck und nachts einen schönen Duft.

Nichts kommt der sanften, vagen Berührung einer leichten Krankheit gleich, wenn es darum geht, uns zum Nachdenken über etwas zu bringen, das wir kürzlich erlebt haben. Wir dürfen natürlich nicht zu krank sein, sondern nur gerade so sehr, daß wir mit gutem Gewissen und ausreichendem Fieber, um unsere Wahrnehmungsfähigkeiten zu schärfen, einige Tage im Bett verbringen können. Wir legen das Leben beiseite; wir registrieren vage, daß in der Ferne eine Waldtaube gurrt, daß eine Drossel an einem Schneckenhaus herumpickt, daß ein leichter Wind durch die Pappeln weht, kleine, aber wichtige Ereignisse eben. In solchen Momenten, in solchen der erzwungenen Muße gewidmeten kurzen Stunden können wir so ausgiebig ruhen wie eine Kuh auf ihrer Weide ruht.

In einer solchen Stimmung dachte ich daran, wie ich in den Wald gegangen war, um die Wurzeln einer ganz besonders tiefrosa Anemone auszugraben. Ich hatte sie dort wachsen sehen und wußte von früheren Gelegenheiten her, daß wir, wenn wir das Glück haben, unter den weißen eine farbige Anemone zu entdecken, diese farbige Anemone verpflanzen und durchaus damit rechnen können, daß sie im eigenen Garten diese Farbe beibehält. Vandalen graben in ihrer Ignoranz oft zur falschen Zeit Pflanzen aus und behandeln sie so schlecht, daß keine Hoffnung auf Überleben besteht. Ich wußte, daß es richtig war, meine rosa Anemone in meinen Garten zu versetzen. Sie war so zahlreich vertreten, daß sie mir eine Kelle voll von ihren Wurzeln durchaus gönnen konnte.

Diese Kelle voller Waldboden erteilte mir dann eine Lehre. Sie war vollgestopft mit wachsenden Dingen, die allesamt ums Überleben kämpften. Nur eine Kelle reichte, um zwölf Quadratzentimeter englischen Waldes zu stören! Dort befand sich ein potentieller Eichbaum, der schon aus der Eichel hervorlugte. Es gab junge Brombeersträucher, die schon in diesem Stadium der Unschuld mit einer Invasion drohten. Es gab junges, drei Zentimeter hohes Geißblatt, das sich anschickte, sich mit Hilfe der zweigigen Unterstützung des Haselwäldchens in die Höhe zu recken. Das alles bildete ein unterirdisches lebendiges Gewirr in gemeinsamem Kampf, und ich als überlegenes Menschenwesen trennte mit meinem scharfen Messer die gewünschte Pflanze heraus und zerstörte alles andere kämpfende und ringende Leben, das ohne mein Eingreifen vielleicht zur Vollendung gelangt wäre.

Als ich mit meinem Fieber im Bett lag, fragte ich mich, ob das nun falsch oder richtig gewesen sei. Ich fühlte mich mit einem ganzen Spektrum an moralischen Problemen konfrontiert. Ich hatte eine junge Eiche getötet. Aber ich hatte eine rosa Anemone gerettet. Wie sollte ich diese moralischen Fragen beantworten?

Ich wußte wirklich nur, daß ich diesen Maimorgen in einem mit Glockenblumen gefüllten Wald niemals vergessen würde.

Mein Sommergarten

Juni

Es gibt zwei sehr hübsche im Mai und Juni blühende Sträucher, die nicht viel Pflege brauchen und trotzdem nicht häufig zu sehen sind. Sie passen gut zueinander, denn beide sind von einem zarten Muschelrosa, und beide gehören zur selben botanischen Familie (*Caprifoliceae*), aus der wir vor allem die vertrauten Weigelien und das Geißblatt mit seinen kleinen, trompetenförmigen Blüten kennen, die an eleganten Zweigen hängen. Die beiden Sträucher, von denen hier die Rede ist, heißen *Kolkwitzia amabilis* und *Dipelta floribunda*.

Kolkwitzia blüht ein wenig später als *Dipelta*, wodurch derselbe Farbton länger erhalten bleibt; mit anderen Worten, eine Kombination von beiden sichert uns während etlicher Wochen eine blaßrosa Wolke im Garten. *Dipelta* sollte hinter *Kolkwitzia* gepflanzt werden, denn *Kolkwitzia* ist rundlicher, während *Dipelta* höher und lockerer wächst und bisweilen gestützt werden muß, um nicht zu sehr zu hängen. Beide Sträucher stammen aus China, und beide haben das Adjektiv des anderen verdient, denn beide sind liebenswürdig und blütenreich.

Wenn ich schon von im Mai blühenden Sträuchern spreche, dann möchte ich auch noch *Rubus odoratus* erwähnen. Er stammt aus den Rocky Mountains und ist ein Dornstrauch ohne stechende Dornen. Ich weiß einfach nicht, warum dieser schöne und pflegeleichte Strauch auf so törichte Weise vernachlässigt wird. Wer die große weiße Einzelrose *Nevada* kennt, kann sich *Rubus odoratus* bestimmt sofort vorstellen, denn mir ist aufgefallen, daß die beiden oft verwechselt werden, bis die Betrachter bei näherem Hinsehen entdecken, daß die Blüten zwischen Blättern wie denen der Schwarzen Johannisbeere sitzen. *Rubus odoratus* kann über zwei Meter hoch werden. Ansonsten macht er keine Arbeit, nur das tote Holz muß bisweilen abgeschnitten werden.

Dieser für den Mai bestimmte *Rubus* hat im *Rubus biflorus*, der Zierbrombeere, einen Verwandten aus dem Himalaya. Die Zierbrombeere jedoch wird weniger wegen ihrer unbedeutenden Blüten gepflanzt als wegen der Schönheit ihrer reinen weißen Zweige im Winter. Wie große weiße Gespenster tauchen sie überraschend in der Winterlandschaft auf und sehen aus, als seien sie permanent mit Reif überzogen. Die Zierbrombeere zieht reichen Boden vor, und Sie müssen im folgenden Jahr die Zweige, die geblüht und vermutlich auch Früchte getragen haben, abschneiden, denn Sie sollten die neuen Sprößlinge ermutigen und am Leben erhalten.

Im Rasen gibt es nur gekräuseltes Unkraut. Löwenzahn-, Wegerich- und Gänseblümchenblätter schauen alle nach oben, wie kleine Hände, die sich in einem letzten, verzweifelten Gebet zum Himmel erheben. In wenigen Wochen, das ist meine erbarmungslose Hoffnung, werden sie verschwunden und einer schönen sauberen Decke von tadellosem Rasen gewichen sein, von dem Besucher aus Übersee irrtümlicherweise annehmen, man brauche vierhundert Jahre, um ihn anzulegen.

Diesem Unkraut muß mit dem Unkrautmittel »Verdone« zu Leibe rücken. Ich halte es für ein Wunder, daß eine schnöde Flüssigkeit aus einer Dose derart wählerisch und intelligent ist, daß sie weiß, welche Pflanzen sie zu zerstören hat. Aber so ist es nun einmal. Ich weiß natürlich, daß das Mittel im Grunde den Wuchs der Unkrauts dermaßen stimuliert, daß die Zellen schließlich vor lauter Üppigkeit bersten und die Pflanze eingeht, während die Grashalme keinen Schaden davontragen. Höchst seltsam und vielfältig sind die arbeitsschonenden Mittel, die die Wissenschaft inzwischen für den überarbeiteten Gärtner bereit hält.

Statt allein, schlechtgelaunt und vom murrenden Ischias geplagt mit einem Pflanzenheber oder einem abgebrochenen Küchenmesser auf allen Vieren auf dem Rasen umherzukriechen, können Sie jetzt lässig flanieren, können hin und her spazieren und dabei mit einer Gießkanne Tod verteilen, während sie sich mit den Freunden unterhalten, die zum Tee gekommen sind. Auf diese Weise verbinden Sie Ihr gesellschaftliches Leben mit der Gartenarbeit, zu der Sie bisher noch nicht gekommen sind. Ihre Freunde finden Sie vielleicht ein wenig zerstreut, aber Sie können sie immer noch zur Arbeit heranziehen, wenn Sie über eine weitere Gießkanne verfügen. Erwachsene wie auch Kinder machen sich gern nützlich; es vermittelt ihnen das Gefühl, wichtig zu sein.

Die Gebrauchsanweisungen, die den Dosen beigelegt sind, sind so klar, daß ich sie hier nicht zu wiederholen brauche. Ich möchte nur auf die Möglichkeit sparsamer Verwendung hinweisen, wir können jetzt die dreifache Stärke kaufen, die mit Wasser verdünnt wird. Für sehr wenig Geld können wir sehr viel Rasen vom Unkraut befreien. Wegerich und Butterblume reagieren außerordentlich schnell auf diese grausame, aber effektive Behandlung; Gänseblümchen und Löwenzahn brauchen vielleicht einen zweiten Durchgang. Und lassen Sie den Kopf nicht hängen, wenn Sie nach einem oder zwei Monaten noch keinen wirklichen Erfolg sehen. Am Ende klappt es immer.

Aber ach, ich hoffe so sehr, daß solche auswählenden Unkrautvertilgungsmittel niemals am Rand unserer Landwege eingesetzt werden. Kein Mittel kann wählerisch genug sein, um wilde Veilchen und Primeln zu verschonen.

Der Streit um die besten Methoden, Rosen von Ablegern zu ziehen, wird sich wohl niemals beilegen lassen. Züchter tun diese Methode gern ab und ziehen es aus naheliegenden Gründen vor, ihre jungen Stecklinge den verschiedenen Dornsträuchern aufzupfropfen. Auf diese Weise läßt sich in kürzerer Zeit eine Pflanze von verkäuflicher Größe ziehen, außerdem sind in Fällen, wo eine große Anzahl von Exemplaren einer Sorte gewünscht wird, von der Elternpflanze mehr Stecklinge zu erwarten als Ableger; drittens behaupten die Züchter, und das vielleicht zu Recht, daß die Kraft der wilden Pflanze auch die Konstitution ihres Pflegekindes stärkt.

Da ich keine Züchterin bin, finde ich es billig und unterhaltsam, zu meinem eigenen Vergnügen allerlei Rosen zu ziehen. Entweder möchte ich mehr von einer Sorte, die ich schon habe, oder ich erbettele mir von Freunden den Ableger einer neuen Sorte. Auf diese Weise habe ich innerhalb weniger Jahre eine ansehnliche Rosengruppe zusammengebracht, die allesamt *aus ihren eigenen Wurzeln heraus* wachsen; sie haben mich nichts gekostet, und ich weiß, daß jedes neue Gewächs, das der Wurzelstock hervorbringt, nicht zu diesen vermehrungssüchtigen Arten gehört, die, wenn man sie läßt, die Rosen schließlich zu den Arten *Rosa canina* oder *Rosa rugosa* zurückführen. Meine neue Gewächse gehören zu ihrer eigentlichen Rose, und ich kann sie dort lassen, wo sie stehen, ich kann sie verpflanzen, und ich kann sie verschenken.

Es ist ein einfaches Verfahren. Sie nehmen Ableger mit reifem Holz, das unten kräftiger wird, und pflanzen sie *sehr fest* auf einem freien Stück Boden, wo sie der Sonne nicht gar zu sehr ausgesetzt sind, in Reihen. Dort lassen Sie sie ein Jahr, danach sollten die Wurzeln entwickelt und zum Umzug bereit sein. Ende September oder Anfang Oktober ist dafür die beste Zeit, obwohl als Alternative manchmal auch der Juli empfohlen wird. Wichtig ist, daß das Holz reif ist, das heißt, nicht zu weich, und daß die Ableger so fest im Boden stecken müssen, daß kein Wind sie los- reißen und kein Tauwetter nach einem Frosteinbruch sie hochwerfen kann. Sie sollten immer nach ihnen sehen, wenn eine solche Gefahr bestehen kann, wenn nötig, pflanzen Sie sie noch einmal.

Rechnen Sie nicht mit hundertprozentigem Erfolg; bei manchen kann es einfach nicht funktionieren. Es lohnt sich, doppelt so viele Ableger zu pflanzen, wie Sie wirklich brauchen. Denken Sie auch daran, daß manche Rosen einfach nicht ausschlagen, das ist zum Beispiel bei vielen Centifolien der Fall. Bei allem jedoch ist Erfahrung die beste Beraterin, und zumeist sollten Sie mit Ihren Er- gebnissen mehr als zufrieden sein. Ein gesunder Rosen- strauch, den wir selber gezogen haben, ist viel befriedigen- der als ein fertiger, der von der Post geliefert wird. Nach dem ersten Triumph müssen wir das Experiment einfach wiederholen, und schon bald ertappen Sie sich vielleicht dabei, wie Sie auch noch andere blühende Sträucher nach dieser Methode ziehen. Ich sollte vielleicht noch hinzu- fügen, daß ein Hormonpräparat wie Seradix A, wie es in jedem Kramladen verkauft wird, die Wurzelbildung sehr stark stimuliert. Anleitungen liegen jeder Flasche bei.

Die Tulpen in Chelsea waren wie immer großartig und farbenprächtig, und in Erwartung der herbstlichen Zwiebelkataloge habe ich mir einige notiert, die mir besonders gefallen haben. Vielleicht entsprechen sie nicht jedem Geschmack, aber wir müssen den Mut haben, zu unseren Überzeugungen zu stehen.

Unter den rötlichen Farbtönen würden sich sicher *Palestrina*, *Prunus* und *Général de la Rey* zu einer wunderschönen lachsrosa Gruppe zusammentun, nicht süßlich rosa wie die alte *Clara Butt*, sondern mit der richtigen Nuance von Orange, die das Süßliche wieder ausgleicht. Es ist immer schwierig, Farben zu beschreiben, vor allem, da die Struktur von Blütenblättern immer noch eine ganz besondere Rolle spielt; Sie könnten sie mit Seide und Samt vergleichen, aber kein Textilstoff hat ein solches Leuchten. Sagen wir, daß *Palestrina*, *Prunus* und *Général de la Rey* Räucherlachs ähneln, wenn Sie sich so dünn geschnittenen Räucherlachs vorstellen können, daß man durch ihn hindurch das Licht sieht. Unter den Dunkelroten sind *Indian Chief* und *Bandoeng* fein und feierlich zugleich.

Ich liebe auch die gefransten Tulpen und halte nichts von der Theorie, ihr federartiges Aussehen sei von einem Virus verursacht. Zuerst war ich von *Black Boy* hingerissen, aber ich habe ohnehin eine Schwäche für all die Rembrandt-, Bizarres- und Bijbloemen-Tulpen, die aus einem niederländischen Blumenbild entsprungen zu sein scheinen. Ich schwärme auch für die großen Papageien-

Tulpen, die jedes Jahr zahlreicher werden, wilder und wilder in ihrer Lumpenpracht. Ich nehme an, daß alle Tulpenliebhaber schon seit Jahren *Fantasy* pflanzen, apfelgrün und rosa, und daß sie vermutlich auch zur schwarzen, blauen, orangefarbenen und auch zur Drachenmischung weitergegangen sind. Ich möchte noch *Discovery* erwähnen, altrosa und grün, und *Faraday*, eine weiße Variante von *Fantasy*.

Die Papageien-Tulpen sind allesamt sehr bekannt und eher zu groß und zu wenig standfest für einen kleinen Garten, deshalb kommt jetzt eine kleinere und pflegeleichtere Art zur Sprache, die vorzugeben scheint, sie sei aus Porzellan hergestellt. Haben Sie jemals *Artist* gepflanzt? Wenn nicht, dann sollten Sie sich einige bestellen, sie sind noch teuer, aber sie sind ja auch fast noch eine Neuheit. Terracotta und grün beim ersten Öffnen, später dann rosa, grün und weiß. Für eine Cottage-Tulpe sehen sie seltsam künstlich aus. *Artist* ist von dezenter Farbgebung, *Fireflame*, »Feuerflamme«, macht ihrem Namen alle Ehre. Eine Variante des schönen alten *Inglescombe*, hat sie das solide Gold ihrer Ahnen mit orangenen und roten Einsprengseln angereichert.

Vielleicht ist die vornehmste aller gestreiften Cottage-Tulpen die *Viridiflora praecox*, sie ist allerdings auch die teuerste, sie kostet wirklich erschreckend viel. Wir können nur hoffen, daß die Preise sinken werden, denn sie ist für Kenner wirklich ein Schatz. Es gibt eine billigere *Viridiflora*, nämlich *Greenland*, ich habe sie jedoch noch nicht gesehen.[1] Ich habe das Gefühl, daß die reine grün-weiße *Viridiflora praecox* vorzuziehen wäre. Leider kommt es eben manchmal vor, daß das Teuerste auch das Beste ist.

Diese Juniabende, wenn uns ausnahmsweise einmal tiefer, warmer, schrägstehender Sonnenschein gegönnt wird, wie selten und wie kostbar sind sie doch! Sie sollten von Glühwürmchen begleitet werden, von kleinen goldenen Lichtern in der Luft, aber auf unseren Inseln hier müssen wir uns mit festwachsenden Blüten begnügen. Und unter diesen kommt den riesigen lachsrosa Sträuchern der alten Rosen zweifellos ein Ehrenplatz zu.

Die alten Rosen sind in letzter Zeit zu neuer Beliebtheit gekommen, und das ist wirklich kein Wunder. Sie verlangen so wenig und geben so viel! Unter alten Rosen verstehe ich Albarosen, Moosrosen, Centifolien, Gallicas, Moschusrosen und die Damaszenerrosen, deren Name ja auch an einen duftenden Sonnenuntergang in südlichen Gefilden denken läßt.

Ich weiß, daß sie weder über Eleganz noch über Brillanz der Teehybriden verfügen, und ich weiß auch, daß viele von ihnen den argen Nachteil haben, nur einmal pro Saison zu blühen, aber wenn sie es tun, dann ist ihre Freigebigkeit unvergleichlich. Sie haben nichts Knausriges

---

[1] Inzwischen habe ich sie gesehen. Sie ist entsetzlich.

Rosa gallica ›Tuscany Superb‹

oder Geiziges. Sie sind von einer Großzügigkeit, die bei Pflanzen wie bei Menschen gleichermaßen wünschenswert ist.

Durch die Renaissance der alten Rosen haben wir zweifellos auch eine Form von Gartenpflege neu entdeckt, die unseren viktorianischen Großeltern vertraut war. Ich erinnere mich an einen 1870 angelegten Rosengarten, der von alten Rosen, die überall aus ihren eigenen Wurzeln herauswachsen, nur so übersät ist, ein Wirrwarr von Rosen, deren Namen ich nicht einmal nennen könnte. Ich habe eine großartige Rosenzüchterin hingeführt, und niemals werde ich ihre Erregung vergessen, sie lief hin und her, sagte, auch sie wisse die Namen nicht, brauche aber Ableger, um diese alten Schätze vor Verlust und Zerstörung zu bewahren.

Glücklicherweise können wir heute solche alten Rosen bei Züchtern kaufen, die sich darauf spezialisiert haben. Ihre Kataloge klingen wie ein einziges langes, aus Namen bestehendes Gedicht: *Reine des Violettes, Cardinal de Richelieu, Nuits de Young, Tuscany, Rosa Mundi*, die rosaweiß-gestreifte Rose, die so oft mit der *York* und der *Lancaster* verwechselt wird. Es gibt so viele, daß ich nur kurze Empfehlungen dafür geben kann, welche Sie pflanzen sollten, wenn Sie in Ihrem Garten Platz genug haben.

In kleinen Gärten ist oft genug einfach nicht soviel Boden vorhanden, wie der Gärtner es sich in seiner Gier wünscht. Vor kurzem jedoch habe ich in dem relativ kleinen Garten einer Freundin eine geniale Idee gesehen, mit der sie sich aus der Enge befreit hatte. Sie hatte anfangs nur ein flaches Blumenbeet, aber anstatt dieses flach und räumlich begrenzt zu belassen, hatte sie aus groben Steinen drei Ebenen von Terrassen angelegt, und diese Terrassen hatte sie mit jeder Sorte Pflanze gefüllt, die guten Wasserablauf schätzt: Nelken, Grasnelken, Glockenblumen, Bitterwurz, Veilchen, alles ganz normale Pflanzen, aber in dieser Anordnung eine schäumende Masse aus Blüten und Farben. Verstehen Sie, was ich meine? Auf diese Weise erzielen Sie drei Vorteile. Sie haben die Steineinfassung, Sie haben die flachen Flächen unter den Steinen, und oben haben Sie noch ein Beet, in dem Sie anpflanzen können, was Sie wollen. Auf diese Weise haben Sie Ihre Gartenfläche dann verdreifacht.

Zu dem räumlichen Gewinn kommt hinzu, daß es Spaß macht, mit der Bepflanzung von Steinmauern zu experimentieren, auch wenn die Mauer nur zwei Steine hoch sein sollte. Viele Pflanzen, die ansonsten in unserem feuchten Klima eingehen, gedeihen hier. Wenn sie ihre Wurzeln zwischen Steine stecken können, dann scheinen sie sich festzukrallen und selber zu schützen. Wir brauchen keinen Wolkenkratzer zu bauen, wir brauchen nur zwei Reihen von Steinen, um unsere einheimischen Pfingstnelken zu pflanzen.

Wenn ich an einige der Freuden des Frühlings zurückdenke, die bereits hinter uns liegen, dann erinnere ich mich voller Dankbarkeit an das Virginia-Blauglöckchen, *Mertensia virginica*. Gäste aus den USA, die durch meinen Garten schlenderten, starrten sie in mißtrauischer Überraschung an. Für sie galt diese Blume als Unkraut, und ich fürchtete schon, sie würden sie aus lauter Hilfsbereitschaft ausrupfen. Wir vergessen immer wieder, daß die Schätze unseres eigenen Gartens das Unkraut eines anderen Landes sein können. In Japan wurden zum Beispiel die Zwiebeln von *Lilium auratum*, der Goldbandlilie, Schicht für Schicht gegessen, wie bei uns Artischocken. Erst der Erfolg der Blume auf den europäischen Märkten hat sie dann auch in Japan zu einer beliebten Gartenblume werden lasen.

Meine Gäste waren eben noch vom Anblick ihres ersten englischen Glockenblumenwaldes bezaubert gewesen. Als ich sagte, daß die *Mertensia*, wenn sie ihr einheimisches Auengebiet überwuchert, ebenso hinreißend aussehen muß, starrten sie mich an, als habe ich ein Paradoxon vorgetragen. Sie hielten es offenbar für einen Spleen von mir, daß ich sechs arme Exemplare einer Pflanze pflegte, die bei ihnen per Dekar wächst. Meine Freude über meine *Mertensia* konnte das jedoch nicht schmälern. In ihrem wunderschönen Himmelblau und mit ihren grau-grünen Blättern hatte sie wochenlang geblüht, von Mitte April bis Ende Mai, im durchbrochenen Licht eines Winkels bei einem Haselnußstrauch. Denn sie gedeiht zwar auch in der Sonne, gehört jedoch zu den nützlichen Geschöpfen, denen der Schatten im Grunde lieber ist. Sie verlangt lockeren, blattreichen Boden mit ein wenig Sand oder Torf; und da ihre sechzig bis neunzig Zentimeter langen Stengel ziemlich zerbrechlich sind, sollten Sie sie mit Reisig stützen, sonst lassen sie die Köpfe hängen oder brechen sogar ab. Machen Sie sich keine Sorgen, wenn sie im Juni ziemlich elend aussehen. Sie sind nicht tot, sie ziehen sich nur ihrer Natur gemäß zurück. Im nächsten Jahr werden sie wieder vorhanden sein.

Ich kann mir keinen Grund denken, aus dem diese Pflanze in den USA Sumpfdotterblume genannt wird. Dotterblumen, das wissen wir alle, sind gelb und gehören zur großen Primelfamilie. Das Virginia-Blauglöckchen jedoch ist so blau wie der bei uns inzwischen einheimisch gewordene Schwarzwurz, auch Beinwell genannt, zu dessen Familie sie auch gehört, zu den *Boraginaceae*. Pflanzen Sie Schwarzwurz? Ein gräßlicher Wucherer, aber so erfrischend blau unter einem grauen Junihimmel. Er ist ein guter Nachfolger für *Mertensia* und hat auch nichts gegen Schatten einzuwenden. Seinen anderen Namen, *peregrinum*, also Pilgerer oder Wallfahrer, hat er verdient, denn er pilgert durch den ganzen Garten. Sie können ihn immer noch ausreißen, wenn er sich zu üppig ausbreitet, und ihm wieder seinen ursprünglich geplanten Aufenthaltsort zuweisen.

Ich bin gebeten worden, etwas über Kletterpflanzen an Bäumen zu schreiben. Ich bilde mir ein, dieses Thema schon einmal behandelt zu haben, aber da ich diese Art des Gärtnerns ganz besonders liebe, ist mir diese Bitte natürlich sehr willkommen, und ich hoffe auf Verständnis, falls ich mich wiederholen sollte.

Wie oft steht in einem Garten ein wertloser alter Baum, ein Apfelbaum vielleicht, oder einer der alten Birnbäume, dessen Früchte niemals weicher ausfielen als Kieselsteine, oder sogar ein abgestorbener Baum, der eigentlich der Axt anheim fallen sollte.

Forstmann, schonet diesen Baum!

Rührt auch nicht einen seiner Zweige an!

wie George Pope Morris irgendwann im letzten Jahrhundert so passend schrieb, worauf er folgen ließ, daß der Baum ihm in seiner Jugend Schutz gewährt habe und deshalb heute seinen Schutz beanspruchen könne. Wenn er heute William Robinsons Beispiel aus dessen einst berühmtem Garten in Gravetye folgen wollte, dann würde er diesen Baum zweifellos als Spalier für irgendeine sich schlängelnde und windende Kletterpflanze genutzt haben, so wie Mr. Robinson Rosen, Geißblatt, Clematis und wilden Wein durcheinander pflanzte und sie selber ihren Weg hinauf ins Licht finden ließ. Schwarzbraune, düstere Bäume wie eine Lawson Zypresse oder eine Thuja bieten sich für dieses Verfahren ganz besonders an, denn der dunkle Hintergrund betont die Schönheit der Kletterpflanzen-Blüten und bietet jeden gewünschten Halt. Die bekannte Monberey Zypresse, *macrocarpa*, wächst zu einem recht hohen Baum in Pyramidenform heran, und wenn wir die unteren Zweige abschneiden und den Stamm kahl dastehen lassen, dann ist sie ideal. Eine energische Steigerin wie *Clematis montana* hat sie bald bis zum Wipfel eingehüllt; diese kleinblütige Clematis gibt es mit weißen Blüten und der rosa Variante *rubra*. Der Schlingknöterich, *Polygonum baldschuanicum*, einer der schnellsten Kletterer, erreicht eine Höhe von über drei Metern und besticht durch seine cremeweißen, federähnlichen Blätter. Und es ist wohl kaum nötig, hier noch das Loblied der Wisteria zu singen.

Ein Vorteil dieser Kletterpflanzen im kleinen Garten ist, daß sie kaum Bodenfläche wegnehmen. Der Boden allerdings sollte vorher genügend angereichert werden, da die Baumwurzeln ihn immer ausplündern und auch einen Großteil der Feuchtigkeit absorbieren. Sorgen Sie also dafür, daß eine frisch gesetzte Kletterpflanze in der ersten Saison keinen Durst leiden muß, später hat sie sich dann eingelebt und ihre eigenen Wurzeln weit oder tief genug ausgestreckt, um der schlimmsten Dürre im Nahbereich zu entgehen.

Je länger wir gärtnern, um so mehr lernen wir; und je mehr wir lernen, um so häufiger geht uns auf, wie wenig wir wissen. Ich nehme an, das ist überall im Leben so; die endlosen Komplikationen, die endlosen Schwierigkeiten, der endlose Kampf gegen dieses oder jenes, ob es sich dabei nun um grüne Blattläuse auf den Rosen oder die Unwägbarkeiten der persönlichen Beziehungen handelt.

Ich mußte an Wisterien denken, an die alte malvenfarbene Sorte, weil ihre augenfällige Schönheit mich an Ansichtskarten und Teegärten an Flußufern erinnert. Wir sollten uns vielleicht solchen billigen Assoziationen nicht hingeben, jede Pflanze nur im Licht ihrer eigenen Schönheit betrachten und uns jeglichen botanischen Snobismus verkneifen. Doch so gewissenhaft wir auch versuchen, unsere allzu objektive Haltung aufrechtzuerhalten, manchmal ist es einfach unmöglich, sich nicht beeinflussen zu lassen. Ich gebe mir zum Beispiel alle Mühe, eine Aubrietie so zu betrachten, als sähe ich sie nicht zum hunderttausendsten, sondern zum ersten Mal. Das versuche ich auch beim Goldregen, sicher ein Baum wie aus einem Märchen, mit seinen goldenen Blüten, einem ruhigen Feuerwerk, das niemals als verkohlte Reste zu Boden fällt.

Das alles, Aubrietien und Goldregen und Wisterien, fallen in meiner Vorstellung in dieselbe Kategorie, und ich fragte mich, wie es möglich sein könnte, sie aus ihrer üblichen Verwendung zu retten. Und dann sah ich plötzlich eine Wisterie, die ich sicher schon vor Jahren gepflanzt und dann vergessen hatte. Sie war an einem Feigenbaum in die Höhe gewachsen und hatte sich den Weg hinauf ins Licht erkämpft. Und nun beugte sie sich wieder abwärts,

Wisteria

um sich mit einer Clematis namens *The President* zu treffen, deren große mauvefarbene Blüten zu ihren genau paßten.

Solche Überraschungen gleichen die Enttäuschungen aus.

Doch wie dem auch sei, um diesen Artikel abzuschließen, möchte ich vorschlagen, daß Sie weiße Wisterien pflanzen. Man sieht sie nicht oft, aber gute Züchter können sie liefern. Und sie sind einfach wunderschön, in ihrem reinen Weiß, wie ein Wasserfall oder aufstiebende Gischt.

Fast allen Gärtnern ist eine bestimmte Form von Heuchelei eigen. Und das gilt nicht nur für den sanften Amateur, sondern auch für den härtestgesottenen Fachmenschen, der normalerweise durchaus nicht als sentimental oder ängstlich gelten kann. Ich spreche hier von der menschlichen Schwäche, die, wenn wir sie mit unserem festen Willen paaren, uns von Raupen und Schnecken zu befreien, davor zurückschrecken läßt, uns am nächsten Morgen über die Folgen unserer nächtlichen Bemühungen zu freuen.

Nachdem wir unser gutes Frühstück genossen haben, gehen wir hinaus, um die schleimigen grünlichen Überreste zu betrachten. Dicke schwarze Raupen von zwölf Zentimetern, kleine schwarze Raupen von drei Zentime-

tern, Schnecken, deren Innereien unter ihren wunderschönen eleganten Schneckenhäusern hervorquellen ...
Das Gift hat nur zu gut gewirkt. Unter welchen Qualen
mögen in der Dunkelheit der Nacht diese erbärmlichen
Geschöpfe Gottes ihr Leben gelassen haben? Wir haben es
so verfügt, wir wußten, nein, wir hofften, daß es so kommen würde, aber wenn wir es sehen, gefällt es uns überhaupt nicht. Wir denken an die lyrischen Wendungen,
mit denen Dichter unsere Opfer bedacht haben:

»Wir sehen auf dem Heckenzweig auf feuchtem Steg
die schwarze Schnecke kriechen über moosigen Dorn, mit
ernstem Streben und dem Ziel entgegen, du zarter Bruder
des Morgens!«

Auch Shakespeare machte einen schmeichelhaften
Vergleich:

»Liebe ist oft weicher und empfindsamer noch als die
sanften Fühler einer Schnecke in ihrem Haus.«

Das alles ist sehr schmerzhaft, unangenehm und sogar
ekelhaft. Doch was können wir dagegen tun? Wir müssen
unseren zarten Bruder mit seinen sanften Fühlern ver-
nichten oder unsere Setzlinge aufgeben, wir haben die
Wahl. Ich glaube, die Setzlinge werden Sieger bleiben,
müssen Sieger bleiben. Wir müssen ihre Feinde töten,
aber wenn wir human empfinden, dann werden wir diesen
Meuchelmord auf eine Weise begehen, die unser heuchle-
risches Wesen am wenigsten verletzt.

Ich glaube, wir haben die Antwort in einem Schnek-
kenvernichtungsmittel gefunden, das Raupen und Schnek-

ken vertrocknen und einschrumpfen läßt. Es funktioniert wirklich, ich habe es ausprobiert. Es heißt »Anti-Slug« und ist angeblich für Pflanzen, Vögel und andere Tiere unge- fährlich. Und ich hoffe nur, daß es den bescheidenen Fein- den, die über unsere Wege kriechen und vernichtet werden müssen, keine unnötigen Leiden verursacht.

Bestimmt habe ich schon früher über die gelassene Freude geschrieben, aus Samen Pfingstrosen zu zie- hen. Gelassen ist diese Freude, weil es bis zur ersten Blüte vier oder fünf Jahre dauert; Freude empfinden wir aber trotzdem, weil wir nie genau vorhersagen können, wie diese Blüten aussehen werden, und weil viele interessante Variationen möglich sind. Einige Samen einer eher öde kastanienbraun gefärbten *Paconia delavyii* lieferten lack- rote Nachkommen. In der üblichen Perversität der Pflan- zen haben auch die Eltern überlebt und sind nun viel zu groß für den Platz, den ich ihnen zugewiesen hatte; ein Buchfink hat darin sein Nest gebaut, und das sieht be- zaubernd aus, aber ich hätte mir nie träumen lassen, daß dieser Strauch fast 2,50 Meter groß werden würde. Das Kind, auf das ich wirklich stolz war, fiel ohne Vorwarnung vermutlich der »Welke« genannten Krankheit zum Opfer. Diese Krankheit, die von einem Pilz hervorgerufen wird, ist ansteckend, befallene Pflanzen sollten vernichtet werden.

Die schöne blaßgelbe *P. mlokosewitschii* ist farblich ebenfalls ein wenig anders als die Nachkommenschaft. Eine buttergelbe Elternpflanze brachte mir eine grüngelbe zweite Generation. Diese beiden freudigen Ereignisse dienen sicher als Beweise für meine Behauptung, daß es sich lohnt, die Reste unserer Samen oder auch gekaufte Samen wachsen zu lassen. Verwechseln Sie aber die heutigen Arten nicht mit der alten krautartigen Pfingstrose der Cottage-Gärten und Beetkanten. Die heutigen sind viel subtiler und erlesener. Ihr einziger Fehler ist vielleicht, daß ihre Blüten flüchtiger sind. Sie können das dadurch ausgleichen, daß Sie Ihre Pflanzen in den Halbschatten setzen, denn heißer Sonnenschein wird sie sehr schnell zum Welken bringen. Glücklicherweise ist ihnen der Halbschatten auch lieber, und allein schon deshalb empfehlen sie sich als Unterpflanzung für ein Wäldchen aus kleinen Standardbäumen wie Zierpflaumen und Zierbirnen, unter denen der Boden nach der Blütezeit der Bäume oft sonst kahl und langweilig bleibt.

Ich möchte die blassen Arten eher empfehlen als die leuchtend roten. Die bleichen, gespenstischen, papierhaften Blüten von *P. wittmanniana, Whitleyi major, White Wings* und der weißen *emodi* lassen um die Mittagszeit an Mondlicht denken. Die magentaroten sind meiner Ansicht nach zu kräftig, um sich unter diese Geister zu mischen.

Ich weiß nicht, wie viele Gärtner Prairiekerzen pflanzen, aber wer es noch nicht tut, sollte damit anfangen. »Ist das diese blasse Feuerkerze?« wurde ich einmal gefragt. Die Antwort darauf ist: *Camassia cusickii*, die Quamash der nordamerikanischen Indianer, die die Zwiebeln verspeisen. Ich erwähne sie hier, scheinbar ohne Zusammenhang, weil mir nun geraten worden ist, den Samen zu sammeln und ihn im Gras auszustreuen. Dann, so wird mir versichert, wird die Wiese in etwa vier Jahren so neblig blau sein wie ein Meer von Glockenblumen. Sowie sie reif sind, sollten sie ausgesät werden, einfach ausgestreut, der Boden braucht nicht einmal angeritzt zu werden. Das verblüfft mich, aber nachdem ich mit Krokussen bei einem ähnlichen Experiment Erfolg gehabt habe, will ich es auf jeden Fall probieren.

Plötzlich ging mir ein seltsames Versäumnis in all den Jahren auf, in denen ich nun schon diese Spalte für den *Observer* schreibe: Ich habe offenbar niemals die vielen Vorteile der *Iris sibirica* gepriesen. Dieses Versehen muß eine Form von Undankbarkeit sein. Die menschliche Natur hat einen üblen Zug, der uns das zuvorkommende, umgängliche, dienstbeflissene Wesen mancher Leute für selbstverständlich halten und uns vergessen läßt, ihnen zu danken. Ich würde dieses Versehen gern wieder gut machen und mich an dieser Stelle bei dieser eleganten Iris bedanken, deren zarte dunkellila, lavendelblaue und weiße Blütenköpfe sich elegant auf ihren schilfartigen Stielen erheben. Ihre Farben variieren, und das ist eine ihrer attraktivsten Eigenschaften. Wenn Sie sie ins Licht halten, dann werden Sie ihre zarte Äderung sehen.

Sie läßt sich sehr leicht ziehen, denn sie fühlt sich am Wasser in einem ziemlich feuchten Bett wohl, nur möchte sie nicht das ganze Jahr hindurch unter Wasser gesetzt werden. Am besten geeignet sind ein normales Beet oder eine Einfassung, und eigentlich wächst sie überall, sie sät sich sogar an überraschenden Stellen selber aus, wie ich neulich in meinem Garten beobachten konnte.

Ich sage »neulich«, weil es mich überraschte, *Iris sibirica* in Ecken zu finden, wo ich sie niemals gepflanzt hatte, und ich konnte mir einfach nicht vorstellen, wie sie dorthin gelangt sein mochte, bis ich dann entdeckte, daß die Setzlinge dieser Iris bis zur ersten Blüte nur zwei Jahre brauchen. Die Setzlinge zeigen nicht notwendigerweise die Farbe ihrer Eltern, aber wir können immer das Glück haben, besonders schöne Exemplare zu bekommen. Aus diesem Grund empfiehlt es sich, in einem ungenutzten Stück Boden eine Saatrille anzulegen und sich nach zwei Jahren vom Ergebnis überraschen zu lassen.

Dasselbe gilt für *Iris chrysographes*, diese exquisite Verwandte der *I. sibirica*. Auch deren Samen bringt nach zwei Jahren zum ersten Mal Blüten. Diese Iris stammt aus China und ist vielleicht eher für Kenner geeignet als für Liebhaber, die sich vor allem den Masseneffekt wünschen, der von der hohen, schlanken *Sibirica* schneller zu erhalten ist. *Iris chrysographes* wird nur dreißig Zentimeter hoch und muß aus nächster Nähe betrachtet werden, wenn ihre Schönheit sich uns wirklich entfalten soll. Aber sie läßt sich recht leicht ziehen, so wir ihr nur eine Stelle bieten können, die niemals austrocknet und viel Humus aufweist.

Iris sibirica ist eine Pflanze für alle. Sie bildet dicke Klumpen aus eher unordentlichen Blättern, deren Unordnung im Juni dann aber durch die üppigen, großen Blüten aufgehoben wird. Sie blüht mehrere Wochen lang, da die vielen Knospen sich nacheinander öffnen.

Alle, die Iris anpflanzen, waren in diesem Jahr bestimmt zufrieden. Nachdem sie im Sommer 1956 von der Sonne geradezu gebraten worden sind, war ihre Üppigkeit in diesem Jahr überwältigend.

Die Iris ist eine der pflegeleichtesten Gartenpflanzen, und gerade deshalb wird sie oft auf unvernünftigste Weise mißhandelt. Nur zu häufig wird sie in eine schattige Ecke verbannt, wo sie dann brav einige Spitzen produziert, aber stellen Sie sie doch einmal in die Sonne, und lassen Sie sich von diesem Unterschied überraschen! Manchmal wird ihr sogar ein schwerer, wassergesättigter Boden zugemutet, wie sie ihn überhaupt nicht leiden kann, aber geben Sie ihr brauchbaren entwässerten Boden, und lassen

Sie sich abermals von diesem Unterschied überraschen!
Sie mag auch Kalk, in Form von alten Mörtelbrocken oder
von zerstoßenem Kalk. Auch eine Handvoll Knochenmehl auf den Quadratmeter verfehlt seine Wirkung nicht.

Ein großer Vorteil der Iris ist die Schnelligkeit, mit der
sie sich vermehrt. Ich weiß, daß einige der besseren Varianten im Handel sehr teuer sind, aber ein einziger Wurzelstock verdrei- oder vervierfacht sich innerhalb von
zwölf Monaten so unaufhaltsam wie ein offizielles Doku-
ment – nur eben auf viel angenehmere Weise. In dieser
Jahreszeit sollten Iris geteilt und verpflanzt werden. Graben Sie die Knolle aus, die wie ein Ball auf fetten braunen
Flußkrebsen aussieht, und Sie werden etliche weiße, zum
Wachsen bereite Wurzeln finden. Schneiden Sie die Mitte
dieser Knolle heraus, das ist der Teil, der schon geblüht
hat, und behalten Sie nur die jüngeren Seitenteile. Pflanzen Sie diese, jede für sich, ohne sie im Boden zu vergraben. Das klingt leichter, als es wirklich ist, denn Sie
müssen sie fest im Boden unterbringen, damit sie sich
nicht lockern oder umfallen können. Es gehört zu diesen
Aufgaben, die erfahrene Gärtner uns mit freundlicher
Miene auftragen, während wir uns dann den Kopf darüber
zerbrechen, wie wir das bewerkstelligen sollen.

Eine alte Meinungsverschiedenheit dreht sich um das
Beschneiden der Blätter. Hier heißt es, Sie sollten beschneiden, dort heißt es, daß Sie es lieber lassen sollten.
Wer dazu rät, führt als Argument an, daß die frisch-
gepflanzten Wurzelstöcke weniger leicht vom Wind aus

Alstroemeria ›Diana‹

dem Boden gerissen werden können, wenn der keinen hohen Blattfächer erfassen kann. Ich vertrete ebenfalls diese Meinung. Ich würde das Blatt natürlich nicht ganz unten abschneiden, das nicht, aber ich sehe wirklich keinen Grund, warum es nicht auf halber Höhe passieren könnte, schließlich werden die Spitzen ohnehin absterben und braun werden, der Wurzel kann auf diese Weise also keine grüne pflanzliche Nahrung entzogen werden, dieser geheimen Schatzkammer, aus der immer wieder überraschende Blumen auf überraschende Weise entspringen.

Ich will mich gar nicht dafür entschuldigen, daß ich mich nach langer Pause nun wieder der *Alstroemeria* oder Inkalilie zuwende, was ein ziemlich seltsamer Name ist, da diese Blume aus Chile oder Brasilien kommt. Sie blüht um diese Zeit und müßte während der nächsten zwei oder drei Wochen am schönsten sein. Die übliche alte, eher langweilige Form A. *aurea* sollte man nun wirklich nicht mehr pflanzen, schließlich stehen uns so wunderbare Varianten zur Verfügung wie A. *hookeri* oder die *Ligtu*-Hybriden, die sich zu allen Farbnuancen zwischen strohigem Ocker und Korallenrosa öffnen und die nicht nur im Garten herrlich aussehen, sondern auch zu den schönsten Schnittblumen gehören, da sie sich im Wasser selber höchst elegant arrangieren und ungewöhnlich lange halten.

Ein Beet voller *Alstroemeria ligtu* im Sonnenschein scheint zu glühen. Ich würde gern ein halbes Dekar davon anpflanzen, am liebsten ein Stück weit entfernt, und sei es nur, um die Vorübergehenden aufkeuchen zu hören.

Darf ich zwei oder drei Bemerkungen über den Anbau machen, wie meine persönliche Erfahrung sie mir diktiert? Erstens, ziehen Sie sie aus Samen, den Sie an der Stelle aussäen, wo sie weiterhin stehen sollen. Die Wurzeln sind so zerbrechlich, und sie mögen einfach nicht verpflanzt werden. Sie hassen solche Umzüge so sehr, daß sogar Setzlinge, die wir ganz vorsichtig aus Töpfen herausnehmen, zu spüren scheinen, daß etwas Gefährliches und Erschütterndes mit ihnen vorgeht, und sie aus Rache dann nach unergründlicher Pflanzenmanier ganz einfach sterben. Zweitens sollten Sie sie entweder dann säen, wenn die Samen frisch geerntet sind, oder im zeitigen Frühling, was ich eigentlich noch vorziehen würde. Drittens, säen Sie sie an einer sonnigen, trockenen Stelle. Viertens, bedecken Sie sie im ersten Winter mit einer schützenden Schicht aus Farn zum Beispiel. Wenn Sie das alles beherzigt haben, dann brauchen Sie sich über Ihre Pflanzen keine Sorgen mehr zu machen, abgesehen davon, daß Sie sie mit Reisig stützen sollten, sowie sie mehr als achtzehn Zentimeter groß werden, denn die Stengel sind zerbrechlich und werden von Wind und Regen leicht geknickt. Sie werden feststellen, daß Ihre Blumengruppen immer größer und schöner werden, wenn in der näheren Umgebung überall selbstgesäte Setzlinge aus dem Boden lugen.

Von Rosen berauscht schaue ich mich um und weiß nicht, welche ich empfehlen soll. Ich glaube nicht, daß ich im Zusammenhang mit Kletterrosen jemals *Lawrence Johnstone* erwähnt habe, knallgelb, schöner als die beste Butter, und so energisch, daß sie innerhalb von zwei Saisons drei Meter Mauer bedecken kann. Sie ist offenbar bei weitem nicht so bekannt, wie sie es verdient hätte, nicht einmal unter ihrem alten Namen *Hidcote Yellow*, und dabei gibt es sie schon seit 1923. Außerdem wurde sie 1948 von der Royal Horticulture Society mit einem Award of Merit ausgezeichnet. Die Knospe, die wunderschön spitz geformt ist, öffnet sich zu einer lockeren, mehr oder weniger einzelnen Blüte, die erst im letzten Moment ihre Farbe einbüßt. Im Laufe der Zeit kann sie bis zu zehn Meter hoch werden, aber wenn Sie nicht genug Platz für eine dermaßen bewegungssüchtige Pflanze erübrigen können, dann sollten Sie zu *Le Rêve* greifen, die sich in Blüte und Blatt kaum davon unterscheidet und nicht dermaßen heftig wächst.

Es gibt eine relativ neue Moschushybride, *Grandmaster*, die sich als Busch vor *Lawrence Johnstone* oder *Le Rêve* gut machen würde. Sie ist einfach exquisit, sehr viel besser als die andere Moschushybride, *Buff Beauty*, obwohl auch die durchaus als Schönheit durchgehen kann. *Grandmaster* ist fast eine Einzelblüte, außen lachsrosa, innen von sehr blassem Gold, leider duftet sie nicht, wie es von einer Moschusrose doch zu erwarten wäre, aber die ungeheure Schönheit des mit großen goldenen Schmetterlingen scheinbar vollbesetzten Strauchs macht diesen Nachteil wieder wett. Diese Rosensträucher sind von unschätzbarem Wert, sie machen so wenig Arbeit und bedecken zu einem so geringen Preis soviel an Platz.

Wenn Sie die gelben Blüten nicht so recht lieben, dann finden Sie in der *Complicata* ein perfektes Rosa. Riesige Einzelblüten an sehr langen Zweigen. Ich weiß wirklich nicht, warum sie »*Complicata*« heißt, denn ihre Züge sind so rein und klar, daß sie aus einer chinesischen Zeichnung stammen könnten. Sie ist ein wahrer Schatz, wenn Sie ihr genug Platz zum Austoben lassen können. Ob Sie sie leicht stützen oder ihr freien Auslauf lassen, ist Ihre Entscheidung. Ich halte ihr elegantes Chaos für einen Teil ihres Charmes, und egal, was Sie mit ihr machen, Sie können sich darauf verlassen, daß sie im Juni dann wirklich jeden Winkel füllt.

Ein Strauch, der mir seit mindestens vier Wochen mit seinen Blüten große Freude macht, ist *Abutilon vitifolium*, doch ehe ich sein Lob singe, möchte ich noch die Nachteile aufzählen, was immer anzuraten ist. Zum ersten ist die Schönmalve nicht für rauhes Klima geeignet. Suchen Sie eine geschützte Nische zwischen Mauern oder Hecken aus, dort kann sie in den südlichen und natürlich den südwestlichen Grafschaften einen normalen Winter überleben. Sie sollte jedoch niemals an einer ungeschütz-

ten Stelle stehen. Zum zweiten hat sie kein sehr langes
Leben und stirbt manchmal ohne Vorwarnung. Zum dritten – nein, mir fällt einfach kein dritter Nachteil ein, wes-
wegen ich mich jetzt den Vorzügen zuwenden kann.

Wie ihr Name ja schon andeutet, so hat diese Pflanze
weinartige Blätter von blassem Grüngrau, die in Mai und
Juni mit fünfblättrigen Blüten dicht besetzt sind. Diese
Blüten können in blassem Lavendel, in der Farbe von Parmaveilchen und einem reinen Weiß mit goldenen Staubbeuteln gehalten sein. Sie müssen selber entscheiden, welche Ihnen lieber ist, lila oder weiß. Mit meiner Neigung zu
weißen Blüten habe ich mich für die weißen entschieden,
die im Mondlicht fast gespenstisch wirken. Die Blüten
ähneln einer einzelnen Stockrose, und das ist kein Wunder, da *Abutilon* zur Familie der *malvaceae* oder Malven
gehört. Aber auch eine Ähnlichkeit mit der großen japanischen Anemone ist zu sehen, wenn Sie sich vorstellen
können, daß eine japanische Anemone sich in einen
Strauch verwandelt.

***

Abutilon kann in recht kurzer Zeit über drei Meter hoch
werden, und obwohl es die unglückliche Angewohnheit
hat, plötzlich einzugehen, läßt es sich normalerweise durch
seine eigenen Samen erneuern, denn die werden in der
üblichen verschwenderischen Menge hergestellt, die die
Natur offenbar für nötig hält. Einige wenige Samen in

einem Topf ergeben normalerweise genügend neue Pflanzen, um die Großmütter zu ersetzen. Aus den Samen werden Pflanzen, aber wir wissen nie, ob wir die weiße oder die malvenfarbene Variante erhalten werden, und das ist eigentlich immer ein ziemlich aufregendes Experiment.

Abutilon vitifolium stammt aus Chile und wurde erstmals 1836 in Irland angepflanzt, es ist in unseren Gärten also schon relativ lange vertreten. Da es im Frühling oder Frühsommer einen schönen, kühl aussehenden Strauch ergibt, würde ich es jederzeit empfehlen. Vor einem so dunklen Hintergrund wie möglich, einer dunklen Hecke zum Beispiel, die die Blässe der silbrigen Blätter und der Blüten betont, macht es sich zweifellos gut. Viel hängt davon ab, daß die Pflanze an die richtige Stelle gesetzt wird, aber das betone ich ja in so ungefähr in jedem Artikel.[2]

---

[2] An dieser Stelle muß ich hinzufügen, für den Fall, jemand interessiere sich für *Abutilon vitifolium*, daß mir netterweise ein Leser einige Setzlinge einer gefüllten oder halbgefüllten rosa Art geschickt hat, die aus Südspanien stammen. Es wäre wirklich eine Bereicherung, wenn sie sich in unserem Land wohl fühlen würden.

Juli

Es erstaunt und beunruhigt mich immer wieder, wenn ich sehe, wie schnell bestimmte Rosen innerhalb weniger Jahre wachsen. Eine solche Rose ist *Mme. Plantier*. Wir pflanzten sie am Fuße eines wertlosen alten Apfelbaums, in der vagen Hoffnung, damit einige Dutzend Zentimeter des Stammes verdecken zu können. Inzwischen ist sie fünf Meter hoch und hat einen Umfang von über vierzehn Metern, oben wird sie schmaler, wie die Taille einer viktorianischen Schönheit, unten breitet sie sich zu einer riesigen Krinoline aus, die überall mit weißen, süßduftenden Blumenkissen bestickt ist.

Mme. Plantier geht auch wirklich auf das Jahr 1835 zurück, zwei Jahre vor Thronbesteigung Königin Victorias, so daß wir behaupten können, sie und die Königin seien gemeinsam den Krinolinen ihres Erwachsenenlebens entgegen gewachsen. Königin Victoria ist tot, *Mme. Plantier* jedoch ist noch überaus lebendig. Ich betrachte sie gern im Mondschein: Sie leuchtet wie ein birnenförmiges Gespenst, das es schafft, matronenhaft und jungfräulich zugleich auszusehen. Sie muß an ihrem Baum festgebunden werden, sonst ist sie ein struppiger Strauch; wir haben festgestellt, daß es sich empfiehlt, eine Art Dreifuß aus Bohnenstangen am Baum zu befestigen und die Triebe daran zu befestigen.

Eine meiner anderen weißen Lieblingsrosen ist *Paul's Lemon Pillar*. Eigentlich dürften wir sie gar nicht als weiß bezeichnen. Ein Maler würde sie eher als grünlich bezeichnen, unterlegt mit schwefelgelb, und ihre großen Verdienste sind nicht nur ihr heftiges Wachsen und ihre üppige Blütenbildung, sondern auch ihre perfekte Form. Jede Blüte ist wie von Bildhauerhand gestaltet und erinnert an abgerundete Marmorflächen, wenn wir uns aus weichstem elfenbeinfarbenem Wildleder hergestellten Marmor vorstellen dürfen. Die ausgewachsene Blüte ist kaum weniger schön; und wenn die erste Blütenexplosion zu Ende geht, bedeckt ein Teppich aus dicken weißen Blütenblättern den Boden so dicht, als sei er dort ausgelegt worden.

Die alte *Mme. Alfred Carrière* steht jetzt ebenfalls in voller Blüte. Sie ist kleiner als die *Paul's* Rose und hat auch keine Marmorambitionen. *Mme. Alfred*, weiß, mit einem Hauch von Muschelrosa, ist von dem süßen Duft echter Rosen und wächst an den Dachbalken jedes normal geschnittenen Hauses, sogar an einer West- oder Nordwand. Ich würde mich freuen, wenn demnächst sämtliche Plattenbauten in diesem Land hinter einem solchen weißgrünen Vorhang unsichtbar wären.

Um diese Jahreszeit haben die meisten unserer Pflanzen ihren sommerlichen Höhepunkt erreicht. Jetzt sollte der klarsichtige Gärtner nicht nur mit seinem No-

tizbuch umherwandern, sondern auch mit seiner Baum-
schere und mit diesem unersetzlichen Instrument an einer
drei Meter langen Stange, das in einem Papageienschna-
bel endet, der sich öffnet und jeden unerwünschten Zweig
so leicht abschneidet, wie Sie Ihren Finger krümmen.

Eine Runde wohlüberlegtes Abschneiden, Kappen und
Kürzen hier und dort ist oft von großer Wirkung. Manchmal machen wir dann ganz neue Entdeckungen, wo über-
hängende Zweige bisher den Ausblick verdeckt haben.
Vielleicht sehen wir in der Ferne bunte Blumen, die bisher
hinter einem überwucherten Dornbusch oder anderen
unerwünschten Gewächsen verborgen waren. Wir kommen uns dabei vor wie ein Landschaftsgärtner in kleinem
Maßstab – und welcher Gärtner kann sich heute noch das
Gärtnern in großem Stil erlauben? Und sicher geht es uns
auch ein bißchen wie einem Maler, der bei seiner Lein-
wand letzte Hand anlegt: der einen Hauch Blau oder
Gelb oder Rot anbringt, um das Bild zu vollenden und
daraus ein befriedigendes Ganzes zu machen.

Der gute Gärtner hat jetzt die Gelegenheit, seinen
Garten abzurunden und Notizen für die zukünftige Bepflanzung zu machen. Er wird Lücken entdecken und
überlegen, wie er diese im Herbst mit neuen Pflanzen füllen kann. Er wird Kataloge durchsehen und hemmungslos
Pflanzen bestellen.

Darf ich ihm empfehlen, einige Pflanzen auszusuchen,
deren Schönheit und Qualität in ihrem Blattwerk liegen?
Für einen Garten ist es sehr wichtig, daß sich unter die

bunten Blumen auch wohlgeformte Blätter mischen. *Acanthus* (Bärenklau) macht sich gut, und das ist auch der Fall bei den *Hostas*, die früher *Funkien* genannt wurden, mit ihren graugrünen Blättern. Beim Gartenbau geht es weitgehend darum, eine Art von Pflanzen mit einer anderen Art von Pflanzen zu kombinieren und dann das Ergebnis abzuwarten. Wenn Sie feststellen, daß sie nicht zueinander passen, dann müssen Sie die falsche ohne Zögern wieder entfernen.

Nur so lassen sich Gärten anlegen, und deshalb rate ich allen Gärtnern, jetzt durch ihre Gärten zu gehen – und sich zu notieren, was entfernt und was später gepflanzt werden sollte.

Der wahre Gärtner muß brutal sein und voller Phantasie an die Zukunft denken.

In den vielen Jahren, in denen ich nun schon jede Woche im *Observer* schreibe, habe ich bestimmt schon einmal *Hoheria lyallii* erwähnt. Ich weiß wirklich nicht, warum er nicht häufiger angepflanzt wird, man braucht nur eine geschützte Ecke und muß sich einen Strauch von drei Metern wünschen, der in der schwierigen Zeit zwischen Ende Juni und Anfang Juli blüht und dann in weißgoldenen Blüten der Malvenfamilie schier ertrinkt, zu denen auch die Stockrose gehört, und der sich dermaßen großzügig aussät, daß Sie daraus einen ganzen Wald an-

legen könnten, wenn Sie Zeit hätten, die Setzlinge zu setzen, und wenn überhaupt genug Platz vorhanden wäre.

Dieser wirklich schöne Strauch überrascht mich jedes
Jahr mit seiner Üppigkeit. Ich vergesse ihn dann, und im
nächsten Jahr produziert er wieder diese Blütenmengen,
die an den Pfeifenstrauch erinnern, mit dem er auch leicht
verwechselt werden kann. Ich finde ihn aber noch schöner
als den Pfeifenstrauch, wegen seiner hübschen blassen
Blätter. Dieser Eingeborene der neuseeländischen Süd-
insel ist angeblich für die kälteren Teile unseres Landes
nicht geeignet. Deshalb rate ich, ihn in eine geschützte
Ecke zu stellen. Ich kann Ihnen aber auch verraten, daß er
hier in Kent schon viele eisige Winter überlebt hat, sogar
den grauenhaften Eisregen des Winters 1946-47 und den
grausamen Februar 1956, an den wir uns doch alle noch
erinnern, und mir scheint das Empfehlung oder Zeugnis
genug zu sein, um diesem hübschen Geschöpf eine
Chance zu geben.

Er hat noch andere Vorzüge. Er hat nichts gegen kalkreichen Boden, und das ist immer wichtig für Gärtner,
auf deren Grundstück keine Kalkhasser gedeihen können.
Er will keine reichhaltige Ernährung, denn dann produziert er eher Blätter als Blüten. Das bedeutet, daß Sie
Kompost oder organischen Dünger oder Kunstdünger sparen, den Sie anderswo besser anwenden können. Bienen
lieben diesen Strauch. Wenn Sie im Mittsommer daran
vorbeigehen, dann wimmelt es darin nur so von geschäftig
summenden Bienen.

Es scheint nicht ganz festzustehen, wie denn nun sein richtiger Name lautet. Ich habe ihn zuerst als *Plagianthus Lyallii* gekannt, während er nun in *Hoheria Lyallii* umgetauft worden ist, und auch damit kann ich mich zufriedengeben. Solange ein Strauch mir soviel Freude macht, ist es mir ziemlich egal, wie die Botaniker ihn zu nennen belieben. Ich bin keine Botanik-Expertin; ich weiß nur auf meine amateurhafte Weise, was in meinem Garten gut aussieht, und kann Ihnen vorschlagen, was sich in Ihrem ebenso gut machen würde.

Wenn wir die Idee nicht bis ins Endlose ausreizen und wenn wir Platz genug haben, dann ist es interessant, einen einfarbigen Garten anzulegen. Und manchmal ist es mehr als nur interessant. Es macht großen Spaß und ist ein unterhaltsames Experiment, das sich immer noch verbessern läßt, da Sie alles wegnehmen können, was nicht hineinpaßt oder ihnen doch nicht so recht gefällt. Und danach setzen Sie einfach etwas Besseres an seine Stelle.

In meinem eigenen Garten gibt es zwei kleine Untergärten dieser Art. Einer ist ein typischer Cottage-Garten, ein Wirrwarr von Blumen, alle jedoch in den Farben gehalten, die wir in einem Sonnenuntergang finden. In Gedanken habe ich ihn schon Sonnenuntergangsgarten genannt, als ich noch gar nicht mit Pflanzen angefangen hatte. Ich will jetzt aber nicht darüber schreiben, denn die Sonnenuntergangsfarben kommen mir für den Juli zu heiß vor. Lieber schreibe ich über meinen Grün-Weiß-Silber-Garten, der an einem Sommerabend so kühl aussieht.

Ich würde dafür gern das alte Wort »Hag« benutzen, das ein kleines eingezäuntes Grundstück bezeichnet, zumeist neben einem Haus oder einem anderen Gebäude gelegen. Mein Garten ist nämlich ganz und gar eingezäunt, auf der einen Seite mit einer hohen Eibenhecke, auf der anderen mit rosa Ziegelmauern und einem kleinen Tudor Haus. Kleine Wege, eingefaßt mit Lavendel und Buchsbaum, sorgen für die Einteilung. Aber da ich ohne Hilfe einer Photographie nur schwerlich einen Eindruck vom Aussehen des Gartens geben kann, will ich lieber die Pflanzen aufzählen, die die gewünschte kühle, fast graugrüne Wirkung erzielen.

Die Unterpflanzung bilden verschiedene Wermutgewächse, wie zum Beispiel die alte aromatische Eberraute; die silbrige Aschenpflanze *Cineraria maritima*; die graue Heiligenblume *Santolina*, und die Kriechpflanze *Achillea ageratifolie*. Dutzende von weißen Königslilien (aus Samen gezogen) ragen dazwischen auf. Es gibt weißen pazifischen Rittersporn, weißen Lilienschweif, weißen Fingerhut an einer schattigen Stelle vor der Nordwand; es gibt schaumiges Schleierkraut, die weiße strauchartige *Hydrangea*; weiße Zistrosen, weiße Pfingstrosen, *Buddleia nivea*, weiße Glockenblumen und die weiße Variante der chinesischen Ballonglocke *Platycodon mariesii*. Es gibt eine Gruppe von riesigen arabischen Disteln, pures Silber, über drei Meter hoch. Zwei kleine Sanddorne und der graue, weidenblättrige *Pyrus salicifolia*, die Zierbirne, bieten der grauen Bleistatue einer vestalischen Jungfrau Schutz. Am Mittelweg entlang zieht sich eine Allee von weißen Kletterrosen, die an alten Mandelbäumen hochklettern. Später wird es auch weiße japanische Anemonen und einige weiße Dahlien geben, aber ich mag jetzt nicht an später denken. Es ist schlimm genug, den Juli mit dem Wissen beginnen zu müssen, daß die Frische von Mai und Juni für immer verflogen ist.

Eine Pflanze, die hier im Sommer immer einiges Interesse erweckt, ist *Humea elegans*. Die Besucher wandern schnuppernd umher und fragen: »Wieso riecht es hier denn so nach Weihrauch? Ich glaube fast, ich stehe in einer italienischen Kathedrale und nicht in einem englischen Garten.« Und das zu Recht, denn diese Pflanze wird bisweilen auch Weihrauchpflanze genannt.

Schließlich verfolgen die Besucher den Geruch dann bis zu einer zwischen zwei und drei Meter hohen Pflanze mit großen, spitzen, dunkelgrünen Blättern und Zweigen mit federartigen, zimtbraunen Blüten. Sie ist nicht protzig oder auffällig, und zwischen ihren farbenfroheren Kollegen wie dem Rittersporn zeichnet sie sich wirklich nur durch ihren Geruch aus. Aber sie ist von elegantem Wuchs und hat ihren Beinamen *elegans* reichlich verdient. Sie macht ihren Einfluß auf subtilere Weise geltend als durch einen heftigen Farbtupfer. Sie füllt die Luft so energisch und durchdringend wie an einem feuchten Abend die *Rosa eglanteria*. Ich setze sie in versteckte Ecken, an denen wir vorbeigehen oder wo wir uns für einen Moment auf eine Bank setzen, ehe wir weiterwandern.

Sie stammt aus Australien, ist nicht wirklich zäh genug für unser Klima und sollte als zweijährige halbzähe Pflanze im Frühsommer unter Glas gesät, vor Frost geschützt und Ende Mai oder Anfang Juni gepflanzt werden. Ich würde sie deshalb nur Gärtnern empfehlen, die ein frostgeschütztes Gewächshaus besitzen; die Glückspilze jedoch, die auch nur das kleinste beheizte Treibhaus ihr eigen nennen, sollten es mit einigen Samenkörnern in einem Topf versuchen. Sechs Samenkörner ergeben sechs Pflanzen, und sechs Pflanzen können einen ganzen Garten mit Duft erfüllen, vor allem, wenn sie unter den Fenstern gepflanzt werden. Sie überleben im Halbschatten, ihre Blüten nehmen in der Sonne jedoch eine kräftigere Färbung an: Im Schatten verblassen sie zum vagen Braun eines alten Blumentopfes. Sie lieben reichen Boden; am liebsten möchten sie mit flüssigem Dünger gefüttert werden, und wenn Sie die Zeit finden, ihnen diese Diät oder eine Handvoll von Clay's Fertiliser zu servieren, dann wachsen sie nur um so besser. Wenn Sie diese Zeit nicht finden – und wer hat schon die Zeit, diese vielen und ausgefallenen Wünsche zu erfüllen? –, dann reicht auch normaler Gartenboden, um Ihnen den Erfolg zu bringen, den Sie vernünftigerweise erwarten können.

Wichtig ist auch noch, daß der blühende Zweig im Haus mindestens ein Jahr überlebt, wenn Sie ihn im Herbst schneiden, ehe er vom Regen aufgeweicht worden ist. Ich habe einige Zweige so lange in einer Vase aufbewahrt, daß mir am Ende ihr bloßer Anblick schon zuwider war; sie staubten ein, ehe sie auch nur die geringsten Anstalten machten, zu verwelken und zu sterben; sie erinnerten mich an diese immergrünen Blumen, die *Helichrysum*, die wirklich gar zu immergrün sind.

Sie können Ihre Samen aufbewahren und zum Reifen bringen, wenn sie einen oder zwei Zweige abschneiden und sie auf Papier an eine sonnige Stelle legen.

Ich möchte aber noch ein mahnendes Wort anfügen. Manche Menschen sind offenbar gegen *Humea elegans* allergisch, was sich in einem alles andere als eleganten Ausschlag manifestiert. Ich möchte nicht daran schuld sein, daß irgend jemand unter meinen Lesern dieses Risiko eingeht.

Ein Besucher nahm neulich aus meinem Garten einen Topf mit einer *Humea elegans* mit, und als er nach der Autofahrt zu Hause ankam, kratzte nicht nur er sich am ganzen Leib, sondern auch sein Hund.

Ich glaube mich zu erinnern, daß wir im letzten Jahre behaupteten, die Rosen hätten niemals so üppig geblüht. In diesem Jahr sagen wir dasselbe. Wir sollten dankbar sein für diese Großzügigkeit.

In diesem Jahr gibt es aber noch einen anderen Grund für diese Dankbarkeit. Irgend etwas hat die Rosen zurückgehalten. Sie konnten die Iris, die normalerweise zur selben Zeit blühen, einfach nicht einholen, und das bedeutete, daß die Iriszeit noch nicht ganz zu Ende war, als wir dazu noch mit Rosen überschüttet wurden. Selbst nach dem Johannistag waren noch überall ungeöffnete Knospen zu sehen.

Ich denke jetzt nicht an die Teehybriden, sie sind so wohlerzogen, gepflegt, anpassungsfähig und ordentlich wie irgendeine Dame der Gesellschaft. Ich kann ihre Schönheit und ihre Nützlichkeit erkennen, aber mein Herz berühren dann doch die Zigeunerrosen. Heute werden sie oft mit dem zaghafteren Namen Strauchrosen belegt, was natürlich ein passender und angemessener Name für eine Rose ist, die an einem blühenden Strauch wächst, doch für mich sind sie die Zigeuner unter den Rosen. Sie wehren sich gegen jede Art Zwang, sie möchten sich ganz nach Belieben in aller Lebhaftigkeit ausdrücken, frei wie die Hundsrose in den Hecken, und ich weiß ja auch, daß es nicht in jedem kleinen Garten Platz für sie gibt. Dennoch liebe ich sie und würde sehr viel Platz für sie opfern.

Ich wüßte gern, wie viele Gärtner eine besonders bezaubernde rosa Einzelrose pflanzen, die sich an einer niedrigen Mauer ausgesprochen gut macht. Sie heißt *Rosa Sancta* oder vielleicht auch Heilige Rose von Abessinien. Der Name allein rechtfertigt schon ihre Aufnahme in den Garten, und auch ihre Geschichte spricht dafür, denn sie gilt als eine der ältesten bekannten Rosen und mag durchaus auf einem minoischen Fresko in Knossos auf Kreta zu sehen gewesen sein. Verwoben in den Girlanden ägyptischer Gräber wurde sie gefunden – und was könnte irgendeine Rose von ihren Ahnen sonst noch verlangen? Sie ist nicht leicht aufzutreiben, und mir ist aufgefallen, daß Mr. Bertram Park sie in seinem unerläßlichen *Guide to Roses* nicht erwähnt.

Ich weiß, daß ich auch früher schon über Ixien geschrieben habe. Ich wiederhole mich nur ungern und versuche, es zu vermeiden, aber es ist lange her, und deshalb lohnt es sich vielleicht doch, dieses Thema noch einmal aufzugreifen. Schließlich werden derzeit jeden Morgen am Frühstückstisch die Herbstkataloge mit Marmelade und Honig beschmiert.

Ixien oder Blaulilien stammen aus Südafrika und verlangen folglich gut entwässerten, sandigen Boden in der wärmsten Ecke, die wir finden können, unter einer Südwand, an einer Stelle, an der Sie eine *Iris stylosa* verhungern und verbrennen lassen würden, damit sie nach besten Kräften blüht. Ein erhobenes Beet wäre für Ixien

Ixia hybride mit Alchemilla mollis

ideal, dort überleben sie vermutlich viele Jahre, aber wer
hat schon die Zeit oder nimmt die Mühe auf sich, ein erhobenes Beet anzulegen? Ich habe Ixien bisher einigermaßen zuverlässig gefunden, auch in normalen flachen
Beeten. Es stimmt zwar, daß sie im Laufe der Jahre abneh-
men, statt sich zu vermehren, aber sie sind so billig, daß
wir jedes Jahr unseren Vorrat um ein Dutzend oder so
erweitern können.

Sie sind außerdem elegant, mit ihren drahtigen Stengeln erinnern sie ein bißchen an Freesien. Hübsch ist ihr
ausgefallenes Repertoire an Farben, rosa, strohgelb, gelb,
weiß, kupferrot, und als Schnittblumen sind sie so gut
geeignet, daß es eigentlich in jedem Garten mindestens
ein Dutzend geben sollte.

Die schönste von allen ist vielleicht *Ixia viridiflora*,
blaugrün mit schwarzem Auge, ein Schatz für Kenner, nur
leider sehr schwer aufzutreiben. Als ich kürzlich in Kap-
stadt war, glaubte ich, Dutzende von Zwiebeln einkaufen
zu können, doch dann mußte ich mich mit einem einzigen
Dutzend begnügen. Offenbar wird ihr Herkunftsbereich
energisch überwacht.

Mit den Ixien verwandt, da beide zur Iris-Familie
gehören, ist die Gattung *Sparaxis*. Die bekannteste von
ihnen ist der Trichterschwertel, auch *Dierama pulcherrimum*
genannt, ein elegantes, aber ziemlich unordentliches Gewächs, das ich einfach nicht lieben kann, obwohl ich es
lieben sollte, ich weiß.

Vielleicht macht es sich am Ufer irgendeines Gewässers gut, wo es ja eigentlich auch hingehört, und ich gebe gern zu, daß seine vom Wind über dem Wasser ständig in Bewegung gehaltenen Stengel von einem gewissen launischen Charme sind. Aber trotz allem ziehe ich *Sparaxis*, den Fransenschwertel, vor, den wir wie eine Ixie pflanzen, das heißt, in einem warmen, nach Süden gelegenen Beet vor einer Mauer oder zum frühen Blühen in einem mit Glas bedeckten Beet, vielleicht auch im Steingarten, wo er normalerweise viele Jahre überlebt, weil der Boden dort so entwässert wird, wie diese südafrikanischen Pflanzen es eben mögen.

Ich habe seit Jahren eine Schale mit *Sparaxis* übel vernachlässigt, aber trotzdem blühten sie in jedem Frühling tapfer aufs neue. Unter ihnen ist eine ganz besonders ansehnliche, ich halte sie für eine S. *tricolor*, sie ist von einem sehr leuchtenden Rot mit gelber Mitte und schwarzen Flecken.

Wer ein frostsicheres Gewächshaus hat, in dem empfindliche Pflanzen überwintern können, sollte sich die blaue Margerite *Felicia amelloides* oder, wie sie früher genannt wurde, *Agathea coelestis* anschaffen. Es handelt sich um ein kleines südafrikanisches Strauchgewächs von vielleicht fünfzig Zentimetern Höhe, das sich leicht aus Samen oder Ablegern als Topfpflanze ziehen läßt. Ende Mai kann es dann im Garten angepflanzt werden, wo es blüht, bis die Zeit gekommen ist, es auszugraben, wieder in einen Topf zu pflanzen und es über den Winter in Sicherheit zu bringen. Sein dauernder Nachschub an hellblauen Sternblüten ist wie geschaffen für offene Rabatten, auch wenn es sich nicht mit dem tiefen Saphirblau des Enzian messen kann. Das Blau des Vergißmeinnicht ist ihm schon ähnlicher.

Botanisch gesehen ist es mit den Astern verwandt. *Aster amellus* ist in der Gartensprache ein vertrauter Begriff, doch vermutlich ist sich nur ein sehr kleiner Prozentsatz von Gärtnern, die auf so lässige Weise über *Aster amellus* sprechen, der Tatsache bewußt, daß wir diese Blume bis zum Poeten Vergil zurückführen können, der im ersten Jahrhundert n. Chr. eine blaublütige Pflanze, die am Ufer des italienischen Flusses Mella wuchs, mit diesem Namen belegte. Auf diese Weise verbinden sich klassische Antike und heutige Gartenpflege. Ich finde das eigentlich ziemlich romantisch.

Es gibt noch eine weitere Form dieser schönen blauen Margerite, die sich aus den Samen einer halbwegs strapazierfähigen Einjährigen ziehen läßt: *Felicia Bergeriana*, die Eisvogel-Margerite, ein passender Name, denn sie erinnert wirklich an eine Schar Eisvögel, die im Flug innehalten und in der Luft ausharren, um uns einen schönen Anblick zu bieten. Niemand könnte einen fliegenden Eisvogel aufhalten, diesen blauen Blitz; aber die Eisvogel-Margerite ist die zweitbeste Lösung.

Blau ist während der Sommermonate im Garten wirk-

lich wertvoll. Wir haben den großen überragenden Rittersporn, und ich möchte auch für die Lobelie ein gutes Wort
einlegen. Die Lobelie wird vielfach mißhandelt und miß-
braucht, vor allem in öffentlichen Parks, wo sie zumeist als
eine Art Band zusammen mit Begonien, Gloxinien und
rotem Salbei angepflanzt wird. Aber so, finde ich, dürfen
Lobelien nicht behandelt werden. Säen Sie sie in großen
Gruppen, in großen, großzügigen Gruppen, und lassen Sie
sich vom Ergebnis überraschen. Säen Sie vor allem die
Variante *Cambridge Blue*.

Wenn Sie in Ihrem Garten schon Seidelbast haben,
dann sollten Sie jetzt die reifenden Samen im
Auge behalten, es sei denn, Sie wollen die Vögel damit
beglücken. Es lohnt sich wirklich, Seidelbast aus eigenen
Samen zu ziehen. Seidelbast lebt nicht lange, er hat die
bedauerliche Angewohnheit, schon nach wenigen Jahren
ohne ersichtlichen Grund plötzlich abzusterben. Deshalb
empfiehlt es sich, immer auch einige junge Pflanzen zu haben. Diese jungen Stellvertreter sollten in Töpfen gezogen
werden, wobei ein Samenkorn pro Topf reicht. Seidelbast
wird nur ungern gestört, aber wenn Sie ihn komplett mit
den Wurzeln aus dem Topf kippen, merkt er kaum, was mit
ihm geschieht, und wächst munter weiter. Er kann auch
einfach an der Stelle, wo Sie ihn haben wollen, in den Boden gesät werden. Wir können aus Samen solche Mengen

ziehen, daß wir uns die Extravaganz leisten können, sie an den unwahrscheinlichsten Plätzen unterzubringen, um zu sehen, ob sie dort gedeihen. Das wäre nicht möglich, wenn wir Seidelbast für teures Geld bei einem Züchter kaufen müßten.

Die bekannteste Seidelbastart ist vermutlich *Daphne mezereum*. Sie fühlt sich offenbar, aus demselben umgekehrten Snobismus, wie wir ihn von Madonnenlilien kennen, in Cottage-Gärten wohl. Es gibt ziemliche Meinungsverschiedenheiten darüber, ob sie torfhaltigen Boden oder eher schärferen, steinigeren vorzieht; selbst in Kies ist diese Seidelbastart schon gesichtet worden. Von Natur aus sollte sie Waldgebiete vorziehen, aber einige Fachleute raten dazu, sie in die pralle Sonne zu setzen, ich habe also meine Gründe, wenn ich zum Experimentieren rate. Wenn Sie sie in die pralle Sonne stellen, dann sollten sie ihren Wurzeln zum Kühlen einige flache Steine gönnen. *D. mezereum* blüht im zeitigen Frühling auf blattlosen Zweigen, duftet sehr süß und ist von blauvioletter Farbe. Es gibt auch eine sehr schöne und womöglich noch zuverlässigere weiße Variante. Die Früchte verraten Ihnen, welche Art Sie haben, denn die Gattung an sich hat rote, die weiße Variante jedoch gelbe Früchte.

Daphne retusa, ein wesentlich kompakterer kleiner Strauch mit abgerundeter Spitze, wird selten höher als neunzig Zentimeter und wird bisweilen mit *Daphne tangutica* verwechselt, ist jedoch eben wegen seiner Kompaktheit vorzuziehen. Mir gefällt sie sehr gut. Sie ist viel zäher als die intensiv duftende *Daphne odora*, die wirklich Schutz oder ein Gewächshaus braucht, obwohl ein Exemplar in meinem Garten im letzten Winter 20 Grad minus heil überstanden hat. Eine kleine Hecke aus *Daphne retusa* neben einem Fußweg bietet einen schönen Anblick, vor allem, wenn Pfad und Hecke abgestuft sind und im Steingarten wie ein auf Felsblöcken lauernder Steinbock enden. Ich halte diese Sorte für den pflegeleichtesten Seidelbast, viel einfacher im Umgang als die kapriziöse *cneorum*, die den Neid so vieler Steingärtner erregt, bei denen sie nicht gedeihen will. Solche erfolglosen Gärtner sollten es mit ihrem als *Daphne Somerset* bekannten Kind versuchen.

Es gibt nur wenige dekorativere Kletterpflanzen für den Mittsommer als die große hybride Clematis, doch ihre bedauerliche Neigung, auf dem Höhepunkt ihrer Schönheit ganz plötzlich der so treffend als »Welke« bezeichneten Pilzkrankheit zu erliegen, nimmt vielen Menschen den Mut. Diese Krankheit tritt vor allem dann auf, wenn die Clematis aufgepfropft und nicht, wie es richtig wäre, aus der eigenen Wurzel gezogen worden ist. Es gibt jedoch eine strauch- oder krautartige Clematisart, die weniger empfänglich für die Welke zu sein scheint und die sich als Zier für jede Art von Kante deshalb anbietet.

Wir sehen diese Art nicht so häufig wie die Kletterpflanzen, sie ist auch nicht so ansehnlich, aber sie hat doch ihren Charme und ihren Nutzen. *Clematis recta* blüht als erste, zumeist im Juni, und bildet einen dichten, um die anderthalb Meter hohen Busch. An sehr geraden Stengeln wachsen Dolden aus weißen, leicht duftenden, sternförmigen Blüten. Diese Clematissorte läßt sich recht leicht aus Samen ziehen. *C. heracleifolia*, mit ihren Blättern wie Wiesenkerbel, hat blaue Blüten, wie auch ihre Hybride *C. jouiniana* mit ihren Varianten *campanile* und *Côte d'Azur*. Im Juli und August, ihrer Blütezeit, können sie über einen Meter hoch werden. Sie lassen sich aus Samen, aus Ablegern oder durch Wurzelteilung ziehen.

C. *integrifolia* ist hierzulande schon seit 1596 bekannt. Sie wird nur selten höher als sechzig Zentimeter, deshalb ist sie für den Steingarten ebenso geeignet wie für die Kante eines Beetes. Am besten macht sie sich zwischen Steinen, wo sie keine Stützen braucht, sondern sich ihren Weg selber suchen kann. Aus diesem Grunde kommt sie auch an einer trockenen Wand gut zur Geltung, falls Sie das Glück haben, eine solche zu besitzen. Ich ziehe die blaue Variante der weißen vor, aber wir müssen auch mit neuen Varianten rechnen. Wir können sie aus Samen ziehen, und an dieser Stelle möchte ich darauf hinweisen, wie zuvorkommend es von der Clematis ist, diese Methode ebenso zu ermöglichen wie das Ziehen aus Ablegern oder Setzlingen. Wir können Samen aus den silbernen Köpfen aller frühen Blüherinnen wie *C. macropetala* nehmen und aussäen, sowie sie reif sind. Die großen Sommervarianten reifen natürlich erst viel später, bei ihnen sollten wir mit dem Säen bis zum nächsten Frühling warten. Ableger sollten im August genommen werden, und es scheint ihnen egal zu sein, ob sie direkt unter einem Knoten oder zwischen zwei Knoten abgetrennt werden, beides ist erfolgreich, wenn Sie die Ableger fest in einen Topf mit sandigem Kompost drücken und gießen.

Professionelle Gärtner ziehen vielleicht Setzlinge vor, und alle, die den Umgang mit Nelkenablegern gewöhnt sind, werden bei dieser Methode auch keine Probleme haben. Egal, wofür Sie sich auch entscheiden, später wird Ihre Clematis aus eigenen Wurzeln wachsen und damit der gefürchteten Welke besser widerstehen können.

Ich muß mich demnächst um etwas kümmern, das einst versucht hat, eine krautartige Einfassung zu bilden, jetzt aber nur noch ein Wirrwarr und ein Kompromiß ist. Vielleicht sind krautartige Einfassungen ohnehin ein Ding der Vergangenheit. Sie müssen tadellos gepflegt und sorgfältig geplant werden, wenn sie ihr Bestes geben sollen; ein Chaos von ohne Rücksicht auf Farbe oder Wesen zusammengefügten Pflanzen, die nach dem Regen die Köpfe hängenlassen, die ein plötzlicher Sturm knickt, zerzaust, die nach allen Seiten auseinander hängen, hinten Rittersporn, in der Mitte Lupinen und Phlox, vorn Katzenminze und Nelken, macht keine Freude ... und wir kennen diese Überreste aus edwardianischen Zeiten nur zu gut.

Die Frage des Stützens ist immer schwierig. Schon in frühen Wachstumsstadien in die Erde gesteckter Erbsenreisig ist besser als eine Bambuspalisade, die wir in alle Eile anlegen, wenn die Pflanzen die Köpfe hängen lassen. Erbsenreisig wird überwuchert und versteckt, bei Bambus ist das nie der Fall. Vor kurzem hörte ich von einer raffinierten Methode zum Stützen von winterharten Pflanzen, die an der Kante wachsen. Verbringen Sie Ihre müßigen Winterabende im Haus damit, daß Sie aus dickem Draht große Kreise formen, durch die Sie dann dünneren Draht ziehen, viermal vielleicht, mit einer Art Nabe in der Mitte. Dann besorgen Sie sich für die Mitte eine Stange, aus Metall, wenn möglich, alte Gitterstäbe vielleicht, die haltbarer sind als Holz. Im Frühling bringen Sie Ihre Drahtkreise dann wenige Zentimeter über dem Boden an und schieben sie an der Mittelstange immer höher, je weiter die Pflanze durch die Drahttrennungen hindurchwächst. Ich habe mir überlegt, daß diese Methode sich noch verbessern läßt, wenn wir an der Stange zwei oder mehr Drahtkreise anbringen, je nachdem, wie hoch die Pflanze vermutlich werden wird; das erspart uns das ständige Nachsehen, ob der Kreis wieder gehoben werden muß, und bietet schwachen Stengeln doppelten Halt.

Viel Arbeit während des Winters, geschickte Finger, eine Drahtschere, eine Zange und einige Rollen dicken und dünnen Drahtes sind vonnöten; am Ende aber haben

Sie dann eine Stütze, die Jahre hält und nicht erneuert zu werden braucht. Auch wenn Sie keine krautartige Kante haben, die diesen Namen verdient, dann bietet sich diese Methode auch für jede besonders geliebte Pflanze an, die zu schwach und zu hoch ist, um im Hochsommer ihr eigenes Gewicht zu tragen. Aber ich weiß trotz allem jetzt schon, daß meine Kante bald eine Kante aus blühenden Strauchgewächsen und strauchartigen Rosen werden wird, mit einem unbeachteten einsamen Rittersporn im Hintergrund, der mich daran erinnert, wie einst meine ungeliebte krautartige Kante ausgesehen hat.

Im Moment blüht der hübsche Kalifornische Mohn. Wir können ihn nicht gerade als krautartige Pflanze bezeichnen; nennen Sie ihn »Unterstrauch«, wenn Sie so wollen, doch wie immer wir ihn auch nennen mögen, seiner Schönheit tut das keinen Abbruch.

Er hat graugrüne Blätter und weite, lockere, weißgoldene Blüten auf schlanken Stengeln, die bis zu einsachtzig hoch werden können. Die Blütenblätter sehen aus wie zerknüllte Papiertaschentücher, in der Mitte vibriert ein goldener Schwarm von Staubbeuteln. Diese Blüten sind sehr schön und zart.

Von seiner Konstitution her ist der Kalifornische Mohn jedoch nicht sehr zart, höchstens Gegenden mit sehr rauhem Klima sind ihm abkömmlich. Wenn Sie ihn erst einmal gepflanzt haben, wird er sich überall ausbreiten, er ist ein Wurzelläufer und taucht sogar an so unerwünschten Stellen auf wie mitten im Weg. Ich kenne einen, der sich unter einer Ziegelmauer hindurchgekämpft und sich auf der anderen Seite tapfer wieder erhoben hat. Das Problem ist bei ihm der Anfang, er mag nicht gestört und verpflanzt werden, am besten zieht man ihn in Töpfen aus Wurzelablegern. Das bedeutet, daß Sie bei einem hilfsbereiten Züchter einen Wurzelableger schnorren müssen. Sie können ihn dann aus dem Topf an der Stelle, wo er wachsen soll, in ein Loch kippen und hoffen, daß er von allem nichts gemerkt hat. Arme unschuldige Pflanzen lassen sich doch sehr leicht täuschen.

Der botanische Name des Kalifornischen Mohns ist *Romneya*. Es gibt zwei benannte Varianten, nämlich *Romneya Coulteri* und *Romneya trichocalyx*. Sie sind sich sehr ähnlich, aber vielleicht ist *Coulteri* doch vorzuziehen.

Kalifornischer Mohn mag einen sonnigen Standplatz und keinen allzu reichen Boden. Im Winter liegt er zumeist am Boden, aber das ist nicht weiter schlimm, er wird sich wieder erheben, und das alte Holz blüht ohnehin nicht wieder, deshalb sind die Triebe der vergangenen Saison kein Verlust. Wenn der Winter das nicht schon erledigt hat, dann ziehen Sie es vielleicht sogar vor, sie im Frühling abzuschneiden.

Eine gute Gesellschaft für Kalifornischen Mohn ist der bis zu vier Meter hohe Strauch *Hoheria lanceolata*. Meiner Ansicht nach ist er wie dafür geschaffen, hinter Kaliforni-

schem Mohn gepflanzt zu werden, er überragt ihn und er-
gänzt ihn mit blaßgrünen Blättern im selben Farbton und
kleineren weißen Blüten. Das Ganze hat einen freimüti-
gen weißen, grünen und goldenen bräutlichen Effekt, der
in den April vielleicht besser paßt als in den Juli. Seine
Zähigkeit ist angezweifelt worden, aber ich habe einen
(hier in Kent), der in einer ganz besonders zugigen Ecke
überlebt, wo ich ihn in optimistischer Ignoranz vor Jahren
gepflanzt habe. Ich kann jedoch nicht leugnen, daß er im
Schutz einer Mauer oder einer Hecke glücklicher wäre.

Gerüchte und mehr als nur Gerüchte über eine seltsame Klettererdbeere sind hierzulande eingetroffen.
Wie die deutschen Züchter richtig bemerken, ist der
Name Erdbeere dem neuen Produkt eigentlich nicht mehr
angemessen, denn es kann bis zu 1,80 Meter groß werden
und an einem Spalier wachsen. Es wird bereits als Spa-
liererdbeere bezeichnet. Ich habe in einer deutschen
Zeitschrift ein Foto gesehen und finde diese neue Kletterpflanze mit ihren hellroten Beerendolden sehr
hübsch. Die Beeren sind angeblich sehr aromatisch, nor-
malgroß und ähneln in ihrer länglichen Form und strah-
lenden Farbe *St. Claude. St. Claude* ist vielleicht noch
nicht sehr bekannt, aber dieser ausdauernden und reichlich tragenden Kletterpflanze wird eine große Zukunft
vorhergesagt.

Leider sind die Gerüchte über die kletternde Erdbeere nicht von einigen Exemplaren der besagten Pflanze begleitet worden. Die Gerüchte sind von Elmshorn in Schleswig-Holstein nach Frankreich gewandert, wo die Klettererdbeere jetzt als *Truffaut-Prodige* bekannt ist und von ihrem Züchter eifersüchtig gehütet wird. Sollten Sie in Frankreich leben und sie in Ihrem französischen Garten pflanzen und von diesem Züchter ein Exemplar kaufen wollen, müssen Sie ihm schwören, es nicht aus Frankreich zu exportieren. Meine Ehre verbietet es mir, irgendwelchen potentiellen Schmugglern, die den Ärmelkanal überqueren, die Adresse dieses Züchters zu nennen. Es gibt eben selbst heute noch gewisse Prinzipien.

Ich hoffe jedoch, daß auch auf den Märkten unserer Insel diese bemerkenswerte Neuzüchtung bald zu haben sein wird, und ich fand es ratsam, meine Leser jetzt schon damit bekannt zu machen, damit sie ihren Namen auf die langen Bestellisten setzen können, die zweifellos bald einlaufen werden.

Wir sollten uns nun ein Bild von den Schäden machen, die der Winter angerichtet hat, und feststellen, was unwiderruflich verloren und wo neues Leben zu finden ist. Zweifellos haben die meisten Gärtner Überraschungen erlebt, angenehme wie unangenehme. Insgesamt jedoch hat die Überlebensfähigkeit gewisser Pflan-

Philadelphus coronarius

zen die immer mehr um sich greifende Ansicht bestätigt, daß zahlreiche Geschöpfe wesentlich weniger empfindlich sind als bisher angenommen.

Ein alter Katalog aus dem Jahre 1838 zum Beispiel nennt unseren verbreiteten gelben Winterjasmin, *nudiflorum*, als Treibhauspflanze. Wir lächeln heute darüber, wenn wir sehen, wie munter er sich überall im Freien ausbreitet.

Das Problem der Zähigkeit bringt mich zu der Frage, ob wir risikobereit sein sollten. Ich bin sehr dafür, muß aber zugeben, daß es doch ärgerlich ist, vor allem bei einem kleinen Garten, wenn wir plötzlich vor einer kahlen Stelle stehen, wo uns vor zwölf Monaten eine üppige Strauch- oder Kletterpflanze mit Sommerblättern und -blüten erfreut hat. Sollten wir unser Glück mit einer *Eucryphia* versuchen, dieser weißgoldenen Pracht von Ende Juli und August? Wenn ja, dann haben *E. glutinosa* und *E. nymansensis* die besten Aussichten. Sollten wir uns an *Tricuspidaria lanceolata* wagen, auch bekannt als *Crinodendron hookerianum* und, sprechender, als Laternenbaum, mit gedämpft roten Hängeblüten zwischen den sehr dunkelgrünen spitzen Blättern? Ich will mich nicht geschlagen geben, jedenfalls nicht von irgendeinem schnöden Gewächs.

Ein anderer halbkletternder Strauch, den ich einmal hatte und auch wieder anschaffen will, ist *Fremontodendron California*. Eigentlich würde er am liebsten als kleiner Baum wachsen, er wird sich jedoch mit dem Schutz einer

Mauer abfinden müssen, vor der ich hoffe, im Juni und Juli seine vielen hellgelben Blüten zu sehen, worauf wir dann seinen Samen in Töpfen säen können, um ihn nach seinem Tod zu ersetzen. Ich sage »in Töpfen säen«, weil er zu den Pflanzen gehört, die nicht versetzt werden mögen. Eine kleine Pflanze, die aus ihrem Topf an ihren endgültigen Standplatz gekippt wird, erleidet nicht das, was Gärtner »Wurzelstörungen« nennen.

In diesem Monat war ich wirklich beeindruckt von der Schönheit des Pfeifenstrauchs. Früher haben wir ihn Syringe oder Falscher Jasmin genannt, am besten aber paßt sein botanischer Name, *Philadelphus*, was auf griechisch brüderliche oder schwesterliche Liebe bedeutet, eine reine Liebe ohne jegliche sexuelle Leidenschaft.

Und doch hat er etwas Bräutliches. Er wächst zu großen Sträuchern von reinstem Weiß heran. Geschwisterliche Liebe mag ja gut und schön sein, aber unser Philadelphus ist zweifellos ein Hochzeitsstrauch, eine Brautgedicht für junge Liebende.

Kürzlich habe ich ihn in zwei berühmten Gärten in Gloucestershire schäumen sehen. Auch in allen Cottage-Gärten der unvergleichlichen Cotswolds habe ich ihn bewundert. Es ist einfach überall. Ich selber habe mir dann Vorwürfe gemacht, weil ich ihn damals, als ich meinen Garten anlegte, nicht massenhaft angebaut habe. Denn dann hätte ich heute große Büsche. Aber besser spät als nie.

Ich habe mir den lieben alten *Philadelphus coronarius* angeschafft, diesen süßduftenden Busch, der uns in unsere Kindheit zurückversetzt. Vor dreihundert Jahren schrieb der Kräuterkundler Gerard, er habe von dieser alten Pflanze einige Blüten geschnitten und sie in seine Kammer gelegt. Ihr Duft war ihm jedoch so fremd, daß er erst einschlafen konnte, als er sie wieder entfernt hatte. Das kann nur bedeuten, daß der Geruch ihm zu stark war. Bisher war mir nicht klar, daß auch einige der später blühenden Sorten mit ihren Düften so großzügig umgehen. Jetzt weiß ich das. Der kleine *microphyllus* ist vielleicht nicht besonders ansehnlich, aber seine kleinen weißen Blüten duften betörend. *Lemoinei* hat ebenfalls einen süßen Duft. *Belle Etoile* nicht, jedenfalls kann ich keinen entdecken. Vielleicht liegt das an meiner Nase, doch auf jeden Fall ist es ein so schöner Strauch, daß wir ihn alle pflanzen sollten.

Die Philadelphus-Familie ist so kompliziert, daß man ihre einzelnen Mitglieder nur schwer unterscheiden kann. Sie bilden untereinander mit solcher Begeisterung Hybriden, daß kaum noch jemand weiß, was Hybriden sind und was nicht. Aber sollten wir uns darüber überhaupt den Kopf zerbrechen? Sollten wir nicht lieber in diesem Herbst so viele pflanzen, wie wir überhaupt beschaffen können, und uns darauf freuen, daß sie in wenigen Jahren zu wunderschönen weißen Büschen herangewachsen sein werden?

Der Ausdruck »Laubpflanze« klingt für uns irgendwie viktorianisch, wie das Echo eines Gongs in einem Gasthaus mit Linoleumboden und abwaschbarer Papiertapete, doch trotz dieser düsteren Assoziation sind manche Laubpflanzen im Garten von hohem Dekorationswert. Sie schließen Lücken in den Rabatten und haben es wirklich verdient, als gutaussehend bezeichnet zu werden.

Ich denke hier vor allem an *Acanthus*. Das ist eine Pflanze mit klassischer Würde, denn sie hat den griechischen Architekten beim Entwurf von korinthischen Säulenkapitellen als Vorbild gedient. Sie haben vermutlich dabei *Acanthus spinosus* oder *spinosissimus* vor Augen gehabt, mit seinen dunkelgrünen Blättern und den fast dornenhaften, blaßlila Deckblättern, die über sechs Zentimeter lang werden können und im Juli wirklich einen wunderbaren Anblick bieten. Aus irgendeinem seltsamen Grund wird diese Pflanze auch Bärenklau oder, in England, Bärenhosen genannt. Mir würde jeder Bär leid tun, der eine solche Hose tragen müßte.

Die Art, die *Acanthus mollis* oder *mollis latifolius* genannt wird, hat weiche, abgerundete Blätter von hellerem Grün. Sie ist weniger heimtückisch als die dornige Variante, aber insgesamt gesehen gefällt die dornige mir besser.

Als ursprünglich im Mittelmeerbereich beheimatete Wesen haben sie es am liebsten sonnig, doch sie geben sich auch mit einer gewissen Menge an Schatten zufrieden. Wir sind immer dankbar für Pflanzen, die in schwie-

rigen Ecken wachsen mögen, in die die Sonne jeden Tag
nur für wenige Stunden hineinlugt. Eine weitere angenehme Eigenschaft des Acanthus ist, daß er sich auch in
Bottichen oder großen Töpfen wohl fühlt, die wir hin-
stellen können, wo wir sie gerade brauchen, auf Wegen,
auf Treppen, auf eine Terrasse oder an irgendeine andere
Stelle, wo sie im Design unseres Gartens vonnöten zu sein
scheint.

Wenn meine Lobrede auf den Acanthus bei Ihnen jedoch auf taube Ohren trifft, dann darf ich Ihnen vielleicht
nochmals die Funkie oder Hosta empfehlen? Das ist eine
andere Laubpflanze mit großen graugrünen Blättern und
kurzen Zweigen mit grünweißen Blüten im Juli. Sie hat es
gern feucht, wächst aber eigentlich überall. Ich habe Jahre
des Gärtnerns gebraucht, um die bleiche Schönheit ihrer
Blüten und Blätter schätzen zu lernen, aber jetzt, wo ich
sie in der richtigen Weise betrachte, verstehe ich endlich,
was andere Gärtner gemeint haben, wenn sie die Verdienste der Funkien priesen.

Wir haben sehr viel, ja, endlos viel zu lernen, wenn wir
es mit der Gärtnerei versuchen wollen.

Die Blüten der *Magnolia grandiflora* sehen aus wie
große weiße Tauben, die es sich zwischen dunklen
Blättern bequem gemacht haben. Diese Pflanze bietet sich
geradezu an, wenn es darum geht, ein häßliches Stück

Mauer zu verdecken; sie ist immergrün und wächst ziemlich schnell. Es ist nicht immer leicht zu entscheiden, was wir vor eine neue rote Ziegelmauer setzen wollen, rosa und rote Pflanzen beißen sich bisweilen, und sie vertiefen die ohnehin schon zu heiße Farbe noch. Das kühle Grün der glänzenden Magnolienblätter und ihre reine Blüte machen sie für einen solchen Hintergrund jedoch wie geschaffen. Außerdem ist die Blüte an sich von exquisiter Schönheit. Ich habe eben erst einer ins Herz geschaut. Die Blütenblätter sind von reicher Cremefarbe; wir sollten sie nicht weiß nennen, sie sind elfenbeinfarben, wenn Sie sich vorstellen können, daß Elfenbein und Creme zu einer dicken Paste verrührt werden, mit aller Weichheit und Glätte von jugendlicher Haut; ihr Duft, der an Zitrone erinnert, war überwältigend.

Es gibt die Theorie, daß sich Magnolien unter dem Schutz einer Nord- oder Westwand am wohlsten fühlen, und diese Theorie trifft für die im Frühling blühenden Sorten zu, die sehr leicht von morgendlichem Sonnenschein nach einer Frostnacht beschädigt werden: Sie gehen nach dem Frühstück aus dem Haus und finden nur noch ein klägliches Gewirr wie braunes Wildleder vor. Die *grandiflora* dagegen, die im Juli und August blüht, verlangt keine besondere Rücksichtnahme. Sie scheint in der Sonne besser zu gedeihen, wenn ich von den beiden Exemplaren in meinem Garten ausgehen darf. Ich habe, wie so oft, ein Experiment gemacht. Eine steht vor einer schattigen Westwand und hat nie mehr als ein halbes Dutzend Knospen. Die andere, die vor einer sonnengebeizten Südostwand steht, hat normalerweise zwanzig bis dreißig. Das liegt einwandfrei an der Tatsache, daß die Sommersonne das Holz, das später die Blüten tragen soll, erst zum Reifen bringen muß. Was sie nicht mögen, ist Trockenheit in ihrer Jugend, das heißt, ehe ihre Wurzeln sich auf die Suche nach Feuchtigkeit gemacht haben, doch da sie sehr rasch ihre Unzufriedenheit damit zum Ausdruck bringen, daß sie ihre gelben Blätter hängen lassen, können Sie mit einer oder mehreren Kannen aus der Regentonne eingreifen.

Goliath ist die beste Variante. Sie sollten schon frühzeitig Drähte vor die Wand spannen und sie mit Holznägeln befestigen. Das wird Ihnen auf die Dauer sehr viel Mühe ersparen, denn die Magnolie wird schließlich eine Fläche von um die fünfzig Quadratmeter bedecken und bis zu Ihren Dachbalken hochklettern. Die Zeit kann kommen, wenn Sie sich aus ihrem Schlafzimmerfenster lehnen, um im sommerlichen Mondlicht ein große, geisterhaft weiße Blüte zu pflücken, denn dann werden Sie es bedauern, wenn sie sich von der Wand gelöst hat und auf einem losen Zweig herumflattert, wie eine halbgefangene Taube, die immer neue Fluchtversuche unternimmt.

Die meisten *Verbascum*-Sorten (Königskerzen) lassen sich im Sommergarten verwenden. Die Cotswolds-Hybriden sind jetzt sehr bekannt, *Cotswold Beauty, Cots-*

wold Queen, *Cotswold Gem* und andere Mitglieder dieser Familie, sie haben alle unterschiedliche Namen, aber sie sehen aus wie kleine gelbbraune oder errötende Motten, die den Stengel hochgewandert sind, um im Juni ganz oben zu verharren. Diese Hybriden sind winterhart und säen sich dazu recht großzügig aus; wenn Sie sie erst im Garten haben, brauchen Sie nie wieder auf sie zu verzichten. Ihr einziger Nachteil ist meines Wissens, daß sie manchmal ihre eigene Lieblingsraupensorte anziehen, die die Blätter zu einer Art Klöppelspitze zerfrißt; doch das bringt eine Dosis vom richtigen Schädlingsvertilger schnell wieder in Ordnung.

Das *Verbascum*, das mich in diesem Sommer beglückt hat, gehört jedoch nicht zur Cotswolds-Familie, sondern war mir in meiner Ignoranz ganz neu. Es heißt *Verbascum Brusa*. Seine großen graugrünen, dicht mit Mehl bestäubten Blätter wachsen an über zwei Meter langen Zweigen, die noch grauer und wolliger sind als die Blätter. Ich fand es faszinierend, wie schnell dieser Zweig wuchs und daß die fünfeckigen Knospen sich eine nach der anderen zu gelben Blüten öffneten. Das ging Schritt für Schritt, zuerst gab es eine wollige graue Knospe, dann lugte eine stumpfe gelbe Nase aus der Mitte heraus, einen Tag darauf zeigte sich eine flache gelbe Blüte. Sie blühten fast zwei Monate lang, den ganzen Juni und Juli hindurch.

Ich hatte mein *Verbascum Brusa* vor den dunklen Hintergrund einer Eibenhecke pflanzen wollen. Es machte sich dort wirklich gut und inspirierte alle Betrachter zu dem Versuch, sein Aussehen zu beschreiben. Ich selber hatte es mit riesigen Feuerrädern verglichen, die am Boden befestigt sind. Dann aber behauptete jemand, es sähe aus wie ein geheimnisvolles Unterseegewächs; jemand anderes wollte es am liebsten in einer Urlandschaft wachsen sehen, durch die gerade ein Pterodaktylos streift. Auf jeden Fall beherrschte es die Kunst, elegante Kurven zu bilden, die nach oben streben; von senkrechter Monotonie konnte also keine Rede sein. Gestützt werden mußten sie auch nicht. Der Züchter, der V. *Brusa* aus Brusa in Anatolien nach England geholt hat, hat mir versichert, daß es eine perennierende Pflanze ist, aber da habe ich meine Zweifel. Ich glaube, es blüht zweijährlich, und ich stelle mir vor, daß es seinen eigenen Samen zum Reifen bringt, deshalb müßten wir unseren eigenen Vorrat sammeln und bei Bedarf neue Pflanzen ziehen können.[3]

In der Nähe hatte ich eine Gruppe von *Onopordum*, die von Samen gezogen worden waren. In diesem Sommer waren sie noch zu jung, um ihre edlen blauen, distelähnlichen Blüten zu produzieren, aber ihre großen grauen Blätter machten sich gut. Sie sind von derselben architektonischen Qualität wie die Blätter des Acanthus, und eine Eibenhecke müßte für sie den idealen Hintergrund darstellen.

---

[3] Inzwischen hat es sich einwandfrei herausgestellt, daß das *Verbascum* zweijährig blüht.

An einem Sommerabend tote Rosenköpfe zu entfernen ist eine Beschäftigung, die uns in ein ruhiges Zeitalter und in ein anderes Jahrhundert zurückführt. Königin Victoria könnte noch auf dem Thron sitzen. Im Garten ist alles still, die Wege sind hell, unser stummer Trabant stiehlt sich am Himmel empor, selbst die Flugzeuge sind zur Ruhe gegangen, und unsere Nerven zucken nicht mehr. Wir hören nur das Heulen einer Eule und das rhythmische Schnipp-Schnapp unserer Gartenschere, die die toten Köpfe vor einer neuen Knospe entfernt und damit für die nächste Zukunft neues Wachstum ermöglicht.

Es ist eine angenehme Beschäftigung, wenn wir uns die Zeit dazu nehmen können, und für die Rosen ist es zweifellos noch angenehmer. Sie werden von den schweren, regendurchtränkten Klumpen vergangener Blüten befreit, von denen weder sie noch irgendwer sonst etwas haben. Die Vorstellung, daß wir mit unserem Schnipp-Schnapp uns und den Rosensträuchern etwas Gutes tun und dem neuen Sproß die Entwicklung erleichtern, ist befriedigend, und noch befriedigender ist es, dann zuzusehen, wie dieser Sproß in überraschend kurzer Zeit um einen Zentimeter nach dem anderen wächst.

Die Strauchrosen haben in diesem Jahr länger gehalten als sonst, vermutlich, weil keine heißen Tage sie verbrannt haben. Aber nun sterben sie recht schnell ab, und ihre kurze Saison gehört schon der Vergangenheit an. Mir fällt auf, daß die als »Errötende Jungfrau« bekannte *Rosa alba* ihre Blüten länger behält als die meisten anderen. Es ist eine sehr schöne alte Rose, mit vielen Blütenblättern von erlesenem Muschelrosa zwischen den graugrünen Blättern; sie duftet sehr süß und ist wie geschaffen dafür, im Haus eine flache Schale zu füllen. Im Garten ist sie durchaus nicht flach, sie kann über zwei Meter hoch und entsprechend breit werden, braucht also einiges an Platz, vielleicht zuviel in einer schmalen Rabatte, ist aber wunderschön und zuverlässig, wenn irgendeine Nische gefüllt werden soll.

Alle alten Rosen haben einen Hauch von Romantik: Bei der großen Errötenden Jungfrau liegt die Romantik allein schon in ihren vielen Namen. Sie wird auch *La Séduisante* und *Cuisse de Nymphe*, also Nymphenschenkel genannt. Wenn sie zu einem besonders tiefen Rosa errötete, wurde sie *Cuisse de Nymphe émue* genannt. Ich möchte die französische Sprache nicht durch den Versuch beleidigen, diesen höchst ausdrucksvollen Namen zu übersetzen. Ich möchte nur erwähnen, daß Cyrano de Bergerac diese Anspielung zweifellos verstanden hatte und daß junge Paare mit einem unreifen Garten und einer noch unreiferen Tochter im Kindergartenalter durchaus Lust verspüren könnten, die Große Jungfrau alias *La Séduisante* zu pflanzen.

Platycodon grandiflorus

Ein wirkungsvoller, wahrhaft kaiserlich-violetter Farbtupfer in der Rabatte läßt sich im Juli und August mit einer Gruppe von chinesischen Ballonglocken, *Platycodon grandiflorus*, erzielen. Sie können aus im Frühling gesäten Samen gezogen werden, doch da es sich um eine krautartige perennierende Pflanze handelt, können wir während ihres ersten Lebenssommers keine Blüten von ihnen erwarten. Es gibt zwar eine *praecox* genannte Variante, die angeblich schon in der ersten Saison blüht, aber ich habe noch keine Erfahrungen mit dieser Art.

Die Ballonglocke sieht wie die normale Glockenblume aus und gehört auch zur selben Familie, nur ist sie von sehr viel kräftigerer Färbung. Ich finde ihre Form bezaubernd: Zunächst erscheint eine fünfseitige Knospe, die aussieht wie eine winzige Laterne, sie ist so fest verschlossen, als sei sie mit winzigen Stichen zugenäht worden. Dazu kommt noch, daß Sie sie zum Knallen bringen können wie eine Fuchsie, wenn Sie solche Kindereien amüsant finden. Ich brauche wohl nicht zu sagen, daß das der zukünftigen Blüte nicht guttut. Wenn sie sich ungestört entwickeln kann, öffnet sie sich zu einer fünfblättrigen tiefvioletten Glocke mit so schönem Aderwerk, daß Sie eine Blüte ins Licht halten sollten. Sie gehört zu den Blüten, die eine genauere Betrachtung lohnen, denn dabei sehen Sie nicht nur die zarten Adern, sondern auch die bleichen Staubblätter und den saphirblauen Griffel. Eine solche Untersuchung ist zumeist ein Privatvergnügen und bestimmt nicht der wichtigste Grund, warum wir diese üppige Fremde aus China und der Mandschurei anpflanzen. Uns geht es vor allem um den Farbtupfer an der Kante, ein Wert, den wir kaum übertreiben können. Ich würde sie gern zusammen mit den federähnlichen Blättern von *Thalictrum delavayi*, der Wiesenraute, sehen, vor allem der »Hewitt's Double« genannten Variante mit ihren farnhaften Blättern und der Wolke aus unzähligen kleinen, malvenfarbenen Blüten, die die größere Solidität der violetten Ballonglocke auflockern. Doch leider will die Wiesenraute nichts mit mir zu tun haben, so geduldig ich sie auch pflanze und wieder pflanze, und deshalb muß ich mich damit begnügen, sie anderen, vom Glück eher begünstigten Personen zu empfehlen.

Die Ballonglocke jedoch bringt keine Schwierigkeiten und scheint sich in normalem Boden in der Sonne, ziemlich vorn in der Kante, denn sie wird nicht größer als höchstens sechzig Zentimeter, sehr wohl zu fühlen. Wir können ein passendes Veilchen oder Stiefmütterchen davorsetzen.

In dieser Woche möchte ich über ein Thema von allgemein gärtnerischem Interesse schreiben, statt immer nur spezielle Pflanzen zu empfehlen. Diese Bemerkungen werden sich zwangsläufig auf größere Gärten beziehen, in denen Pflanzen in großzügiger Anzahl gezogen werden können, aber ich glaube und hoffe, daß sie sich im Prinzip auch auf kleine Gärten anwenden lassen werden.

Ich glaube nämlich, daß man Gärten immer in bezug auf Architektur und auf Farbe ansehen soll. Wir haben große Mengen von, sagen wir, Strauchrosen, die gewaltige, voluminöse Büsche bilden, wie eine viktorianische Krinoline, oder die mit wilden Zweigen um sich schlagen, oder, anders ausgedrückt, manche Pflanzen bilden runde Büsche und scheinen als Kontrast eine hohe, spitze Pflanze zu verlangen, zum Beispiel einen Rittersporn, der wie ein hellblauer Kirchturm über den Rosen aufragt, und nicht, wie in der herkömmlichen Gartenanlage, hinten in einer krautartigen Einfassung. Es ist alles eine Frage der Form. Architektonische Form verlangt unter den fetten Runden etwas spitzes Dünnes, so, wie sich das Minarett über der Kuppel einer Moschee erhebt.

Für den kleinen Garten möchte ich betonen, daß wir sehr gut einige Zweige der rosa *Linaria Canon Went* dazu bringen können, sich über einem Teppich aus Veilchen oder Stiefmütterchen zu erheben. Dieses Leinkraut wird aus Samen gezogen; es sät sich überall selber aus wie ein willkommenes, nicht unerwünschtes Unkraut, und auch als Schnittblume macht es sich sehr gut, so daß es sich empfiehlt, es in großen Mengen anzupflanzen.

Eine andere Pflanze, die für unseren Zweck gut geeignet ist, ist die Palmlilie *Yucca gloriosa*. Sie ragt im Juli als schwere, riesige elfenbeinfarbene Pyramide auf und ist von hohem architektonischem Wert. Sie blüht nicht jedes

Jahr, deshalb brauchen Sie mindestens drei Pflanzen, um eine jährliche Blüte zu garantieren. Und dazu wiederum brauchen Sie einiges an Platz. Ich habe anfangs gesagt, dieser Artikel richte sich an Leser mit größeren Gärten, doch wenn der kleinere Garten in einer Ecke auch nur drei Meter Platz hergeben kann, dann wird *Yucca gloriosa* im Juli schöne Überraschungen bieten und meine Behauptung unterstützen, daß Sie unterschiedliche Formen und Größen brauchen, wenn sie kein amorphes Wirrwarr wollen, sondern eine ästhetische Komposition. Die Palmlilie, ein Kind der mexikanischen Wüste und der heißeren Teile der USA wie Kalifornien, hat es am liebsten trocken und sonnig, paßt sich im ganzen aber unserem Boden und Klima recht gut an.

Juli ist der beste Monat zum Teilen von farbigen Primeln und Polyantha-Hybriden, doch auch die erste Augustwoche ist noch nicht zu spät, vor allem bei feuchtem Boden. Ich halte sie für eine der pflegeleichtesten Pflanzen, wir sehen sie überall, in der Sonne, im Schatten, in Einfassungen und abgelegenen Ecken, sie sind anpassungsfähig und genügsam, wenn sie auch ein wenig Schatten durch Bäume oder unter einer Nordwand am liebsten mögen. Sie scheinen einen eher schweren Boden vorzuziehen, und sie sollten in etwa alle drei Jahre geteilt werden: Dann wird die Knolle vorsichtig geöffnet, und die

Teile mit Wurzeln werden wieder eingepflanzt, eine sehr ökonomische Methode, um Ihren Vorrat zu vergrößern.

Das gehört zum ABC jedes Gärtners, und ich möchte vor allem über die schwierigeren Sorten schreiben. Wie viele von uns haben es mit den alten Varianten versucht, und wieviel Kummer hat dieser Versuch uns beschert! Wir sehen die alte gefüllte violette, die gefüllte tiefrosa, die gefüllte weiße, die aussieht wie eine winzige Centifolia-Rose; doch wie selten sehen wir die dunkelrote *Madame Pompadour* oder die *Cloth of Gold*. Die alten gefüllten lassen sich vermutlich am besten ziehen, eine Vermutung, die dadurch gestärkt wird, daß sie im Handel auch die billigsten sind. Ich habe mich bei einigen Züchtern erkundigt und allerlei unterschiedliche Meinungen gehört. Allgemeine Übereinstimmung besteht darin, daß sie ungeheuer viel Nahrung brauchen; sie brauchen an ihren Wurzeln eine starke Diät aus verrottetem Dung oder Kompost, und sie müssen jedes Jahr verpflanzt werden, weil sie den Boden rasch erschöpft haben. Sie müssen sie entweder ausgraben, das Beet erneuern und sie dort wieder setzen oder sie ausgraben und sie anderswo in ein neues Beet pflanzen. Fressen, fressen, fressen, das ist ihr Motto. Sie dürfen nie austrocknen, und die Knollen dürfen nie überbevölkert werden. Der Boden sollte fest sein, nicht leicht. Und wenn das alles zutrifft, dann dürfen Sie auf gutes Gelingen hoffen.

Es gibt noch neuere Varianten, die viel vom Charme der alten Primeln besitzen. *Garryarde Guinevere*, mit bronzenen Blättern und rosavioletten Blüten, ist leicht; wie auch *Betty Green*, rot, und *Craddock White*. *Marie Cousse* rosa mit weißem Rand, ist auch nicht allzu schwer, ebenso *E. R. Janes* und *Arthur Dumoulin*, die sich allesamt leicht mit Parmaveilchen verwechseln lassen. Alle lohnen den Versuch, vor allem, wenn Sie in Schottland oder Irland leben, wo sie sich offenbar am wohlsten fühlen. Irgend etwas am feuchten Klima scheint ihnen zu bekommen. Wenn Sie in England leben, müssen Sie sie auf andere Weise für das Fehlen von milder Feuchtigkeit entschädigen. Sonst leiden sie unter Heimweh, welken dahin und sterben.

August

Wie groß unsere Meinungsverschiedenheiten über Rosen auch sein mögen, und ob wir Teehybriden, Kletterrosen oder die alten Strauchrosen vorziehen, in einem Punkt stimmen wir doch alle überein: Es ist für die Rose von Vorteil, wie eine Rose zu riechen. Den sogenannten »modernen« Rosen wird oft vorgeworfen, sie hätten ihren Duft eingebüßt, aber dieser Vorwurf trifft nicht immer zu. *Charles Mallerin* zum Beispiel, diese wunderbare schwarzrote Teehybride, ist erst zehn Jahre alt, doch ihr Duft ist so reich wie ihre Farbe. Ich möchte auch an eine riesige rosa Kletterrose erinnern, die ich noch immer im Garten habe: an *Colcestria*, die in den Zwanziger Jahren einmal als wohlriechendste Rose ausgezeichnet worden ist. Ich finde sie jetzt in keinem Katalog, was schade ist, denn sie duftet nicht nur wunderschön, sondern ist auch das, was Züchter als »krft.« bezeichnen. Ich muß versuchen, ihren Ruhm zu verbreiten.

Es gibt Rosen, die »an Duft sparen«, wir müssen sie uns dicht vor die Nase halten. Andere wiederum verbreiten sich nur zu gern in der Sommerluft. Unter diesen möchte ich drei ganz besonders erwähnen: *Rosa rugusa alba, rugusa blanc double de Coubert* und die hybride Moschusrose *Penelope.* Alle bilden große Sträucher und sollten an einer Stelle stehen, wo Sie oft vorüberkommen. Sie alle blühen kontinuierlich, und *rugosa alba* produziert im Herbst hell-rote Hagebutten, wie kleine runde Äpfel zwischen den gelben Blättern, was ihre Anziehungskraft, ihren Charme und ihre Faszination noch verstärkt.

Die hybride Rugosa *Parfum de l'Hay* gilt als eine der kräftigstriechenden Rosen. Leider ist ihre Konstitution nicht so stark wie ihr Duft. Vielleicht ist sie nicht für leichten Boden geschaffen. Ihre Gefährtin *Roseraie de l'Hay* bietet sich wohl eher an und riecht fast ebensogut. Keine bildet einen großen Busch, deshalb passen sie auch für kleine Gärten.

Souvenir du Docteur Jamain ist eine alte immerblühende Hybride, ich bin ziemlich stolz darauf, sie vor dem Aus-sterben gerettet zu haben. Ich fand sie vor der Bürowand einer Züchterei. Niemand wußte, wer sie war, niemand schien sich dafür zu interessieren, niemand hatte sich die Mühe gemacht, für Fortpflanzung zu sorgen. Ob ich sie ausgraben dürfe, fragte ich. Wenn Sie sich die Mühe machen wollen, sagten sie und zuckten mit den Schultern, es ist eine sehr alte Pflanze mit einer starren, holzigen Wur-zel. Ich machte mir die Mühe, *Docteur Jamain* überlebte den Umzug und hat nun in meinem Garten und auf dem Markt einiger Züchter, denen ich ihn gegeben habe, eine blühende Nachkommenschaft. *Docteur Jamain* ist tiefrot, er hat keine besonders großen Blüten, aber er duftet unge-heuer süß und sentimental. Manche Autoren würden von nostalgischem Duft sprechen. Damit meinen sie, daß wir an dieser Rose riechen und dann alle Empfindungen ha-

ben, die Rosenduft in unserer Kindheit in uns erweckte
oder in unserer Jugend, als wir die Poesie entdeckten und
uns zum ersten Mal verliebten.

Ich glaube nicht, daß *Docteur Jamain* in die Sonne gestellt werden sollte. Er verbrennt zu leicht. Eine Südwest-
lage ist besser für ihn als klarer Süden.

Ich möchte das Thema Rosen noch nicht verlassen und
heute über *Rosa Alba* schreiben. Dieser Name klingt, als
handele es sich immer um eine weiße Rose. Aber das ist
ein Irrtum. Das Adjektiv täuscht. Obwohl es durchaus zutreffen kann, daß *Rosa alba semi-plena*, die Weiße Rose des
Hauses York, und *Alba maxima*, die große, gefüllte oder
Jakobitische Rose, ebenfalls weiß sind, so gehören zur
Familie *alba* doch auch viele Varianten, die nicht weiß,
sondern rosa sind.

Auch andere Alba-Rosen finde ich entzückend. Bisweilen erscheint *alba celestial* mit ihren muschelrosa Blüten
zwischen den graugrünen Blättern mir als eine der schönsten Strauchrosen, die ich mir überhaupt vorstellen kann.
Doch wenn ich dann an einem hohen Busch *Queen of
Denmark* hochschaue, dann finde ich sie möglicherweise
noch schöner, mit ihrem tieferen Rosa als *alba celestial* und
ihrer gevierteilten Blüte, die aussieht, als ob jemand sie mit
einem Löffel umgerührt hätte, wie ein Kind das in einer
Schale mit Erdbeeren und Sahne macht.

Mr. Edward Bunyard, der sich so dafür eingesetzt hat, die historischen Rosen wieder bekannt und beliebt zu machen, fand die Alba-Rosen in vieler ungewöhnlicher Hinsicht nützlich. Sie wachsen auch an schwierigen Stellen, sie fühlen sich wohl in von Baumwurzeln durchzogenem Boden (als Beispiel führt er Waldwege an); angeblich sind sie resistent gegen Mehltau; und er fügte noch hinzu, daß wir sie beschneiden können, aber nicht müssen, das hängt ab vom Geschmack des Gärtners, vom verfügbaren Platz und der Zeit, die wir ihnen widmen können. Mr. Graham Thomas, dessen Buch *The Old Shrub Roses* ich immer wieder empfehle, geht noch weiter. Seiner Ansicht nach kann ihnen keine Krankheit etwas anhaben, und sie sind dermaßen stark und stabil, daß sie auch hundert Jahre der Vernachlässigung überleben können: Sie wachsen in feuchten, kalten, nach Norden liegenden Gärten, und sie können auch vor einer Nordwand gepflanzt werden. Anders als Mr. Bunyard jedoch empfiehlt er, sie im Dezember oder Januar zu beschneiden und den langen Trieben noch ein Drittel ihrer Länge zu lassen. Wir müssen uns zwischen diesen beiden Autoritäten entscheiden und selber mit der Beschneidung experimentieren.

Die alten Strauchrosen haben ihre jährliche Zeit der Leidenschaft längst hinter sich. In diesem Sommer haben sie üppiger geblüht denn je, mit einer für ihre Züch-

ter verblüffenden Freigebigkeit. Wir dachten alle, daß im
sonnenlosen Sommer 1954 das Holz nicht gereift sein
könne und daß deshalb die Blüten verderben würden.
Aber die Rosen übertrafen sich selber; ich frage mich,
wieso sie sich nicht zu Tode geblüht haben. Ich habe niemals eine solche Blütenpracht erlebt wie im letzten Juni.

Die alten Rosen werden inzwischen immer häufiger gepflanzt. Es findet eine Renaissance des viktorianischen
Zeitalters statt, zuerst kamen die Teehybriden, so elegant,
so perfekt geformt, so verfeinert und so ganz anders als
unsere sentimentalen Vorstellungen von jener Epoche,
die wir jetzt in einer klareren Perspektive sehen. Die meisten der alten Gallicas, Damaszenerrosen, Centifolien
und ihrer vielen duftenden Gefährtinnen leiden an einem
ausschlaggebenden Nachteil: Sie blühen nur einmal pro
Jahr. Falls Sie ihnen also keinen eigenen Gartenbereich
zuweisen können oder sich mit einigen Sträuchern hier
und da in einer unwichtigen Ecke zufriedengeben, wo es
nicht weiter wichtig ist, ob dort während der meisten
Sommerwochen ein grüner Laubbusch steht oder ein
überwältigend schöner Rosenstrauch, dann sind die alten
Rosen nicht das richtige für Sie. Eine Ausnahme sind die
Moschushybriden, die mehr oder weniger kontinuierlich
blühen. Das gilt auch für einige Rugusa-Rosen, sie duften
außerdem süß und sind ziemlich resistent gegen Stockflecken, Mehltau und grüne Blattläuse.

Für romantische Naturen sind alle Rosen von Romantik erfüllt, und wenn eine bestimmte Rose von einer Insel

Rosa damascener ›Isphahan‹

herstammt, dann verdoppelt die Romantik sich noch, denn eine Insel ist verkörperte Romantik.

Die Insel, die ich meine, liegt vor der afrikanischen Südwestküste in der Nähe von Mauritius. Sie wurde früher Île de Bourbon genannt, heute heißt sie Réunion. Die Bewohner dieser kleinen Insel hatten die charmante Angewohnheit, ihre Hecken aus Rosen zu pflanzen. Dabei verwendeten sie nur zwei Sorten, die Damaszenerrose und die China-Rose. Diese beiden heirateten heimlich, und eines Tages im Jahre 1817 entdeckte der Direktor des Botanischen Gartens der Île de Bourbon einen Setzling, den er verpflanzte und heranzog, einen einsamen kleinen Bastard, Vater oder Mutter der ganzen großen Sippe, die wir heute Bourbonrosen nennen.

Es ist seltsam, daß Edward Bunyard 1936 in seinem Buch *Old Garden Roses* schreibt, die Bourbonrosen seien »heute fast vergessen«, und daß er nur vier als »noch erhältlich« auflistet (*Hermosa, Bourbon Queen, Louise Odier* und *Mme. Pierre Oger.*) Nicht einmal *Zephyrine Drouhin* wird erwähnt, eine Rose, die sich schon 1867 zur Abrüstung entschloß und seither als »Rose ohne Dornen« bekannt ist. Das zeigt, wie sehr sich der Geschmack in den vergangenen zwanzig Jahren geändert hat, denn jetzt sind mindestens zwei Dutzend unterschiedliche Varianten im Handel.

Die alles andere als vergessenen Strauchrosen sind jetzt wieder voll en vogue, und einige der begehrtesten gehören zur Sorte Bourbonrose. Ihr Duft allein zeigt uns den Grad, bis zu dem sie diese Eigenschaft von ihren Damaszener Vorfahren geerbt haben; wir brauchen nur an *Mme. Isaac Pereire* und *Mme. Pierre Oger* zu denken, zweifellos zwei der wohlriechendsten Zuchtrosen. Wir alle haben unsere duftenden Lieblinge, und bestimmt wendet jetzt irgendwer ein: »Und was ist mit *Parfum de l'Hay?*« Aber ich werde weiterhin die Ansprüche dieser beiden Damen aus der Bourbonengruppe verteidigen.

Die Kreuzung hat eine seltsame Variantenmenge hervorgebracht. *Coupe de Hébé* von 1840 läßt sich leicht mit einer Centifolie verwechseln; und wenn Sie gestreifte Rosen mögen, dann gibt es *Honorine de Brabant* und *Commandant Beaurepaire*, 1874, rosa und weiß wie die alte *Rosa mundi*, aber meiner Ansicht nach nicht so gut wie die alte Rose der Welt. Von den neueren Züchtungen ergibt *Zigeunerknabe*, 1909, den protzigsten, prachtvollsten Busch, den Sie überhaupt in irgendeine Ecke stellen können: In seinem rötlichen Lila sieht er eher aus wie ein Kardinal in vollem Ornat, der sich zur Prozession bereit macht – und nicht wie ein Zigeunerknabe.

Nun ein paar Worte über Rosen, die wir nicht so oft sehen. *Comtesse du Cayla* ist eine China-Rose, deren Stiele, bei jungem Holz, so rot sind, daß sie bei hellem Licht fast durchscheinend wirken. Ihre korallenroten Knospen sind eher spitz, sie blüht sehr früh und blüht dann den ganzen Sommer hindurch immer weiter, bis der Frost einsetzt (einmal habe ich am Morgen des ersten Weihnachtstags einen Strauß gepflückt). Ihr Name hat durchaus romantische Assoziationen, denn die Dame, zu deren Ehren sie ihn trägt, war die Maitresse Ludwigs XVIII. Sie ist wirklich eine empfehlenswerte Rose, ist für Stockflecken oder Mehltau nicht besonders anfällig, und sie braucht nur selten beschnitten zu werden, abgesehen von der Entfernung zu alt gewordenen Holzes, vielleicht alle zwei oder drei Jahre. *Mutabilis* oder *Rosa Turkestanica* ist ein lustiger Strauch, er wird bis zu einsachtzig hoch und entsprechend breit. Im Sommer ist er von Einzelblüten in verschiedenen Farben bedeckt, Gold, Dunkelrot, Kupferrot, alles zur selben Zeit. Er ist vielleicht ein wenig empfindlich, eine geschützte Ecke wäre deshalb ein guter Standort für diesen Harlekin.

Wenn sie eine sehr energische Kletterpflanze wünschen, die in einem Sommer ein unglaubliches Stück weiterwächst, dann versuchen Sie sich *Rosa filipes* zu besorgen. Sie macht sich ideal vor einem alten Baum, den sie bald mit einer blaßgrünen hängenden Schleppe und kleinen weißen Blüten mit Gelb in der Mitte umhüllen wird. Ich kann diesen Anblick nur als »wie Spitzen« beschreiben, Myriaden von goldenen Äuglein schauen aus den Spitzen heraus auf Sie herab. Es klingt wie eine phantasievolle Beschreibung von der Sorte, die ich bei anderen Gartenbauautoren hasse, aber manchmal sinken wir eben doch so tief in unserem Kampf, unsere Eindrücke von einem perfekten Sommerabend weiterzugeben, wenn alles den Atem anhält und wir nur da sitzen und schauen und versuchen, alles zusammenzufassen, was wir sehen, und dazu die Geräusche der Sommernacht – die jungen Eulen rufen in ihrem Nest über dem Kuhstall, ein Esel schreit, eine Eichel fällt in einen Tümpel.

Filipes bedeutet »wie Fäden« oder mit fadenartigem Stengel, also ist mein Vergleich mit Spitzen vielleicht doch nicht so weit hergeholt. Auf jeden Fall muß ich beim Anblick des Netzwerks aus langen Trieben, besetzt mit weißen Blütenbüscheln, mit ihrem feinen süßen Duft, immer an ein Kleid aus verschossenem Grün denken, das mit Point d'Alençon besetzt ist – oder denke ich doch eher an Point de Venise?

Wir wissen alle, daß die Samen von zähen Einjährigen im August und September ausgesät werden können und daß die daraus entstehenden Pflanzen zumeist kräftiger sind und früher blühen als die im Frühling gesäten. Es ist zwar schrecklich, jetzt schon an den nächsten Frühling denken zu müssen, weil wir wissen, was wir bis dahin durchmachen werden, aber trotzdem wird der weise Gärtner nun seine Samenkataloge durchsehen und tütenweise Rittersporn, Klarkie, Hainblume, Witwenblume, Pechnelke, Ringelblume und viele andere muntere Einjährige bestellen, die sein Gefallen finden. Es gibt so viele, und da jeder Samenkatalog ausführliche Listen enthält, brauche ich sie hier nicht aufzuzählen.

Nicht alle möchten sich mit Einjährigen abmühen, obwohl jeder einigen Lieblingen treu bleiben wird, und wir können auch nicht leugnen, daß sie während ihres kurzen Lebens eine hellere und strahlender Vorstellung geben als viele der eher ernsten Dauergäste.

Das gilt natürlich nur für draußen ausgesäte Einjährige. Wer wenigstens ein winziges Gewächshaus hat, kann viel Freude mit einigen Töpfen mit empfindlicheren Einjährigen haben, wie wir sie jetzt säen. Sie bringen einen Hauch von Sommer in den Winter. Was könnte denn sommerlicher sein als ein Topf voller Nemesien, entweder in einer Farbe oder in der fröhlichen Mischung, die wir so oft in Cottage-Gärten am Wegrand sehen? Nemesien schenken uns dieses Stück Sommer zu Weihnachten oder Neujahr. Auch zehnwöchige Levkojen sind als Winterpflanzen beliebt. Wer mit im Freien wachsenden Reseda Erfolg hat, kann diese hübschen, altmodischen, sentimentalen, süßduftenden Damen auch in Töpfen ziehen. Sie brauchen festen Boden und ein wenig Kalk, und manchmal führen sie sogar den erfahrensten Gärtner an der Nase herum, während sie ein andermal auf dem Gartenflecken eines unwissenden Kindes gedeihen. Sie scheinen zu diesen unerklärlich launischen kleinen Wesen mit ganz eigenen Wünschen und Vorurteilen zu gehören.

Ich weiß aus berufenem Munde, daß die wunderschöne Prachtwinde Heavenly Blue, wenn sie jetzt ausgesät wird, mitten im Winter im Gewächshaus eine Fülle von blauen Trompeten produzieren wird. Wenn Sie sie an langen Bambusstöcken befestigen, um die sie ihre zarten Triebe, ihre blassen, herzförmigen Blätter, und ihre verblüffenden azurblauen Blüten winden können, ist sie im Januar dann wirklich eine wunderbare Erinnerung an den Sommerhimmel.

Darf ich ein gutes Wort für Dill einlegen? Ich finde Dill sehr schön, im Garten und im Haus, vor allem vielleicht im Haus, wo er aussieht wie feine goldene Spitzen, wie Federn zwischen den schweren flachen Köpfen der Schafgarbe, *Achillea*, einer der in unseren Gärten am häufigsten auftretenden krautartigen Pflanzen.

Dill ist natürlich keine krautartige Pflanze; sie ist eine Einjährige, sät sich aber selber so ausgiebig aus, daß wir uns nie um Erneuerung kümmern müssen. Darum kümmert er sich selber, Jahr für Jahr wächst er an Stellen, wo Sie ihn haben wollen, und auch an vielen, wo Sie ihn nicht haben wollen. Er hat viele Qualitäten, auch wenn Sie sich nicht darauf verlassen sollten, daß er »in Wein gekocht den Schluckauf beendet« oder »Hexen ihre Zauberkraft nimmt«. Zu seinen Qualitäten zählt, abgesehen davon, wie gut sich seine gelbe Eleganz in einem gemischten Blumenstrauß macht, die Tatsache, daß Sie mit seinem Samen Essig zum Gurkeneinlegen würzen können. Wenn

Sie wollen, können Sie mit den jungen Blättern auch
Suppen, Soßen und Fisch würzen. Alle Mütter haben von
Dillwasser gehört, aber nur wenige werden sich die Mühe
machen, dieses Gebräu selber herzustellen. Für die Köchin
oder Hausfrau ist daher die praktischste Verwendungs-
möglichkeit wohl die der Samen dieses hübschen Ge-
würzkrautes, die sich in Kuchen, kleinem Gebäck oder
Brotkrusten von Kümmelsamen nicht unterscheiden lassen. Wenn wir erst Dill im Garten haben, brauchen wir
uns um unsere Kümmelkuchen keine Sorgen mehr zu
machen, denn dreißig Gramm enthalten angeblich über
fünfundzwanzigtausend Samenkörner; und wenn wir die
nicht alle für unseren Kuchen brauchen, dann können wir
sie aufbewahren, denn sie haben nach drei Jahren noch
nichts von ihrer Würze verloren.

Dill gehört natürlich eigentlich in den Kräutergarten,
aber wenn Sie keinen haben, dann macht er sich auch in
jeder Rabatte gut. Ich vermische gern alles mögliche, und
wenn ein Gewürzkraut sich in einer Rabatte gut macht,
warum sollten wir es nicht dorthin setzen? Das gehört
doch zweifellos zur Kunst der Gärtnerei.

Übrigens lautet der offizielle botanische Name des Dill
Anethum graveolens, das zur Information für alle, die nicht
so wie ich die kurze einsilbige Bezeichnung vorziehen.

Jetzt ist der richtige Zeitpunkt, um die Zwiebeln von *Amaryllis Belladonna*, auch Belladonnalilie genannt, zu bestellen und zu pflanzen. Sie fühlt sich im Schatten überhaupt nicht wohl und verlangt eine heiße, sonnige Stelle, um überhaupt Blüten zu produzieren. An einer solchen Stelle jedoch, vor einer Südwand, oder, besser noch, einer Gewächshauswand, liefert sie Bündel von rosavioletten Trompeten an einem nackten Stiel, der Ende September und Oktober von wunderschönem Pflaumenblau ist, gerade dann, wenn es neben Dahlien, Chrysanthemen und japanischen Anemonen kaum noch Blumen für das Haus gibt.

Amaryllis Belladonna stammt aus Südafrika und kommt in der südlichen Hälfte Englands mit dem Klima einigermaßen gut zurecht. Ich würde diese Pflanze für nördliche Gärten nicht empfehlen, es sei denn, sie kann mit besonderer Pflege rechnen: Darunter verstehe ich Schutz im Winter und in dem problematischen Augenblick, wenn die ersten Keime aus der Erde lugen. Im Frühling stoßen die Zwiebeln die Blattkeimlinge aus und sollten häufig begossen werden, so lange die Blätter grün sind. Dung oder Kompost oder Lauberde, die im Mai auf dem Boden verteilt werden, sind normalerweise eine große Hilfe. Wenn die Blätter gelb werden und absterben, können wir die Zwiebeln sich selber überlassen. Die Sonne trocknet sie aus, und im Herbst erscheint dann die Blüte. Sie sind nicht ganz billig, und wer sich noch größere Extravaganz leisten kann, sollte es mit der Variante *rubra* versuchen, deren Blüte von tieferem, reicherem Rosa ist. Das klingt nun wirklich extravagant, aber Sie werden überrascht davon sein, wie schnell die Zwiebeln sich nach einigen Jahren vermehren. Dann können Sie sie im Juli oder August ausgraben und die kleinen neuen Zwiebeln zur Vermehrung Ihrer Vorräte neu pflanzen. Innerhalb von ein oder zwei Jahren sind sie groß genug zum Blühen. Wenn Sie wollen, können Sie das als Aufforderung nehmen, es bei einem vom Glück begünstigten Freund, der in den nächsten Wochen seinen von Zwiebeln übervölkerten Garten ausdünnt, mit Schnorren zu versuchen. Aber vergessen Sie nicht, wie wichtig die Sonne ist. Es ist erstaunlich, wieviel wenige Stunden Schatten am Nachmittag schon ausmachen können. Ich habe es ausprobiert: Ich habe einige Blumen den ganzen Tag in der Sonne stehen lassen, andere waren im Halbschatten. Die im Halbschatten haben keine Blüten, die in der Sonne blühen mit Begeisterung.

Jede neue Post bringt im Moment neue Zwiebelkataloge, und das stürzt uns in einen Zustand verwirrter Versuchung. Wir sollten daran denken, daß wir heute, am 17. August, das Fest des heiligen Hyazinth begehen, der im 13. Jahrhundert in Polen gelebt hat. Er hat allerdings nichts mit den Zwiebeln zu tun, die wir nun bestellen werden, um sie in faserhaltiger Erde in Töpfen oder draußen im Garten zu pflanzen. Es wäre sinnvoller, an den Heiden Hyazinthos zu erinnern, den schönen Jüngling, den Apollon liebte, weshalb er den Leichnam des Ermordeten in die Blume verwandelte, die wir noch heute mit seinem Namen benennen.

In einem so kurzen Artikel kann ich nur einige der Zwiebeln nennen, denen ich nicht widerstehen kann. Das hier ist eine persönliche Liste, die einen persönlichen Geschmack widergibt. Fangen wir mit den Tulpen an. Mir gefallen die große gelbe *Mongolia*, die große weiße *Carrara* und *Zwannenberg*. Ich mag auch *The Bishop*, von tiefvioletter Farbe, kräftig und zuverlässig, auf starkem Stiel, groß, jedes Jahr von neuem zur Stelle. Ich mag die kleine gefranste *Sundew*, sie ist tiefrosa, sehr billig und selten zu sehen. Ich mag die vielen phantastischen Papageientulpen, mit ihren wilden Farben, ihrer lässigen Haltung, viel weniger steif als die Darwins, Tulpen für die Vase, weniger für den Garten. Ich darf auch die frühe kleine *Couleur Cardinal* nicht vergessen, die einen so hübschen, adretten pflaumenblauen Kelch öffnet, der das Herz jeden Klerikers erfreuen müßte. Mir kommt sie immer vor wie ein junger Neffe von *The Bishop*, und ich würde sie gern zusammen sehen. Von mir aus können Sie das Nepotismus nennen. Nur blühen sie leider nicht zur selben Zeit.

Verlassen wir nun die Tulpen, und wenden wir uns den Narzissen zu. Wiederum können wir in Verwirrung geraten. Ich habe einfach keinen Platz für die zahllosen Sorten, aber ich möchte Ihre Aufmerksamkeit gern auf einiger der kleineren lenken, zum Beispiel *canaliculatus* mit ihrem süßen Duft, oder *triandrus*, auch Engelstränen genannt. Schließlich noch auf die *Sweetness* mit ihrem leuchtenden Gold und ihrem würzigen Geruch. Sie alle sind Schätze für den kundigen Gärtner.

Und bitte, vergessen Sie die Schachbrettblumen nicht! Sie kosten so wenig und vermehren sich im Gras so überraschend schnell. Sie säen sich selber aus und tauchen immer wieder in den seltsamsten Ecken auf, wo sie niemals gepflanzt worden sind.

Ich weiß, daß ich schon früher über die Vorzüge des Verfahrens geschrieben habe, Lilien aus Samen zu ziehen, aber das ist Jahre her, und deshalb möchte ich das Thema noch einmal aufgreifen. Diese Methode erfordert einige Geduld, es dauert drei oder vier Jahre, bis die Zwiebeln alt genug zum Blühen sind, aber die Mühe macht sich wirklich bezahlt! Wichtig ist auch, daß Ihre Zwiebeln nicht ausgetrocknet sind, was für jede Lilie fatal wäre. Die Samen dürfen von keinerlei Viruskrankheit befallen sein, denn die könnte bei der Pflanze später ausbrechen. Das kann natürlich auch sonst passieren, aber dann wissen Sie immerhin, daß Sie einen sauberen Anfang gemacht haben.

Ich habe festgestellt, daß in ziemlich tiefen Schalen ausgesäte Samen kleine Zwiebeln ergeben, die schon in der zweiten Saison ausgepflanzt werden können. Die Samen können aber auch in bereits vorbereiteten Pflanzrillen im Gartenbeet gesät werden. Schalen lassen sich allerdings besser kontrollieren, vor allem, was das Unkrautjäten betrifft. Stellen Sie sie auf eine Aschunterlage, um das Eindringen von unerwünschten Insekten zu verhindern.

Lilien sind meiner Erfahrung nach launisch und unvorhersagbar. Manche haben nichts gegen kalkhaltigen Boden, andere wollen nichts davon wissen. Um festzustellen, womit Sie es zu tun haben, sollten Sie den Katalog eines guten Lilienzüchters konsultieren, der jede Variante detailliert beschreibt. Ich will hier nicht verallgemeinern, aber da mich neulich ein bekannter Lilienzüchter besucht hat, kann ich hier einige Körnchen seiner Weisheit weiterreichen.

Gute Bewässerung, sagt er, ist für alle Lilien lebenswichtig. Sie mögen Feuchtigkeit, können aber ein nasses Beet mit stehendem Wasser nicht vertragen. Wenn Sie also ihr zukünftiges Beet anlegen und es mit dem von Ihren Lilien vorgezogenen Boden füllen – mit Lauberde, Lehm und Sand, als Faustregel –, dann sorgen Sie dafür, daß das Wasser darunter gut ablaufen kann. Lilien wollen auch nicht vom Wind gebeutelt werden, stellen Sie sie also unter den Schutz von Sträuchern. Schließlich, sagte er, denken Sie daran, daß es keine bessere Laubdecke gibt als eine aus grün geschnittenem Farn, der in kleine Stücke zerschnitten wurde und dann verrottet ist. Er verwarf die

Lilium lancifolium

Verwendung von abgemähtem Rasen, von Kunstdünger und frischem organischem Dünger. Und Dünger, sagt er, sollte niemals mit der Zwiebel in direkten Kontakt kommen; er sollte ein Stück unter ihr ausgestreut oder als Decke verwendet werden. Knochenmehl dagegen nutzt immer und kann nicht schaden.

Die hohen weißen Lilien waren im Juni- und Juligarten einfach phantastisch. Ihre kühle Pracht wirkte in der Dämmerung wie ein Schluck Wasser nach einem heißen Tag. Ich sehe sie gern über niedrigen Pflanzen mit grauen Blättern aufragen, so wie Beifuß, Eberraute und Heiligenblume, oder über einigen Wolken von Schleierkraut. Der Kontrast von so unterschiedlichen Formen wie der der abgerundeten Büsche und des Glockenturms der Lilie bildet eine architektonische Harmonie.

Oft höre ich, Lilien seien schwer zu ziehen, und dann werden sie als kostspielige Enttäuschung abgetan. Dieses Mißverständnis hat sicher mehrere Gründe: 1) den berüchtigten umgekehrten Snobismus der Madonnenlilie, die offenbar nur in Cottage-Gärten wachsen mag, 2) das Wüten des als Botrytis bekannten Pilzes und der Viruskrankheit Mosaik, 3) die Vorstellung, daß alle Lilien dieselben Bedingungen stellen, 4) die Versuche von unerfahrenen Gärtnern mit Varianten, die wirklich nur bei ausgewiesenen Fachleuten überleben. Wenn der Amateur sich jedoch mit einem halben Dutzend zuverlässiger Arten zufriedengibt, dann kann er eigentlich mit Triumph rechnen, nicht mit Enttäuschung.

Als erstes sollte er sich mit den Vorlieben und Abneigungen der Lilien vertraut machen, die er pflanzen möchte. Manche hassen Kalk, andere verlangen danach. Dann sollte er darauf achten, wirklich nur gesunde Zwiebeln zu kaufen, keine trockenen oder verschrumpelten, und niemals welche, deren Wurzeln abgeschnitten worden sind. Billige, wurzellose Zwiebeln, wie wir sie oft in Kramläden und Supermärkten sehen, sind fast immer ein Fehlschlag. Kaufen Sie bei einem guten Züchter, und vermehren Sie Ihren Vorrat, indem Sie Pflanzen aus Samen oder Zwiebelschuppen ziehen, was eine wirklich faszinierende Beschäftigung ist. Drittens sorgen Sie dafür, daß alle Lilien gut entwässert werden; eine Schicht Sand um jede Zwiebel ist da eine große Hilfe. Viertens, möchte ich raten, fangen Sie mit den Sorten an, die eine brauchbare Erfolgschance bieten, ihre Liste ist kurz, und wir finden darauf die Königslilie, *L. regale*, die Tigerlilie, *L. lancifolium*, die gelbe Pyrenäenlilie, *L. pyrenaicum*, die lila Türkenbundlilie, *L. martagon* und die riesige orange *L. henryi*.

Ich weiß, daß jetzt viele erfolgreiche Experimentierer einen Schrei der Entrüstung ausstoßen werden. Was ist mit der Nanking Lilie, *L. testaceum*, was mit der gestreiften Goldbandlilie *L. auratum*, mit der Pantherlilie *L. pardalinum*, was schließlich mit der Riesenlilie, die jetzt *Cardiocrinum giganteum* genannt wird?

Ich schreibe diese Zeilen hier nicht weit von zu Hause entfernt, auf einer nicht unreizvollen Expedition durch die Gärten anderer Leute. In einigen machten die Hortensien viel von sich her, allerdings kommen sie in größeren Gruppen besser zur Geltung, finde ich, als Einzelexemplare. Auf jeden Fall erinnern sie mich immer an gefärbte Perücken, deshalb ist mir die lockere Variante namens *paniculata* lieber. Sie hat einen flachen Blütenkopf, der von offenen, sterilen Blüten umgeben ist. Eine besonders dauerhafte Variante heißt *sargentiana*.

Bei den leistungsfähigen Kletterern war die Klettertrompete *Campsis grandiflora* mit ihren orange-roten Trompeten farblich ebenso beeindruckend wie die bescheidene Kapuzinerkresse. Sie sollten niemals vor roten Ziegeln gepflanzt werden, sondern vor grauen Steinen oder einer weißgetünchten Mauer, dort sehen sie munter und strahlendschön aus. Die beste Variante ist *Campsis Mme. Galen.* Eine weitere orangefarbene Kletterpflanze, wenn auch nicht so auffällig, trägt den unglücklichen Namen *Eccremocarpus scaber*; wenn ich einen englischen Namen für diese Pflanze wüßte, würde ich ihn Ihnen verraten. Vielleicht hat sie keinen.[Der deutsche Name ist Schönranke.] Sie gilt zwar nicht als unbedingt zäh, hat den letzten Winter aber unversehrt überstanden. Mir ist auch aufgefallen, daß der sehr hübsche kleine, weiß und golden blühende Baum *Eucryphia intermedia* den Winter überlebt hat; er wächst ziemlich langsam, aber alle geduldigen Gärtner sollten einen oder zwei pflanzen. Er hat den Vorteil, daß er schon sehr jung blüht; und das im August, wenn wir einen solchen Lückenbüßer wirklich brauchen.

Hier noch ein Hinweis: Zwiebeln, die im nächsten Winter zum Blühen in Töpfe gesetzt werden, sollten in Blumenerde gepflanzt werden und im Dunkeln stehen, bis ihre blassen kleinen Nasen mindestens sechs Zentimeter hervorlugen. Wenn Sie keinen dunklen Schrank haben, dann machen Sie es wie eine Freundin von mir, die ihre mit großem Erfolg unter dem Wohnzimmersofa zog.

Wer Platz für einen kleinen Baum hat, dem empfehle ich den Aetnaginster, *Genista aetnensis*, der seine Betrachter immer verblüfft und mir einen Ruhm einbringt, den ich überhaupt nicht verdient habe. Er ist nicht schwieriger aufzutreiben oder anzupflanzen als jede andere Ginsterart; und wenn Sie ihn an die richtige Stelle setzen, und damit meine ich, im richtigen Winkel vor einem dunklen Hintergrund, dann wird er sich im Juli mehrere Wochen lang ungefähr so entfalten wie das Feuerwerk, das wir als Goldregen kennen und das wir am 5. November [Guy-Fawkes-Day] auf allen Dorfangern bewundern können. Dieser Ginster ist wirklich wunderschön, hell und zart wie Schaum überschüttet er uns aus einer Höhe von fünf Metern und mehr mit einem Nebel aus goldenen Blüten und leuchtet so strahlend, daß wir einfach keine Worte mehr finden, wenn wir plötzlich um

Buddleia alternifolia

eine Ecke biegen und ihn entdecken. Pflanzen Sie zumindest einen; aber lassen Sie ihn vom Züchter *im Topf* liefern, er mag es überhaupt nicht, wenn seine Wurzeln aus dem Boden gezogen werden.

Ich habe unter dem Aetnaginster Johanniskraut gepflanzt; beides ist noch jung, aber später werden sie dann gleichzeitig blühen, und das reichere, tiefere Gelb des Johanniskrauts wird gut zu dem luftigen goldenen Springbrunnen darüber passen. Es handelt sich hier um das strauchartige Johanniskraut, nicht um den normalen, langsam wachsenden Johanniswurz, sondern zumeist um *Hypericum patulum*, vermischt mit einigen, wie Schätze gehüteten Ablegern besserer Varianten wie *H. Rowallane*, doch wenn Sie Ihren Züchter einfach um einen Hypericumstrauch bitten, können Sie auch nicht viel falsch machen. Sie werden feststellen, daß er sich fast jede Art von Mißhandlung gefallen läßt; daß er in Sonne und in Schatten wächst, daß er überhaupt sehr umgänglich ist, wenn er auch im Grunde leichteren Boden vorzieht. Für die Hausfrau möchte ich noch hinzufügen, daß er zum Schneiden sehr geeignet ist, denn jede Knospe öffnet sich im Wasser, Tag für Tag, und das ist wirklich wichtig für eine, die die Blumen »im Haus erledigen muß« und nicht die Zeit hat, um verwelkte Blüten zu erneuern.

Im August sollten wir an Hortensien denken. Außerdem gibt es noch die *Buddleia alternifolia*, mit ihren langen lila Zweigen, die so viel eleganter sind als der für alle Insekten so attraktive gemeine Sommerflieder. *Clethra alnifolia*, der Süße Pfefferstrauch, hat weiße Blütenquasten, die im August gut riechen; für den nördlichen Garten ist er nicht geeignet, im Süden fühlt er sich recht wohl.

Clerodendron speciosissimum und *Clerodendron trichoto-mum* sind kompakte kleine Bäume, die in unseren Gärten nicht oft zu sehen sind. Ihre Blüten sind nichtssagend, aber die Beeren, die auf die Blüten folgen, lohnen das An-pflanzen. Diese weißen und scharlachroten Beerendolden sehen eher aus wie eine künstliche Hutdekoration. Sie glänzen und leuchten in ihrer Farbenpracht wie eben erst lackiert. Versuchen Sie es in Ihrem Garten zumindest mit einem Exemplar. Ich rate zu *speciosissimum*.

Mitte August bedeutet Herbstanfang, und dieser Tat-sache sollten wir uns tapfer stellen. Ich habe eigent-lich gar nichts gegen den Herbst. An manchen Tagen können wir uns durchaus überlegen, ob er nicht die aller-schönste Jahreszeit ist. Wir beklagen die Tatsache, daß der Herbst anbricht, eigentlich nur als böses Omen.

In einem kleinen viereckigen und von Stechpalmen umstandenen Garten habe ich mir alle im Moment blü-henden Blumen notiert. Sie zeigen Abstufungen einer Farbe – gelb, rot und orange –, und deshalb wird diese Anpflanzung oft als Sonnenuntergangsgarten bezeichnet. In seinen besten Augenblicken glüht und lodert er. Die dunkle Hecke verstärkt diese Wirkung noch. Eigentlich

sollten die Hecken in Stränge und Vorhänge des scharlachroten *Tropaeolum speciosum* eingehüllt werden, der
Kapuzinerkresse, die im Norden so häufig zu sehen ist,
aber diese Pflanze scheint dem schottischen Nationalis-
mus zu huldigen, mit dem Garten eines Engländers mag
sie nichts zu tun haben.

Der restliche kleine Garten gleicht alles wieder aus. Es
gibt Fackellilien, Tigerlilien, Monbretien, und diese
Pflanze, die aussieht wie eine riesige Monbretie, *Antho-
lyza*, verballhornt natürlich zu Aunt Eliza, obwohl keine
Tante Eliza auf der ganzen Welt sich jemals so aufreizend
kleiden würde. Die Gelbtöne werden vertreten durch Johanniskraut, *Hypericum Hidcote*; ich weiß, daß *Hypericum
Rowallane* vorzuziehen ist, aber das ist nicht so zäh, und so
groß sind die Unterschiede nun auch wieder nicht. Weiteres Gelb kommt hinzu durch das große, hohe, federartige
Kreuzkraut *Senecio tamoides*, einige Korkadenblumen und
einige verspätete Schafgarben und Fingersträucher sowie
goldene Stiefmütterchen als Basis vor orangefarbenem
Löwenmaul. Einige *Lilium henryi*, eine der pflegeleichtesten Liliensorten, ragen höher als mannshoch über den
Rosenbüschen *Mrs. Van Rossem* auf; eine Gruppe Zinnien
bringt genau dort, wo es nötig ist, einen Tupfer Orange,
die Dahlie *Bishop of Llandaff* breitet in einer schattigen
Ecke ihre dunkelgrünen Blätter und ihre dunkelroten Blüten aus; und in einem engen Beet, wo sie beim sich Öffnen
genau von der Sonne getroffen wird, leuchtet die neue
Hybride *Venidio-arctotis*.

Habe ich übertrieben? Natürlich. Der kleine Garten sah nicht ganz so aus, war aber doch sehr ähnlich, und es gibt keinen Grund, warum er eines Tages nicht den Vorstellungen seines Besitzers ganz und gar entsprechen sollte. Darum geht es doch beim Gärtnern im Grunde: Wir machen uns in Gedanken ein Bild, und Jahr für Jahr führen wir es in der Wirklichkeit näher an die Vollendung heran.

Wenn uns etwas genau bekannt ist, dann nehmen wir nur zu gern an, daß andere ebenso vertraut damit sind, doch das ist ein schwerwiegender Irrtum und eine Form von Egoismus, die wir sorgsam unterdrücken sollten. Mich zum Beispiel haben mehrere Male Nachfragen nach einer Pflanze verblüfft, die ich für so verbreitet gehalten hatte wie Primeln. Was sie aber offenbar nicht ist. Sie erregt Aufmerksamkeit, sie erweckt Neugier. Sie gefällt.

Ich denke hier an den Trichterschwertel, *Dierama pulcherrimum*. Das lateinische Adjektiv *pulcherrimum* bedeutet »wunderschön« oder »die Schönste«. Ich selber würde den Trichterschwertel nun nicht gerade als wunderschön bezeichnen, mir sind die Blumen lieber, die genauere Betrachtung erfordern, ehe sie ihre innerste geheime Schönheit zeigen, und der Trichterschwertel kann solche Ansprüche nicht erfüllen. Aber wir sollten von keiner

Pflanze und auch von keinem Menschen Qualitäten fordern, mit denen die Natur sie nun einmal nicht versehen hat. Wir sollten dankbar die Tröpfchen und Körnchen Schönheit und Eleganz annehmen, die eine Pflanze oder ein Mensch dem täglichen trüben Lebenskampf hinzufügen können.

Der Trichterschwertel sieht ziemlich unordentlich aus. Er wächst in einem Klumpen aus schilfig aussehenden Blättern, er ist drahtig und läßt seine Rute aus weinroten Blüten wunderschöne Kurven beschreiben, sie biegt sich nach rechts und nach links, nie nach oben, sie kommt nie zur Ruhe. Und das macht für mich den besonderen Charme des Trichterschwertel aus: Er ist immer in Bewegung. Sogar an einem windstillen Sommerabend, wenn sich nicht einmal die Pappelblätter bewegen, ist der Trichterschwertel in sanfter Bewegung. Seine hängenden Glocken beben ganz leicht. Er reagiert noch auf den unmerklichen Hauch eines zarten Zephyr.

Der Trichterschwertel sollte in Wassernähe wachsen. Dann würde er sich verdoppeln: die von der Brise sanft bewegte und im Wasser widergespiegelte Blüte, die sich mit der Wasseroberfläche kräuselt und scheinbar in bodenlose schwarze Tiefen hinunterreicht. In einer solchen Lage würden sich auch die schilfigen Blätter besser machen als in einem Beet oder eine Rabatte, doch glauben Sie deshalb ja nicht, *Dierama* liebe Sumpfboden. Im Gegenteil, es zieht einen gutentwässerten Standplatz vor, wenn es am Wasser stehen soll, müssen Sie es deshalb auf einem überhängenden Ufer pflanzen. Da es aus Südafrika stammt, liebt es auch die Sonne.

Sie werden feststellen, daß es einige Geduld braucht, ehe es sich wirklich wohl fühlt, ein oder zwei Jahre vielleicht, aber es vermehrt sich durch Setzlinge, und wenige Knollen werden mit der Zeit für einen zufriedenstellenden Vorrat sorgen. Die Farben sind unterschiedlich. Weinrot tritt am häufigsten auf, aber sie sehen auch Rosa und Weiß. Die beste Pflanzzeit ist der Oktober.

Es gibt sicher nur wenige Menschen, die nicht zumindest ein oder zwei Schneeballvarianten pflanzen, entweder den extrem süß duftenden *carlesii* oder den struppigen *burkwoodii*, den lässigen eleganten *bitchiuense* oder den im Winter blühenden *farreri*, den Duftschneeball. Es gibt noch viele andere, aber diese Varianten sind wohl am häufigsten zu sehen. Sie sind verwandt mit unserem einheimischen Schneeball und dem Schneeballbaum, und wie diese sind sie pflegeleicht, wenn der Boden weder zu karg noch zu trocken ist. Bisher haben sie ihren Besitzern immer viel Freude gemacht, in letzter Zeit aber scheinen sie ein ganz neues Laster entwickelt zu haben. Sie sind auf eine schlechte Idee gekommen: Sie wollen einfach nicht mehr blühen.

Diese Verweigerung ist mir in meinem Garten schon vor vier Jahren aufgefallen, und ich konnte keinen Grund dafür finden. Es hat nichts mit dem Alter der Pflanzen zu tun, einige waren noch ziemlich jung, andere nicht. Auch ihr Standort spielt keine Rolle, einige standen in der Sonne, andere im Schatten, unwichtig ist der Boden, denn der war überall ziemlich gleich. Und bei allem bildeten sich die Knospen, die im nächsten Frühling blühen sollten, wie immer im Sommer heraus, doch dann wurden sie schwarz, schrumpften ein und waren schließlich tot. Sie verwandelten sich in etwas wie winzige schwarze Taschenkrebse mit gekrümmten Scheren oder wie die Knollen von manchen Anemonen, sie sahen überhaupt nicht aus wie die schönen rosa-weißen Blüten, die ich erwartet hatte. In meiner Bestürzung machte ich mir Vorwürfe: Was hatte ich ihnen angetan? Dann ging mein Temperament mit mir durch, und ich machte ihnen Vorwürfe: Undankbares Pack, wie können sie mir plötzlich dermaßen in den Rücken fallen? Aber ich machte mir auch Sorgen, denn wir sind für unsere Pflanzen ebenso verantwortlich wie für unsere Kinder und unsere Tiere.

Nun habe ich festgestellt, daß ich nicht als einzige mit diesem Problem zu kämpfen habe und daß die Royal Horticulture Society in Wisley mit Nachfragen nur so überschüttet wird, deshalb dachte ich, es könnte interessant (wenn auch kein Trost) sein, wenn ich die inzwischen gesammelten Informationen weiterreiche. Es scheint, daß die Fachleute in Wisley bisher offenbar auch noch keine Erklärung haben. Laboruntersuchungen haben keinerlei Ergebnisse erbracht. Unter dem Mikroskop kamen weder

Made, Wanze, Milde, Käfer, Fliege noch andere schäd-
liche Organismen zum Vorschein. Keine Sporen, Pilze,
kein Brand und keine andere Seuche. Und auch dem
Wetter können wir die Schuld nicht in die Schuhe schieben, einem frühen Herbstfrost vielleicht, denn im letzten
Herbst jagte das Quecksilber sogar zu hoch, um dem vor-
sorgenden Gärtner Freude zu machen. »Das Geheimnis
des Schneeballs« klingt wie der Titel einer Sherlock Hol-
mes-Geschichte und ist nach wie vor ungelöst. Und ausgesprochen herausfordernd.

Ich könnte noch hinzufügen, daß die einzige von meinen Pflanzen, die diese neue Torheit nicht mitmacht, der
Schneeball namens *carlecephalum* ist.

Es kommt bisweilen vor, daß eine abgelegene Ecke in
einem Garten die Möglichkeit bietet, eine Art »ge-
pflanztes Bild« anzulegen. Vielleicht bilden zwei Mauern
oder zwei Hecken einen passenden Winkel; vielleicht
findet sich zwischen zwei Hecken eine Nische, vielleicht
handelt es sich um einen kleinen Hof oder ganz einfach
um die beiden Seiten neben der Tür eines Gartenschup-
pens. Wichtig ist vor allem, daß es sich um einen abge-
trennten Raum handelt, in dem das Auge nicht von Farbe
und Form abgelenkt werden kann, es muß einfach in seinem eigenen Rahmen bleiben.

Ein solches Bild hat sich mir neulich fast schon durch

Zufall angeboten. Es wäre originell, würde jedoch ein wenig an eine Bestattung erinnern, und ich würde es wirklich nur anspruchsvollen Gärtnern empfehlen. Gärtnern, die nicht vor dem zurückschrecken, was anderen als düster erscheinen würde, denn die beteiligten Pflanzen haben alle einen Hauch von Trauer. Diese düsteren, grämlichen Schönheiten besitzen die reiche Dunkelheit mancher Früchte, die von bestimmten Pflaumen, schwarzen Trauben oder des Inneren von Feigen. Ganz hinten würde ich in dieser Gruppe *Cotinus coggyria* anpflanzen, den Perückenstrauch, einen großen Busch, dessen Blätter sich im Herbst röten; davor würde ich *Veratrum nigrum* setzen, den Schwarzen Germer; dazu die recht gewöhnliche krautartige *Salvia nemerosa*, deren im August rötliche Deckblätter einfach perfekt dazu passen, davor wiederum stünde das seltsam fleischige *Sedum telephium purpureum*; und zwischen das alles würde ich zu Dutzenden Zwiebeln von *Allium sphaerocephalon* stopfen, Zier- oder auch Blumenlauch genannt, denn die blühen zur gewünschten Jahreszeit und haben die gewünschte Farbe. Schließlich würde ich, um etwaige Lücken zu füllen, im Frühjahr Roten Bergspinat aussäen, diese dekorative und arg vernachlässigte Einjährige, dessen Blätter sich wie Spinat verwenden lassen.

Von den hier erwähnten sechs Pflanzen sind wohl nur zwei dem anspruchsvollen Gärtner fremd, vielleicht nicht einmal das. Diese beiden sind *Sedum* und *Veratrum*. Wer *Sedum* anschaffen will, auch Mauerpfeffer genannt, muß

Allium spaerocephalon

dem Züchter gegenüber sehr energisch auftreten, um die richtige Sorte zu erhalten, sonst endet er mit einem grünblättrigen Objekt mit schmutzig rosa Blüte, für das wirklich jeder Garten zu schade ist. Er muß darauf bestehen, daß ihm *Sedum telephium purpureum* ausgehändigt wird. Am Ende habe ich solches in Winchester auftreiben können.

Die andere Pflanze, die auch dem anspruchsvollen Gärtner vielleicht unbekannt ist, ist *Veratrum nigrum*. Es hat sehr düster aussehende Triebe von bis zu 1,50 m Höhe, die dicht mit Myriaden von winzigen, fast schwarzen Blüten besetzt sind; es sieht aus, als hätten Schwärme von Fliegen oder fliegenden Ameisen sich dort niedergelassen. Niemand könnte das als schön bezeichnen, aber es ist durchaus interessant und verfügt über eine Art perversen Charme. Es sieht aus wie eine Illustration in einem viktorianischen Buch, zum Beispiel in Thorntons *Temple of Flora*.

Lesern, die Thorntons *Temple of Flora* zu schätzen wissen, möchte ich diese seltsame finstere, mörderische Gartenecke empfehlen. Mörderisch ist sie in doppelter Hinsicht: Die Wurzeln von *Veratrum nigrum* sind giftig, sehen Sie sich also vor. Ein dunkle Ecke, eine *Geheimnisse des Udolpho*-Ecke, eine Ecke, die besucht werden sollte, wenn der Himmel sich angesichts eines heraufziehenden Gewitters verdüstert.

Ich will nochmals auf den Ginster zurückkommen, und zwar möchte ich über die blasseren Sorten schreiben; die weißen, die jungfräulichen, die Mondscheinfarben, die selbst dann noch nach Mondschein aussehen, wenn die Sonne im Zenit steht. Es gibt *Genista praecox*, einen kleinen Strauch, der im Frühling von Schmetterlingsblüten voll besetzt ist, so hübsch wie ein Kind auf dem Weg in die Tanzstunde. Dann gibt es einen Strauch, der zu Recht den Namen *Mondschein* trägt, der Name verrät, wie er aussieht, und deutet die nächtliche Beleuchtung an, die ihn am besten zur Geltung bringt. Ein Vollmond, der hoch am Himmel steht, der sanft sein seltsames, magisches Licht verbreitet, ganz anders als das kräftige maskuline Licht der Sonne; eine Mischung aus Mondlicht und weißem Ginster, eine Vereinigung von Geistern, die wir sehen müssen und nicht beschreiben können.

Es gibt viele romantische Assoziationen mit Ginster, die weit in die frühen Jahrhunderte englischer Geschichte und englischer Könige zurückreichen. Der Name Plantagenet läßt sich auf *planta genista* zurückführen, denn ein Graf von Anjou, der sich auf Wallfahrt ins Heilige Land begab, nahm sich einen Ginsterzweig als Wappen und Symbol. Dieser Zweig galt zunächst als Symbol für Demut, doch als Shakespeare sich damit befaßte, hatte der demütige Ginster bereits königliche Würden erlangt:

»Berühmter Plantagenet, gnädigster Fürst . . .«

Sowie wir uns Shakespeare zuwenden, fragen wir uns, wieviel er wirklich gewußt hat. Als er zum Beispiel in *Hein-*

rich VI schrieb: »Ich werde Ginster pflanzen, wer es wagt, möge ihn entwurzeln ...« – wußte er da, was jeder Gärtner weiß, daß der Ginster *planta genista* eine Entwurzelung nicht überlebt? Wer es wagt, möge ihn entwurzeln ...

Die Moral von der Geschicht': Bestehen Sie darauf, daß Ihr Züchter Ihnen den Ginster in Töpfen liefert.

Ein Ausländer oder Besucher aus Übersee, der über die englischen Straßen wandert, so wie ich das in den letzten Tagen gemacht habe, wird zweifellos darüber staunen, wie liebevoll und munter unsere kleinen Gärten aussehen. Der Cottage-Garten ist immer schon berühmt gewesen, aber mir scheint, daß der Wunsch nach kräftigen Farben noch zunimmt und sich nicht nur in den hübschen Farben niederschlägt, in denen viele unserer kleineren Häuser jetzt verputzt sind, sondern auch in den munteren Farben der Beete, die an den überraschendsten Stellen angelegt sind. Kaum eine Garage am Straßenrand weist keinen solchen Farbtupfer auf, die Notrufsäulen der Automobile Association sind damit verziert, und ich habe sogar eine Telefonzelle mit einem schmalen Stiefmütterchenbeet gesehen. Die entzückende Angewohnheit, zur Freude der Vorüberkommenden Blumen zu ziehen, vor der Gartenhecke, zur Straße hin, scheint sich auch auszubreiten, und ich hoffe, das geht weiter so, denn nichts ist belebender für das Straßenbild und zugleich selbstloser.

Die Blumen mit ihrem Harlekineffekt hatten nichts Seltenes oder Schwieriges. Es handelte sich zumeist um recht zähe Einjährige, die wahrscheinlich aus im örtlichen Kramladen gekauften Samentüten stammten und sicher nicht mehr als ein paar Shillinge gekostet hatten. Und doch war ihr Auftritt überwältigend! Nemesien, Petunien, Klarkien, Löwenmäulchen, Männertreu, Mädchenauge, Zinnien, Kapuzinerkresse, alle wild durcheinander ohne irgendeinen farblichen Plan, doch alle paßten zusammen, was sicher in einem großartigeren, besser durchdachten Garten nicht der Fall gewesen wäre. Sogar die »Floristenblumen«, wie Gladiolen und Dahlien, schafften es, sich dieser Gesellschaft anzupassen. Es wirkte alles so mühelos, obwohl das Pflanzen doch einiges an Mühe gekostet haben muß.

Besonders originell war das vielleicht alles nicht, weder, was die Auswahl der Blumen angeht noch ihre Verteilung, die darauf hinwies, daß sie wirklich alle aus den Standardpackungen eines Blumenverkäufers stammten, aber ich habe auch ein ehrgeizigeres Beispiel angetroffen, das ich sehr gern nachahmen würde, wenn es in meinem Garten eine passende Stelle gäbe. Es handelte sich um einen flachen, mit Platten belegten Platz, er war recht groß, vielleicht an die hundert Quadratmeter, gerahmt von zwei Flügeln eines alten Hauses. Wir könnten ihn als Innenhof beschreiben, dem eine Wand fehlt. Zwischen den Platten klafften in unregelmäßigen Abständen große Lücken, in denen große Gruppen von Löwenmäulchen wuchsen, in unterschiedlichen Farben und Größen, so, als seien sie freiwillig dorthin gewandert. Vielleicht war das ja auch der Fall. Sie sahen wirklich so aus wie kräftige selbstgesäte Pflanzen, und sie waren bereits so groß, daß ich mir vorstellte, daß sie schon länger hier standen als die üblichen zwölf Monate. Alle wissen, daß Goldlack und Löwenmäulchen ihre Größe verdoppeln, wenn sie den Winter überleben und ihr zweites Jahr erreichen. Das passiert oft in alten Mauern, und der Schutz der Platten über den Wurzeln hatte vermutlich dieselbe Wirkung.

Diese abgelegene Stelle in Yorkshire lieferte einen brauchbaren Tip. Ich sehe sehr gern Blumen, die zwischen Platten hervorwachsen, aber ich war nie auf die Idee gekommen, mich auf eine einzige Art zu beschränken. Sie mögen einwenden, daß wir dann wochenlang keine Farben sehen, aber der kräftige grüne Busch allein ist auch ein angenehmer Anblick, und wenn Sie die verwelkten Köpfe entfernen, ehe sich Samen bilden kann, blühen Löwenmäulchen kontinuierlich während des ganzen Sommers.

Ich habe in meinen Artikeln schon früher das Lob des *Gentiana sino-ornata* gesungen, der Stengellose Enzian, dessen Blütezeit jetzt einsetzt und bis Ende Oktober dauert. Es gibt aber noch andere Spätsommer-bis-Herbst Enzianarten, die ich wohl noch nie erwähnt habe. Die

macaulayi genannte Blüte ist eine der besten. Sie blüht ein
wenig später als *sino-ornata*, von der sie abstammt, sie hat
dieselbe umwerfende blaue Farbtönung, und ihre Trompeten ragen aus derselben langsamwüchsigen grünen Matte
heraus. Wer ein dunkleres Blau vorzieht oder beide Nuancen kombinieren will, sollte zu *Stevenagensis* greifen, einer
weiteren Hybride von *sino-ornata*, die passend beschrieben wird als »mit Rittersspornlila changierend«. *Veit-
chiorum*, der andere Vorfahre dieser Art, entwickelt vielleicht die größten königsblauen Trompeten. Doch keine
davon wird höher als neun Zentimeter.

Nichts könnte schöner sein als eine große Gruppe
dieser Pflanzen in einem Steingarten. (Diese große
Gruppe läßt sich innerhalb weniger Jahre anlegen, selbst
wenn Sie mit einigen wenigen Pflanzen beginnen, denn
sie vermehren sich sehr schnell und können im Frühling
geteilt und neu gepflanzt werden.) Um sich von ihrer besten Seite zu zeigen, sollten sie an einem leichten Hang
gesetzt werden, in einer von Steinen umgebenen Nische.
Aber wir dürfen zwei Dinge nicht vergessen, nämlich daß
sie niemals unter Trockenheit leiden dürfen, vor allem
nicht während ihrer Wachstumsphase, und daß sie keinen
Kalk vertragen. Sie müssen die Nische ausgraben und mit
einer Mischung aus leichter Lauberde und Sand neu
füllen. Hüten Sie sich auch vor dem Gießen mit Leitungs-
wasser, wenn sie vermuten, daß das Kalk enthält. Wenn
Sie nichts über den möglichen Kalkgehalt wissen, dann
wird Ihr Enzian das bald für Sie herausfinden. Wenn Sie

nicht ganz sicher sind, ist Regenwasser auf jeden Fall vorzuziehen.

Sie sollten sich Enzian im September ansehen, bei einem Züchter oder in einem privaten Garten, und danach Ihre Entscheidung treffen.

Wenn Sie sich nicht die Mühe machen wollen, ein Beet mit Lauberde anzulegen, dann nehmen sie *Gentian septemfida*. Er ist etwas größer, von sehr dunklem Blau, nicht so anspruchsvoll, was den Boden betrifft, er wächst fast überall. Wenn Sie das Glück haben, eine feuchte, sumpfige Stelle zu besitzen, dann wird der Schwalbenwurzenzian, G. *asclepiadea*, für Sie große blaue Blöcke bilden, um die fünfzig Zentimeter hoch und ziemlich unordentlich, ideal dafür ist also ein wilder Garten. Er fühlt sich überall dort wohl, wo auch Primeln gedeihen, und er gehört zu den nützlichen Pflanzen, die sich über eine bestimmte Menge an Schatten freuen. Es gibt auch eine weiße Variante, die ich aber für weniger attraktiv halte.

Ich finde jedoch, daß keine dieser gröberen Enzianarten den Charme der flachen, teppichbildenden, fingerhohen Zwerge aufweist, die gerade in der Jahreszeit, wenn wir das am nötigsten brauchen, Zartheit mit strahlender Schönheit verbinden.

Ich weiß noch, daß ich über Pflanzen geschrieben habe, bei denen wir nicht davon ausgehen können, daß sie die Launen unseres wechselhaften Klimas überleben. Wir murren über unser Klima, oh Gott, wie wir murren! Nichts ist uns jemals recht. Es ist zu naß, zu trocken, zu kalt, zu heiß, zu alles, nur nicht so, wie es uns recht wäre. Es regnet zu oft oder nicht oft genug. Nach vierzehn Tagen ohne Regen wird eine offizielle Dürre ausgerufen; in den Kirchen wird um Regen gebetet, und wenn er dann einsetzt, wovon wir ohnehin ausgehen konnten, beten wir zum Allmächtigen, Er möge den Regen aufhören lassen. Ob der Allmächtige uns zuhört oder nicht, nie sind wir zufrieden, nie ist es uns recht. Wir Briten lieben es, über unser Klima herzuziehen, ob wir nun Fischer, Bauern oder Gärtner sind.

Ich möchte wissen, ob uns klar ist, wie gut wir es haben.

Unser ganzes Murren läuft im Grunde darauf hinaus, daß unser Klima für den Gartenbau so gut geeignet ist wie kaum ein anderes in Europa. Es friert normalerweise gerade genug, um unseren Pflanzen zu zeigen, was sie von einem harten Winter zu erwarten haben. Es regnet so häufig, daß unser Rasen nur selten ausgedörrt aussieht und daß unsere Pflanzen nicht aus Mangel an künstlicher Bewässerung verdorren. Wir brauchen uns nicht mit Bewässerung abzumühen, brauchen nicht bei Sonnenaufgang Wasser durch einen engen Kanal rieseln zu lassen, ehe die Hitze des Tages einsetzt und verbrennt, austrocknet und tötet. Wir brauchen nicht alles einzusetzen, um das Leben der

Wurzeln zu retten. Wer in heißen, trockenen Ländern gelebt hat, weiß, was ich meine.

Ich möchte unser Inselklima wirklich verteidigen. Es
läßt sich viel zu seinen Gunsten sagen. Einer unserer
Könige hat bemerkt, wenn auch mit kühner Grammatik,
es sei »das einzige Klima, in das man jeden Tag hinausge-
hen kann«. Ich weiß nicht mehr, ob es Charles II. oder
irgendein George war, wer auch immer, er hat die Wahrheit gesagt.

Das einzige, wovon wir nicht genug haben, ist Sonne.
Das ist wirklich ein arger Mangel, und wir können nichts
daran ändern. Wir können nicht auf einen Knopf
drücken, um Sonnenschein anzustellen. Außerdem haben
wir zuviel Wind, Ostwind, Nordwind und Nordostwind.
Ich nehme an, daß das das Hauptproblem für die Gärtner
unseres Landes ist.

Mein Herbstgarten

September

Septembert ... was für ein Wendepunkt, was für eine Wasserscheide im Jahreslauf. Ich denke an die Monate immer wie an Jahrzehnte im Menschenleben: April-Mai; Juni-Juli; August-September. Die Zeit von März bis Ende April ist die Jugend; die von Mai bis Juni die spätere Jugend bis zum dreißigsten Geburtstag, diesem unangenehmen Meilenstein; Juni und Juli ist die Zeit zwischen dreißig und vierzig, oder wollten wir sagen, fünfzig? Nach Ende Juli erreichen wir das unangenehme Stadium der Gewißheit, daß wir uns den sechzig nähern; dann kommt der September und wir gehen auf die siebzig zu, und wenn wir bei Oktober, November und Dezember angekommen sind, wäre es taktlos, die Parallelen noch weiter zu vertiefen.

Im September sollten wir an die bevorstehenden rauhen, windigen Tage denken. Kalte Winde können eine Pflanze ebenso nachdrücklich verletzen wie Feuer, aber ich stelle mir vor, daß wir die Winde weitgehend abwehren können, wenn wir zu dem Verfahren greifen, das in Kent »Hop-Lewing« genannt wird. »Lew« ist ein nettes kleines, altes Wort, das »Schutz« bedeutet (es ist verwandt mit dem deutschen Wort »lau«). Hier auf dem Land hört man es noch oft: »Die Lämmer wären alle erfroren, wenn ich nicht ein paar lews gemacht hätte«. Unter Hop-

Lewing verstehen wir eine sehr grobgewebte Art Sackleinen, wie Hopfenzüchter sie auf hohen Pfählen an der
Windseite ihrer Hopfengärten aufstellen. Sie sind an die
einsachtzig breit und werden in Längen von etwa fünfundvierzig Metern verkauft. Ich sehe wirklich keinen Grund,
warum wir sie nicht passend zuschneiden und in unseren
Gärten verwenden sollten. Wir müssen sie ja nicht unbedingt auf hohen Pfählen anbringen.

Wir sollten sie auf dem Boden aufspannen und in regelmäßigen Abständen mit Stöcken feststecken. Das lockere
Gewebe läßt die Luft hindurch, die alle Pflanzen so
dringend brauchen und die so oft von mit Stroh und Farn-
kraut dichten Weidengeflechte oder durch die dicke Ver-
packung ausgesperrt wird, in die manche ihre Schätze
während des Winters hüllen, wie in einen warmen Schlaf-
rock.

Ein länglicher Geist aus *hop-lewing*, ein grauer, durch
die Mangel gedrehter Geist. So wird mein Garten im
nächsten Winter umherspuken.

J etzt treffen langsam die Herbstkataloge ein, und sie erinnern mich an die Päonien (Pfingstrosen). Es gibt nur
wenige dankbarere Pflanzen. Kaninchen mögen sie nicht;
sie blühen den ganzen Mai und Juni hindurch; als Schnittblumen halten sie sich im Haus oft über eine Woche; sie
blühen in Sonne und Halbschatten; sie vertragen fast jede

Art Boden, kalkhaltig oder nicht; sie finden sich sogar mit Ton ab; sie brauchen niemals vereinzelt oder verpflanzt zu werden; das hassen sie geradezu; und sie sind so langlebig, daß sie Sie vermutlich überleben werden, wenn Sie erst einmal eine Pflanzung gezogen haben (was gar nicht schwer ist). Dazu kommt auch noch, daß sie Vernachlässigung ertragen können. Meine haben sich durch das Unkraut des Krieges hindurchgekämpft und scheinen keinen Schaden daran genommen zu haben.

Aber wenn Sie ihnen Gutes tun, dann reagieren sie, wie jede Pflanze auf gute Behandlung reagiert. Wenn Sie ein wenig Knochenmehl übrig haben, streuen Sie es im Herbst aus. Das ist jedoch nicht unbedingt nötig. Unbedingt nötig ist zunächst sorgfältiges Pflanzen, darunter verstehe ich, daß Sie ein um die fünfzig Zentimeter tiefes Loch graben sollten; geben Sie zunächst verrotteten Dung oder Kompost hinein; füllen sie es dann mit normalem Erdreich, und pflanzen Sie untief, d. h., vergraben Sie die Spitze nicht tiefer als vielleicht zehn Zentimeter. Das ist wichtig.

Grob gesagt gibt es zwei Päonienarten: Die krautartigen, zu denen wir die eigentliche Spezies zählen, und die Baumpäonie (*Paeonia suffruticosa*). Baumpäonien werden heute nicht mehr häufig angeboten und sind entsprechend teuer. Aber die Ausgabe lohnt sich, vor allem, weil sie schon früh zu blühen beginnen und sich in zunehmendem Alter darin noch immer weiter steigern. *Sie sollten sie niemals beschneiden.* Meine wurden von einem Aushilfsgärtner ruiniert, der noch dazu (was ich damals aber nicht wußte) ein Zeuge Jehovas war, und der sie eines Herbstes in Grund und Boden beschnitt.

Die krautartige Päonie ist die Art, die wir oft in Cottage-gärten in nicht sonderlich attraktiven Farbtönen von Rot oder Rosa sehen. Aber wir sollten sie deshalb nicht ver-dammen. Es gibt heute viele Varianten, einfache wie ge-füllte, in allen Farben von reinem Weiß über Weiß-Gelb bis zu Muschelrosa, Tiefrosa und dem Abendhimmelrot der *P. peregrina*. Diese lodert wirklich, und ihre Genossin *P. lobata Sunshine* kann sich mit ihr messen, wenn sie sie nicht sogar übertrifft. Von den Gelben würde ich *P. mlokosewitschii* empfehlen, wenn sie nicht so teuer wäre; ich habe meine aus einer preiswerten Samenpackung ge-zogen, aber dazu gehört viel Geduld. Von dieser abgesehen ist *P. Laura Dessert* vermutlich die beste Gelbe, die für einen vernünftigen Preis zu haben ist. *Sarah Bernhardt*, die noch etwas preisgünstiger ist, hat riesige, blaßrosa gefüllte Blüten; die um einiges teurere *Kelway's Supreme* ist von feinem Weißrosa; *Duchesse de Nemours*, wiederum billiger, ist weiß mit einem leicht gelblichen Farbton und klei-neren Blüten; *Monsieur Martin Cahuzac*, zum gleichen Preis, ist dunkelrot, und seine Blätter sind im Herbst von schöner Farbe.

Dieser Artikel wird von zwei Dingen handeln, von einem Baum und einer Lilie nämlich. Der Blasenbaum, *Koelreuteria apiculata*, ist im August, wenn er seine endgültige Größe von fünf bis fünfzehn Metern erreicht hat, von außergewöhnlicher Schönheit. Ein Baum erlangt eine solche Größe natürlich nicht innerhalb weniger Jahre, deshalb gilt diese Empfehlung nur für die, die für öffentliche Parks oder Gärten Bäume aussuchen oder vorhaben, sehr lange auf ihrem Grund und Boden zu bleiben; für die Besitzer eines kleinen Landhauses zum Beispiel. Nomadisierende Mieter können es sich nicht leisten, so lange zu warten.

Ich habe die Samen der *Koelreuteria* im verlassenen Garten einer alten französischen Abtei gesammelt; ich wußte damals nicht, was ich da vor mir hatte. Ich konnte nur sehen, daß es sich um einen eleganten Baum handelte, dessen Samenkapseln aussahen wie chinesische Lampions oder die Hülsen der Pflanze, die wir Lampionblume (*Physalis peruviana*) nennen und als Winterdekoration anpflanzen. Zu Hause säte ich die Samen in einer Schale aus, und sie keimten so energisch wie Gras. Ich sah natürlich, daß die Blätter ein sehr hübsches Rosa annahmen, aber erst, als ich in einem benachbarten Garten ein ausgewachsenes Exemplar sah, ging mir auf, welchen Schatz ich da erbeutet hatte. Dieses Exemplar stand in voller Blüte, hellgelbe Blüten auf geraden, etwa dreißig Zentimeter hohen spitzen Stengeln, ein wenig wie die Goldrute, wenn Sie sich Goldrute vorstellen können, die unmittelbar über Ihrem Kopf aus einem Baum herauswächst, und diese Blüten ragten kühn über Mengen von korallenroten Samenkapseln, die Ähnlichkeit mit Quasten hatten, und über fedrigen grünen Blättern auf. Ich übertreibe wirklich nicht. Der Anblick dieses Baums vor dem blauen Himmel war geradezu atemberaubend.

Die Lilie, um die es mir heute geht, ist *Lilium regale* (Königslilie), die süßduftende Trompete, vielleicht das am leichtesten anzubauende Mitglied dieser launischen Familie. Zwischen dieser Lilie und der *Koelreuteria* gibt es keinerlei Ähnlichkeiten, abgesehen davon, daß sie sich beide leicht aus Samen ziehen lassen. Reife Zwiebeln sind derzeit ziemlich teuer, wenn Sie also größere Mengen anpflanzen möchten, lohnt es sich, sie aus dem Samen zu ziehen – und dann ist jetzt der Moment gekommen, um in Ihrem eigenen oder den Gärten Ihrer Bekannten danach Ausschau zu halten. Sie können den Samen natürlich auch kaufen, aber es macht mehr Spaß, eine Samenkapsel aufzubrechen und die wunderbar verpackten, papierdünnen Samen selber herauszuschütteln. Jeder von ihnen keimt normalerweise, und eine Kapsel liefert mehr Lilien, als Sie vermutlich in Ihrem Garten unterbringen können. Nehmen Sie die Samen der stärksten Pflanze, säen Sie sie in einer »Samendose« aus, und pflanzen Sie dann im nächsten Jahr die kleinen Zwiebeln in Reihen in einem Beet, wo Sie ein Auge auf sie haben können; am Ende des zweiten Jahres sollten Sie eigentlich schon einige Blumen pflücken können, nach dem dritten müßten die Lilien voll entwickelt sein. Wenn Sie diesen Prozeß jedes Jahr wiederholen, dann dürfte es Ihnen in Ihrem Garten eigentlich niemals an *L. regale* fehlen, doch Kosten würden für Sie dabei nicht entstehen.

Sie wissen natürlich, daß Sie das auch mit den kleinen schwarzen, knopfartigen Wurzeln am Schaft der Tigerlilie, *Lilium lancifolium*, machen können?

Für alle, die über die »Samendose« gestolpert sind, will ich das amüsante Verfahren näher erläutern. Sie brauchen ein Glas mit Drehverschluß, ein Einmachglas zum Beispiel; das füllen sie mit einer Mischung aus Lauberde, Torf und Lehm. Diese Mischung setzen Sie unter Wasser und quetschen sie aus, bis sie nicht mehr tropft, sondern zu einem feuchten Schwamm geworden ist. Danach geben Sie schichtweise je eine Schicht »Schwamm« und eine Schicht Samen in das Glas, bis es voll ist. Dann drehen Sie den Deckel fest, stellen das Glas in einem warmen Zimmer auf die Fensterbank und warten, bis die Samen an den Glasrand wandern, wo Sie sehen können, daß sie sich zu kleinen kaulquappenartigen Dingern entwickelt haben, die, wie Sie hoffen, irgendwann dann zu Zwiebeln werden.

Ich bin immer überrascht, wenn jemand normalen Rosmarin nicht erkennt. »Was ist das?« fragen die Besucher und betrachten die großen dunkelgrünen Büsche, die sich so großzügig auf der Einfahrt zu meinem Haus verbreiten. Ich hatte Rosmarin für eine unserer verbreitetsten Pflanzen gehalten, und sei es nur wegen seiner sentimentalen Assoziationen. Angeblich sorgte Rosmarin für ein besseres Gedächtnis, weshalb es ein Symbol für Treue unter Liebenden wurde. »Ein Zweiglein davon spricht eine stumme Sprache«, sagte Sir Thomas More; eine andere Legende verbindet ihn mit dem Alter Unseres Herrn, dreiunddreißig Jahre, danach wächst er nicht mehr in die Höhe, nur noch in die Breite. Eine romantische Pflanze, aber seltsamerweise auch eine ziemlich unbekannte.

Es gibt mehrere Rosmarinarten. Wir haben den normalen buschigen Typ, *Rosmarinus officinalis*, der als Busch gepflanzt oder auch zur Hecke beschnitten werden kann. Als Hecke gefällt er mir nicht so sehr, denn dem ständigen Beschneiden fallen die Blüten zum Opfer, die die Hälfte seiner Schönheit ausmachen. Es ist immerhin eine dichte Hecke, wenn Ihnen daran gelegen ist. Beschneiden Sie ja nicht das alte Holz. Es gibt außerdem den korsischen Rosmarin, *R. angustifolius Corsicus*, mit eher fedrigen Blättern und hellblauen oder fast enzianblauen Blüten; er sieht weniger robust aus als der normale Rosmarin und ist vielleicht nicht so zäh, aber so wunderschön, daß er eine geschützte Ecke durchaus verdient hat. Er haßt kalten Wind. Der kompakte, pyramidenförmige Rosmarin, der den schönen Namen *Miss Jessopp's Upright* trägt, erreicht innerhalb weniger Jahre Gardemaß. (Wer mag Miss Jessopp wohl gewesen sein? Das wüßte ich wirklich gern.) Es gibt auch eine kriechende, für Steingärten geeignete Art namens *Prostratus*, aber die ist nicht besonders zäh, und ich würde sie höchstens Bewohnern der wärmeren Grafschaften empfehlen. Sie läßt sich jedoch in gute Laune versetzen, wenn ihre Wurzeln zwischen Steinen gut geschützt und für Frost und Feuchtigkeit unerreichbar sind, dann entwickelt sie einen dankbaren, immergrünen Teppich und ist eine gute Deckung für die kleinen frühen Zwiebeln, die diesen Teppich schließlich durchbrechen, wie die Damentulpe, *Tulipa clusiana*, die Osterglocken, oder die winzigen Narzissen wie *Narcissus juncifolius* mit ihrem süßen Duft.

Wir sollten auch nicht vergessen, daß eine weißblütige Art des normalen Rosmarins erhältlich ist, was eine nette Abwechslung von den verbreiteteren blauen Blüten bedeutet.

Fast alle Rosmarinarten fühlen sich überall in der Sonne wohl, sie ziehen leichten und sogar kargen, sandigen, steinigen Boden vor. Im September geschnittene Ableger entwickeln sehr rasch Wurzeln, wenn sie fest in den Sand gesteckt und dort bis zum nächsten Frühling in Ruhe gelassen werden. Dann können sie ausgepflanzt werden.

Tulipa tarda

Wer sich nicht für Blumen interessiert, interessiert sich nicht für Blumen. Er kennt ihre Namen nicht, was verständlich ist, wir können schließlich nicht alle Gärtner oder Botaniker sein, aber er weiß auch nicht, wie er Blumen betrachten sollte. Er geht nach der Masse und ist entsprechend beeindruckt, doch die feineren Nuancen entgehen ihm – und damit entgeht ihm eine ganze Menge. Er muß noch lernen, daß es nicht immer auf Größe und auffälliges Aussehen ankommt.

Ich denke hier vor allem an die kleinen Tulpen, die jetzt bestellt und irgendwann bis Mitte Oktober gepflanzt werden sollten. Sie sind die Winzlinge der Tulpenfamilie; von der Größe her lassen sie sich nicht mit den großen Darwin–Hybriden und nicht einmal mit den Cottagetulpen vergleichen, deren Blüte wir im Mai erleben. Einer meiner Lieblinge unter den kleinen ist *Tulipa tarda*, manchmal auch *Tulipa dasystemon* genannt. Ich weiß wirklich nicht, wodurch sie die Bezeichnung *tarda* (träge) verdient, sie blüht nämlich als eine der ersten, ist also alles andere als träge. Sie wird höchstens fünfzehn Zentimeter groß, ist grünweiß gestreift, sehr hübsch, wenn die Blüte fest geschlossen ist, und noch viel hübscher, wenn sie sich in der Sonne öffnet und einen flachen, grünweißen Stern zeigt.

Es gibt außerdem *Tulipa linifolia*. Das ist eine kleine, leuchtend scharlachrote Tulpe aus Buchara in Zentralasien, dieser romantischen Gegend, die nur so wenige unter uns besuchen können, einem Paradies für wilde Blumen. *Tulipa linifolia* läßt sich ohne große Mühe in England anpflanzen, möglichst in sandigem Boden und soviel Sonne, wie unser Klima das nur gestattet.

Das gilt auch für die wilde griechische Tulpe *T. orphanidea*. Sie ist außen bronzebraun-gelb und öffnet sich in der Sonne zu einem Stern, der sich nach Sonnenuntergang zu einer spitzen Knospe schließt, um sich dann abermals zu einem Morgenstern von geöffneten Blütenblättern zu entfalten.

Beides sind Tulpen für diejenigen, die wissen, wie sie sie betrachten sollten. Wer lieber auffälligere Tulpensorten hätte, sollte sich einige Zwiebeln der *kaufmanniana* zulegen, der sogenannten Seerosentulpe. Ich finde sie ziemlich vulgär im Vergleich mit den Winzlingen, denen mein Herz und meine Liebe gehören; aber es wäre töricht, ihnen ihre eigene Schönheit absprechen zu wollen, eine Schönheit ähnlich der der Seerosen, denen sie ja schließlich auch ihren Namen verdanken.

D a ich diesen Artikel unterwegs schreibe, möchte ich ein wenig davon erzählen, was ich auf einer vierzehntägigen Reise gesehen habe, Dinge, die mir neu waren oder die ich ganz einfach vergessen hatte. Ich hatte zum Beispiel die im Sommer blühende malvenfarbene *Solanum crispum* (Nachtschatten) vergessen, die im August so nützlich ist, ein wenig empfindlich vielleicht, denn sie braucht eine warme Südwand. Vergessen hatte ich auch die weiße *Solanum jasminoides*, die ebenfalls im August blüht, eine äußerst elegante Kletterpflanze, ebenfalls ein wenig empfindlich, aber in den südlichen Grafschaften lohnt der Versuch sich doch. Vergessen schließlich war die weiße – oder eher cremefarbene – *Buddleia fallowiana alba* (Sommerflieder) mit ihren grauen Blättern, ziemlich ungewöhnlich und eine willkommene Abwechslung von der normalen malvenfarbenen Variante. *Buddleia nivea* hat noch grauere, wollige Blätter, sie sind fast so wollig und zottig wie die der alten geliebten Cottage-Pflanze *Stachys lanata*, auch bekannt als Eselsohr oder Wolliger Ziest. Ich hatte *Itea ilicifolia* (Rosmarinweide) vergessen, einen Strauch mit langen, grauweißen Kätzchen von sanfter Schönheit, duftend und leider empfindlich, der es vorzieht, sich gegen eine Mauer zu lehnen. Schließlich war auch noch *Berberis wilsoniae* (Berberitze), die eigentlich für alle mit einer Vorliebe für graugrüne Blätter wie geschaffen ist, aus meinem Gedächtnis verschwunden.

Dann sah ich eine strauchartige Pflanze, die ich später als *Abelia grandiflora* identifizieren konnte. Es ist wirklich ein überraschend hübscher Strauch; er entwickelt einen Schatz an spitzen, hellrosa Knospen, die sich zu rosaweißen Blüten öffnen. Er ist recht zäh, ich würde ihn allen empfehlen, die im August- und Septembergarten ein wenig Farbe sehen möchten.

Ein weiterer Strauch, den ich unterwegs gesehen habe, ist *Decaisnea fargesii*. Er wird auch Blauschotenbaum genannt, weil er im Herbst hellblaue Samenkapseln entwickelt, wirklich dekorativ. Er ist recht zäh und sollte in jegliche ungenutzte Ecke gepflanzt werden, einfach wegen seiner gelbgrünen Blüten und seiner stahlblauen Samenkapseln im Herbst.

Das alles sind kurze Eindrücke von meiner Reise; ich muß Ihnen aber noch nahelegen, *Indigofera dielsiana* (Indigostrauch) anzupflanzen, es ist einfach eine überraschend schöne Pflanze. Sie entwickelt lange Zweige voller rosavioletter, wickenhafter Blüten, die an die dreißig Zentimeter lang werden und sehr elegant aus ihrem zarten Blattwerk herausragen. Sie paßt sehr gut zur oben erwähnten malvenfarbenen *Solanum* oder, stelle ich mir vor, zur im August blühenden blauen *Ceanothus Gloire de Versailles* (Säckelblume) und vielleicht sogar zum blauen Bleiwurz *Ceratostigma willmottianum*.

Vorwurfsvolle Briefe treffen ein; wie kann ich denn nur den Augustgarten als langweilig und schwerfällig bezeichnen? Diese Briefe sind alle höflich und freundlich, aber es wird doch deutlich, daß ich ihre Absender verletzt habe. Einige zeichnen ein Bild von solcher Fröhlichkeit, daß ich mich wirklich schäme. Es stimmt natürlich auch, daß wir die Farbenpracht noch bis in den September hinüber retten können, wenn wir genug Zeit für die Einjährigen haben (und nicht allzuviel Platz ausfüllen müssen). Es fiel mir nicht schwer, mir die stolzen Gartenflecken vorzustellen, die meine Leser vor Augen hatten: Petunien, Leberbalsam, Löwenmäulchen, Portulak, Kosmeen, Bärenohr, Rittersporn, Levkojen, Verbenen, Zinnien ... bei der bloßen Erwähnung dieser Pflanzen mußte ich mir die Augen reiben. Dazu kommen dann noch winterharte Pflanzen wie Sonnenbraut, die flachköpfige gelbe Garbe, der Sonnenhut, die Korkadenblume (es gibt zwei besonders schöne, nämlich *Gaillardia aristata* und *Wirral Flame*). Und Dahlien. Und Gladiolen. Und Montbretien. Ja, vielleicht habe ich mich geirrt. Ich dachte wohl eher an schlampige Bäume, an überwucherte Hecken, an Dornbüsche, die den ersten Hauch von Herbst verströmen; und ich muß zugeben, daß meine Aversion gegen den Herbstgarten eher psychisch als auf Tatsachen gestützt ist. Ich kann den Gedanken einfach nicht ertragen, daß der Sommer zu Ende geht und der Frühling noch so weit in der Zukunft liegt.

Wie ich schon angedeutet habe, so pflanze ich außer Zinnien nicht viele Einjährige an, den Zinnien aber bleibe ich immer treu. Es gibt allerdings eine Blume, die sich in diesem Jahr als sehr dekorativ erwiesen hat und die sehr lange Blüten trug, sie blüht sogar jetzt noch. Und zwar *Venidio-Arctotis*, eine einigermaßen robuste, südafrikanische Margerite von enormer Größe, mindestens neun Zentimeter breit, mit leuchtenden, wie lackiert aussehenden orangefarbenen Blütenblättern und einem dunklen Ring in der Mitte. Warum, fragte ich mich, als ich diesem farbenfrohen Ding ins Auge schaute, warum gibt sich die Natur solche Mühe und zeigt sich so unermüdlich als emsige Erfinderin? Warum diese überflüssige Phantasie? Warum dieses ewige, unerklärliche Wunder der Variation? Soll das alles uns Menschen ansprechen oder eher Insekten auf Nektarsuche anlocken?

Es gibt Venidio Hybriden, die laut Katalog alle Farben zwischen Weiß und Zitronen- und Strohgelb haben; es gibt auch eine ungefähr dreißig Zentimeter hohe gelbe und orangefarbenen Mini-Art. Wer sie früh anpflanzen kann, in einem Behälter unter Glas, wie das mit halbwegs robusten Einjährigen zumeist gemacht wird, kann sich natürlich über früheres Blühen freuen; im Freien sollten sie, Ende Mai gesät und dann nicht mehr verpflanzt, von Anfang Juli bis weit in den August hinein blühen.

In diesem Monat bieten sich auch einige Bemerkungen über Kletterpflanzen an. Wir treffen unter den vielen erhältlichen Arten durchaus nicht immer die beste Wahl, und dabei ist die Spannbreite so groß, ob wir nun an einer Wand, über einer Bank, an einem Pfosten oder sogar in einem Torweg pflanzen oder ob wir die eleganteste Methode wählen und lange Zweige an einem alten Baum emporranken lassen, wo sie dann locker und ungehindert herabhängen und sich ausbreiten können.

Zu diesem Zweck eignen sich vor allem die kletternden Wichura-Rosen, da sie, mit wenigen Ausnahmen wie *Albertine* und *Albéric Barbier*, an Wänden Mehltau entwickeln und sich gern von der Luft durchpusten lassen. *Felicité Perpétue*, die an zwei junge Frauen erinnern sollen, die A. D. 203 in Karthago den Märtyrertod erlitten, wird an einem Baum fast sieben Meter hoch, und das paßt zu ihrem Namen, denn St. Perpetua wurde die Vision einer wundervollen Leiter zuteil, die in den Himmel reichte. *François Juranville*, rosa und graubraun, ist von weniger energischem Wuchs, aber äußerst anmutig. Zu den anderen Wichura–Rosen mit starrerer Haltung als die Kletterrosen gehören *New Dawn* und *Everblooming Dr. W. van Fleet*, meiner Ansicht nach zwei der besten, im Sommer blühen sie üppig und zeigen ein zartes, aber klares Rosa-Weiß. *Emily Gray*, die als zart gilt, was ich aber bisher nicht bestätigen kann, wenn sie an einer Südwand gepflanzt wird, hat große blaßgelbe Blüten und dunkelgrüne glänzende Blätter; *Cupid*, eine Teehybride, rosa mit goldenem Mittelknauf, und *Elégance*, von cremigem Weiß, sind ebenfalls sehr zu empfehlen. *Mermaid* ist vielleicht zu bekannt, um noch erwähnt werden zu müssen, aber sie sollte niemals vergessen werden, wegen ihrer blaßgelben Blüten, flach und jede für sich geöffnet, und wegen ihrer späten Blütezeit, die erst einsetzt, wenn die meisten anderen Kletterer ihren Zenit überschritten haben. Ich möchte noch hinzufügen, daß Bewohner der kalten Gebiete bei *Mermaid* auf der Hut sein sollten.

Bei einer so reichen Auswahl ist es schwer, alle zu erwähnen, die eine Erwähnung verdient haben, aber auf jeden Fall muß ich *Allen Chandler* anführen, von wunderbarem Rot und nur halbgefüllt, die den ganzen Sommer hindurch blüht. Es ist sicher keine Rose für ein Haus aus neuen Ziegeln, aber vor grauem Stein oder weißer oder überhaupt jeglicher bunter Tünche unübertroffen. Wenn Sie sich eine weiße Rose wünschen, mit einem Hauch von Rosa, mit süßem Duft, die noch dazu kräftig ist und selten keine Blüten trägt, dann sollten Sie *Mme. Alfred Carrière* ausprobieren, am besten an einer sonnigen Wand, doch auch für westliche und sogar nördliche Ausrichtung noch geeignet; soll es eine gelbe, eine sehr tief gelbe Rose sein, dann pflanzen Sie *Lawrence Johnston*, von der wir allerdings sagen müssen, daß auf die erste üppige Blüte zumeist nicht mehr viele Blüten folgen.

Schließlich sollten wir nicht vergessen, daß die meisten der beliebtesten Teehybriden auch als Kletterer erhältlich sind, sogar die meiner Ansicht nach schrecklich grobe, aber immer beliebte *Peace*.

Ich habe in dieser Kolumne einmal über eine kleine Rasenfläche geschrieben, die ich aus veredelten Sorten des gemeinen kriechenden Thymian angelegt hatte. Dieser Artikel jedoch soll von den anderen Sorten handeln, die zu buschig oder zu drahtig für diesen Zweck sind. Ein schmales Beet an einer sonnigen Stelle, sagen wir vor einem Schuppen oder einer Hauswand, in dem verschiedene Thymiansorten wachsen, bietet sicher einen entzückenden Anblick, duftet betörend und erfreut die Bienen. Thymian hat den Vorteil, daß er kargen, steinigen Boden vorzieht, wie man ihn oft an Baustellen findet, wo die Bauarbeiter Bauschutt, Mörtel und Sand abgeladen haben; an Stellen, an denen anspruchsvollere Pflanzen nicht wachsen, wenn wir nicht zuerst mit großer Mühe den ganzen Schutt wieder entfernt haben.

Diese Überlegung wird sicher den praktischen Gärtner mindestens ebenso ansprechen wie die eher romantischen Assoziationen, die wir mit Thymian verbinden. Wir haben inzwischen vermutlich vergessen, das »thymianduftend« ein Ausdruck war, mit dem die alten Griechen einen besonders eleganten literarischen Stil belegten; oder daß die Damen im Mittelalter einen Thymianzweig mit einer Biene stickten, als Symbol für Mut, den ein Absud aus Thymian gibt, und Tatkraft, wofür die Biene steht; oder daß genau dosierte Einnahme von Thymian die Fähigkeit verlieh, Feen zu sehen; oder daß empfohlen wurde, »bey Hektick oder Lethargie« Thymian zu verabreichen, der noch dazu von Alpträumen und Melancholie befreien sollte.

Angeblich gibt es vierundzwanzig verschiedene Thymiansorten, aber nur wenige Gärtner werden in ihrem Beet Vollständigkeit anstreben.

In dem schmalen Beet meiner Vorstellung, sagen wir, nicht breiter als einen Meter, sollte ein halbes Dutzend Arten ausreichen. Vorne würde ich niedrigwüchsige Sorten anpflanzen, *Thymus pseudolanuginosus*, den grauen wolligen Thymian, und *T. herba-barona*, auch Kümmelthymian genannt, weil er in früheren Zeiten durchaus auch als Speisewürze Verwendung fand.

Hinter diese niedrigwüchsigen Sorten würde ich die strauchartigen setzen. Den goldenen Thymian, *T. citriodorus Aureus*, den silbrigen, *T. citriodorus Silver Queen*, die beide nach Zitrone riechen, wie ihr Name ja schon andeutet, sowie *T. praecox*, einen heidekrautartigen, kleinen Strauch, und *T. nitidus*, ungefähr einen Fuß hoch, mit lila Blüten.

Alle diese Sorten kann man als Pflanzen, manche auch als Samen kaufen, sie sollten im März oder frühen April gesät werden; angeblich jedoch riechen die zitronenduftenden noch süßer, wenn sie aus Ablegern oder kleinen bewurzelten Teilen gezogen werden, die jederzeit zwischen Mai und September geschnitten werden können. Es ist also noch nicht zu spät, um um überzählige Reste zu bitten oder bei einem Züchter zu bestellen, wenn man noch in diesem Herbst pflanzen will. Darf ich noch anregen, daß es in den frühen Monaten des Jahres Vergnügen und Farbe schenken wird, wenn Sie dazwischen kleine Zwiebeln von Frühlingsblütern setzen?

Eine der schönsten der im frühen Herbst blühenden Knollengewächse ist zweifellos die Bogenlilie. So wird sie gemeinhin genannt, botanisch dagegen ist sie bekannt als *Cyrtanthus purpureus* oder *Vallota speciosa*. Wie die

Belladonnalilie gehört sie zur Familie der Amaryllidaceae und stammt aus Südafrika. Sie gilt zumeist als Topfpflanze für ein kühles Gewächshaus, und ihre Robustheit ist immer wieder angezweifelt worden. In den 1880er Jahren bemerkte William Robinson, daß die Freilandzucht dieser Pflanze mehr Sorgfalt erfordere, als ihr bisher erwiesen worden sei. 1915 notierte Mr. E. A. Bowles, er habe sie drei Jahre hintereinander mit Erfolg im Freien gezogen, bis ein feuchter Herbst und ein kalter Winter seine ganze Zucht dermaßen erbarmungslos vernichteten, daß er nie mehr einen neuen Versuch wagte. Dies alles legt den Schluß nahe, daß wir sie an die wärmste zugängliche Stelle setzen sollten, wenn wir sie im Freien pflanzen wollen, zum Beispiel vor eine Südwand. Sie sollte dann ziemlich tief, vielleicht achtzehn Zentimeter, eingegraben, großzügig mit Sand umgeben und im Winter mit Farn oder Kieferzweigen bedeckt werden. Wie die Belladonnalilie weiß sie Wasser zu schätzen, wenn die ersten Blätter kommen, in ihrer Ruhezeit von November bis März oder April indessen sollte sie trocken gehalten werden, ein Rat, der sich leichter befolgen läßt, wenn sie in Töpfen unter Glas wachsen kann. Im Garten könnte eine Glocke die Lösung sein.

Die Haltung in Töpfen ist kein großes Problem, häufiges Umtopfen ist nicht erforderlich, und sie scheint sich in übervölkerten Töpfen, die eigentlich zu klein für eine so dicke Zwiebel sein sollten, besonders wohl zu fühlen.

Ihre Farbe wird zumeist als scharlachrot oder helles

scharlachrot beschrieben, aber das finde ich irreführend, fast so irreführend wie das botanische Adjektiv *purpureus*. Scharlachrot mag die offizielle Benennung auf den Farbtafeln der Royal Horticulture Society sein, aber diese Farbe läßt mich eher an den Uniformrock eines Gardisten oder die Zonalpelargonie denken, die ja nicht umsonst Grenadier heißt. Wenn wir von dem Unterschied zwischen einer harten Substanz und einem durchscheinenden Blütenblatt absehen, dann können wir getrost von Korallenrot sprechen. Ich habe beides nebeneinander gehalten, und wenn sich um diese Jahreszeit noch eine vereinzelte Blüte der Zierquitte *Chaenomeles* zeigte, was manchmal vorkommt, dann würden wir wohl kaum einen farblichen Unterschied finden. Doch auch diese *Chaenomeles* Variante wird als scharlachrot bezeichnet, und deshalb stimme ich mit den Autoritäten ganz und gar nicht überein, und dabei werde ich auch bleiben.

A m letzten Sonntag habe ich die noch recht neue Methode erwähnt, mörtellose Mauern aus Torfblöcken zu errichten. Diese Vorgehensweise wird vermutlich vor allem den fortgeschrittenen oder fortschreitenden Gärtner ansprechen, der kleine, wählerische Pflanzen anbauen möchte, die Kalk verabscheuen und extrem säurehaltigen Boden verlangen.

Eine solche Mauer, die zwischen zwei und vier Lagen

hoch sein kann, bauen Sie, indem sie jede Lage einige Zentimeter weiter nach hinten setzen als die untere und den Raum dahinter dann mit einer üppigen Mischung aus verrotteter Lauberde, Torf und Knochenmehl füllen. Denken Sie daran, daß diese Füllung zunächst noch absinken wird, legen Sie sich also einen Vorrat zum Nachfüllen zu. Wenn Sie Ihre Mauer nicht gegen einen Hang stützen können, dann können Sie sie, wenn Sie wollen, als Viereck, als Kreis oder als Rechteck anlegen. Das gibt Ihnen eine Mauer in jeder Windrichtung, an denen sie die Pflanzen ihren Bedürfnissen gemäß verteilen können. Ramonden zum Beispiel sollten immer nach Norden hin wachsen; Enzian (*Gentiana*) dagegen zieht eine Mittelstellung vor, die ihm tagsüber einigen Sonnenschein gibt, der jedoch nicht zu erbarmungslos werden darf.

Dann kommt der aufregende Moment, in dem Sie Ihre Pflanzen setzen. Sie haben sie sicher in Töpfen von einem Züchter geholt, einige blühen schon, und das bringt Ihnen das seltene Vergnügen, sofort eine Wirkung zu sehen. Außerdem können Sie sie vor dem Einpflanzen an verschiedenen Stellen ausprobieren und sich ein Bild von Farbeffekten und Zusammenspiel machen.

Was Sie pflanzen, hängt natürlich von Ihren persönlichen Vorlieben ab, aber ich würde zu einer großzügigen Portion von herbstblühendem Enzian raten, dessen blaue Trompeten sich vor dem dunklen Torfhintergrund hervorragend machen. *Lithospermum diffusum Grace Ward* (Steinsame), eine Hängepflanze von fast ebenso intensivem

Andromeda polifolia

Blau, blüht fast den ganzen Sommer hindurch und sollte frei über der Mauer hängen dürfen. *Mertensia echioides* (Blauglöckchen) ist, an kühlen Stellen, im Sommer ebenso blau, und einige der kleineren Primeln wie *Primula frondosa* und *P. farinosa* mit ihren mehligen grauen Blattrosetten und winzigen rosa Blütenköpfen sind in kleinen Gruppen dazwischen von entzückender Wirkung.

Die bekannte *P. rosea* mit ihrem tieferen Rosa sollte bald Knollen bilden, die lila *P. marginata* mit ihren seltsamen gezackten Blättern bietet eine farbliche Abwechslung. Ehrgeizigeren Gemütern rate ich zu *P. vialii*, die eine Höhe von ungefähr fünfundvierzig Zentimetern erreichen können und wunderschöne Blüten tragen, spitz wie walisische Hauben, aber rot und lila, nicht schwarz.

An der flachen Oberfläche würden einige Zwergsträucher sicher einen interessanten Kontrast bilden. Wieder gilt hier der persönliche Geschmack. Es gibt niedrigwüchsige Azaleen und Rhododendren, es gibt die große Familie der *Erica* oder des Heidekrauts, es gibt die entzückende *Andromeda polifolia* (Lavendel- oder Rosmarinheide), die etwas über dreißig Zentimeter hoch wird, wie eine Miniaturkalmie (Lorbeerrose), deren Blüten jede aussehen wie eine winzige Sonnenhaube aus Chintz; es gibt einen hübschen, im Frühling blühenden Strauch mit dem ungerechten Namen *Menziesia ciliicalyx* var. *purpurea*, mit einer tiefrosa Blüte, die im Herbst Farbe ins Beet bringt; es gibt *Gaulnettya Wisley Pearl*, die im Frühling weiße Blüten trägt und später rote Beeren entwickelt; und schließlich möchte ich noch auf *Daphne blagayana* hinweisen, eine meiner Lieblinge, teilweise wegen ihres starken, süßen Geruchs.

Diese Seidelbastart hat lange, holzige Schößlinge, die mit Holznägeln befestigt oder mit Steinen beschwert werden sollten, nachdem man in den Stengel an der Stelle, wo er in den Boden gedrückt werden soll, einen schrägen Schnitt gemacht hat. Dort wird sich im Laufe der Zeit eine seesternförmige Knolle mit einem Umfang von fast einem Meter bilden.

Ich möchte noch auf einige Ideen zurückkommen, die ich aufgeschnappt habe, als ich unterwegs war. Wir lernen sehr viel, wenn wir uns die Gärten anderer Leute ansehen. Mir fielen unter anderem folgende Rosen auf: *Rosa Independence*, mit ihrer schwer zu beschreibenden Farbe, vielleicht ein wenig wie mit Grau leicht bestäubtes Tomatenrot. Sie müßte eigentlich gut zur kupferroten Polyantha-Rose *Fashion* passen, einer sehr wirkungsvollen Rose. Ihr fehlt die Feinheit der *R. Independence*, im Beet oder als Schnittblume macht sie jedoch recht viel her. Inzwischen gibt es eine ganze Bandbreite der kupferrotorangefarbenen Rosen, *Orange Sunblaze* und *Opéra* empfehlen sich gleichermaßen. Wer ein feines, reiches Gelb mit besonders süßem Duft sucht, wird *Fortune's Double Yellow* ebenso hinreißend finden, wie das bei mir der Fall ist. Was ich wirklich für einen Druckfehler halten muß, ist die

Tatsache, daß ihr im Katalog nur ein X für Duft zugebilligt wird, meiner Ansicht nach verdient sie drei.

Es gibt auch die zweifarbigen Rosen, gelb auf der einen Seite des Blütenblattes, rot-orange auf der anderen, was einen außergewöhnlich leuchtenden Effekt hat. Sie ähneln der alten Strauchrose *Austrian Copper*, Rosenzüchtern sehr vertraut, aber oft auch ein Moment der Verzweiflung, da sie für allerlei Schädlinge anfällig ist; aber auch dem umwerfenden Strauch-Kletterer *Réveil Dijonnais*, den ein mir bekannter Gärtner starrköpfig als Revil Die-Johnny bezeichnet. Diese Sorte sollte häufiger gepflanzt werden, denn sie ist äußerst ansehnlich und blüht in regelmäßigen Abständen während des ganzen Sommers. Leider hat sie einen schlimmen Fehler: Sie verbleicht zu einem wahrhaft entsetzlichen kränklichen Zartlila, und wenn Sie keine Zeit haben, um jeden Morgen die absterbenden Blüten zu entfernen, dann sollten Sie lieber darauf verzichten.

Wenn Sie jedoch, so wie ich, die zweifarbigen Rosen lieben und etwas Zuverlässigeres in derselben Farbe wollen als *Austrian Copper*, dann sollten Sie es mit *Sultane* und *Madame Dieudonné* versuchen.

Ich sehe, daß dieser Artikel sich in eine Symphonie aller wilden Abendrottöne verwandelt hat, in eine Art Westhimmel nach einem stürmischen Tag. Die Abendfarben passen im Garten, anders als am Himmel, nicht immer gut zueinander. In einem Garten sollten sie von den Nelken getrennt werden und wenn möglich ihren eigenen

Bereich haben. Ich weiß, daß sich heutzutage nur wenige Gärten diese Extravaganz leisten können, aber ich kann mir doch eine Abtrennung durch eine Hecke vorstellen, hinter der nur das Glühen der blut-orange-gelben Rosen zugelassen wäre.

Seit zwei oder drei Jahren versuche ich, eine Pflanze namens *Tropaeolum polyphyllum* aufzustöbern, die ursprünglich aus Chile stammt. »Aufstöbern« ist in der Tat das richtige Wort, denn sie vergräbt sich so tief im Boden, daß sie einfach nicht mehr wiederzufinden ist. Alle Bemühungen, aus dem Garten einer Freundin, wo sie wie Unkraut gedieh, eine Knolle zu übernehmen, waren vergeblich, sie brach einfach ab, und der Hauptteil der Knolle ist jetzt vermutlich irgendwo halbwegs zwischen Kent und den Antipoden unterwegs. Nun habe ich aber innerhalb einer Woche zwei Anzeigen von zwei verschiedenen Gärtnereien gesehen, eine bemerkt, »aus irgendeinem Grund ist diese Pflanze heute sehr selten geworden«.

Das sollte wirklich nicht so sein, denn diese zur Familie der Kapuzinerkresse gehörende Pflanze ist sehr schön und dekorativ, sie blüht im Juni in langen, kriechenden hellgelben Trompeten, die fast einen Meter aus den graugrünen Blättern herausragen. Ich kann sie nicht schöner beschreiben als einer der sie anbietenden Gärtner: »Sie ist mit ihren graugrünen Blättern und ihren Blütengirlanden von wunderbarer Wirkung.« Das ist wirklich der Fall. Ich muß an goldene Schlangen vor meergrünem Hintergrund denken. Die ideale Pflanzstelle müßte eine mörtellose Mauer in einem Cotswoldgarten sein, wo sie ihre Wurzeln in kühle Spalten schmiegen und ihre Blütengirlanden als goldene Wasserfälle über eine kleine vertikale Klippe dieses schönen Steins schlingen könnte. Sie würde sich aber auch in einem Steingarten gut machen, sie braucht Stein geradezu als Hintergrund und ist deshalb für Beete oder Rabatten nicht so gut geeignet.

Die Moral dieser Vorliebe für tiefes Wurzeln ist, solche Pflanzen von Anfang an tief zu setzen, mindestens dreißig bis fünfzig Zentimeter. Ich stelle mir vor, daß sie wie ihre Verwandte *Tropaeolum speciosum*, die flammenfarbene Kapuzinerkresse, die in Schottland so gut und in England so wenig gedeiht, nichts gegen ab und zu ein wenig Schatten hätte. Machen Sie sich keine Sorgen, wenn sie während des Winters ganz und gar verschwindet; im Frühling taucht sie dann wieder auf. Sie hat außerdem die angenehme Angewohnheit, sich mit allem zu verschlingen, was in der Nähe wächst, und an den überraschendsten Stellen wieder aufzutauchen.

Eine nützliche, im September blühende Klematis ist *Clematis flammula*. Ich würde nicht empfehlen, sie an eine wichtige oder auffällige Stelle zu setzen, ihre vielen kleinen Blüten sind absolut nicht aufsehenerregend, aber an einem groben Schuppen oder Gerätehaus freuen sich Vorübergehende sicher über ihren moderigen Geruch. Für diese Klematis spricht, daß sie auch an Stellen gedeiht, wo es niemals Sonne gibt, selbst an einer grausam dunklen Nordwand bietet sie ein Bild der Zufriedenheit. Es gibt eine blaßrosa Variante, die sich vielleicht besser macht, aber mit dieser habe ich noch keine Erfahrung gemacht.

Ein Punkt oder Ausrufezeichen ist in einem Garten oft von extremer Bedeutung, etwas, das den Blick fängt und die Aufmerksamkeit an eine wichtige Stelle lenkt. Zu diesem Zweck könnte nichts effektiver sein als irische Eibe, deren aufrechte, kompakte Haltung sie zur Zypresse unseres Landes gemacht hat. Sie kann über viele Jahre hinweg so adrett und schlank wie eine Zypresse gehalten werden, wenn ihre Zweige von früher Kindheit an sorgfältig eingebunden werden, bis sie dann ihre endgültige Höhe von sechs Metern und mehr erreicht hat. Schon der sehr junge, noch keine zwei Meter hohe, spitze Baum sieht angenehm erwachsen aus, ein Eindruck, der sicher seiner dunklen Erscheinung und seiner ernsten, aufrechten Haltung zu verdanken ist.

Ist die Geschichte seiner Herkunft zu bekannt, um hier noch einmal wiederholt zu werden? Offenbar fand vor fast zweihundert Jahren ein Mr. Willis auf seinem Pachthof in den Hügeln von Co. Fermanagh Setzlinge einer Variante unserer normalen einheimischen Eibe *Taxus baccata*. Mr. Willis erkannte sofort den Unterschied. Er behielt einen seiner beiden Setzlinge, den anderen brachte er seinem Großgrundbesitzer auf Florence Court, wo dieser bis heute überlebt hat, die matriarchale Ahne aller irischen Eiben, die jetzt in den Baumschulen auf Ihre Bestellung warten.

***

Der gutinformierte Leser mag an dieser Stelle einwenden, daß die ersten jungen Bäume zu Beginn dieses Jahrhunderts wildwachsend in Sussex gefunden wurden, doch niemand wußte, wie sie dort hingekommen waren. Es handelte sich um männliche Bäume, und wer kann wissen, ob sie nicht aus irgendeinem Garten entwischt waren?

Als wichtiger Hinweis für alle, die Eibenbäume oder -hecken in ihrem Garten haben und feststellen, wie eine Art häßlicher schwarzer Ruß ihre Bäume überzieht, möchte ich hier darauf hinweisen, daß diese Infektion sich kurieren läßt, indem man die Bäume im September und März mit einer Mischung aus Lampenöl und Nikotin einsprüht. Ein schuppiges Insekt verbreitet sie, das auf der Unterseite der Blätter als winziger brauner Fleck zu erkennen ist und dessen Exkrement die zu Recht »Rußfäule« genannte Fäule verursacht. Ein befallenes Blatt fühlt sich an wie die Werkzeuge eines Schornsteinfegers. Das Exkrement selber heißt Honigtau – schlimm, daß ein so hübsches Wort eine so unappetitliche Bedeutung angenommen hat.

Die Schuppen sollten so schnell wie möglich verschwinden, und wenn die Eiben schon ernsthaft gelitten haben, müssen sie erst wieder aufgepäppelt werden. Trockenes Blut oder ein spezieller Eibendünger namens Taxus bieten sich an, Sie können aber auch um jede Pflanze im April, Mai und Juni eine Handvoll salpetersaurem Natron und Sand streuen. Das ist aber wohl eher anregend als nährend. Die Mixtur darf keinesfalls Stamm oder Blätter berühren.

Nachdem ich über die irische Eibe geschrieben hatte, fiel mir ein, daß manche durchaus Vorurteile gegen Eiben hegen. Sie assoziieren sie mit Beerdigungen. Das ist natürlich nicht ganz an den Haaren herbeigezogen, Eiben werden nun einmal oft auf Friedhöfen angepflanzt, und gegen Vorurteile lassen sich auch keine Einwände machen. Für alle also, die in ihrem Garten keine Eibe wollen, möchte ich einen Ersatz vorschlagen, den irischen Wacholder *Juniperus communis Hibernica* oder *virginiana Fastigiata*. Er hat die gleiche aufrechte, säulenähnliche Gestalt und macht sich gut als Punkt oder Ausrufezeichen, wie ich sie als Blickfang empfohlen habe, ist aber durch seine blaugrüne und ein wenig leuchtende Farbe weniger streng und düster. Ich mag alle düsteren Bäume, vielleicht weil ich einen Hang zur Melancholie habe; auf jeden Fall mag ich den dunklen Hintergrund, den sie bilden, der mich an italienische Zypressen und spanische Schirmkiefern erinnert.

Wacholder hat viele Vorteile. Zum einen liebt er Kalk, was bedeutet, daß Besitzer von Gärten mit alkalischem, kalkreichem Boden ihn voller Optimismus pflanzen können. Was nicht bedeutet, daß er anderswo nicht wächst. Ich habe einen Kriechwacholder gesehen, der auf Moorboden in Schottland wuchs und sich munter in einer baumbestandenen Gegend unter Gelbbirken verbreitete. Ich nahm einen Arm voll toter Zweige mit nach Hause und benutzte sie als verbrennbare Schürhaken für meinen Kamin, ich schwenkte sie im Zimmer umher wie alte Lavendel- oder Rosmarinzweige, und ihr Geruch war so nachhaltig wie Weihrauch, aber zugleich viel frischer und weniger schwer. Ich hielt diesen Wacholder für *J. horizontalis*, offenbar die einzige Art, die keinen Kalkboden bevorzugt, erfuhr dann aber auf genauere Nachfrage, daß ich es mit dem ganz normalen Wacholder zu tun hatte, der während des Winters von Wild und Kaninchen abgenagt worden war.

Unter den bleichen Gelbbirken zog er sich als wunderschöner, starrer dunkler Teppich dahin. Kleine sickernde Bäche boten natürliche Bewässerung. Ihre Wasser rieselten wie berstende Perlen über die flachen Steine. Sofort wünschte ich mir nicht einen mehr oder weniger gesitteten, sondern einen restlos ungezähmten Garten, umrahmt von wildem Waldland. Ich will mich aber über meinen Garten wirklich nicht beschweren. Er ist eigentlich das, was ich will, und ich bin mit ihm zufrieden, außer in den Momenten, in denen er mich zur Verzweiflung treibt und in denen ich mir einen ganz, ganz anderen Garten ersehne, einen Garten in Spanien, einen Garten in Italien, einen Garten in der Provence, einen Garten in Schottland.

Man kann nicht alles haben und darf nicht zu gierig sein. Und da ich an meinem mehr oder weniger gesitteten Garten hänge, möchte ich den irischen Wacholder allen empfehlen, die sich einen klaren Blickfang wünschen. Ein solcher Blickfang ist von architektonischem Wert und noch in kleinsten Gärten von großer Bedeutung.

Kreuzkraut im üblichen Sinne des Wortes ist ein Gewächs, das eigentlich nur das Entzücken von Kanarienvögeln erwecken kann. Wellensittiche fallen ebenfalls gierig darüber her, die armen Wichte wissen nämlich nicht, daß zuviel Kreuzkraut bei ihnen zum falschen Zeitpunkt die Mauser auslöst. Gärtner rotten die Art, die mit Recht *vulgaris* genannt wird, aus, wo sie nur können.

Kreuzkraut, oder botanisch *Senecio*, ist eine Gattung von reicher Variantenbreite und vielen Eigenheiten. Es gibt mehr als fünfzehnhundert verschiedene Spezies auf der ganzen Welt, was es zur größten bekannten botanischen Familie macht. Es läßt seinen Samen durch Autoreifen und Soldatenstiefel und früher auch in den Futtersäcken von Pferden weitertragen, so daß die Pflanzen einer Spezies, die eigentlich für die Hänge des Ätna gedacht waren, sich heute auch in Bombentrichtern und an Bahndämmen in England finden. In den zentralafrikanischen Gebirgen erreicht das Baumkreuzkraut eine Höhe von mehr als sechs Metern und dominiert damit die Landschaft. Wer Mr. Patrick Synges hinreißendes Buch *The Mountains of the Moon* gelesen hat, erinnert sich sicher an die Abbildungen dieser beunruhigenden Pflanze. Ich finde es beruhigend, daß sie sich in unserem Klima nicht einleben könnte.

Doch es gibt immerhin mindestens zwei für den Septembergarten geeignete Formen von Kreuzkraut. Die eine ist *Senecio clivorum*, auch *Ligularia dentata* genannt. Diese Art ist recht bekannt: Sie hat hübsche Blätter, und ihre Blüten ähneln großen orangefarbenen, sternförmigen Margeriten. Sie ist ziemlich rauhe Verhältnisse gewohnt und wird deshalb zumeist in wilde, vernachlässigte Ecken des Gartens verbannt, vor allem an feuchte Stellen, denn sie liebt Feuchtigkeit, gedeiht aber auch sonst überall, sogar im Schatten. Ich würde sie anspruchsvollen Gärtnern niemals ans Herz legen, aber alle, die im Frühherbst ein wenig helle Farbe mögen, so wie ich, werden sie zu schätzen wissen. Sie verträgt sich gut mit der normalen orange blühenden Montbretie und dem gelben, strauchartigen *Hypericum* (Johanniskraut), mit Fackellilien und einigen Dahlien und Gladiolen. Eine solche Kombination kann wirklich einen umwerfenden Anblick bieten. Ich wünschte, ich hätte mehr Platz, im *Observer*, meine ich, nicht in meinem Garten, dort habe ich mehr Platz, als ich bewältigen kann. Ich lasse mich mitreißen, baue unmögliche Luftschlösser und muß mich zusammenreißen und auf das Wesentliche beschränken.

Das nächste Wesentliche ist *Senecio tanguticum*, eine weitere Kreuzkrautart, die mir ein befreundeter Gärtner mit der Warnung zukommen ließ, daß es sich sehr gern breitmacht. Das fand ich beunruhigend. Ich dachte, es könnte sich auf eine Weise breitmachen, die mir gar nicht lieb wäre. Aber da hatte ich mich geirrt! Ich hätte mich auf den Geschmack meines Freundes verlassen sollen, statt es in eine abgelegene Ecke zu pflanzen. Es ist nämlich wunderschön, mit seinen spitzen Blüten von bestem Buttergelb, es ist elegant und hervorragend für Blumenarrangements im Haus geeignet.

Letzte Woche habe ich zum Anpflocken von *Daphne blagayana* geraten, einer Pflanze, die eine solche Behandlung wirklich verlangt, weil sie sonst verkümmert. Und dabei fiel mir ein, wie befriedigend diese Art der Verbreitung doch sein kann. Ich nehme an, daß alle Nelkenzüchter irgendwann einmal seitliche Ausläufer mit dicken Haarnadeln in eine Sandgrube gelenkt haben, aber Amateurgärtner scheinen oft nicht zu wissen, wie viele Sträucher und Kletterpflanzen sich zum Hervorbringen von

Ablegern eignen. In kurzer Zeit können wir auf diese Weise eine richtige Baumschule aus kleinen, bewurzelten Ablegern zusammenbringen, ohne Kosten und mit sehr geringer Mühe.

Möglich ist das jederzeit, vor allem aber empfehlen sich Herbst und Frühling. Anders als beim Schneiden von Ablegern, bei dem auch den Fachleuten immer wieder einiges eingeht, wurzeln die beim Absenken entstandenen Ableger fast immer. Wie ich es bei *Daphne blagayana* erklärt habe, so wird an der Stelle, wo der Stengel im Boden befestigt werden soll, ein schräger Einschnitt gemacht, dann wird der Stengel mit Erde bedeckt und mit einem Stein befestigt. Noch besser wäre es, einen Blumentopf in ein Loch zu setzen, mit guter Erde zu füllen und die Einschnittstelle hineinzupressen. Wenn der bewurzelte Ableger dann nach etwa einem Jahr von der Mutterpflanze getrennt werden kann, kann der Topf, ohne seinen Bewohner zu stören, aus dem Boden genommen werden, was besonders wichtig ist bei Pflanzen, die auf Störungen gereizt reagieren, wie z. B. die Clematis.

Geißblatt (*Lonicera*) senkt manchmal auf eigene Faust ab, das sollten Sie bedenken, wenn Sie Ihre Vorräte vergrößern wollen. Auch Azaleen werden zumeist auf diese Weise vermehrt, allerdings dauert es seine Zeit, bis eine junge Pflanze eine brauchbare Größe erreicht hat. Es ist nicht immer möglich, einen Trieb zum Boden zu lenken, ohne ihn abzubrechen, doch dieses Problem kann dadurch gelöst werden, daß wir einen Topf auf die benötigte

Höhe bringen, mit Hilfe einer alten Holzkiste zum Beispiel, wobei wir den Topf keinesfalls austrocknen lassen
dürfen. Das ist die leichteste Methode zur Vermehrung
von Magnolien, deren seitliche Zweige zumeist recht
hoch am Stamm ansetzen und oft zu brüchig und zu wenig
flexibel sind.

Ich glaube, die ersten Sträucher mit der Neigung zur
Selbstabsenkung, die meine Aufmerksamkeit erregten,
waren der würzig duftende *Calycanthus occidentalis* (Ge-
würzstrauch) und *C. floridus* (Karolina-Nelkenpfeffer).
Beide empfehlen sich für sonnige Stellen, denn ihre
braunroten Blüten entwickeln sich im Juni und blühen
dann bis in den September hinein. Ich ziehe *C. occidentalis* vor, denn er ist zwar auswuchernder als *C. floridus*, doch
seine Blüten sind röter und die Blätter riechen aromatischer, wenn sie zerstoßen werden. Sie bevorzugen lehmigen Boden, und ich sollte vielleicht noch darauf hinweisen, daß sie für Vieh giftig sind.

Ein leicht sehnsüchtiger Brief bittet mich, Pflanzen für
den Steingarten zu empfehlen, die im August blühen. Meine Leserin muß mir einen gewissen Spielraum zu-
billigen, ich möchte Juli und September ebenso einbe-
ziehen, denn Pflanzen halten sich niemals genau an den
Kalender. Vieles ist situationsgebunden, es kommt auf die
Lage an, die Witterung, die Häufigkeit von Sonnenschein

Calycanthus floridus

und Regen, und es gibt noch Dutzende von anderen wichtigen Faktoren. Wir können nur grob kalkulieren, aber immerhin können wir eine kurze Liste aufstellen.

Ich kann vielleicht erraten, welche Probleme meine Leserin hat. In den frühen Monaten ist ihr Steingarten vermutlich sehr bunt, aber die Farben verblassen, wenn Mai und Juni vorüber sind. Ich fürchte, wenn sie keine sehr erfahrene und kenntnisreiche Gärtnerin ist – doch dann würde sie mich sicher nicht um meinen Rat bitten –, wird sie im Hochsommer niemals dieselbe explosive Farbenpracht genießen können wie im Frühling. Aber sie braucht deshalb nicht den Mut zu verlieren, wenn sie sich mit einigen Stellen zufriedengibt, die sie voller Freude und Stolz betrachten kann, auch wenn die sich nicht mit den Farbseen vergleichen lassen, die ihre Freunde früher im Jahr so lautstark gelobt haben.

Sie grämt sich über die trüben Monate Juli und August. Sie möchte etwas, das ihren Steingarten während dieser Zeit vor noch weitergehender Trübseligkeit bewahrt. Und da gibt es durchaus Hilfe. Es gibt die im August und September blühenden Enzianarten, die ich immer wieder gern empfehle, wenn ihnen kalkfreier Boden geboten werden kann. Es gibt die leuchtend rote *Zauschneria californica* (Weidenröschen), eine hinreißende scharlachrote Kriechpflanze, es gibt die hübsche kleine *Calceolaria biflora* (Pantoffelblume), die sich im Halbschatten besonders wohl fühlt, es gibt die malvenfarbene *Linaria alpina* (Leinkraut), die sich leicht aus Samen ziehen läßt und die zwischen Juni und September ununterbrochen blüht. Die Hängepflanze *Gypsophila repens* (Schleierkraut) mit ihrem rosa Schaum aus winzigen Blüten, die sich in einer grauen Blättermatte fast verstecken, blüht noch tief in den Juli hinein, und das gilt auch für die kleinen Büschel der *Aethionema Warley* (Steintäschel) und die Kissen des röteren *Erinus alpinus* (Alpenbalsam). *Oenothera pumila*, die kleine gelbe Nachtkerze, blüht im Juli, hält aber oft bis zum August durch. *Origanum dictamnus*, der Kretische Dost, ist vielleicht nicht unbedingt eine Steingartenpflanze, aber seine Masse aus lila-rosenroten Blüten zwischen wolligen grauen Blättern ist im August und September doch nicht zu verachten, und eine Pflanze mit einem so romantischen Namen wie Kretischer Dost muß doch unwiderstehlich sein. Das kleine blaue *Allium cyaneum* (Zierlauch) ist elegant und nützlich und paßt meiner Ansicht nach gut zur grasähnlichen *Festuca glauca*, deren metallisch-blaue Fäden fast dreißig Zentimeter hoch zu einer kompakten Dolde zusammenwachsen. Dieses Schwingelgras ist so dekorativ, daß ich nicht verstehe, warum es nicht häufiger angepflanzt wird.

Alle hier erwähnten Pflanzen sind pflegeleicht; doch wenn meine Leserin größeren Ehrgeiz hegt, dann sollte sie es mit *Cyananthus lobatus* oder *C. integer* probieren, beide blau, beide aus dem Himalaya, beide Pflanzen, die hellen, laubreichen Boden oder sandigen Boden verlangen. Sie sind aber nur für Gärtner zu empfehlen, die zu zusätzlicher Arbeit bereit sind.

Schließlich sehe ich keinen Grund, warum sich im Steingarten nicht auch Miniatur-Buschrosen befinden sollten. *Rosa Roulettii* ist vermutlich die bekannteste, doch auch viele andere erhalten sich über eine lange Saison hinweg ihre kleinen perfekten Knospen und ihre Blüten. Und warum nicht *Clematis alpina* pflanzen? Sie macht sich im Frühling am besten, aber im Herbst erwacht sie zu einem zweiten Leben. Diese blaßlila Pflanze kriecht über Steine, klettert aber auch an Hecken empor.

Dieser Artikel richtet sich an die vom Glück begünstigten Bewohner eines freundlichen Klimas: Cornwall, Devon, die schottische Westküste oder Teile von Wales und Irland, denn der blühende Baum, der letzte Woche meine Aufmerksamkeit erregte, ist in Gärtnereikatalogen mit einem dieser unheilschwangeren kleinen Sternchen versehen, das bedeutet: »nicht besonders robust«. Die Rede ist von *Lagerstroemia indica*, manchmal auch Kreppmyrthe genannt, obwohl ihre flauschigen rosa, roten oder weißen Blüten wirklich nichts Kreppartiges an sich haben. Ich weiß nicht, wie es zu diesem unpassenden Namen kommen konnte.

Paternoster- oder Zedrachbaum hingegen paßt genau zu seinem Träger, einem munteren kleinen Baum, der angeblich bis zu zehn Meter hoch werden kann, wenn auch die Exemplare, die ich in Italien am Straßenrand gesehen habe, es höchstens auf vier Meter brachten, gerade so hoch, daß wir sie genießen können, wenn wir unsere Blicke ein wenig heben. Ich empfehle diesen Baum mit einem Hauch von Zurückhaltung, weil ich glaube, daß nur ein vollkommen sonniger Sommer ihn hierzulande zu voller Blüte bringen könnte. Er müßte an einer Wand wachsen, die ihm Schutz und zusätzliche Sonnenwärme geben würde, und dürfte nicht frei stehen, wie in seiner Heimat. Er mag lehmigen Boden und sollte im Winter beschnitten werden.

Was mir außerdem auffiel, war das Mittelmeerheidekraut, *Erica erigena*, das in der ungewöhnlichen Form eines Hochbäumchens gepflanzt wird. Ich fand es lustig, Heidekraut so zu ziehen, als adrettes Bäumchen und nicht als wucherndes Gebüsch. Es stand nicht in Blüte, aber ich konnte mir sehr gut vorstellen, wie es wohl im März und April aussieht: ein Flausch von Rosa auf einem geraden Pfahl. Ein wenig künstlich, gut, aber die Italiener sind ein phantasievolles Volk und lieben jeden Scherz. Ich überlegte mir, daß vier von diesen Hochbäumchen, einer an jeder Ecke eines rechteckigen Blumenbeetes, sich als kleine Wachtposten gut machen müßten, sie brauchen nicht viel Platz und sind, ob sie nun blühen oder nicht, das ganze Jahr hindurch grün. Auch auf den Seiten eines Pfades, der dadurch zu einer kleinen Allee würde, wären sie sicher dekorativ.

Erica erigena hat, anders als die meisten anderen Heidekrautsorten, nichts gegen eine Prise Kalk im Boden einzu-

wenden, obwohl Torf natürlich vorgezogen wird. Wer solchen Boden hat, könnte auch den weißblütigen Baum *Erica arborea* so behandeln; er wird viel größer, über drei Meter
bisweilen, doch er ist ein wenig empfindlich und sollte deshalb für die wärmeren Grafschaften reserviert werden.

Wie unkooperativ Pflanzen doch sind, sie wollen sich
einfach nicht auf unseren Wunsch hin versetzen
lassen. Im Garten von Freunden sehen wir genau die
Pflanze, nach der wir schon lange vergeblich suchen.
Gärtner untereinander sind normalerweise sehr großzügig,
und sofort wird uns ein »bewurzeltes Stück, wenn ich im
Herbst teile« versprochen, doch meistens trifft dieses bewurzelte Stück niemals bei uns ein. Das liegt nicht am
bösen Willen, sondern einfach an purer Vergeßlichkeit.
Wir könnten natürlich hinschreiben und uns in Erinnerung bringen, aber entweder ist uns das doch zuviel Mühe,
oder wir haben die Sache selber vergessen. Wieviel leichter wäre alles, wenn wir das Objekt unserer Begierde sofort
einpacken und mitnehmen könnten.

Manchmal läßt sich das durchaus machen. Erfahrene
Gärtner vertreten die Theorie, daß es weniger eine Rolle
spielt, *wann* wir eine Pflanze versetzen, sondern *wie* das geschieht. Bis zu einem gewissen Punkt stimme ich da zu. Ich
glaube nicht weiter an das Geheimnis der grünen Finger;
ich glaube, jeder Finger, alle acht, oder alle zehn, wenn wir

die Daumen mitzählen, muß auf irgendeine Weise mit dem Informationszentrum in unserem Gehirn verbunden sein. Mit anderen Worten, wir können uns nicht auf einen fröhlichen, optimistischen Instinkt verlassen, der von keinerlei Wissen unterstützt wird. Der erfahrene Gärtner weiß, daß er die soeben freigelegten Wurzeln sofort bedecken muß, und sei es mit einer Seite der Tageszeitung, zum großen Ärger aller, die sie noch nicht gelesen haben. Alles ist besser, als daß die faserigen Wurzeln an der frischen Luft austrocknen. Sie werden sofort bedeckt oder eingewickelt, und der erfahrene Gärtner nimmt auch sein Taschentuch oder reißt einen Hemdzipfel ab, wenn er nichts anderes hat. Ich habe sogar gesehen, wie eine Handvoll feuchtes Gras oder Blätter um die Wurzeln gewickelt und mit Bindfäden befestigt wurden. Dann wird der Gärtner mit seinem Schatz nach Hause eilen und ihn einpflanzen, er wird ihn wässern, wenn er glaubt, der Schatz habe Durst, und auf jeden Fall wird er ihn während der ersten Tage, bis die Pflanze sich erholt hat, vor der Sonne schützen. Ein umgestülpter Blumentopf bietet einen einfachen Schutz für jede kleine Pflanze oder jedes bewurzelte Stück.

Natürlich will ich die Mär von den grünen Fingern nicht gänzlich leugnen. Hinter jeder Sage steckt schließlich ein wahrer Kern. Aber ich bin davon überzeugt, daß die meisten Ammenmärchen über die Oma, bei der einfach alles wuchs, egal, wie sie es pflanzte und wie grob sie damit umsprang, auf gesundem Menschenverstand und sorgfältiger Beobachtung der Natur basierten. Oma hatte bestimmte Grundprinzipien absorbiert, nicht aus Büchern, sondern weil sie gesehen hatte, wie Pflanzen sich verhalten und was sie brauchen. Ihre Wissenschaft hilft uns nicht in jedem Fall, jedenfalls nicht so weit, wie es der modernen Forschung möglich ist, aber immerhin hat sie uns ein gutes Stück weit über den richtigen Gartenweg geführt.

Oktober

Ich würde gern, mit oder ohne Erlaubnis, zwei aufeinanderfolgende Artikel über die Rose schreiben, die heute *Rosa floribunda* genannt wird. Es ist einfach ein zu weites Feld, um es in einen Artikel zu quetschen, denn die Floribundarosen werden sich zweifellos als sehr wertvoll erweisen. Wir kannten sie oder ihre Vorfahren als Polyantha-Rosen, doch unsere Bekanntschaft beschränkte sich zumeist auf die Mitglieder der Poulsen Familie: auf die vielen Töchter namens *Karen, Kirsten, Else* und sogar *Else's Rival*, angeblich eine Verbesserung der Else, was sicher unter den jungen Poulsen-Damen zu allerlei Ärger Anlaß gegeben hat. Schwestern sind nicht immer einer Meinung, und daß ihre Schwester als ihre Rivalin bezeichnet wurde, hat Elsa sicher nicht so leicht schlucken können.

Die Poulsens gelangten bald zu großer Beliebtheit. Kein neuer Villengarten war ohne sie denkbar. Sie hatten ihre Qualitäten, ihre unleugbaren Qualitäten. Sie blühten ununterbrochen und sahen sehr gut aus. Und wie gut sie aussahen! Hellrosa, hellrot, sie waren so unumgänglich, wie sie allgegenwärtig waren. Wir sahen sie überall, bis wir diesen Anblick restlos satt hatten. Wir sind jetzt über sie hinaus und verfügen über eine weitaus größere Auswahl.

Die Floribundarosen weisen alle Qualitäten der alten

Polyantha-Rosen auf, haben aber dazu noch einige neue erworben. Wenn Sie sie noch nicht ausprobiert haben, dann sollten Sie das sofort nachholen. Wie gesagt, ich werde zwei Artikel schreiben, der erste behandelt die einfarbigen. Wenn Sie ein reiches Rot wünschen, dann sollten sie *Frensham*, *Dusky Maiden*, *Betty Prior* und *Alain* pflanzen. Soll es ein schönes Gold sein, dann nehmen Sie *Goldilocks*, ist eine große rosa Blüte gefällig, dann empfiehlt sich *August Seebauer*, die mir eine Überraschung lieferte, als sie im Juni explodierte und dann weiter ihre wunderbaren Blüten produzierte, die sich mit den graugrünen Blättern des strauchigen kalifornischen Mohns *Romneya coulteri* vermischten, eine perfekte Kombination von rosa und grau. *August Seebauer* ist nicht so bekannt, wie sie es verdient hätte, deswegen möchte ich sie Ihnen ganz besonders ans Herz legen.

Und wo ich schon von den einfarbigen Floribundarosen rede: Es gibt auch noch die kleine *Fashion*, deren spitze krabbenrosa Knospe einfach entzückend ist. Doch ebenso entzückend ist sie, wenn die Knospe sich zu einer niemals vulgären, leicht duftenden weiten Blüte öffnet. *Fashion* ist ein Herzchen, eine Floribundarose für alle, die bei einer Rose Form, Farbe und Feinheit zu schätzen wissen.

Rosa floribunda › Betty Prior ‹

Und hier möchte ich meine Bemerkungen über die Floribundarosen fortsetzen. Letztesmal habe ich mich auf die einfarbigen Rosen beschränkt, die dunkelroten, die rosa, die gelben, und meinen seltsam krabbenrosa kleinen Liebling *Fashion*. Heute möchte ich einige der ausgefallenen Mischungen vorstellen, die ebenfalls zu dieser Art gehören.

Masquerade zum Beispiel. *Masquerade* scheint inzwischen recht bekannt zu sein, was mich nicht überrascht. Sie ist ein wahrer Blickfang mit ihren dicken rosa, roten, gelben und orangefarbenen Blütendolden, alle am selben Stengel und zur selben Zeit, so, als könne sie sich nicht entscheiden, welche Farbe ihr die liebste ist, weshalb sie alle auf einmal ausprobieren möchte. Das Resultat ist farbenprächtig wie eine Flagge: Man hat schon fast das Gefühl, daß sie in den stolzen heraldischen Begriffen von gülden und herzblutfarben prangen solle, statt in schnödem Gelb und Rot. Sie ist von energischem Wuchs und scheint gegen viele der Probleme, mit denen andere Rosen zu kämpfen haben, immun zu sein, gegen Mehltau und Stockflecken und die restlichen Mitglieder des scheußlichen Stammes von Sporen und Blattläusen, die wir in ihre Schranken weisen müssen. In *United Nations* findet *Masquerade* eine Gefährtin. Ich mag *United Nations* nicht so sehr, aber ich kann sie doch empfehlen. Sicher hat sich irgendein Spötter für diese Rose mit den vielen Farben einen solchen Namen ausgedacht.

Vor vielen Jahrhunderten wurden in Persien drei verschiedenfarbige Rosen auf einen Strauch aufgepropft, aber ich kann meinen knapp bemessenen Raum hier nicht an diese romantische Geschichte vergeuden.

Ich möchte statt dessen auf einige der Floribundarosen zurückkommen, die wir jetzt bestellen und mit Erfolg in unseren Gärten anpflanzen können. Nämlich auf die *Pinocchios.* Ich stelle sie mir immer als eine Familie aus Vätern und Söhnen vor, so, wie die Poulsens für mich eine Familie von Schwestern sind. Fragen Sie mich nicht, warum. Es gibt *Pinocchio* persönlich, rosa, mit dichten Blütendolden. Er hat eine zentrale Blüte, um die sich viele kleinere Blüten drängen, so wie Küken um die Henne, nur ist er eben ihr Vater und nicht ihre Mutter. Er trägt zu Recht den Namen *Pinocchio,* was auf Italienisch »Tannenzapfen« bedeutet, und das läßt doch an etwas liebevoll Verpacktes denken, zum Ankuscheln, wie Papa (oder sollte ich sagen, Babbo) Pinocchio das für seine Familie ist. Er hat einen Sohn namens *Lavender pinocchio,* braunlila, wie ein Bluterguß am dritten Tag. Manche finden ihn morbide, ich mag ihn sehr, aber ich habe eben einen ausgefallenen Geschmack. *Yellow pinocchio* ist ein fröhlicherer kleiner Sohn, ein munterer Knabe, gegen den niemand etwas haben könnte. Und es gibt auch eine weiße jungfräuliche Tochter, ich habe sie noch nicht gesehen*, aber sie klingt so entzückend wie ihre beiden Brüder. Sie heißt *White pinocchio.*

---

* Das hat sich inzwischen geändert, und ich finde sie hinreißend.

Wir nutzen unsere höheren Stockwerke längst nicht gut genug aus. Das Erdgeschoß ist eben der Boden, die gute flache Erde, die wir mit allen Pflanzen vollstopfen, die wir haben möchten. Wir pflanzen auch einige Kletterer, die die Fenster des ersten Stocks erreichen, und wir legen andere vielleicht über einen Laubengang, aber damit endet zumeist unsere Phantasie. Wir vergessen zu leicht, daß die Natur auch noch höhere Gefilde anbietet, die wir mit langen Girlanden erreichen können. Diese Girlanden bestechen durch ihre durchscheinende Schönheit, wenn sie in der Luft baumeln.

Was ich damit meine, kurz gesagt, sind Pflanzen in Bäumen:

Efeu (*Hedera*) zum Beispiel. Ich liebe den anhänglichen Efeu, der sich als dunkle, nachlässige, staubige Masse voller alter Vogelnester, die dringend ausgemerzt werden sollten, an die Wände klebt. Wie Milton zu Recht bemerkt hat, verdorrt Efeu niemals. Und sein aufdringliches staubiges Immergrün geht uns dann nur noch auf die Nerven. Ich würde vorschlagen, statt dessen eine andere Efeusorte um einen Baum zu legen, wo es weißgrün oder goldengrün locker von den Zweigen hängen und im Licht fast durchscheinend wirken kann. Ich weiß, mir wird jetzt vorgehalten werden, daß Efeu Bäume erstickt, und vielleicht muß ich mir auch anhören, daß nur eine Giraffe etwas von diesem Anblick hätte, aber ich möchte diese Empfehlung trotzdem loswerden.

Und wir müssen uns durchaus nicht auf Efeu beschränken. Wuchernder Wein bietet sich ebenfalls an. Die riesigen, wappenförmigen Blätter des *Vitis coignetiae*, die im Herbst zu einem tiefen Rosa werden, verblüffen uns durch ihre reiche Karneoltönung, zierlich geädert und rosig wie die gespitzten Ohren eines Schäferhundes. Falls Ihnen Farbe im Juni-Juli lieber ist als im Oktober, dann gibt es noch den erstaunlich energischen Kletterer *Actinidia kolomikta* (Kiwi), der mit einem rein grünen Blatt anfängt, das dann weiße Streifen und eine rosa Spitze entwickelt und Betrachter verwirrt, die diese Färbung für eine neue Form von Krankheit halten. Katzen mögen diese Pflanze, und ich auch, obwohl ich keine Katzen mag.

Je mehr sorgfältig gepflegte Gärten ich sehe, um so mehr geht mir auf, wie wichtig diese Pflege ist. Die Größe des Gartens hat damit nichts zu tun; groß oder klein spielt keine Rolle, solange Liebe und Wissen vorhanden sind.

Die meisten unter uns Amateurgärtnern neigen dazu, eine Pflanze zu setzen und sie dann ihrem Schicksal zu überlassen, was sehr oft zum Tod der Pflanze und zu unserer Enttäuschung führt. Gute Gärtner, die Gärtner, die wissen, was sie tun, geben sich sehr viel mehr Mühe. Sie bereiten erst den Boden vor, sorgen dafür, daß er zu der Pflanze paßt, die er aufnehmen soll; später sehen sie immer wieder nach ihr, geben ihr in trockenen Zeiten zu trinken, verwöhnen sie während der ersten Monate ihres jungen Lebens, pflegen sie in ihren mittleren Jahren und vernachlässigen sie nicht einmal dann, wenn sie ein reifes Alter erreicht.

Ich habe zum Beispiel festgestellt, daß abgemähte Grashalme durchaus nützlich sein können. Sie werden als dünne Decke über Beete gestreut. Dünn muß diese Decke sein, denn wenn sie zu dick ist, wird es darunter zu heiß, deshalb sollte sie nicht mehr als fünf oder sieben Zentimeter messen. Solche Decken haben einen dreifachen Vorteil: Sie halten Unkraut fern, sie speichern Feuchtigkeit, und sie fügen dem Boden Humus zu, wenn sie verrotten und ihre Substanz in die Erde zurückkehrt, aus der sie stammen. Fast keiner Pflanze im Garten ist nicht mit einer solchen Decke gedient – sie empfiehlt sich für blühende Beete und blühende Bäume, für krautartige Pflanzen in Rabatten, für Rosen, für alles und jedes. Nur Lilien bilden eine Ausnahme.

Im Herbst sollte der Boden unbedingt bedeckt werden. Mit Lauberde und Kompost ... ich weiß, daß sich am Kompost die Geister scheiden. In der Theorie bestreitet niemand seinen Wert, aber viele meinen, daß er viel zuviel Mühe und Zeit verlangt. Ich weiß auch, daß ich in meinem eigenen Garten noch keinen perfekten Kompost aus dem Bilderbuch erzeugt habe; ich habe noch nicht einmal meinen Gärtner veranlaßt, einen anzulegen; wie sollte ich da also widersprechen? Kompost sollte aus den richtigen Zutaten bestehen und wissenschaftlich einwandfrei wie ein riesiges Butterbrot in Schichten aufeinander gelegt werden, er muß umgedreht und gewässert und gelüftet werden; aber da die meisten Gartenbücher Anleitungen darüber geben, brauche ich das hier nicht zu wiederholen.

Wenn Sie keinen Kompost haben, dann sind auch Knochenmehl oder Huf und Horn im Herbst zu empfehlen. Einige Hände voll lassen sich leicht verteilen und sind ein wirklicher, langsam wirkender Nährstoff, kein Stimulans. Heftige Stimulantien sind oft auch gefährlich, sie rufen ein rasches Wachstum hervor, während die Pflanze langsam von unten her aufgebaut werden muß und wir keine sofortige, dramatische Wirkung erwarten sollten, sondern eine, die wir erst nach Monaten bemerken werden.

Bei kurzfristigen Dingen, wie den Setzlingen von Einjährigen, können Sie dagegen einen Dünger verwenden, der »ihnen auf die Sprünge hilft«.

Das sind nur einige kurze Überlegungen zu einem weitreichenden Thema. Das Prinzip jedoch bleibt immer dasselbe: Sie können von Ihrem Boden und Ihren Pflanzen nicht erwarten, daß sie Ihnen ihr Bestes geben, wenn Sie keine Gegenleistungen erbringen. Das gilt für Gärten ebenso wie für zwischenmenschliche Beziehungen.

Und ansonsten wünschte ich mir, ich hätte einen riesigen Komposthaufen von der Farbe eines üppigen, dunklen Schokoladenkuchens, den ich in Schubkarrenladungen verteilen könnte.

W ährend wir uns überstürzen, um in letzter Sekunde die Sträucher zu bestellen, die wir uns in den längst vergangenen glücklichen Monaten Mai und Juni notiert hatten, sollten wir auch an den Prestonflieder *Syringa Prestoniae* denken, ehe es zu spät ist.

Ich muß zugeben, daß ich nichts über Miss Isabella Preston aus Ottawa weiß, ich kenne nur ihren Namen, ihren Ruhm als Flieder- und Lilienzüchterin und die aufregenden Kreuzungen, die ihr zwischen *Syringa villosa* und *Syringa reflexa* gelungen sind. Ich wünschte, ich wüßte mehr. Sie muß eine großartige Gärtnerin sein, eine wahre Spezialistin, die ihr ganzes Leben ihrer Arbeit widmet – wie beneidenswert, einen solchen Entschluß zu fassen, wie weise, sich auf ein Fach zu konzentrieren und alles darüber zu wissen, statt sich wie Konfetti über hunderttausend Dinge zu verstreuen und zu verzetteln. Solche Gründlichkeit und solcher Wissensreichtum führen uns zurück ins Mittelalter, als noch die Muße gepflegt wurde. Ich stelle mir Miss Preston als eine Dame mit einem großen Strohhut vor, die mit einem Paket von Etiketten, einem Notizbuch und einer Hasenpfote an einem Bambusstab umherschreitet.

Möglicherweise ist das ganz falsch, aber mein Eindruck von Miss Prestons Flieder ist jedenfalls nicht falsch. *Elinor*, 1951 mit einem Award of Merit ausgezeichnet, ist ein wunderschöner Strauch mit großen, aufrechten Rispen in tiefem Rosa, die sich zu einem bleicheren Farbton öffnen, wie es in der gesamten Fliederfamilie üblich ist. Bisher habe ich in meinem Garten nur *Elinor* angepflanzt, so daß ich mich eigentlich über andere nicht äußern kann; doch die ebenfalls mit einem Award of Merit ausgezeichnete *Isabella* wird viel gelobt, und das gilt auch für *Hiawatha*, rötlich-lila zu Anfang, später von blassem Rosa.

Alle Preston-Hybriden sollen energisch wachsen und gelten als so robust, wie man das bei dem rauhen Klima, aus dem sie stammen, ja auch erwartet. Ob Ihnen der alte Gartenflieder mit seinen im Regen triefenden Dolden lieber ist, oder ob Sie die lässige Eleganz der Preston-Hybriden den fetten Quasten mit ihrem vagen Geruch vorziehen, den wir mit unserer Kindheit assoziieren, müssen Sie selber entscheiden.

Sie sind nicht billig, aber eine gute Investition in unser zukünftiges Vergnügen. Und wir sollten doch niemals eine vernünftige Ausgabe für etwas scheuen, das uns über Jahre hinaus wachsende Freude bringen wird? Eine Flasche Whisky ist bald leer und kostet mehr als zwei oder drei Pflanzen von dauerhafter Schönheit.

Für den Amateurgärtner gibt es wirklich kein amüsanteres Spielzeug als ein kleines Gewächshaus. Es braucht nicht unbedingt beheizt zu werden, wenn man sich mit Pflanzen zufriedengibt, die die winterlichen Fröste nicht scheuen, deren zarte Blütenblätter aber von heftigem Regen oder Hagel zerstört werden. Solche Pflanzen

gedeihen besser unter Glas, diesem durchsichtigen Balda-
chin, der Licht passieren läßt, die unfreundlichen Fluten
von oben jedoch aussperrt.

Sicher haben inzwischen viele Besitzer solch kleiner
Gewächshäuser daraus eine Art Alpenhaus gemacht und
sie mit Schalen winterblühender Zwiebeln wie dem kleinen Krokus und früher Iris gefüllt. Es gibt so viele davon,
sie sind so leicht zu ziehen und bieten in den dunklen
Tagen einen entzückenden Anblick. Im Mittwinter ins
Gewächshaus zu gehen und diese eleganten kleinen Gewächse in voller Blüte auf den Regalbrettern stehen zu
sehen bedeutet für uns einen großen Schritt auf den er-
sehnten Frühling zu und wiegt uns in dem Glauben, die
kalten, toten Monate lägen bereits hinter uns.

Die flachen Schalen, die solche Schätze enthalten können, sollten jetzt unverzüglich gefüllt werden. Machen Sie
nicht meinen Fehler vom letzten Jahr, nämlich die Krokusse zu geizig zu setzen. Ich hatte gedacht, sie würden
hübscher aussehen, wenn sie mehr Entfaltungsfläche hätten, aber das war ein Irrtum. Sie müssen dicht aneinander
gequetscht werden, so dicht wie das überhaupt nur möglich ist, Zwiebel an Zwiebel oder wie die Heringe in der
Tonne. (Ich rede hier natürlich von der Spezies Krokus in
ihren Hybriden, nicht vom normalen Gartenkrokus). Die
kleinen Irissorten andererseits, zum Beispiel *Iris reticulata*,
brauchen ausreichend Platz, um in voller Freiheit ihre
hübschen Köpfe erheben zu können. Ihre Zwiebeln sollten
mindestens zwei Zentimeter auseinander gesetzt werden.

Krokus und Iris bieten sich an, um uns im Winter Freude zu bringen, aber ich würde auch gern noch etwas empfehlen, das unter Glas im Mai entzückend aussieht. Wir haben im Mai allerdings im Freien eine solche Blumenfülle, daß wir uns nicht auch noch mit einer Topfpflanze abgeben mögen. Aber hier erfolgt trotzdem meine Empfehlung. Es geht um eine Orchidee namens *Pleione pricei*. Orchidee, das klingt schwierig und teuer und weit außerhalb unserer Reichweite, aber diese hier ist leicht und ein schöner Anblick für Augen, die zu sehen wissen. Sie wächst auch im Freien, in einer Nische des Steingartens, denn sie ist äußerst robust. Aber Regen und Hagel sind nicht gut für sie und zerstören die Blüten, die gerade dann ihren Höhepunkt erreichen, deshalb ist es angeraten, sie in einem Topf oder einer Schale zu ziehen. Sie stammt aus Formosa, mag eine Mischung aus Lauberde, Sand, Lehm und Torf und darf niemals austrocknen.

Wenn dieser Artikel erscheint, bin ich hoffentlich weit weg, in dem wunderschönen Teil Frankreichs, in dem die Dordogne, der Lot, der Tarn und die Ariège fließen, aber ehe ich aufbreche, möchte ich noch einem schnellen, wenig verwendeten Kletterer meine Reverenz erweisen, dem Hopfen (*Humulus*). Hier in Kent, wo ich wohne, gibt es riesige Hopfengärten, und zwischen der letzten August- und der dritten Septemberwoche genießt und erleidet unsere Grafschaft die Cockney-Invasion von Hopfenpflückern, ebenso pittoresk wie die Traubenlese in südlichen Ländern. Doch leider holt die Modernisierung auch dieses altehrwürdige Fest ein, und inzwischen reißen auf vielen fortschrittsfreundlichen Höfen riesige Geräte von der Größe der Dreschmaschinen die zarten Blüten mit Krallen aus scharfem Stahl von ihren Ranken.

Aber darüber wollte ich eigentlich gar nicht schreiben. Ich wollte Besitzern einer groben, vielleicht einer Dornen- oder Liguster- oder überhaupt jeglicher alter Hecke, die sich nur mit Kosten und Mühe ausgraben lassen würde, vorschlagen, sie mit einer ansehnlichen und ungewöhnlichen Pflanze zu tarnen, die während des Sommers durch die Hecke hindurch und über sie hinweg wächst – und warum nicht zum Hopfen greifen? Einige Hopfenpflanzen tauchten kürzlich per Zufall in einer solchen Hecke in meinem Garten auf, und ich habe sie voller Freude willkommen geheißen. Freiwillig hätte ich sie nicht gepflanzt; sie kamen von selbst, und dafür bin ich ihnen sehr dankbar.

Ich möchte nun ihre guten Eigenschaften aufzählen:

1) Sie wachsen so schnell wie alle kletternden Einjährigen, zum Beispiel die Prachtwinde *Morning Glory* oder *Cobaea scandens* (Prachtglocke).

2) Anders als diese beiden sind sie keine Einjährigen, sondern winterhart, weshalb sie jedes Jahr von neuem in die Höhe schießen.

3) Sie können über eine Laube gelegt werden, sie kön-

nen Lücken schließen, während wir darauf warten, daß begehrtere Kletterer sich entwickeln; ich kann mir sogar vorstellen, daß ein nur mit Hopfen umrankter Laubengang einen sehr schönen Anblick bieten würde. Hopfenblätter sind äußerst elegant, die Blüten dagegen sind von derselben Schönheit wie eine hängende Dolde Muskattrauben, zugleich jedoch sind sie weniger schwerfällig.

4) Sie können aus den getrockneten Blüten Hopfenkissen machen, was eine gute Hilfe bei Schlaflosigkeit ist.

5) Schließlich, oder vielleicht hätte ich diese Information an die erste Stelle setzen sollen, können Sie im März oder April junge Hopfenschößlinge abpflücken und als Gemüse verwenden. Das schadet den Pflanzen wirklich nicht, denn jede Hopfenwurzel entwickelt wesentlich mehr Schößlinge, als sie tragen kann, die überflüssigen müssen also ohnehin weggeschnitten werden. Und diese werden einfach weggeworfen, was eine Verschwendung ist, doch nur wenige englische Hausfrauen oder Köche wissen, daß sie geschmacklich frischem Spargel ähneln.

Es war schon zu spät im Jahr, um auf meiner Reise in den Bergen oder in Italien viele wilde Blumen zu finden, aber immerhin waren in Frankreich die Wiesen vom Herbstkrokus zart lila gefärbt, während Wälder und Hänge im Apennin schüchterne rosa Sprenkel von Alpenveil

chen zeigten. Es war verlockend, an vermeintlich gras-
grünen Hängen vorbeizufahren, an denen das Gras sich
bei genauerem Hinsehen als solider Teppich aus *Gentiana
acaulis* darstellte. Ich traf mit einer Tasche voller Samen,
Zwiebeln und Knollen in der Toskana ein; weiß der Himmel, ob sie im nächsten Jahr in England zur Blüte bereit
sein werden und als was sich einige von ihnen entpuppen
werden; doch zumindest eine leuchtende Blume brachte
sich mir in Erinnerung und schien sich darüber beschweren zu wollen, daß sie in unseren Gärten nicht häufiger
anzutreffen ist. Es handelt sich um *Sternbergia lutea*, den
gelben Goldstern. Sie arbeiten nicht, auch spinnen sie
nicht, aber sie sind von großer Schönheit, wie sie sich
unter den schwarzen Zypressen, die das Bild des fernen
Florenz einrahmen, als goldener Teppich dahinziehen.

Sternbergia lutea läßt sich leicht mit dem Krokus verwechseln. Aber der Goldstern ist weder ein Krokus noch
eine Lilie, trotz seiner biblischen Assoziation; er gehört
zur Amaryllis-Familie. Er ist von strahlendem Gelb, sieht
lackiert aus wie eine Butterblume, und erhebt sich kro-
kusähnlich über seinen engen Blättern. Er mag reichen,
kiesreichen, gut entwässerten Boden und so viel Sonne
wie möglich. Er möchte nicht gestört werden, er möchte
sich als Wurzelballen jahrelang entwickeln und hierzulande dabei im Winter ein wenig Schutz durch Farn oder
alte Blätter genießen. In englischen Gärten ist er schon
seit alter Zeit aufzufinden, erstmals erwähnt wurde er zur
Regierungszeit Karls I. von John Parkinson; Parkinson be-

zeichnete ihn als »Große Herbstosterglocke«, aber natürlich ist er ebensowenig eine Osterglocke wie ein Krokus oder eine Lilie. Ich werde ihn immer so vor mir sehen, als goldenes Leuchten auf einer Florentiner Terrasse, unter den Zypressen, die die Kuppel des Duomo und den Turm des Palazzo Vecchio einrahmen, romantisch, in Flutlicht getaucht, der Lilienturm von Florenz.

Wie sehr doch die zu Terrassen angelegten Hügel des Südens unseren Neid erregen, denn es gibt nur wenige angenehmere oder befriedigendere Arten der Gärtnerei als diese. Die Pflanzen können zwischen den kühlen Steinen ihre Wurzeln in den Boden stecken und dort selbst in einer trockenen Phase jeden Tropfen Feuchtigkeit aufspüren, während sie vorne an der Mauer ihr Gesicht in die Sonne halten können. Ich schreibe das hier in Spanien und wünschte mir, ich könnte auch nur ein Stück einer solchen groben Mauer mitnehmen, die vermutlich viele hundert Jahre alt ist, jetzt, wo die Reblaus den Wein und der Frost des letzten Februars fast alle Oliven vernichtet haben, ist sie ein trauriger Anblick. Die Oliven treiben schon wieder neu aus, aber es wird wohl zehn Jahre dauern, bis sie wieder reichlich tragen werden.

Sternbergia lutea

Die Zeit ist gekommen, um die empfindlichen Topfpflanzen für den Winter unter Dach und Fach zu
bringen. Sie haben uns während der Sommermonate
soviel Freude gemacht, diese Töpfe mit duftenden efeu-
blättrigen Pelargonien, die ganz lässig an unseren Ein-
gangstüren oder in allerlei Ecken unseres Gartens standen, so daß wir morgens ein Blatt abzupfen und es in die
Tasche oder ins Knopfloch stecken konnten. Ich weiß
wirklich nicht, warum hierzulande nicht häufiger Topfpflanzen verwendet werden, vor allem in kleineren Gärten, in denen alle Fläche genutzt werden soll. Es ist so
leicht, einen Topf hinzustellen, er braucht wenig Platz und
macht wenig Mühe, schließlich muß er nur ausreichend
oft gegossen werden.

Cottage- und Dorfbewohner scheinen sich in dieser
Hinsicht auszukennen und wahrhaft grüne Daumen zu haben. Sie haben Pflanzen auf der Fensterbank, die jahrelang gedeihen, ohne Licht oder Zuwendung, so sieht es
jedenfalls aus. Wir sollten uns alle ein Beispiel an den
Dörflern nehmen und mehr Topfpflanzen ziehen, die im
Sommer draußen stehen können und die wir dann ins
Haus holen, sowie der Frost droht. Dann können sie in
einem normal beheizten Zimmer auf der Fensterbank stehen, das reicht, um sie vor dem Erfrieren zu bewahren.

Jetzt ist auch die richtige Zeit, um Ableger von allen
Lieblingssträuchern zu nehmen, um unseren Vorrat zu
ergänzen. So ein Kindergarten aus kleinen bewurzelten
Pflanzen, die munter vor sich hin wachsen und darauf war-

ten, ausgepflanzt oder weggegeben zu werden, hat etwas sehr Befriedigendes. Sie entwickeln sich am besten in kleinen Töpfen oder Rahmenbeeten, bei denen es sich um nichts Ausgefeilteres handeln muß als um eine flache Holzkiste, die wir mit Glas oder Folie bedecken, bis die Wurzeln sich entwickelt haben. Sie können sich allerlei Mühe sparen, wenn Sie sich einen ablegerfreundlichen Kompost zulegen, der in jeder Gärtnerei oder Baumschule zu haben ist. Sie können ihn allerdings auch selber aus einem Teil Lehm, zwei Teilen Torf und einem Teil Sand herstellen. Dieser Kompost ist vor allem für jene Ableger geeignet, die unter Glas gezogen werden sollen, aber Sie werden feststellen, daß viele Ableger auch im Freien Wurzeln entwickeln, wenn Sie sie *sehr fest* (das ist wichtig) in einen flachen Graben setzen, den Sie mit einem Spatenstich herstellen, und den sie dann mit grobem, scharfem Sand füllen. Sie dürfen bei dieser rauheren Methode nicht erwarten, daß aus jedem Ableger etwas wird, aber es lohnt sich selbst dann noch, wenn fünfundzwanzig von hundert überleben.

Und, nebenbei, eine Flasche eines Hormonpräparates kann Ihre Ableger mühelos anregen, die erwünschten Wurzeln schießen zu lassen.

Zwei Sträucher mit erstaunlich langer Blütezeit sind *Colutea arborescens* und *Colutea media*, die Blasensträucher. Sie haben fast den ganzen Sommer hindurch üppig geblüht und sind Mitte Oktober immer noch sehr dekorativ. Ich ziehe übrigens letzteren vor. C. *arborescens* hat gelbe Blüten; aber obwohl *media* vielleicht auffälliger ist, passen sie gut zusammen und ergänzen sich farblich. Elegant gewachsen mit ihren langen Zweigen voller akazienähnlicher Blätter, auf witzige Weise behangen mit den blasenhaften Samenkapseln, denen sie ihren englischen Namen verdanken (Blasensennes), erinnern die hellen kleinen Blüten an Schwärme von geflügelten Insekten. Sie sind ungeheuer pflegeleicht, fühlen sich an einer sonnigen Stelle am wohlsten und können auch einen trockenen Hang verkleiden, an dem kaum andere Pflanzen gedeihen würden. Auch gegen kargen, steinigen Boden haben sie nichts einzuwenden. Sie sind leicht zu ziehen, entweder von Ablegern oder von Samen, und sie behalten ihr graziöses Aussehen, wenn sie im Februar vielleicht zehn Zentimeter über dem alten Holz beschnitten werden.

Es gibt auch *Colutea orientalis*, aber ich muß zugeben, daß ich nie ein entsprechendes Exemplar gesehen habe. Es hat die gleichen kupferroten Blüten wie C. *media*, eine Hybride von *arborescens* und *orientalis*, aber angeblich geizt es mit seinen Blüten und besticht vor allem durch seine graugrünen Blätter. Man könnte alle drei ausprobieren, vor allem an einer rauhen Stelle. Ich weiß, daß sie unter anspruchsvollen Gärtnern nicht gerade als die erste Wahl gelten. Spielt das eine Rolle? Ich finde sie ausgesprochen elegant, und alles, was bis Mitte Oktober blüht, kann ohnehin mit meiner Dankbarkeit rechnen.

Ich muß noch ein Wort der Entschuldigung hinzufügen. Vor Jahren habe ich in einem Artikel *Colutea arborescens* erwähnt, damals hatte ich ihn bei Bekannten im Garten gesehen. Ich beschrieb seine Blüten als bronzefarben. Aber in Wirklichkeit sind sie doch gelb. Sicher lag bei mir damals eine Verwechslung mit *Colutea media* vor. Ein dummer Fehler, und ich hoffe, wer ihn entdeckt, wird mir verzeihen.

Übrigens handelt es sich nicht um die Sorten, aus denen Sennesblättertee gemacht wird. Kinder können sie also ohne Mißtrauen betrachten und werden nur wenig Ermunterung brauchen, um die Samenkapseln platzen zu lassen. Das macht genausoviel Spaß wie bei Fuchsien.

Wenn Sie im Herbst Farbe im Garten haben möchten, dann sollten Sie sich jetzt die lodernden Büsche und Bäume ansehen und Ihre Wahl treffen. Im Frühling und Sommer neigen wir dazu, die Herbsttage zu vergessen, doch wenn sie sich dann einstellen, mit ihrer Melancholie und ihren Spinnweben, die so elegant und geometrisch gezeichnet von den Hecken hängen, dann sind wir doch der Fackel eines kleinen Baumes oder dem leisen Glimmen der Azaleen- und Päonienblätter nur zu dankbar. Ich finde, diese Farben sollten sich auf einen Bereich des Gartens konzentrieren, am besten ein Stück entfernt, damit sie von den Fenstern aus als wildes, blutrotes Gewirr erscheinen.

Ein Besuch in der nächstgelegenen Gärtnerei kann viele Anregungen liefern. Ich selber würde als Hintergrund, wie schon einmal erwähnt, Hahnenweißdorn setzen, *Crataegus crus-galli*, davor dann die Scharlacheiche, *Quercus coccinea*, sie wächst langsam, prangt aber im Oktober/November in prachtvollem Rot. Wenn ich dann noch Platz hätte, würde ich dahinter *Koelreuteria paniculata* pflanzen; mit der Zeit wird daraus ein hoher Baum, der in unseren Gärten nur selten zu sehen ist und der um diese Jahreszeit eine verblüffende Pyramide aus rosa, gelb und grün bildet. Vor das alles würde ich *Prunus sargentii* setzen, einen kleinen, hübschen Baum mit seinen rosa Blüten im Frühling, der im Herbst, wenn seine Blätter rot werden, noch reizvoller wird, vor allem dann, wenn Sie ihn an eine Stelle pflanzen, an der die frühe Morgensonne oder die späte Nachmittagssonne ihn bescheint und die Blätter durchscheinend aussehen läßt. Das ist sehr wichtig, finde ich, und alle Gärtner, die für den Herbst pflanzen, sollten daran denken: Es macht sich einfach gut, wenn Blätter im Sonnenlicht durchscheinend wirken. Ich würde schließlich ganz vorn noch eine Reihe von Herbstfarben setzen, kleine Bäume wie den torfliebenden *Disanthus cercidifolius*, dessen kleine runde Blätter wie Goldmünzen nach unten hängen; *Cornus kousa*, *Acer griseum* (Ahorn), *Nandina domestica*, *Euonymus alatus* (Pfaffenhütchen), ein äußerst leuchtendes Rosa; *Cotinus obovatus*, der Perückenstrauch, und den niedrigen, abgerundeten Busch *Berberis thunbergii*. Als Unterlage für die Front empfiehlt sich die entzückende kleine stachelige Rose *R. nitida*, die einen Teppich aus schwarzroten Blättern und Stengeln bildet, aus der Ferne vielleicht kein überwältigender Anblick, aus der Nähe jedoch sehr hübsch und ungewöhnlich.

An dieser Stelle möchte ich Mr. George Russell, der kürzlich im Alter von vierundneunzig Jahren verschieden ist, meine Reverenz erweisen. Mit zehn Jahren fing er als Gärtnerlehrling an und hat seither viele Jahre seines Lebens der Züchtung der Art gewidmet, die wir als Russell-Lupine kennen, mit ihrem bemerkenswerten Farbenspektrum, das sich von dem alten monotonen Blau so weit entfernt hat. Er muß ein reizender alter Herr gewesen sein. Ich bin ihm nie begegnet, aber er schrieb mir häufiger und schickte mir seine Gedichte. Ich wünschte, ich könnte sagen, seine Gedichte wären ebenso gelungen wie seine Lupinen.

Mein geschätzter Kollege, der Ex-Züchter und kühne Pflanzensammler Mr. Clarence Elliott, in der Gartenwelt berühmt, hat offenbar eine Aversion gegen das Unkrautjäten. Diese Aversion gilt nicht für von ihm behutsam und taktvoll durchgeführtes Jäten, sondern für die rücksichtslose und willkürliche Ausmerzung jeglicher Vegetation, die in einem kindlichen Stadium vom Aushilfs- oder sogar vom Profigärtner nicht erkannt wird. Kreuzkraut und Vogelmiere, oder auch die Setzlinge manch wertvoller Primel, alle fallen sie der Hacke zum Opfer, und alle wandern sie dann auf den Abfallhaufen. Das, wie Mr. Elliott zurecht anmerkt, verhindert auf effektive Weise jegliches erwünschte Überleben. Er findet kein gutes Wort für die Verwendung der Hacke, er möchte lieber mit der Hand und seinem Lieblingswerkzeug, dem Pflanzenheber jäten. Ich stimme ihm manchmal aufs erbittertste zu. Aber wir können nur einen kleinen Bereich mit der Hand vom Unkraut befreien, mehr Zeit haben wir nicht. Was also ist zu tun?

Eine Antwort auf diese Frage wäre, daß der Gärtner erst an die Arbeit gehen darf, wenn wir selber durch unseren Garten gegangen und neben jede selbstgesäte Pflanze, die wir behalten wollen, ein Stöckchen in den Boden gesteckt haben.

Ich möchte ein praktisches Beispiel anführen. Der sehr gewöhnliche, aber in meinen Augen wunderschöne *Cotoneaster horizontalis* (Felsenmispel) sät sich selber voller Begeisterung aus und sucht sich dafür die seltsamsten Ecken. Kleine dunkelgrüne Fischgrätpflanzen lugen überall hervor und scheinen ein besonderes Talent dafür zu haben, sich die Stellen auszusuchen, wo sie am besten zur Geltung kommen, an die wir sie jedoch nie im Leben gesetzt hätten. Ein solcher kleiner Setzling tauchte einmal im rechten Winkel einer Eibenhecke auf, und ich ließ ihn stehen. Jetzt bildet er zu Füßen der Eibe einen wunderschönen grünen und scharlachroten Fächer, den jeder ordnungsliebende hackenschwingende Gärtner, wie Mr. Elliott sagen würde, verabscheuen würde, doch mir ist er wirklich ans Herz gewachsen.

Es bedeutet schon etwas, solche Setzlinge vor der Vernichtung bewahrt zu haben. Ich habe noch sehr viel mehr *Cotoneaster horizontalis* bewahrt, »kleiner Dreck, nur zum Wegwerfen geeignet«, und zwischen Azaleen an einer sanften Böschung gepflanzt. Sie haben zwei oder drei Jahre gebraucht, um eine gewisse Wirkung zu entfalten, aber jetzt breiten sie sich aus und sehen unter den flammendroten Azaleenblättern wunderschön aus. Ein rot- und großblättriger Wein klettert gegenüber an einer Mauer hoch, und darüber färbt eine Reihe *Prunus sargentii* sich rosa; es ist alles ungeheuer üppig und rötlich.

Ich möchte einige Bemerkungen über die Bibernell- oder Schottischen Rosen machen, sie sind so unglaublich hübsch, gefleckt und marmoriert, ein- und zweifarbig, und außerdem sind sie sehr pflegeleicht. Wie Mr. Edward Bunyard bereits erwähnt hat, gibt es keine bessere Bedeckung für eine trockene Böschung, denn diese Rosen werden den Boden nicht nur mit ihrem dichten Wurzelgeflecht binden,

Herbstlaub mit dem roten Blatt in der Mitte: Prunus sargentii

sie werden sich auch unterirdisch verbreiten und immer wieder als kleine dornige Dschungel oder Dickichte zum Vorschein kommen und dadurch Unkraut abhalten. Sie sind ideale Pflanzen für kargen, erschöpften Boden oder für windige Stellen, an denen höhere, weniger zähe Gewächse nicht überleben könnten. Zu ihren Qualitäten gehört weiterhin, daß sie eine bezaubernde kleine Hecke ergeben können. Ihr einziger und zugegeben schwerwiegender Nachteil ist, daß sie nur einmal pro Jahr blühen, aber ihre Blätter bieten einen schönen Anblick, und wenn wir für diese Rose eine rauhe Ecke finden, zum Beispiel die von Mr. Bunyard erwähnte Böschung, dann können wir ihnen ihre nur so kurze Blütenexplosion im Juni doch verzeihen.

Aber es gibt eine Ausnahme zu dieser Regel der kurzen Blütezeit, nämlich *Stanwell perpetual*. Diese Rose ist nur eine halbe Schottische, nämlich eine Hybride von Schottischer und Damaszenerrose oder möglicherweise auch *R. gallica*; ich stelle mir gern vor, daß sie etwas von der *gallica* in sich hat, schließlich haben Frankreich und Schottland immer einen seltsamen Hang zueinander gehabt, das zeigt sich an ihrer Pfefferstreuer-Architektur und an bestimmten Ausdrücken, die aus der einen in die andere Sprache übergegangen sind: *Ne vous fachez pas*, dinna fash yoursel', und was Gerstenzucker oder *sucre d'orge* angeht, so könnte ich darüber ganze Artikel schreiben.

Aber das nur nebenbei. Hier soll es schließlich um die Rose *Stanwell perpetual* gehen. Ich habe diese bescheidene Rose, die das Adjektiv *perpetual* wirklich verdient hat,

sehr lieb gewonnen. Es ist leicht, sie im großen Blumen-
meer des Frühsommers zu übersehen, doch jetzt im Oktober, wenn wirklich jede Blume kostbar ist, bin ich ihr
dankbar, weil sie mir ihre muschelrosa, stark duftenden,
mit Engelsgeduld hervorgebrachten Blüten anbietet, die
zu meiner Freude in einem Glas auf meinem Tisch ihre
Aufgabe sehr elegant erfüllen und die mein Zimmer mit
einem so feinen Duft erfüllen, daß er mich sofort an-
haucht, wenn ich die Tür aufmache.

Stanwell perpetual wird größer als die durchschnittliche
Schottische Rose, nämlich bis zu einem Meter fünfzig. Sie
ist eine Hybride, wie gesagt. Miss Nancy Lindsay, einer Expertin für alte Rosen, zufolge, hat sie noch einen anderen
Namen, nämlich *R. Victorian Valentine*. Dieser Name läßt
an alte Valentinskarten denken – aber wie dem auch sei,
ich fordere Sie wirklich auf, in Ihrem Garten *Stanwell
perpetual* zu pflanzen, im Oktober wird diese Mühe sich
bezahlt machen.

Eine Art Stift im leuchtendsten Orange fiel mir ins
Auge, er war halb verborgen hinter einer Dolde *Berberis thunbergii*, die in etwa dieselbe Färbung angenommen
hatte. Beide entfalteten im Sonnenschein des Spätnach-
mittags eine außergewöhnliche Strahlkraft. Ich konnte
mich nicht mehr erinnern, ob ich sie ganz bewußt nebeneinander gepflanzt oder ob ein glücklicher Zufall sie

zusammengeführt hatte. Genaueres Nachsehen ergab weitere »Stachel«, dreiseitige, weitgeöffnete Samenkapseln, in denen dicke Beerendolden zu sehen waren.

Es handelte sich um unsere einheimische *Iris foetidissima* in ihrem Herbstgewand. Unsere andere einheimische Iris ist die gelbe Ufer-Schwertlilie *I. pseudacorus*. Niemand würde *I. foetidissima* wegen ihres Namens pflanzen, der übersetzt »Stinkiris« bedeutet und dem unangenehmen Geruch zu verdanken ist, der beim Zerreiben der Blätter entsteht. Es besteht jedoch kein Grund, Blätter zu zerreiben, was ein müßiger Zeitvertreib ist, und wenn uns das lieber ist, können wir diese Iris Gladdon- oder Gladwyn-Iris oder sogar Roastbeef-Pflanze nennen. Einige Etymologen halten Gladdon oder Gladwyn für Verballhornungen von *Gladiolus*, da zwischen den schwertförmigen Blättern durchaus eine Ähnlichkeit besteht; aber ich wüßte zu gern, wie sie zu ihrem Roastbeefnamen gelangt ist.

Ihre Blüten sind klein, von trüber Malvenfarbe, sie sind weder wertvoll noch charmant, und pflücken sollten wir sie auch nicht, denn wir pflegen sie wegen ihrer Samenkapseln. Nicht, daß sie sehr viel Pflege brauchte, und außerdem gehört sie zu den liebenswerten Pflanzen, die auch im Schatten gedeihen. Die Mühseligen und mit schattigen Gärten oder schwierigen überschatteten Stellen Beladenen werden an dieser Stelle sicher aufhorchen. Die Samenkapseln machen sich im Haus schön als Dekoration im Spätherbst oder Winter, denn die Samen fallen nicht heraus, wenn die Samenkapseln platzen, und sie halten sich in einer Vase sehr lange. An einem trüben Abend bieten sie unter einer Tischlampe einen schönen, warmen Anblick. Miss Gertrude Jekyll schlug vor, den Strauß zuerst mit dem Kopf nach unten zu hängen, und ich glaube, daß sie damit recht hatte; sie hatte meistens recht und liebte ihre Experimente.

Ich möchte nun nicht behaupten, daß die orangefarbigen Beeren der Gladdon-Iris einen verfeinerten Strauß ergeben oder Blumenliebhaber mit elegantem Geschmack ansprechen; sie sind so grob, wie sie auffällig sind, sie sehen aus, als habe ein zufriedenes Kind sie nach nachmittäglichem Streifzug durchs Wäldchen ins Haus gebracht. Aber ihre leuchtende Farbe ist willkommen, ihre Grobheit läßt sich durch einige Zweige ihrer Gefährtin, der Berberitze, mildern. Und billig ist sie noch dazu.

Oft wird gegen viele der modernen oder »verbesserten« Varianten alter Blumen eingewandt, sie hätten ihren Duft verloren. In manchen Fällen ist dieser Vorwurf angebracht, in anderen nicht. Ich möchte in diesem Artikel auf die Gartenwicke eingehen. Jetzt ist dafür der richtige Zeitpunkt, denn im Oktober können wir noch die Samen in einem Topf aussäen, wenn wir sie im kommenden Frühling auspflanzen wollen.

Die eigentliche Wicke, *Lathyrus odoratus*, klein, mit

einer Kapuze und durchaus nicht mit besonderer Schönheit oder Farbe versehen, wurde 1699 von einem Pater Cupani an Dr. Robert Uvedale geschickt, dem Direktor der Grammar School von Enfield, Middlesex. Über Pater Cupani weiß ich nichts; Dr. Uvedale, Schulmeister und Gärtner, scheint ein richtiges Original gewesen zu sein. Er besaß eine schöne Sammlung von ausländischen Pflanzen, die nach seinem Tod 1722 an Sir Robert Walpole verkauft wurden, der sie für seinen Garten in Houghton in Norfolk haben wollte. Über Dr. Uvedale heißt es, daß »seine Blumen von erlesener Qualität waren, er züchtete sie auf methodische und kuriose Weise«. In seiner Sammlung befand sich auch die spanische Wicke, in Süditalien und Sizilien heimisch, die ich hierzulande gern wieder in größeren Umlauf bringen würde.

Zweifellos bieten die *L. grandiflorus* und *Spencer-Hybriden* ein breiteres Farbenspektrum, größere Solidität und längere Stiele, aber ihnen fehlt der Duft, dem sie ihren englischen Namen »sweet pea« (süße Erbse) verdanken. Im Vergleich mit dem bescheidenen kleinen Wildling haben sie in dieser Hinsicht wirklich keinen Grund zum Prahlen. Wir müssen zugeben, daß die wilde Wicke nicht weiter auffällig ist, ihr Rosa und Lila ist reichlich verwaschen, und die einzelnen Blüten sind klein, doch sie sind von einer gewissen raffinierten Eleganz, und der Duft eines halben Dutzends nebeneinander ist verblüffend.

Leider finde ich sie in keinem einzigen Katalog.

Sogar mein Lieblingszüchter, der über dreitausend Artikel auflistet und bei dem die seltsamsten Pflanzen zu finden sind, hat mich in diesem Fall enttäuscht. Das scheint nach der heißen Empfehlung ein entmutigend negativer Schluß zu sein, und ich kann nur vorschlagen, daß eventuelle Bekannte in Italien (oder Spanien, wo diese Wicken ebenfalls wachsen) gebeten werden sollten, per Post ein Päckchen Samen zu schicken. Natürlich empfiehlt sich der Versuch nicht, sie an einer Bohnenstange wachsen zu lassen und alle Seitentriebe zu unterdrücken, sie müssen an verzweigtem Erbsenreisig wild wuchern dürfen, in einer ungenutzten, aber sonnigen Ecke des Küchengartens.

Am Ende ihrer Blütezeit säen sie sich selber, wodurch der Bestand gesichert ist. Ich weiß genau, daß sie hier auf unseren Inseln Fuß fassen und daß ihr Samen reift, denn ich habe sie ziemlich weit in Norwegen in einem privaten Garten gesehen und kann voller Freude berichten, daß ich eine großzügige Handvoll mitgebracht habe, die hoffentlich im nächsten Sommer in meinem Garten Blüte tragen wird.

Die Blätter verfärben sich, und wenn es bis zum Erscheinen dieses Artikels bereits den ersten Frost gegeben hat, dann sind viele von ihnen bereits verschwunden. In manchen Jahren ist ihre Schönheit flüchtig, aber wenn sie auch nur für eine Woche leuchten, dann lohnt es

Lathyrus odoratus

sich wirklich, Bäume und Sträucher zu pflanzen, die in ihrem plötzlichen Auflodern so verwirrend an das erste Leuchten des Sommers erinnern.

Von unseren einheimischen Bäumen verfärbt sich als erste die Wild- oder Vogelkirsche. (Ich sollte vielleicht das Wort »einheimisch« dadurch erweitern, daß sie möglicherweise vor zweitausend Jahren von den Römern bei uns eingeführt worden ist, aber nach zweitausend Jahren fragt sicher niemand mehr nach den Einbürgerungspapieren.) Wir brauchen nicht weiter darauf hinzuweisen, wie schön die Wildkirsche im Frühling aussieht, mit ihren großen weißen Bäuschen, die aussehen wie der Rauch einer Lokomotive, die aus unerfindlichen Gründen mitten im Wald unterwegs ist. Ihre Herbstfarbe ist nicht weniger sensationell, doch sie fällt nicht ganz so sehr auf, denn die Oktoberblätter der Waldbäume Eiche, Buche und Kastanie umgeben sie noch immer mit ihrem schweren Grün, so daß wir sie nur aus der Nähe oder aus der richtigen Fernperspektive entdecken.

Nur wenige können sich leider einen so großen Garten leisten, daß Fernperspektiven überhaupt möglich sind. Die Tage der Landschaftsgärtnerei großen Stils sind vorbei, die Tage von Repton und Capability Brown, und unsere größten Hoffnungen liegen nun in der Bepflanzung der Straßenränder, die den Behörden obliegt. Aber wir könnten es uns doch weiterhin leisten, unsere eigene Wildkirsche an eine ausgesuchte Stelle in die West- oder Ostecke des Gartens zu setzen. Ich sage Ost oder West, weil die rötlichen Blätter dann entweder Morgen- oder Abendlicht einfangen, Sonnenaufgang oder Sonnenuntergang. Wenn wir bedenken, daß die Wildkirsche ein einheimischer Baum ist und damit aus ihren eigenen Wurzeln wächst, ohne gepfropft werden zu müssen, dann kostet sie in Baumschulen erstaunlich viel, doch tatkräftige Landbewohner finden oft in Wäldern oder Hecken große Setzlinge oder Wurzelschößlinge, die den Wurzeln eines reifen Exemplars entspringen, und verpflanzen sie ohne Kosten und mit nicht allzugroßer Mühe. Über diese Mühe können sie sich mit der Vorstellung hinwegtrösten, daß ihr Wildling eine Lebenserwartung von mehr als einem Jahrhundert hat.

Das soll nun aber nicht als Aufruf verstanden werden, unsere Landgebiete ihrer wilden Pflanzen zu berauben, sondern vielmehr als Aufruf, die Wildlinge vor dem frühen Tod durch die Hände von Bauern und Holzfällern zu retten.

Die Vogelkirsche oder *Prunus avium* darf nicht mit der Traubenkirsche verwechselt werden, obwohl ihr lateinischer Beiname »von Vögeln« bedeutet. Die Traubenkirsche ist *Prunus padus*, wild ist sie eher im Norden als im Süden Großbritanniens anzutreffen. Es gibt auch eine kultivierte Form der Traubenkirsche: *P. padus Watereri*. Sie besitzt einen, wie meine Nase mir sagt, seltsam honigartigen Duft.

November

Vor kurzem bin ich in meiner Kolumne auf das figürliche Beschneiden von Bäumen eingegangen. Ich rechnete mit vorwurfsvollen Briefen, daß Eibe zu teuer und zu langsamwüchsig für den durchschnittlichen Gartenbesitzer sei. Deshalb möchte ich heute auf eine billigere und schnellere Möglichkeit eingehen, eine Hecke zu erlangen, die sich zu Figuren beschneiden läßt. Meinem heutigen Vorschlag fehlt die dunkle Würde der Eibe, aber er hat dafür seinen ganz eigenen Charme, auf französisch heißt er sogar so. Die Rede ist von der Hainbuche (*Carpinus*).

Hainbuche ist relativ billig und empfiehlt sich für Bewohner eines kalkreichen Bodens, denn wie ihre botanische Verwandte, die Buche, findet die Hainbuche einen alkalischen Boden geradezu angenehm. Buchen sind teurer und wachsen langsamer. Hainbuche und Buche behalten den Winter über ihre braunen Blätter, im Frühling stoßen die jungen grünen Blätter ihre vertrockneten Eltern dann vom Zweig.

Unsere Freunde und Nachbarn, die Franzosen, verwenden die Hainbuche auf höchst phantasievolle Weise. Sie lassen sie als gerade, aufrechte Bäume wachsen, mit einem Stamm und einer flachen, tischartigen Spitze. Sie amüsieren sich damit, Hainbuchen zu immer neuen Formen zu beschneiden. Sie haben vielleicht nicht denselben Erfolg mit ihren Blumen wie wir, denn sie sind niemals über das alte viktorianische System des Auspflanzens hinausgekommen, aber sie haben auf jeden Fall ein besseres Gespür für Design als wir, auch wenn ihre geraden Linien und Perspektiven nicht unbedingt den unordentlicheren und weniger disziplinierten englischen Geschmack befriedigen. Einmal habe ich jedoch in einem Märchengarten in Fontainebleau eine wunderbare Verwendung der Hainbuche gesehen, die die Strenge des Entwurfs mit suggestiver Poesie zu verbinden schien. Es war ein perfekter Hainbuchenkreis, vielleicht sieben Meter hoch, ein Kreis, in dem jeder dritte Baum fehlte, wohingegen die Kronen sich oben begegneten, so daß der Ring in regelmäßigen Abständen durchbrochen war, was eine Art Arkade ergab, durch die immer wieder der sie umgebende Garten wie eine Überraschung zu sehen war. Dieses Rahmenwerk gab ein Gefühl von Weite und lieferte eine ganze Bilderserie, die die Besucherin anregte, hindurchzuwandern, um zu entdecken, was dahinter lag.

Die alte Redensart trifft eben zu: »Die Italiener bauen ihre Gärten, die Engländer pflanzen ihre Gärten, die Franzosen entwerfen ihre Gärten.«

Ich habe schon angekündigt, daß ich diese Woche über blühende Hecken schreiben würde. Dabei wollte ich vor allem auf die Rosenhecke eingehen, aber das ist ein ganz besonderes Thema, das eine Liste von passenden Varianten verlangt, die meinen Platz hier sprengen würde. Einige Berberitzen ergeben wunderbare Hecken, die im Frühling orange oder gelb blühen und im Herbst dunkle Beeren tragen, außerdem sind sie dornig genug, um die meisten Eindringlinge abzuhalten, und sie können so oft oder so selten beschnitten werden, wie wir das für richtig halten. *Berberis drawinii*, *B. stenophylla* und *B. gagnepainii* werden am häufigsten empfohlen, doch wenn Sie etwas Außergewöhnlicheres suchen, dann gibt es auch noch die leuchtend orangerote *B. linearifolia*. Diese Variante jedoch wächst ziemlich langsam.

Der *Pyracantha* oder Feuerdorn besticht weniger durch seine Blüten als durch seine Beeren, diese jedoch bieten im Herbst einen großartigen Anblick. *P. rogersiana*, *P. angustifolia* und *P. Lalandei* empfehlen sich alle, alle sind ausreichend und grausam bewaffnet. Unter den *Cotoneastern*, unbewaffnet, aber beerentragend, gibt es *C. franchettii*, der nur selten beschnitten werden muß, und *C. simonsii*, der härter beschnitten werden sollte, was aber den Verlust eines Teils der Beeren bedeutet. *Chaenomeles*, zumeist *japanica* benannt, läßt sich als Hecke pflanzen. Ich würde auch gern eine Hecke aus *C. cathayensis* sehen, denn der ist sehr dornig, seine jadegrünen Früchte sind ein guter Blickfang, und man kann Marmelade daraus kochen.

Wenn Sie eine lässige, wenig förmliche Hecke möchten, die nur zur Zierde und nicht als Absperrung gegen Vieh und kleine Jungen dienen soll, dann bieten sich viele blühende Sträucher an. *Forsythia intermedia* zieht einen goldenen Strich, ebenso die einfache *Kerria japonica* (Ranunkelstrauch), die viel heller und eleganter ist als die gefüllte Variante, die wir in alten Gärten so oft sehen. Flieder und der süßduftende *Philadelphus coronarius* (Falscher Jasmin) wachsen als Hecken wie als Einzelexemplare; sie verbreiten sich gern und nehmen deshalb viel Platz weg, dazu entwickelt Flieder noch Wurzelschößlinge, falls Sie nicht dafür sorgen, daß er auf seinen eigenen Wurzeln steht; *Hypericum patulum*, eine Art Johanniskraut, vor allem die Varianten *forestii* und *henryi*, hat eine sehr lange Blütezeit und nichts gegen ein wenig Schatten einzuwenden. Die Deutzien können ebenfalls ein wenig Schatten vertragen und sind im Juni von entzückendem Weiß und Rosa, sie dürfen jedoch nicht beschnitten werden, sonst gibt es in der nächsten Saison keine Blüten. Zum Glück werden sie nicht sehr groß oder unordentlich.

In den südlichen Provinzen Frankreichs kommen wir nicht auf viele gute Ideen für den nördlichen Garten; das Klima ist zu anders, nicht nur, weil viele Pflanzen bei uns nicht überleben könnten, sondern auch, weil der starke Sonnenschein Farbgruppen wunderschön aussehen läßt, die bei uns zu Hause nur wie die Auspflanzungen in öffentlichen Parks aussehen würden. Scharlachsalbei, Blumenrohr und sogar Begonien glühen in einer Intensität, die ihr Wesen wirklich zu verändern scheint.

Mir ist aber trotzdem eine neue Verwendung einer sehr alltäglichen Pflanze aufgefallen, die ich zuerst für unseren alten Freund, den Wilden Wein* *Ampelopsis veitchii* hielt. Ich habe ihn immer schon für einen hübschen Burschen gehalten, denn im Herbst wird er so rot wie der schönste Ahorn. Allerdings dürfen wir ihn nicht vor einer roten Ziegelmauer sehen. Hier im Süden sah ich ihn frei wachsen, er fiel in Kaskaden über eine Terrasse oder wand sich durch einen dunkelgrünen Baum, um dann in langen, lockeren, scharlachroten Strängen weiterzuschweben. Wenn man ihm seine Freiheit läßt, ist er von so umwerfendem Rot wie die rote Kapuzinerkresse, die in Schottland wuchert, während sie sich in England oft so zurückhaltend gibt. Ich kann mir vorstellen, wie er eine Stechpalme umkränzt oder vor den Zweigen eines *Quercus ilex* (Steineiche) hängt, wenn Sie das Glück haben, einen ausgewachsenen zu besitzen, oder wie er seinen Weg durch eine grobe Dornenhecke sucht. Oft finden wir bei solchen Hecken eine sehr hoch gewachsene Stechpalme – ich glaube, auf dem Land lebt noch immer der alte Aber-

---

* Das war ein großer Irrtum, ich hatte nicht genau genug hingesehen. Ich hätte daran denken sollen, daß Wilder Wein haftet, während es sich hier um ein lockeres, wanderndes Gewächs ohne Klebepolster handelte.

glaube, daß es Unglück bringt, eine Stechpalme auf Heckenhöhe zu stutzen. Auf jeden Fall würde eine Pyramide aus Scharlachrot und Grün aufleuchten wie eine Fackel, vor allem, wenn die tiefen Strahlen der Herbstsonne sie treffen.

Ich habe bereits auf den Vorteil einiger dunkler Bäume als Gastgeber für Kletterer hingewiesen, denn für mich ist die Kombination von Dunkelgrün und Leuchtendrot eine der wirkungsvollsten in der Natur, aber ich erinnere mich an einen Wilden Wein, der sich in die Zweige einer hohen Gelbbirke vorgekämpft hatte. Da hing er dann, blaßrosa und durchscheinend, vor der Eleganz des weißen Baumes. Sicher war er aus irgendeinem Garten entwischt, denn niemand hätte ihn doch hier am Waldrand gepflanzt.

Auch mit einigen Zierweinen wäre das möglich, mit *Vitis coignetiae* oder *Vitis vinifera Brant*. Sie wachsen frei und werden deshalb vor allem über Lauben und Bogengänge gelegt, wo ihre schönen rosigen Blätter frei hängen können und das Maximum an hellem Licht erhalten, das sie brauchen und verlangen. Hierzulande wird Zierwein nicht oft genug genommen, weil wir noch nicht gelernt haben, ihn so wachsen zu lassen, wie er den meisten Nutzen bringt. Ich könnte mir vorstellen, daß er locker und unbehindert hängen darf, so, wie er sorglos in meiner geliebten Ecke von Südwestfrankreich Terrassen und Brüstungen von Schloßruinen überwuchert.

Ab und zu wird irgendeine maßgebliche Monographie über eine Art oder eine Pflanzenfamilie veröffentlicht, die für Fachleute wertvoll und für Amateure interessant ist. Eine solche Monographie teilt den Fachleuten alles mit, was sie zu wissen überhaupt nur wünschen können, während der Amateur wesentlich mehr erfährt, als er überhaupt beherzigen kann. Der Amateur sollte sich von Begriffen wie Zytologie, Morphologie, Klonen oder Chromosomen nicht beunruhigen lassen – er kann einfach darüber hinweglesen und sich das suchen, was er wirklich über die Geschichte und Zucht seiner Lieblingsblumen wissen möchte.

Ich denke hier an Schneeglöckchen und Märzenbecher. Wir alle lieben Schneeglöckchen, es ist eine sentimentale Liebe, die bis in unsere Kindheit zurückreicht. Damals schauten sie tapfer aus dem Schnee und rechtfertigten damit ihren französischen Namen *Perce-neige*, aber vielleicht wußten wir nie viel mehr über sie, außer der Tatsache, daß wir sie im Januar pflücken konnten, wenn es ansonsten wenig zu pflücken gab.

Wenn wir mehr darüber erfahren möchten, können wir jetzt das Buch *Snowdrops and Snowflakes* von Sir Frederick Stern konsultieren. Sir Frederick arbeitete an diesem Buch zunächst zusammen mit dem verstorbenen Mr. E. A. Bowles. Zwei bedeutende Experten taten sich zusammen, um ein Buch herauszugeben, das sich wohl kaum übertreffen läßt und das Fachleuten und Amateuren gleichermaßen Informationen bietet. Ich möchte einige der weniger

Vitis coignetiae an einer Mauer im Garten von Sissinghurst

technischen Auskünfte anführen, die ich immer so faszinierend finde.

Es ist zum Beispiel seltsam, daß Shakespeare niemals Schneeglöckchen erwähnt hat, wo er doch sein Werk sonst so gern mit den Namen unserer schlichten Blumen schmückte. Und doch ist das gemeine Schneeglöckchen, *Galanthus nivalis*, aller Wahrscheinlichkeit nach in Großbritannien heimisch, während es zugleich weit durch die Geographie verbreitet ist und von Spanien, Frankreich, Italien und den Balkan bis nach Rußland gelangt ist. (Ich wüßte gern, ob es in Warwickshire jemals wild gewachsen ist oder noch wächst.) Sir Frederick kommt zu der überzeugenden Annahme, daß es in der Elisabethanischen Zeit als Weißes Knollenveilchen bekannt war, ein Name, der sich in der Poesie nun wirklich nicht sehr gut macht. Anscheinend kam die Bezeichnung Schneeglöckchen erst fünfzig Jahre nach Shakespeares Tod auf. Es gab auch noch andere schöne Namen wie Weiße Damen, Februarmilchmädchen oder Lichtmeßglocken, niemals jedoch Milchblume, obwohl der botanische Name *galanthus* sich vom griechischen γαλα (gala) ableitet, was Milch bedeutet. Es gibt viele Varianten, und es mag überraschen, daß zumindest drei davon im Herbst und sogar schon im September blühen. Ich ziehe allerdings meine Schneeglöckchen zur üblichen Zeit vor, also im tiefen Winter.

Sie machen nicht viel Arbeit, wir müssen nur bedenken, daß die am häufigsten vorkommende Form, *nivalis*, in einigen Gegenden besser gedeiht als in anderen, vor allem in Schottland und den nördlichen Grafschaften. Ich neh-me an, es ist allgemein bekannt, daß man die Zwiebeln ausgraben, wenn nötig teilen und neu pflanzen sollte, wenn die Blüten anfangen zu verwelken. Versetzen Sie sie schnell, und lassen Sie sie nicht in Kontakt mit tierischem Dünger kommen: Das hassen sie.

Als ich letzte Woche über Schneeglöckchen geschrie-ben habe, war plötzlich kein Platz mehr für die ihnen so eng verwandten Märzenbecher oder *Leucojum*. Ich finde, wir pflanzen bei weitem nicht genug Märzen-becher an. Sie sind so hübsch und viel größer als die Schneeglöckchen, denn ihre Glocken hängen im Früh-ling in einer Höhe von sechs Zentimetern über ihren bin-senartigen Blättern. Gott möge mir vergeben, in jüngeren Jahren grub ich in einem verlassenen Garten, den ich ret-ten wollte, eine ganze Kolonie aus. Damals wußte ich ihre Schönheit nicht zu schätzen und versetzte sie rücksichts-los in eine abgelegene Ecke, wo glücklicherweise einige noch bis heute überlebt haben. Sie waren besonders schöne Exemplare, wenn die Kolonie auch heftigst über-bevölkert war, und sie hätten lange vor meinem Ein-greifen vereinzelt werden müssen. Wir begehen wirklich schockierende Missetaten, wenn wir es nicht besser wis-sen.

Ich weiß es jetzt ein bißchen besser und möchte nicht

ohne *Leucojum aestivum* sein, vor allem nicht ohne die als Knotenblume bekannte Variante. Sie blüht im April oder Mai, was ziemlich irreführend ist, da *aestivum* Sommer bedeutet. *Leucojum vernum* dagegen macht seinem Adjektiv alle Ehre, da es wirklich im Frühling blüht, oft schon im Februar oder März. Es macht sich sehr gut im Steingarten oder einfach im Gras. Es ist eine sehr pflegeleichte Pflanze, die sich in Sonne und Schatten gleichermaßen wohl fühlt und auch nichts gegen kalkreichen Boden einzuwenden hat. Wie das Schneeglöckchen sollte es ausgegraben, geteilt und neu gepflanzt werden, wenn die Blüten zu verwelken beginnen. Das klingt seltsam, schließlich werden wir immer aufgefordert, die Blätter erst gelb werden und absterben zu lassen, ehe wir die Knollen ausgraben. Schneeglöckchen und Märzenbecher jedoch verhalten sich ganz anders. Sie möchten ausgegraben werden, wenn die Blätter noch grün sind, dann werden sie geteilt und als junge Wurzelballen neu gesetzt.

Leucojum autumnale ist ein ziemlich mickerig aussehendes Gewächs, ihm fehlt die Solidität von *vernum* und *aestivum*. Es gilt als zäh, aber ich habe trotzdem keine Lust, mich mit ihm abzugeben, wir haben unsere Vorurteile und müssen dabei bleiben. Ich möchte aber auf jeden Fall die Frühlings- und sogenannten Sommermärzenbecher heiß empfehlen, die nicht besonders viel kosten und sich durch ihre jährliche Vermehrung wirklich bezahlt machen, was allerdings für viele Zwiebeln gilt.

Die Mispel ist nicht gerade eine Frucht, die mir am Herzen liegt; wenn sie gegessen werden kann, hat sie eine viel zu große Ähnlichkeit mit einer verfaulenden oder »schwammigen« Birne. Aber wir können sie einkochen, und der kleine Baum ist auf jeden Fall für den Garten von Wert, denn in einem freundlichen Herbst zeigen die Blätter ein wunderschönes buntes Gesprenkel, rosa, gelb, grün und braun, und dazwischen hängen die rostbraunen Früchte, die mich immer an diese knotigen Objekte erinnern, die an den dreschflegelartigen Handwaffen der mittelalterlichen Kriegführung mit Lederriemen befestigt sind.

Doch obwohl ich die Mispel als Frucht nicht weiter liebe, kennt meine Zuneigung zur Kirschpflaume oder dem Katappenbaum (*Terminalia catappa*) keine Grenze. Ich wünschte, sie ließe sich viel häufiger anpflanzen. Von ihr kann ich wirklich nur Gutes sagen. Sie wächst schnell; im Frühling ist sie mit ihren weißen Blüten ein wahrer Augenschmaus, sie gelangt zu größter Schönheit, wenn im Mittsommer ihre Früchte reifen und ihre Zweige unter deren Gewicht fast bis auf den Boden hängen. Die Zweige scheinen dann mit dicken Bernsteinstücken und Topasen behangen zu sein, wie bei einem Baum aus einem orientalischen Märchen.

In den meisten Jahren trägt sie reiche Ernte. Die Früchte ergeben eine köstliche Marmelade, vor allem, wenn Sie die Samen aus den Früchten hineingeben, das gibt ein scharfes Mandelaroma, ähnlich dem, das Kerne in Aprikosenmarmelade hervorrufen. Auch für Hecken empfiehlt sie sich. Sie ist sicherlich ein Baum, den Sie zu Ihrer eigenen und zur Freude Ihrer Kinder pflanzen können.

Pflanzen Sie auch Reineclauden (*Prunus domestica italica*), jetzt (November) ist die richtige Zeit, um sie zu bestellen und zu pflanzen.

Eine Versuchung und ein Vorschlag erreichen mich, gleichermaßen in Form eines Handzettels, über retardierende Samenkronen von Maiglöckchen. Wenn dieser Handzettel nicht von einem seriösen und zuverlässigen Züchter stammte, dann hätte ich meine Zweifel, denn es klingt einfach zu gut, um wahr zu sein. Aber ich glaube nun, daß ich innerhalb von drei bis vier Wochen nach dem Pflanzen zu jeder Jahreszeit Maiglöckchen (*Convallaria*) haben kann, sogar jetzt, und dann sind sie zu Weihnachten gerade erblüht. Es ist die pure Extravaganz, denn die Kronen müssen weggeworfen werden, es hätte keinen Zweck, sie zu pflanzen wie die Knollen von Narzissen und Hyazinthen, die dazu gezüchtet worden sind.

Sie brauchen die Pflanzen nur zu bestellen und sie dann gleich an dem Tag zu setzen, an dem Sie sie erhalten haben. Warten Sie damit nicht, sie mögen nicht müßig herumliegen. Sie können sie in ein Rahmenbeet setzen, wenn dort die Nachttemperatur nicht von der des Tages abweicht, was nicht leicht ist, es sei denn, sie könnten von unten her heizen, oder Sie setzen sie in Töpfen oder Schachteln von mindestens zwölf Zentimetern Tiefe, eine normale Setzschachtel ist also nicht gut genug. Auch mit Torffasern gefüllte Schalen sind möglich, die in einem warmen (um die 15 C°) Schrank stehen sollten, wenn Sie einen haben – ich nehme an, daß ein Wäscheschrank mit Heißluftgebläse dafür geeignet wäre. Sie sollten im Dunkeln bleiben, bis aus den Kronen Auswüchse von mindestens fünfzehn Zentimetern gewachsen sind. Erst dann dürfen sie ans helle Licht, aber niemals dürfen Sie sie Sonnenstrahlen aussetzen. Aus diesem Grunde, weil sie eben Wärme und Schatten brauchen, sollten sie wohl in ihren Schachteln, Töpfen oder Schalen unter dem Regal in einem Gewächshaus stehen. Sie müssen immer feucht gehalten werden, und die Spitzen der Kronen dürfen nicht mit Erde bedeckt werden.

Jetzt ist übrigens ein geeigneter Zeitpunkt für das Auspflanzen von Maiglöckchen im Garten. Ein Nachbar, der sie in seinem wunderschönen Waldgarten ausgiebig zwischen Azaleen und Primeln setzt, behauptet, sie niemals wirklich zu pflanzen, er wirft sie einfach auf den Boden, bedeckt sie ganz leicht mit Lauberde und überläßt sie dann ihrem Schicksal. Ich habe das nicht versucht, aber bei ihm macht diese Methode sich bezahlt, möglicherweise, weil sein Boden weich, reich und schwammig ist und von kleinen Wasserläufen durchzogen wird, so daß die Wurzeln kaum je auf Widerstand stoßen. Sie haben seltsame Angewohnheiten, ich habe versucht, sie unter Bäumen zu pflanzen, wo sie doch eigentlich hingehören, aber sie scheinen die Mitte eines steinigen Weges vorzuziehen. Pflanzen verhalten sich einfach nie so, wie wir das von ihnen erwarten.

Das gewöhnliche alte englische Maiglöckchen hat den süßesten Duft von allen, doch auch die großblütige Variante C. *Fortin's Giant* hat ihre Qualitäten, denn sie blüht ziemlich spät und verlängert damit die Saison um vierzehn Tage.

Viele tausend Schalen mit vielen hunderttausend Zwiebeln verstecken sich derzeit wohl in seltsamen dunklen Schlupfwinkeln der Häuser Großbritanniens. In Verschlägen unter den Treppen, in Rumpelkammern hinter Koffertürmen, unter Betten und sogar unter Sofas lauern die Puddingschüsseln und Keramiktöpfe, die mit dieser wunderschönen schokoladenbraunen Faser gefüllt sind, und diese Faser wird symmetrisch und im Kreismuster von scharfen weißen Zähnchen perforiert. Ungastliche Maßnahmen gegen Mäuse sind ergriffen worden, denn deren Vorliebe für Krokus- und Tulpenzwiebeln ist bekannt: Kleine Pyramiden aus einem sägemehlartigen Mittel sind aufgehäuft worden, ihr tägliches Verschwinden wird voller Entzücken registriert. Manche Schalen sind, bedeckt mit dünnem weichem Papier, ans Tageslicht geholt worden, die papierweiße Narzisse zeigt manchmal schon eine fette Knospe.

Schade, daß sich weder die papierweiße Narzisse noch die Römische Hyazinthe später im Freien auspflanzen lassen. Die normale Hyazinthe und die übrigen Narzissen und Osterglocken machen sich im Freien gut, und es trifft auch nicht zu, daß sie nach der Vermehrung immer zwei Jahre brauchen, um sich zu vermehren. Ich stelle fest, daß ein beträchtlicher Teil von ihnen schon in der nächsten Saison wieder blüht.

Ein Leser bittet mich, auf ein Problem einzugehen, das seiner Ansicht nach vielen zu schaffen macht. Er hat ein neues Haus und einen neuen Garten in einer neuen Wohnsiedlung, und nach drei oder vier Jahren wird sein Beruf ihn mit ziemlicher Sicherheit zum Umzug in einen anderen Landesteil zwingen. Was soll er tun, um 1) unbeobachtet von den Nachbarn sein Privatleben pflegen zu können, und 2) in der kürzestmöglichen Zeit eine Art Blumengarten anzulegen?

Ich fürchte, viele originelle Vorschläge kann ich ihm da nicht machen. Ungeduld und Gärtnerei vertragen sich nur schlecht. Aber etwas muß geschehen. Privatleben ist von allergrößter Wichtigkeit, und Privatleben bedeutet eine Hecke. Ich bin nicht besonders begeistert von *Lonicera nitida*, die zu so gewaltiger Beliebtheit gelangte, als sie vor einigen Jahren auf den Markt kam, aber immerhin wächst sie schnell, ist dicht, immergrün und billig. Der Nachteil ist, daß sie sehr oft geschnitten werden muß, wenn sie nicht ausufern soll. Auch Hainbuche wächst schnell, kostet aber etwas mehr, ist nicht immergrün, behält aber durch den ganzen Winter ihre pikanten braunen Blätter, sieht also nur selten wirklich kahl aus. Der Schlingknöterich *Polygonum baldschuanicum* mit seinen federhaften weißen Blüten im Sommer ist eine gute Investition, man braucht nicht viele Pflanzen entlang eines Zaunes, Drahtes oder eines Spalieres. Der Schlingknöterich verliert jedoch im Herbst seine Blätter und kann deshalb im Winter nicht viel Schutz bieten. Wenn das nicht unbedingt ein Hindernis ist, dann wäre eine Hecke aus fruchttragenden Dornsträuchern ungewöhnlicher und auch lohnender; Loganbeeren, Johannisbeeren, die neuen Boysenbeeren oder die kultivierte Brombeere (*Rubus*), vor allem die *thibetanus* genannte, bieten sich allesamt an. Es gibt auch noch dermaßen kräftige Kletterrosen, daß sie bei guter Ernährung innerhalb von ein oder zwei Jahren den Zaun verdeckt haben müßten; wir müssen durchaus nicht nur die alten Sorten *Dorothy Perkins* und *American Pillar* setzen, zum selben Preis gibt es sehr viel hübschere Sorten wie *New Dawn*, *Albertine*, *Felicité Perpétue*, *Everblooming Dr. W. van Fleet*, *Albéric Barbier*, *François Juranville*.

Was den Blumengarten angeht, so gibt es eine reiche Auswahl an robusten Einjährigen. Zur Aussaat sind Beete oder Rabatten mit ausreichend guter oberer Erdschicht nötig. Wenn mein Leser sich für Beete entscheidet, dann hoffe ich, daß er Vierecke oder Quadrate anlegt, keine Herzen, Halbmonde oder Rhomben. Wenn er die Kosten nicht scheut, dann wird ihn natürlich nichts davon abhalten, sie mit krautartigen winterharten blühenden Sträuchern oder Rosen zu füllen. Jeder muß eben seine Probleme selber lösen.

Es ist amüsant und auch nützlich, wenn wir uns jetzt fragen, was wir pflanzen könnten, um zwölf Monate voraus in die Zukunft zu schauen und ein kompaktes kleines Bündel aus dem zusammenzustellen, was in diesem trüben, öden Monat draußen wächst. Als ich im Nieselregen mit Messer und Gartenschere unterwegs war, konnte ich durchaus ein vorzeigbares Kuddelmuddel sammeln. Manches duftete, anderes war einfach hübsch, und einiges war mit dem Ziel gepflanzt worden, im November gepflückt zu werden.

Zu den duftenden Pflanzen gehörte der Schneeball *Viburnum bodnantense* und *Viburnum farreri*, dazu einige Zweige *Daphne retusa*, einige verirrte Rosen, vor allem die Schottische Rose *Stanwell perpetual* und die hybride Moschusrose *Penelope*, die unermüdlich immer weitermacht und deren Knospen sich in Wasser allesamt öffnen. Dazu gab ich noch einige nach Zitrone duftende Verbenen und ein paar efeublättrige Geranien; sie standen schon den ganzen Sommer über im Freien und hatten noch keine Frostschäden davongetragen.

Zu den geruchlosen, aber bunteren Pflanzen gehörten Enzian und Alpenveilchen *Cyclamen neapolitanum*, beide rosa und weiß, die aus ihren wunderschön marmorierten Blättern herauswuchsen, die, wie genaueres Hinsehen ergibt, von Pflanze zu Pflanze immer neue Muster zeigen. Sie überraschen durch ihre unendliche Variationsfähigkeit, und das auf unschuldigere Weise als die, in der Kleopatra ihren Antonius überraschte. Ich pflückte noch einige Zweige *Abutilon megapotamicum* (Zimmerahorn), das seit dem Juni blüht und offenbar erst dann damit aufhören will, wenn ein böser Frost zuschlägt. Es wächst vor einer Südwand und braucht im Winter ein wenig Schutz, wirklich nur ein wenig, eine Ladung grobe Asche über seinen Wurzeln und ein Vorhang aus Sackleinen, wenn es wirklich kalt wird. Ich fand einige schöne *Polianthes*, die sich um einiges verspätet hatten, die blaue kalifornische Variante und einige butter-und-creme-farbene *tuberosa*, gezogen von Miss Gertrude Jekyll, dieser vorzüglichen Gärtnerin, der wir soviel verdanken. Es war durchaus keine schlechte Ernte, schließlich war alles unter freiem Himmel gewachsen, aber wer ein leicht beheizbares Gewächshaus hat, kann damit rechnen, daß einige Töpfe *Cypripedium insigne*, die pflegeleichteste aller Orchideen, vom Frauenschuh-Typ, mit dem dicken Sack und den flügelhaften Blütenblättern, reichen Ertrag bringen werden. Ich

Viburnum farreri

kann mir kein besseres Weihnachtsgeschenk vorstellen als einen damit wohlgefüllten Topf, denn die Blüte überlebt auch in der Vase noch mehrere Wochen, und die Pflanze selber bleibt viele Jahre grün. Ich glaube nicht, daß ein Gewächshaus nötig ist; eine Fensterbank in einem Zimmer, in dem die Temperatur nicht unter 7 °C sinkt, müßte reichen. Sie mögen kein starkes Sonnenlicht und brauchen sehr viel Wasser.

Sie müssen etwa alle drei Jahre umgetopft werden, und dazu empfiehlt sich Blumenerde aus der Gärtnerei. Pflanzen Sie sie so fest Sie können, pressen Sie den Torfmooskompost mit starken Fingern und einem stumpfen Stück Holz, wie ein fetter, ungespitzter Bleistift, zusammen, und benutzen sie viele kleine Topfscherben zur Drainage.

Die Salbei-Familie ist im Küchen- und im Blumengarten gleichermaßen bekannt. Einige ihrer Mitglieder sind aromatische Kräuter, die in der Sonne der Mittelmeerländer die Hügel zum Duften bringen, wir assoziieren sie mit groben Fußwegen, Ziegen und Oliven. Salbei ist überhaupt eine liebenswerte Pflanze, der lateinische Name *Salvia* kommt von *salvare*, retten oder heilen, und ein Spitzname des Salbei lautet *S. salvatrix*, was sich doch sehr beruhigend anhört. *S. sclarea* wird auf englisch auch Clear Eye oder See Bright genannt. In Frankreich wird ihm eine sehr umgängliche Persönlichkeit zugeschrieben, dort heißt es nämlich ganz einfach Toute Bonne, und ich muß dabei immer an eine rosige alte Landfrau in einer blauen Schürze denken.

Küchensalbei wächst in dekorativen Büscheln, es gibt rötliche, bunte und ganz einfach graugrüne Blätter. Gartensalbei empfiehlt sich für krautartige Rabatten. Ich rede hier nicht von der halbrobusten Auspflanzsorte, die die für öffentliche Parks Verantwortlichen so lieben, von *S. splendens*, deren Verwendung wirklich nur den allergeschicktesten Gärtnern erlaubt sein sollte. Ich rede von alten Favoriten wie *S. virgata nemorosa*, einem neunzig Zentimeter hohen, buschigen Gewächs, dessen blaulippige Blütenbüschel zwischen rotvioletten Blättern sitzen und im Mittsommer sehr lange leben; oder von *S. grahamii*, ebenso vertraut mit seinen zähen roten Blüten, einem einigermaßen winterfesten Mexikaner. Seit kurzem eingeführt, aber noch nicht so bekannt, wie er das verdient hätte, ist *S. haematodes*, den ich nur empfehlen kann; er erhebt sich zu einer etwa ein Meter fünfzig hohen blauen Wolke, die sich hinter jeder graublättrigen Pflanze wie dem alten englischen Lavendel sehr gut macht. Dieser Salbei läßt sich sehr leicht aus Samen ziehen, vor allem, wenn sie gleich nach dem Reifen ausgesät werden, und produziert außerdem auf eigene Faust Dutzende von Setzlingen. Wenn Sie die Stiele oder die Spitzen einen Moment lang mit kochendem Wasser übergießen, lassen sie sich leicht pflücken.

Wer genug Zeit hat, sollte unbedingt *S. patens* pflanzen.

Diese Pflanze ist eine Last, in etwa so, wie es die Dahlie ist, denn ihre Knollen müssen im Herbst ausgegraben, frostgeschützt aufbewahrt, im April unter Glas zum Wachsen gebracht und Ende Mai wieder ausgepflanzt werden. Die Knollen an sich sind gar nicht so empfindlich, aber es besteht die Gefahr, daß später Frost die jungen Triebe zerstört; eine Glocke kann diese Gefahr vielleicht bannen. Das erstaunliche Azur der Blüten macht diese Mühe aber wieder wett. Wie der Enzian können sie es mit dem Leuchten der blauen Teile eines bunten Glasfensters aufnehmen.

Ob ich bitte einen Artikel über »Kalkhasser« oder »Womit man keine Zeit vergeuden sollte« schreiben könnte? Mein Entschluß, diesem Wunsch nachzukommen, wurde durch die Klagen eines Herrn verstärkt, der sich im letzten Frühling eine *Pieris forrestii* (Lavendelheide) gekauft und sie sehr behutsam in den Kalkboden der Epsom Downs gesetzt hat, wo sie jetzt zu seiner Überraschung alle Anzeichen eines unmittelbar bevorstehenden Zusammenbruchs zeigt.

Es ist unmöglich, eine absolute und umfassende Regel aufzustellen. Manche Pflanzen fühlen sich zwar wohler in saurem (kalkfreiem) Boden, können aber mit einer bestimmten Menge an alkalischen Eigenschaften doch noch leben. Es ist sicher allgemein bekannt, daß die meisten

Mitglieder der umfangreichen Heidekrautfamilie *Ericaceae* Kalk nicht vertragen, was ein arges Problem ist für alle, die Rhododendron, Kamelien, Azaleen, Kalmien, Lavendelheide, Torfmyrte, Blaubeere und die Mehrzahl der verschiedenen Heidekrautsorten pflanzen möchten; obwohl es in dieser großen Familie auch einige umgängliche Mitglieder gibt, zum Beispiel *Rhododendron hirsutum* und *Rhododendron racemosum* oder *Erica carnea*.

Niemand muß also gänzlich verzweifeln. Doch mein erster Rat an alle, die Pflanzen haben wollen, die auf unpassendem Boden nicht gerade gut gedeihen, lautet: Lassen Sie es. Es ist viel besser, sich auf die Gewächse zu beschränken, die sich im Boden in Ihrem Garten wohl fühlen, und auf die anderen zu verzichten. Ich weiß, daß viele das nicht gern hören und daß allerlei Verlockungen damit erledigt sind, aber ich bin sicher, daß ich recht habe. Es hat keinen Zweck, Pflanzen Lebensumstände aufzwingen zu wollen, die sie nicht mögen: Sie lassen sich das einfach nicht gefallen, es sei denn, Sie sind reich genug, um in Ihrem Garten Umgrabungsarbeiten von den Ausmaßen eines Steinbruchs durchzuführen. Mein zweiter Rat wäre: Stellen Sie zuerst fest, wie Ihr Boden genau beschaffen ist. Es gibt verschiedene Methoden, wie ein Amateur sich davon ein Bild machen kann, aber mehr als eine grobe Schätzung kommt dabei nicht heraus. Besser, Sie bitten einen Chemiker um Rat. Jede Gartenbauschule und jeder Gartenbauberater kann die nötigen Untersuchungen durchführen. Wenn der Test alkalischen oder

neutralen Boden ergibt, wunderbar. Ist der Boden kalkhaltig, werden Sie nach einem System sorgfältiger Elimi-
nierung vorgehen müssen. Es gibt eine geheimnisvolle
Formel namens pH-Skala: pH 5 und 6 sind ganz und gar
säurehaltig und für jeglichen Anbau geeignet, pH 7 ist
neutral, alles über pH 7 ist alkalisch oder kalkhaltig und
sollte deshalb mit Mißtrauen betrachtet werden.

Ich hoffe, daß mein Artikel über die Schwierigkeit, kalk-
hassende Pflanzen in kalkreichem Boden anzubauen,
bei den Lesern nicht Panik und Verzweiflung ausgelöst
hat. Sicher, viele müssen wohl auf das Pflanzen so manchen Lieblings verzichten, doch andererseits gibt es zwei
breite Kategorien, bei denen wir uns keine Gedanken zu
machen brauchen. Unter diese Kategorien fallen Pflanzen, die Kalk verlangen, wenn sie ihr Bestes geben sollen,
und Pflanzen, die zumindest nichts gegen Kalk einzuwenden haben. Was die erste Gruppe betrifft, so brauchen wir
nur an unsere einheimische Flora zu denken, wie wir sie
aus kalkreichen Gegenden kennen: an den wunderschönen Spindelstrauch, der die Hecken mit seinen seltsamen
dreieckigen Früchten ziert, an den wilden Schneeball,
an die Vogelbeere mit ihrem puren Gold, an Ginster, an
kriechenden Thymian, Glockenblumen, Sonnenröschen,
Skabiose, Steinkraut und die heute seltene Küchenschelle
Pulsatilla vulgaris. Diese und andere legen die Annahme

nahe, daß ihre Gartenverwandtschaft begeistert sein wird, wenn wir ihr ein kalkhaltiges Zuhause anbieten.

Die zweite Gruppe ist sogar noch größer. Zu ihr gehört die große Anzahl von Pflanzen, die mit oder ohne Kalk gleichermaßen gedeihen. Die riesige Familie der *Rosaceae* (Rosengewächse) bringt uns schon sehr weit. Manche Lilien (aber nicht alle) sind absolut tolerant; einigen wie *Lilium henryi* mißfällt der Säuregehalt von Torf sogar. Fast alle krautartigen Pflanzen verhalten sich tolerant. Die meisten Irissorten sind einwandfrei kalkfreundlich, wenn Ihnen dieses Wort gefällt. Bei Bäumen und Sträuchern wird die Liste so lang, daß ich lieber auf die im letzten Artikel angeführten Kalkhasser verweise: Greifen Sie getrost zu allem, was darin nicht erwähnt wird; zu allem, meine ich, was der Durchschnittsgärtner normalerweise gerne pflanzt.

Einige Steinpflanzen sollten vorsichtig behandelt werden, was auch für manche Primeln und Mohnsorten gilt. Der wunderschöne blaue Scheinmohn, *Meconopsis betonicifolia*, mag schwammigen säurehaltigen Torf- und Humusboden und sollte deshalb Kalkbewohnern nicht empfohlen werden. Natürlich läßt sich einiges ermöglichen, wenn wir große Nischen ausheben und sie mit einer passenderen Bodenmischung füllen, aber Kalk ist ungeheuer zäh und scheint früher oder später doch irgendwann zurückzukehren, selbst ein starker Regenguß kann ihn an Stellen spülen, wo er nicht erwünscht ist, und vielleicht habe ich jetzt genug gesagt, um zu zeigen, daß es eine reiche Auswahl gibt und daß niemand entmutigt oder enttäuscht sein muß.

Die roten Blätter sind jetzt fast alle verschwunden. Der *Liquidambar* hat noch einige wenige rotgrüne, sie klammern sich an ihm fest, als wären sie angeleimt. In seiner Heimat in den östlichen Vereinigten Staaten muß dieser Baum einen umwerfenden Anblick bieten, denn dort kann er eine Höhe von bis zu fünfzig Metern erreichen. Er sieht bestimmt aus wie eine riesige Fackel, die wir löschen sollten, damit sie nicht den ganzen Wald anzündet. Er wurde schon 1683 nach England gebracht, hat hier aber niemals eine vergleichbare Höhe erlangen können. Wir können ihn als eine Art Aufsrufezeichen hinter das sterbende Lebewohl des Herbstes pflanzen, denn er wächst aufrecht und spitz zulaufend wie eine Pappel.

Seine Blätter lassen sich leicht mit Ahornblättern verwechseln, aber das wäre falsch. Ich mag den Japanischen Fächerahorn *Acer palmatum* nicht besonders gern, wir sehen ihn oft, aber wir sehen ihn nur selten von seiner besten Seite. Es gibt jedoch einen chinesischen Ahorn, der mir sehr lieb ist, einerseits wegen seiner wunderschönen orange-braunen Rinde, andererseits wegen seiner dauerhaften Herbstfarbe. Ich spreche von *Acer griseum*, der über fünfzehn Meter hoch werden kann und der schon in seiner Jugend einen sehr hübschen kleinen Baum ergibt, wie ein Baum in einem Märchen, leicht und elegant und bronze wie die Partyschuhe unserer Kindheit.

Ich pflanze beide an und bin schon längst mit ihnen vertraut, aber ich muß zugeben, daß die rote Zwergvogelbeere mir fremd war, bis mir kürzlich jemand einen Zweig mitbrachte. Sie lodert rot wie eine Kirsche. Ich glaube, sie sollte in einer Gruppe von vielleicht einem halben Dutzend gepflanzt werden, denn sie ergibt nur einen kleinen buschigen Strauch von höchstens einem Meter achtzig, und ein einzelnes Exemplar würde ihr vielleicht keine Gerechtigkeit widerfahren lassen. Natürlich ist der Haken an all diesen Bäumen und Sträuchern, die gepflanzt werden, um Farbe in den Herbstgarten zu bringen, daß sie sich mit den Bäumen der Wälder oder Hecken der Umgebung vermischen, in Rivalität zu Buche, Wilder Kirsche, Eberesche und sogar den Eichen, wenn sie aber in einer ausgewählten Ecke konzentriert auftreten, dann wird es immer so aussehen, als seien sie ganz bewußt dort hingesetzt worden.

Es gibt drei Sorten von Zwergvogelbeeren, alle angeblich mit schöner Färbung, ihre botanischen Namen sind *Aronia arbutifolia*, die Sorte, die ich gesehen habe, *A. melanocarpa*, die schwarze Vogelbeere mit weißen Blüten und schwärzlichen Früchten, und *A. prunifolia*.

Wenn ich von der Menge der Briefe ausgehen darf, die ich erhalten habe, dann scheint mein Vorschlag, Alpenerdbeeren zu pflanzen, bei den Lesern des *Observers* großes Interesse erweckt zu haben: Ich möchte deshalb heute eine Empfehlung für den winterharten Wein hinzufügen. Ich habe ihn schon in einem früheren Artikel erwähnt, damals jedoch als Mauerbedecker und nicht als Obst, weshalb ich auf seine geschmacklichen Qualitäten nicht weiter hingewiesen habe. Es scheint nicht allgemein bekannt zu sein, daß es in unseren südlichen Grafschaften früher durchaus Weinberge gab, deren Trauben reiften und zu Wein verarbeitet wurden; und was einmal möglich war, wäre auch wieder möglich.

Die Weinproduktion ist heute allerdings von zweifelhaftem Wert, da Weinherstellung Zucker bedeutet; aber zweifellos könnten Weinsorten, die kleine, süße Fruchtdolden liefern, an Südwänden gezogen werden und durchaus Ertrag bringen. Es gibt verschiedene Sorten, die alle in einem normalen englischen Sommer zur Reife gelangen würden. Zu denen, die ich empfehlen möchte, gehören, genau in dieser Rangfolge, *Royal Muscadine*, *Muskateller*, *Golden Drop*, *Dutch Sweetwater*. *Royal Muscadine* erscheint mir als die mit Abstand beste, aber *Muskateller* kann sich fast mit ihm messen.

Royal Muscadine hat noch dazu eine romantische Geschichte. Diese Traubensorte wurde im Cahors von Heinrich von Navarra entdeckt, der gerade unterwegs nach Paris war, um sich als Heinrich iv. krönen zu lassen. Er brachte sie vom Cahors nach Fontainebleau, wo sie den Namen *Chasselas de Fontainebleau* (*Vitis vinifera Chasselas blanc*) erhielt. Es sind Chasselas-Trauben, das bedeutet ganz normale kleine grünliche Trauben von der Sorte, die wir massenhaft in Gemüseläden in Frankreich und Italien sehen. Trotz ihres reichlichen Vorkommens schmecken sie – wenn Sie die Geduld haben –, Traube für Traube ebensogut, als wenn Sie sich – zu ungeduldig – eine Handvoll davon auf einmal in den Mund stopfen. Es lohnt sich, sie in unseren südlichen Grafschaften an einer warmen Wand zu ziehen, denn dann können Sie im August und September eine Dolde auf Ihren Frühstückstisch legen.

Die winterharten Weine eignen sich auch zur Herstellung von Essig. An sich können Sie jede Weinsorte dafür nehmen, aber wenn Sie echten Rotweinessig wünschen, dann sollten Sie *Vitis vinifera Brant* pflanzen. Diese Sorte hat eine dunkle, fast schwarze Traube, aus der Sie Essig machen können, indem Sie die Trauben in einem hölzernen Zuber zerquetschen, sie dort zehn Tage oder zwei Wochen gären lassen und den Saft dann in Flaschen füllen. Verkorken Sie diese Flaschen nicht, sondern stopfen sie ein Stück Papier hinein, um Staub und Fliegen abzuhalten.

Feigen und Pfirsiche reifen in Südengland auch viel besser, als bisweilen angenommen wird. Sie brauchen durchaus nicht als Luxusfrüchte betrachtet zu werden. Die Feigensorten *Brown Turkey* und *Brunswick*, an einer Mauer gepflanzt, sind besonders zu empfehlen.

Vielleicht gibt es ja Leser, die meine Vorliebe für Bäume mit sich abschälender Rinde teilen. Ich muß zugeben, daß es eine außergewöhnliche Vorliebe ist. Ich muß auch zugeben, daß Sie wirklich einen ziemlich großen Garten brauchen, um Platz genug für ein oder zwei Exemplare zu haben, die Sie in eine vernachlässigte Ecke stellen, wo sie dann im Laufe der Jahre immer größer werden. Dies ist also ein Artikel für wenige, nicht für die große Masse.

Ich mag die Schäl-Bäume, deren Rinde sich wie beim Hobeln in Striemen ablöst. Eine Baumart heißt *Arbutus menziesii* (Erdbeerbaum), ihre zimtbraunen Ringe lösen sich von allein, und Sie können Sie dann mit den Händen zu etwas glätten, das sich wie seltsam olivgrünes Sandpapier anfühlt. Diese Baumart zieht geschützte Ecken vor, denn sie ist nicht gänzlich winterhart. Es gibt auch *Acer griseum*, den Papierrindenahorn, dessen mahagonibraune Rinde von unten her durch helleres Orange ersetzt wird. Im Herbst trägt dieser Ahorn leuchtendrote Blätter. Er hat überhaupt eine der schönsten Oktober-November-Farben. *Betula albo-sinensis* var. *septentrionalis* ist eine Birke mit wunderschönem weißgrauem Stamm; leider finde ich sie in keinem Katalog, habe aber die Hoffnung noch nicht aufgegeben. Sie ist meiner Ansicht nach einer der schönsten Bäume überhaupt, obwohl *Betula platyphylla* var. *japonica* noch dazu im Frühling entzückende Kätzchen hat. Auch diese scheint nicht lieferbar zu sein.

Prunus serrula, manchmal auch unter der Bezeichnung

P. serrula tibetica angeboten, ist ein beeindruckender Baum mit glänzender mahagonifarbener Rinde. Sie sieht nicht so mitgenommen aus wie manche andere, sondern löst ihre oberste Rindenschicht in runden Streifen ab, und das hinterläßt auf dem Stamm jedes Jahr neue Kerben, so daß er aussieht, als trüge er viele Armreifen. Die frische Oberfläche darunter ist rötlich und glänzend und erinnert an die französische Politur, die manchmal für schöne alte Möbel verwendet wird.

Und wo ich nun schon über ein Thema geschrieben habe, das nicht von allgemeinem Interesse ist, wie ich fürchte, möchte ich doch noch eine Bermerkung über Christrosen oder Nieswurz (*Helleborus*) anfügen, die derzeit ihre ersten rundlichen Knopsen zeigen. Angeblich erhalten wir einen langen Stiel, wenn wir die Mitte der Pflanze mit Sand bedecken, so daß die Stengel sich einen Weg nach oben suchen müssen, um ans Licht zu gelangen. Ich habe diese Methode noch nie ausprobiert, aber sie klingt plausibel. Gleichzeitig sollte eine Glocke über die Wurzeln gestülpt werden, um die Blüten vor Regen und Schlamm zu schützen.

In diesem Herbst ist alles außergewöhnlich weit fortgeschritten, der Winterjasmin entwickelt sich in hohem Tempo, und Sie sollten auf die fetten Knospen der im Herbst blühenden Kirsche achten, die sich in einem warmen Zimmer innerhalb weniger Tage öffnen werden. Sogar die Schnecken denken schon über die frühreifen Knospen der Winteriris nach.

Vom gärtnerischen Standpunkt aus gesehen haben die Bewohner der südlichen Teile unserer Insel gegenüber denen des Nordens einige unleugbare Vorteile. Das Klima im Süden ist milder, eine Tatsache, die zweifellos ihre Auswirkungen auf die Pflanzen hat, die in Katalogen mit dem unheilverkündenden Sternchen versehen sind, das bedeutet: »Nur für milde Gegenden geeignet«. Doch die Bewohner des Nordens brauchen nicht zu verzweifeln; auch sie sind manchmal im Vorteil, denn manche Dinge wachsen dort oben einfach besser. Denken wir doch an *Tropaeolum speciosum*, die flammenfarbene Kapuzinerkresse, mit ihren leuchtenden roten Trompeten zwischen kleinen dunklen Blättern. Sie ist die Krönung der schottischen Gärten, während sie sich im Süden nur selten wohl fühlt, nicht einmal auf der kühlen Nordseite einer Hecke. Außerdem gibt es den Stengellosen Enzian *Gentiana sino-ornata*, der im Süden, in einem kalkfreien Beet auf fast reiner Lauberde, ebenfalls gedeiht, der sich für den kühleren Norden aber noch besser eignet. Für die immer kürzer werdenden Herbsttage gibt es nur wenige schönere Pflanzen; niedrige, leuchtende Trompeten von klarem Blau, die in aller Eile dicke Wurzelballen bilden, die auseinander gepflückt und ausgepflanzt oder verschenkt werden können. Auch bunte Primeln und *Polianthes* scheinen ein kühleres Klima vorzuziehen; und viele der altmodischen gefüllten Primeln sind jetzt so selten, daß sie nur noch bei schottischen Züchtern erhältlich sind.

Kapuzinerkresse, Enzian und Primeln sind Pflanzen für

jede Geldbörse, wer aber noch ein paar Shilling dazu ausgeben kann, sollte sie in die wunderbare Riesenlilie *Cardiocrinum giganteum* investieren. Sie wird über drei Meter
hoch und hebt ihre mit schweren weißen Trompeten be-
hangenen, stark duftenden Zweige gen Himmel. Schon
ein einziger Zweig versorgt als Schnittblume ein Zimmer
mit einem so starken Duft, daß die meisten ihn kaum noch
erträglich finden.

Diese Lilien sind recht teuer, vor allem, wenn wir drei
Jahre alte Zwiebeln haben wollen, also Zwiebeln von
blühfähiger Größe, aber sie machen sich letztlich doch
bezahlt. Sie können natürlich auch zu einem wesentlich
geringeren Preis jüngere Zwiebeln kaufen und sie selber
ziehen; außerdem liefert eine ausgewachsene Zwiebel (die
nach dem Blühen abstirbt) eine Menge kleiner Zwiebeln,
die Sie in ein Beet pflanzen können, um dann nach drei
Jahren zehn, zwölf oder eine ganze Gruppe neuer Pflanzen
zu erhalten. Graben Sie sie im Oktober oder November
zum Teilen und Neupflanzen aus. Danach brauchen Sie
nie mehr darauf zu verzichten. Sie mögen Halbschatten,
eine reiche Mischung aus Lauberde und Lehm, wenn
möglich auch Dünger, und Sie sollten sie so tief setzen,
wie ihre Wurzeln reichen, und sie mit Farn oder anderen
Blättern bedecken, um ihre Spitzen vor den Frösten des
Frühlings zu beschützen.

Als ich kürzlich im Ausland unterwegs war, sah ich zwei Heckenbäume, einen in Frankreich und einen in Spanien. Ich fand sie verwirrend. Ihre Blätter wiesen auf *Sorbus* hin, uns eher vertraut als Eberesche oder Vogelbeere, aber ihre Fruchtdolden sahen ganz anders aus, als ich sie je bei einem Sorbus gesehen hatte. In Frankreich waren es winzige rote Äpfel, in Spanien winzige braune Birnen. Ich hätte wirklich imstande sein müssen, sie zu identifizieren, aber man kann doch nicht alles wissen, und am Ende stellte sich dann heraus, daß ich mich doch nicht ganz geirrt hatte. Es handelte sich um *Sorbus domestica*, und ich freute mich über die Auskunft, daß dieser überaus dekorative Baum, obwohl heimisch in Mittel- und Südeuropa, in Großbritannien ebenfalls manchmal anzutreffen ist; er erreicht eine Höhe von über zwanzig Metern und das respektable Alter von fünf- bis sechshundert Jahren.

Weniger ermutigend fand ich die Tatsache, daß er aus Samen gezogen werden sollte, denn bei Bäumen ist das doch ein sehr langsames Verfahren. Anscheinend besagt eine alte Theorie, daß Sorbusbäume aus Samen gezogen werden möchten, denn John Evelyn spottet im 17. Jahrhundert über die Redensart, »der Säer sieht niemals die Früchte seiner Arbeit«, und behauptet, er selbst habe armlange Setzlinge gepflanzt, aus denen sehr schnell Bäume geworden seien. Evelyn sprach aber nicht über die echte Eberesche, wie ich sie auf meiner Reise gesehen habe, sondern über die wilde, *Sorbus torminalis* (Elsbeere), die wir auch hierzulande bisweilen sehen; sie ist im Herbst, wenn sie sich rotgolden verfärbt, ein grandioser Anblick. Evelyn kannte *Sorbus domestica* offenbar nicht, und das ist seltsam, denn zu seinen Lebzeiten stand bereits ein uraltes Exemplar im Wyre Forest in Worcestershire; vermutlich hörte er zu spät davon, um es in seinem Werk *Sylva* noch zu erwähnen.

Ich werde versuchen, *Sorbus domestica* aus Samen zu ziehen, in der Hoffnung, daß meine Urgroßenkel es mir danken werden, ansonsten möchte ich zu *Sorbus hupehensis* raten, der als junger Baum verkauft wird und durch seine schöne Herbstfarbe und seine leichtrosa Früchte besticht, die später perlweiß werden. Dieser Baum ist vor nicht allzu langer Zeit, um 1910, glaube ich, aus China gebracht worden und in unseren Gärten noch nicht häufig zu sehen. Er bietet eine schöne Abwechslung von der üblichen rotbeerigen Eberesche, die auf Heidehügeln so schön zur Geltung kommt, im Vorgarten jedoch traurig fehl am Platze wirkt.

In mehreren Briefen werde ich gefragt, was im Winter mit den Sinkkästen geschehen sollte. Und diese Frage liegt auch mir am Herzen. Diese entzückende Form der Gärtnerei en miniature wird vom Frost aufs höchste gefährdet, das war die bittere Lektion, die wir in den harten Tagen des letzten Januar lernen mußten. Wir erkannten damals, vielleicht zum ersten Mal nach einer Serie relativ milder Winter, daß achtzehn bis zwanzig Kältegrade den Boden im Kasten betonhart machen können. Und das überlebt keine Wurzel oder Zwiebel. Sie werden zu Tode gequetscht, zermatscht und gestoßen. Es hat auch keinen Zweck, sich mit ihnen anzulegen und sie darauf hinzuweisen, daß sie in ihrer Alpenheimat viel härtere Bedingungen und viel tiefere Temperaturen überleben mußten. Das stimmt zwar, aber wir vergessen leicht, daß Pflanzen in den Bergen über einen fast endlosen Wurzellauf verfügen, der sich in den Spalten des natürlichen Felsbodens so tief ausbreitet, wie es in diesem Boden für ihr Überleben nötig ist.

Wenn wir Alpenpflanzen in unsere Sinkkästen oder Tröge versetzen, zwingen wir ihnen ganz andere Bedingungen auf. Wir stecken sie in ein flaches, nur wenige Zentimeter tiefes Beet, wo sie nicht tief im Boden den Schutz und die Nahrung suchen können, die sie brauchen. Wie aber können wir unsere Kästen und Tröge vor dem Frost schützen, der sie im Moment in jeder kalten Nacht in Beton verwandeln kann?

Ich habe versucht, mir eine vernünftige Lösung zu überlegen. Der gesunde Menschenverstand ist ja zumeist gar nicht schlecht, und in diesem Fall rät er, den Kasten in Stroh oder Farn einzupacken, den wir um die Ecken legen und mit dickem Bindfaden befestigen. (Hier im Hopfenland Kent benutzen wir Hopfenschnur, sie ist grob, zäh und preiswert; sie sieht zwar nicht besonders elegant aus, aber zu allen vorübergehenden Zwecken ist sie hervorragend geeignet.) Danach würde ich die Erde zur Zeit der ärgsten Fröste mit Farn bedecken, der bei mildem Wetter oder Regen entfernt wird, um nicht Licht und Luft auszusperren, die alle Pflanzen ebenso brauchen wie Kinder Liebe.

Ich hoffe, das ist eine Lösung.

Die gemeine Buddleie, *Buddleia davidii*, ist als Busch nicht so befriedigend, wie zu erwarten wäre. Ihr Charme liegt vor allem in ihrer Fähigkeit, Insekten anzulocken, was ihr den Beinamen Schmetterlingsbusch eingetragen hat, zweifellos ein Fortschritt im Vergleich zu dem offiziellen Namen, der auf einen Pastor Adam Buddle aus dem 17. Jahrhundert zurückgeht. Manche Varianten übertreffen die Grundsorte zwar um einiges, zum Beispiel *Veitchiana* und *magnifica* und eine Hybride neueren Datums namens *davidii Royal Red*, aber im ganzen sind es doch wenig ansehnliche Pflanzen, hager, gerade wenn Sie sie im Frühling zurückschneiden, was Sie eigentlich tun sollten. Ich ziehe B. *fallowiana* oder B. *nivea* mit ihren weißen, wolligen Trieben absolut vor, oder B. *alternifolia*, von energischem Wuchs, aber elegant, ihre Blätter sind klein wie die einer Weide und hängen auch, wie bei Trauerweiden, fast bis auf den Boden; wenn die unteren Zweige entfernt werden, ist sie als Hochbäumchen zu verwenden. Sie ist vor nicht allzu langer Zeit, nämlich

1915, aus China eingeführt worden, was vielleicht erklärt, warum wir sie noch nicht oft sehen, obwohl sie sich aus Ablegern sehr leicht ziehen läßt, sehr schnell wächst und bereits in frühem Alter blüht.

Es gibt außerdem B. *globosa*, die Mengen von kleinen gelben Bällen produziert, ganz anders als die langen Quasten des Schmetterlingsbuschs und sehr nützlich als Kletterpflanze, wenn ein unansehnlicher Zaun oder Schuppen verkleidet werden soll. Und schließlich ist noch die wunderschöne B. *colvilei* zu erwähnen, rosenrot, doch leider nur in warmen Grafschaften wirklich zuverlässig.

Ich wollte aber eigentlich heute über die *asiatica* genannten Buddleien schreiben. Ehrlich gesagt, sehen sie nicht umwerfend aus. Man könnte ihre Farbe als grünliches Weiß bezeichnen, aber es wäre redlicher, von schmutzigem Weiß, fast schon Grau zu sprechen. Sie stammt aus Südafrika und ist als Busch im Freien nicht ganz winterhart, vor einer Mauer kann sie jedoch innerhalb weniger Jahre eine Höhe von über fünf Metern erreichen, und in meinem Garten in Kent hat sie sogar einen bitteren Winter überlebt. Sie sollte einen unauffälligen Standplatz bekommen, außer Sicht, bis man sie braucht, denn es wäre eine Schande, an ein so trübes Objekt einen guten Mauerplatz zu verschwenden. Bei mir steht sie im Küchengarten an der Ostwand eines alten Stalles. Das wirklich Wichtige an dieser Buddleie, die ich mit einem solchen augenfälligen Mangel an Begeisterung beschreibe, ist, daß sie im November blüht, wenn es an Blüten doch sehr mangelt, und daß sie nach Honig riecht. Der Duft allein lohnt die Anschaffung; wenn Sie sie in einer Vase in eine bescheidene Ecke stellen, dann werden alle, die das Zimmer betreten, sofort nach einer Schale mit Süßem Steinkraut suchen.

Der Erdbeerbaum (*Arbutus*) ist auf unseren Inseln nicht oft zu sehen, nur in Südwestirland wächst er wild; er ist ein attraktiver, immergrüner Baum von nicht übertriebener Größe und angenehmem Wesen. Die meisten Arbutus-Arten mögen keinen Kalk, schließlich gehören sie zur Familie der *Ericaceae*, wie das Heidekraut und der Rhododendron, doch kann der *Arbutus unedo* genannte in jeden einigermaßen brauchbaren Boden gepflanzt werden.

Zu seinen Qualitäten: Wie gesagt, er ist immergrün. Er ist zäh und holzig, deshalb übersteht er Seestürme. Er hat eine witzige, zottige, rötliche Rinde. Er kann freistehend als Strauch oder vor einer Wand stehen, was vielleicht seine Rinde besonders gut zur Geltung kommen läßt, vor allem, wenn Sie eine Stelle finden, an der er vom Sonnenuntergang angestrahlt wird, dann ähnelt er der Gemeinen Kiefer. Seine wachsartigen, rosa-weißen Blüten hängen wie Dolden aus kleinen Glocken zwischen den dunkelgrünen Blättern, sie sollten gepflückt werden, ehe der erste Novemberfrost sie bräunlich verfärbt; ein Nachteil, der

Arbutus unedo

sich bei Frostgefahr durch schnelles Pflücken beheben läßt. Sein meiner Ansicht nach größter Vorzug ist, daß er gleichzeitig Blüten und Früchte trägt, so daß die erd-beerähnlichen Beeren zwischen den bleichen Blüten hän-gen. Diese Beeren sind eßbar, aber ich würde sie nicht empfehlen. Plinius, der sie mit der echten Erdbeere ver-wechselte, führte das Wort *unedo* auf *unum edo* zurück, »ich esse eine«, um anzudeuten, daß man auf eine zweite keinen Appetit mehr hat.

Das waren die Qualitäten, doch es gibt auch einen Feh-ler: Er ist nicht robust genug für sehr kalte Grafschaften oder den Norden.

Es gibt einen weiteren *Arbutus* namens *menziesii*, er ist der edle kalifornische Menzies–Erdbeerbaum, der in seiner Heimat eine Höhe von über dreißig Metern erreicht. Ich glaube nicht, daß er das in England schaffen würde, obwohl ich zugeben muß, daß das Exemplar, das ich vor etwa fünfzehn Jahren hier in Kent gepflanzt habe, in beunruhigendem Tempo in die Höhe schießt und schon ein Fenster im Erdgeschoß verdunkelt; bald wird es den ersten Stock erreichen, und was soll ich dann machen? Es bis zum Dach wachsen lassen, nehme ich an, und dann noch weiter. Seine wunderschöne Rinde – mahagonifarben, bis sie sich abschält und ein ebenso wunderschönes Olivgrün freilegt – macht mir solche Freude, daß ich es niemals ertragen könnte, ihn zu fällen. Vielleicht könnte ein außergewöhnlich strenger Winter dieses Problem lösen, denn in den Katalogen ist dieser Baum mit dem warnenden Dolch versehen, was »empfindlich« bedeutet.

Es gibt außerdem noch *Arbutus andrachne* mit seiner typischen roten Rinde, doch auch er eignet sich nur für begünstigte Gegenden wie Süd- und Südwestengland, Teile von Wales sowie Nord- und Südwestirland. Eigentlich ist es sicherer, sich auf *Arbutus unedo* zu beschränken, der im Winter mit seinen grünen Blättern soviel Freude macht und im Herbst mit seinen wachsartigen Blüten und seinen scharlachroten Beeren so hübsch aussieht. Der Preis kommt auf die Größe an, und er ist in den meisten guten Baumschulen erhältlich.

Mein Wintergarten

Dezember

Jetzt haben wir also Dezember, den *Mid-winter-monath*, wie er auf Altsächsisch hieß, und wie schwer ist es, auch nur genug Blumen für einige Vasen zu erlangen. Die winterblühende Rosenkirsche, *Prunus subhirtella Autumnalis*, ist da eine große Hilfe. Ich habe in den letzten beiden Wochen immer wieder kleine Zweige abgeschnitten und sie in warmen Räumen ins Wasser gestellt, wo sich die grünen Knospen dann ganz überraschend zu den weißen, leicht duftenden Blüten öffnen, die den Frühling erwarten lassen. Die Rosenkirsche ist ein kleiner Baum, der eigentlich in jeden Garten gehört. Er braucht nicht viel Platz, und zwischen November und März kann man sich überreichlich seiner Zweige bedienen. Selbst wenn einige Knospen dem Frost zum Opfer fallen, scheint dieser tapfere kleine Bursche immer wieder neue liefern zu können.

Dann gibt es noch *Mahonia japonica*, einen stacheligen, berberitzenähnlichen Strauch mit spitzen zitronengelben Blüten, die wie Maiglöckchen riechen. Er ist keine übermäßig schöne Pflanze, keine, die wir wegen ihrer Schönheit anschaffen, uns geht es nur um die Blüten, die er uns zu dieser toten Jahreszeit schenkt, und deshalb würde ich raten, ihn in eine überzählige Ecke zu setzen, wenn möglich in den Schutz anderer Sträucher. Er gedeiht in jedem normal guten Boden und hat auch gegen ein wenig Schatten nichts einzuwenden. Vielleicht ist er Ihnen schon unter dem Namen *Berberis bealei* begegnet.

Beides sind Pflanzen, die im Freien und eigentlich in jedem Garten stehen können. Wer jedoch ein Gewächshaus hat, das gerade genug beheizt wird, um den Frost auszusperren, sollte sich den Frauenschuh *Cypripedium insigne* zulegen. Diese Orchidee ist als Topfpflanze wirklich zu empfehlen. In einer Vase halten die Blüten sich bis zu sechs Wochen, vielleicht nicht ganz so lange in einer rußigen Stadt, aber auf jeden Fall in sauberer Umgebung. Die Gattung ist grünlich mit brauner, aufgeblasener Lippe mit gelben Streifen, außerdem gibt es viele attraktive Hybriden in anderen Farben. Es ist eine äußerst pflegeleichte Pflanze, sie ist fast unverwüstlich, solange Sie sie nicht erfrieren lassen oder zu gießen vergessen. Sie muß alle drei bis vier Jahre umgetopft werden, nehmen Sie dazu einen Kompost aus der Gärtnerei.

Die Mode, Pflanzen im Haus zu ziehen, wächst so rasch wie einige der zu diesem Zweck empfohlenen Pflanzen. Das ist verständlich. Nur wenige unter uns haben heutzutage ein beheizbares Gewächshaus, deshalb müssen wir unsere warmen Zimmer und unsere sonnigen Fensterbänke nach Kräften nutzen. Voller Neid denken wir daran zurück, wie unsere Großmütter ihre Töpfe mit duftenden Geranien über Jahre hinweg am Leben erhielten, oder an ihren geliebten Topf mit Alpenveilchen, die eigentlich nach dem ersten oder zweiten Blühen auf den Müll gehört hätten. Ich frage mich oft, wieso unsere Großmütter das so erfolgreich durchhielten, obwohl ihnen all die Hilfsmittel und Werkzeuge und guten Ratschläge fehlten, mit denen wir heute geradezu überhäuft werden.

Ich selber bin allerdings keine große Freundin von Zimmerpflanzen. Ich ziehe Zwiebeln in Torf, das tun wir schließlich alle, und ich bin dankbar für ihre aufeinanderfolgenden Geschenke, die sie getreulich von Weihnachten an bis zu dem Zeitpunkt abliefern, wenn die ersten Blumen im Garten erscheinen. Ich möchte eigentlich keine Efeuranken um meine Bücherregale winden, wie unsere skandinavischen Freunde das in Norwegen und Schweden angeblich tun; das würde mich nur daran hindern, das Buch, in dem ich gerade lesen will, herauszunehmen.

Aber es gibt doch eine kleine Zimmerpflanze, die ich allen empfehlen würde, die sich ein wenig leuchtendes Grün in einem Topf oder einem hängenden Korb wünschen. Diese Pflanze wurde zu Ehren von John Tradescant, dem Gärtner Charles I., *Tradescantia* getauft. Sie ist auch als Dreimasterblume bekannt. Ich nehme an, daß sie ihren Namen dem heftigen Wachstum ihrer Wurzeln verdankt; jeder Knoten entwickelt neue, und wenn Sie einen Stengel einige Wochen ins Wasser legen, werden Sie daran bald weiße, wurmähnliche Wurzeln entdecken.

Es ist eine sehr hübsche Pflanze mit ihren grün-weißge-

Tradescantia x andersonia ›Karminglut‹

streiften Blättern, ich wünschte nur, ihre Liebhaber würden sie nicht »Trad« nennen. Diese Abkürzung ist genauso häßlich wie Daff für Osterglocken (Daffodils), Pollies für Polianthes, Rhodos für Rhododendron, Mums für Chrysanthemen oder Glads für Gladiolen. Die einzige Abkürzung, die mir gefällt, ist eine echt ländliche: Dandies für Löwenzahn (Dandelions). Aber diese Abkürzung stammt von einem Kind, nicht von einem Gärtner.

Ich habe mir oft überlegt, und ich glaube, ich habe es auch schon in dieser Kolumne erwähnt, daß es reizvoll sein müßte, einen Garten ganz allein mit der einheimischen Flora der britischen Inseln zu füllen. Wir müßten jedoch genau auswählen und Streuner und Invasoren vermeiden, außerdem müßten wir uns über die nötigen Bodenverhältnisse informieren; es wäre beispielsweise absurd, Heidekraut in die Nähe von kalkliebenden Pflanzen zu setzen oder die Bewohner von Marschboden zusammen mit Büscheln von Gras- oder anderen Nelken, die uns so munter und trocken aus Rissen in unseren Klippen zuwinken. Aber wir brauchen wirklich nur auf die grundlegendsten Unterschiede zu achten.

Kein leidenschaftlicher Bewahrer unserer wilden Blumen soll jetzt aber denken, ich riete dazu, Seltenheiten zu versetzen, die schon jetzt durch die Ausweitung von Ackerland oder durch die von wohlmeinenden, aber unwissenden Amateurbotanikern angerichteten Verwüstungen in ihrer Existenz bedroht sind. Nur über meine Leiche ... Aber es ist durchaus möglich, (1) Samen zu sammeln, (2) bei einem Gärtner Einzelexemplare zu kaufen. Auf diese Weise könnte sogar die ein oder andere Art vor dem Aussterben gerettet werden. Auch die Verpflanzung in besseren Boden könnte von Vorteil für sie sein und schönere Pflanzen ergeben. Beim himmelblauen Chicorée ist das beispielsweise der Fall.

In einem so kurzen Artikel kann ich allerdings nur auf einige wilde Blumen hinweisen, die sich auch für die Zucht im Garten eignen. Die erste Reaktion mancher Leser besteht nun sicher in dem Ausruf: »Wilde Blumen? Meinen Sie etwa Unkraut?« Aber gemach: Viele wilde Blumen können wir einfach nicht als Unkraut betrachten. Kaiserkrone, Osterglocke, kleines Maiglöckchen, die gelbe Tulpe *sylvestris*, Herbstkrokus, die weinrote *Daphne mezereum* (Seidelbast), verschiedene lila oder weiße Veilchen, grüne Christrose, Gladwyn Iris, goldene Trollblume, Sumpfdotterblume, Pfingstnelke, Süßdolde, diverse Glockenblumen, Sumpfvergißmeinnicht, Bibernellrose, manche Wolfsmilcharten, Schneeglöckchen und Märzenbecher. Und dabei fehlen noch die gesamte Primelfamilie und die Orchideen, die aber eine Verpflanzung vermutlich nicht überleben werden. Kaufen Sie sie bei einem Gärtner, wenn Sie nicht darauf verzichten wollen, aber graben Sie sie auf keinen Fall aus.

Im Vergleich mit der Pracht der Alpen, der Dolomiten,

der Pyrenäen oder des Libanons können wir nur eine bescheidene kleine Auswahl produzieren, aber vielleicht ist jetzt doch schon deutlich geworden, daß ein botanischer Urlaub zumindest ein Stück Garten füllen könnte, in sicherer Entfernung zu den auserleseneren blumigen Nachbarn. Dieses Stück Garten könnte bezaubernde Erinnerungen wecken: »Weißt du noch, wie wir den walisischen Mohn entdeckt haben?« – »Ich habe die Küchenschelle aber früher gesehen als du!«

Der für den Winter zum Schlafen gebrachte Garten bietet einen angenehmen Anblick. Braune Erddecken verhüllen die verborgenen Wurzeln. Auf dem Boden ist nichts zu sehen, doch in der Tiefe bereitet sich allerlei auf den Frühling vor. Ich glaube, es lohnt sich, blühenden Sträuchern eine dicke Schicht von alten Blättern zu verpassen, statt diese allesamt wegzuharken. Eine solche Schicht schützt die Sträucher einerseits vor Frost und wird auf die Dauer zu dem wertvollen Humus, den alle Pflanzen brauchen. Es gibt natürlich Blätter und Blätter, nicht alle verrotten gleich schnell. Eiche und Buche sind die besten, um einen großen, viereckigen Haufen Lauberde zu produzieren, aber eigentlich ist jedes Blatt während der nächsten Monate als Schutzschicht über Beeten und Rabatten geeignet.

Der professionelle Gärtner wird Einwände erheben. Er

wird uns erzählen, daß die Blätter bei jedem Wind »durch den ganzen Garten fliegen«. Das stimmt auch bis zu einem gewissen Punkt, aber wir können das verhindern, indem wir ein wenig Erde oder Sand auf die Blätter streuen. Manche Einwände lassen sich oft entkräften, wenn wir nur den gesunden Menschenverstand anwenden. Nur wenige Menschen sind so starrköpfig wie ein professioneller Gärtner, der gern in seinen Vorstellungen feststeckt.

November und Dezember bedeuten für Gärtner eine schwierige, leere Zeit. Wir müssen uns an die beerentragenden Pflanzen halten, von denen ich vor allem den selten verwendeten *Celastrus orbiculatus* empfehlen möchte, auch der Baumwürger genannt. Es handelt sich dabei um einen heftigen Kletterer, der sich um jeden wertlosen alten Apfel- oder Birnbaum, über ein Schuppendach oder überhaupt um alles windet, was wir für keinen anderen Zweck vorgesehen haben. Im Sommer ist er eine eher langweilige grüne Pflanze, dann fällt sie Ihnen vermutlich gar nicht weiter auf; in den Herbstmonaten Oktober und November dagegen zeigt sie ihre buttergelben Beeren, die sich sehr bald öffnen und ihre orangefarbenen Samen zeigen, bunt wie ein prächtiges Wappen, gülden und lohfarben. Im Haus macht diese Pflanze sich wunderbar an einem Spalier vor dunkler Holztäfelung, doch auch vor einer weißgetünchten Wand kommt sie hervorragend zur Geltung.

Sie windet sich mit Leidenschaft. Sie rollt sich zu Korkenziehern auf, die sich dann nicht mehr entwirren lassen, aber das spielt keine Rolle, denn sie braucht niemals beschnitten zu werden, es sei denn, Sie wollten sie unter Kontrolle halten. Ich mußte sie bisher nur einmal von einem Baum herunterholen, in dem sie zu energisch wuchs; es war ein junger *Prunus*, der ansonsten sehr bald erstickt wäre. Wenn wir sie am Fuße eines toten oder sterbenden alten Baumes pflanzen, klettert sie in kurzer Zeit hoch und hängt in perlenbesetzten Girlanden herunter, wie tausende von winzigen Herbstmonden, die in einer Frostnacht am östlichen Horizont aufsteigen.

In dieser bedeutenden Pflanzzeit im Jahr sollten wir auf jeden Fall an die vielen Nelken (*Dianthus*) denken, denn nur wenige Pflanzen sind bezaubernder, genügsamer oder traditioneller. In alten Küchengärten sahen wir oft lange Streifen von *Mrs. Sinkins*, die am Wegesrand wuchsen, und was könnte wünschenswerter sein als diese zerlumpte alte Dame, die der Luft ihren würzigen Duft gibt? Sie ist eine sehr alte Dame. Manche halten sie für nicht weniger als hundertvierzig Jahre alt, andere schätzen sie eher auf bloße achtzig und behaupten, sie stamme aus dem Garten eines Armenhauses in Slough. Wie immer die Wahrheit aussehen mag, *Mrs. Sinkins* ziert voller Stolz das Wappen der Gemeinde Slough, auf dem ein Schwanenschnabel sie fest im Griff hält.

Sie hat eine Tochter, *Miss Sinkins*, nicht so bekannt,

dafür aber ordentlicher und züchtiger in ihrem Auftreten, eine viktorianische alte Jungfer, die Sie in den Katalogen der meisten Gärtner wohl umsonst suchen würden. In dem ganzen Stapel von Katalogen auf meinem Tisch finde ich sie nur auf einer einzigen Liste, und der Gärtner, der sie anbietet, weist darauf hin, sein Vorrat sei klein, er hoffe jedoch für das nächste Jahr auf größere Ausbeute. Machen Sie sich aber keine Sorgen, andere Familienmitglieder gibt es in Hülle und Fülle. Unsere einheimische Pfingst-nelke *Dianthus caesius* duftet fast ebenso aromatisch wie *Mrs. Sinkins* und ist ebenso pflegeleicht.

Das gilt übrigens für fast alle Nelkensorten. Sie stellen nur geringe Ansprüche. Sie alle lieben die Sonne und ziehen gut entwässerten und eher sandigen Boden vor; wenn Sie ihnen noch dazu eine großzügige Portion Kalk bieten kön-nen, werden sie so glücklich sein, wie das Jahr lang ist. Das heißt, daß sie lieber in Kalkboden, in alkalireicher Erde wachsen; aber sie bestehen nicht darauf; sie sind so beschei-den, daß sie sich mit allem abfinden, nur ganz und gar wäßrig darf der Standort nicht sein. Das hassen sie, und dann rächen Sie sich an Ihnen, indem sie einfach eingehen.

Ihr einziger anderer Fehler, ein höchst liebenswerter Fehler, der ein viel zu großzügiges Wesen verrät, ist, daß sie sich in Ihren Diensten zu Tode blühen. Darauf müssen Sie achten und die Blütenfülle hart auf die graugrünen Bü-schel zurückschneiden, um sie vor ihrer eigenen extrava-ganten Freigebigkeit zu schützen.

Plötzlich und unerwartet überwältigt uns der Frost. Wir sollten uns allerdings nicht überwältigen lassen, denn wir kennen unser Klima gut genug, um die Gefahren zu begrenzen, die zwischen Sonnenuntergang und Sonnenaufgang auf uns lauern. Aber wie viele Gärtner stellen sich dieser Drohung wirklich rechtzeitig? Wie viele bedecken ihre zarten Pflanzen, ehe es zu spät ist?

Ich halte es für richtig, die Stalltür zu schließen, ehe das Pferd entwischt ist.

Diese Bemerkungen beziehen sich vor allem auf die Behandlung von Pflanzen oder Sträuchern in großen Töpfen oder hölzernen Bottichen. Viele setzen Hortensien und Fuchsien in Bottiche und wissen nicht, was sie in den schrecklichen Monaten, die jetzt vor uns liegen, damit machen sollen. Der gesunde Menschenverstand rät uns, sie nicht zu gießen, denn Wasser würde aus der Erde einen betonharten Block machen. Viel sinnvoller ist es, die Töpfe mit Stroh oder Farn warm einzuwickeln, und wenn Ihre Töpfe nicht zu groß sind, stecken Sie sie bis an die Kante in ein Aschenbett. Das hält den Frost ab, denn eine Pflanze in einem Topf ist dem Frost natürlich viel hilfloser ausgeliefert als eine im Boden. Der Pflanze im Topf fehlt der Schutz, den das tiefe Erdreich in ihrer Nähe bietet, deshalb müssen wir ihr mit einem tiefen Aschenbeet zu Hilfe kommen.

Und was sollten wir sonst noch für unsere Topfpflanzen tun? Meistens werden sie verhätschelt und verwöhnt. Das Thema ist ein viel zu weites Feld für einen so kurzen Artikel, aber ganz allgemein würde ich folgendes raten:

Topfen Sie alle Pflanzen um, deren Töpfe zu eng geworden sind, was immer der Fall ist, wenn die Wurzeln aus dem Loch unten im Topf herauswachsen.

Wenn eine Pflanze nicht umgetopft werden muß, dann sollten Sie die oberste Erdschicht wegkratzen und neue Nahrung in Form von Kompost oder Knochenmehl verabreichen. Topfpflanzen erschöpfen die Erde, in der sie gepflanzt sind, und brauchen neue Nahrung. Sie können sich selber keine beschaffen und sind deshalb auf uns, ihre Besitzer, angewiesen. Wir tragen für diese wunderschönen Schöpfungen der Natur, die auf so hilflose und bemitleidendenswerte Weise unseren Wünschen unterstellt sind, eine große Verantwortung.

Ein recht attraktiver, holziger kleiner Strauch heißt *Callicarpa bodinieri* var. *giraldii*. Vielleicht ist er nicht schrecklich aufregend, aber er bietet doch eine Abwechslung zu den häufiger auftretenden Berberitzen und Cotoneastern und bringt im November und Dezember ein wenig Farbe. Außerdem macht er sich gut in einem Glas unter einer Elektrolampe. Seine Blüten, die sich früher im Jahr einstellen, sind unscheinbar; interessanter sind die tieflila Beeren, die dicht am Stamm in Dolden wie großgeratene Liebesperlen wachsen. Ich glaube nicht, daß sie für unsere kargen oder nördlichen Gebiete zäh genug sind, doch in einer sonnigen Ecke im Süden des Wash [Arm der Nordsee zwischen Norfolk und Lincolnshire], wie es in Wetterberichten heißt, müßten sie sich gut machen; in meinem Garten haben sie im letzten Winter achtzehn Grad unter Null heil überstanden.

Bei der Schönfrucht (*Callicarpa*) müssen wir jedoch auf eines achten: Sie ist eine der geselligen Pflanzen, die die Gesellschaft von ihresgleichen brauchen, deshalb sollten Sie mindestens zwei oder drei nebeneinander setzen, sonst müssen Sie auf die Beeren verzichten. Es geht hier nicht um männliche und weibliche Pflanzen, wie zum Beispiel beim Sanddorn, der nur in der Ehe seine orangefarbenen Früchte liefert; die Erklärung scheint ganz einfach die zu sein, daß die Schönfrucht eine unverbesserliche Party-löwin ist.

Das gilt natürlich für viele beerentragende Sträucher ebenso wie für viele Menschen.

Angeblich macht die Schönfrucht sich auch als Topf-pflanze gut, dann wächst sie mit einem einzigen Stengel, an dem die Beeren sich noch dichter aneinanderdrängen. Aber auch hier brauchen Sie mehrere Töpfe, nicht bloß einen.

Ein weiterer kleiner Strauch, der im Moment sehr fröhlich aussieht, ist die Kronwicke *Coronilla valentina* ssp. *glauca*. In meiner Verwirrung habe ich ihn in einigen Büchern nachgeschlagen und dort erfahren, daß er eigent-lich zwischen April und Juni blüht. Dagegen bin ich machtlos. Ich weiß nur, daß er in meinem und im Garten eines Nachbarn während des ganzen letzten Dezembers geblüht hat. Dieser Rekord scheint ihn als Winterblüher auszuweisen. Er wirft nicht jedes Jahr seine graugrünen Blätter ab, sondern behält sie und seine leuchtend gelben, wickenähnlichen Blätter auch während der dunklen Tage. Er ist ein netter, nützlicher und munterer kleiner Strauch, vielleicht nicht zäh genug für sehr kalte Gegenden, glücklich jedoch vor einer Hausmauer in einem engen Beet in Südwest-Kent, in Sussex oder noch weiter westlich.

Es gibt eine Variante dieses Strauchs, die ich jedoch noch nie gesehen habe, wie ich zugeben muß, und die ich deshalb nicht so einfach empfehlen kann. Sie heißt *Coronilla Emerus*, und ihre Beschreibung reizt mich. Sie trägt im Juni und Juli angeblich eine Fülle von gelben und kupferroten Blüten und gilt als pflegeleichter und frostresistenter als *Coronilla valentina*, ssp. *glauca*. Ich glaube, ich werde mir ein Exemplar bestellen und sehen, was dann passiert.

In Tausenden von Häusern und überall in Großbritannien werden jetzt die Zwiebeln, die im vergangenen September so liebe- und hoffnungsvoll in mit Torf gefüllte Schalen gesetzt wurden, aus ihrem dunklen Schrank oder dem Winkel unter der Treppe herausgeholt. Schon stehen die papierweißen Narzissen und die römische Hyazinthe in voller Blüte, und ein kleiner Topf kann ein ganzes Zimmer mit Duft füllen. Die normale Hyazinthe zeigt jetzt ihre dichten Trauben, sie ist eine unbeholfene Pflanze, finde ich, oben viel zu schwer, um als elegant oder schön durchgehen zu können, wegen ihres Duftes jedoch ist sie unverzichtbar.

Kurz darauf folgen die anderen Narzissen, die wir gesetzt haben. Ich halte mich Jahr für Jahr treu an den alten *King Alfred*, an *Winter Gold*, *Carlton*, *Fortune* und *Grand Soleil d'Or*, die jetzt unter dem Namen *Sally Door* die britische Staatsbürgerschaft erlangt hat. Dieses konservative Verhalten ist vielleicht nicht besonders waghalsig, aber in diesem Jahr habe ich immerhin, wenn auch recht spät, eine Schale mit der sehr zu empfehlenden *La Riante* hinzu genommen.

Es macht solchen Spaß, zuzusehen, wie die fetten bleichen Nasen sich aus dem schokoladenbraunen Boden drängen und sie mit Finger und Daumen leicht zu kneifen, um festzustellen, ob sich die Blütenknospe schon entwickelt, um sie schließlich langsam ans Licht zu bringen, nach dem sie sich inzwischen zweifellos schon sehnen. Obwohl wir sie natürlich am liebsten zur Eile antreiben würden, müssen wir sie für einige Tage mit einer Papierserviette bedecken, sonst werden sie zu schnell grün. (Krokusse können erst im letzten Moment gezwungen werden, sonst bleiben sie blütenlos; und die kleine *Iris reticulata* scheint zwar gewaltige Fortschritte zu machen, doch sie blüht erst, wenn das alte Jahr ins neue übergegangen ist. Eine Iris läßt sich ebenso wenig zwingen wie ein

Krokus, ist aber eine entzückende Topfblume, die wir später im Garten auspflanzen können, wo sie dann jedes Jahr neue kleine Kolonien bildet.) Das ist eine der vielen guten Seiten an der Angewohnheit, Zwiebeln für das Haus im Winter zu ziehen; auf die Dauer erwerben wir eine Sammlung ausgewählter Arten, die wir dann im Garten in allerlei ungenutzte Ecken setzen können. Obwohl es der allgemeinen Meinung widerspricht, stelle ich doch immer wieder fest, daß die meisten im ersten Jahr nach ihrer Vertreibung aus dem Topf im Freien zu ihrer normalen Zeit doch sehr bereitwillig blühen. Sie brauchen nicht zwei Winter, um den Schock dieser Vertreibung zu überwinden, und nach dem ersten Schrecken werden sie dann voller Dankbarkeit immer stärker.

Ein Artikel, in dem ich über das Ziehen von Erdbeeren in Kübeln oder Fässern schrieb, scheint bei den Lesern des *Observer* auf einiges Interesse gestoßen zu sein. Es scheint mir eine gute Idee für jene zu sein, die nur einen kleinen Garten haben. Sie vergeuden keinen Bodenplatz und können ihre Kübel an jeden gewünschten Ort stellen, neben die Haustür oder entlang des Gartenwegs. Inzwischen habe ich mir überlegt, daß sich dieses System auch auf alpine oder andere kleine Pflanzen anwenden lassen muß, die man auf die gleiche Art in Fässer setzt, die auf Taillenhöhe durchgesägt worden sind.

Hyacinthus orientalis ›Blue Jack‹

Warum nicht? Es ist nicht weiter schwer, diese Idee in die Tat umzusetzen. Sie kaufen sich im nächsten Laden ein Faß und bedecken den Boden mit einer dicken Schicht Tonscherben, nachdem Sie zuerst ein oder mehrere Löcher zur Entwässerung gebohrt haben. Dann füllen Sie das Faß mit Erde und pflanzen Ihre Schätze hinein. Mit welcher Art Boden das Faß gefüllt wird, hängt von den Schätzen ab, die darin gedeihen sollen. Alpine mögen ganz allgemein einen eher sandigen Boden, der ihnen die gute offene Entwässerung liefert, die sie am Faulen hindert. Stagnierende Feuchtigkeit ist hierzulande eine viel gefährlichere Feindin als Frost oder Dürre. Sie können sandigen Boden herstellen, indem Sie eine Schubkarrenladung durchlässigen Lehm aus der oberen Bodenschicht einer alten Wiese mit scharfen kleinen Steinen füllen, wie wir sie am Straßenrand in solch verlockenden Haufen finden. Leider gehören diese Steine jedoch den Bezirksbehörden. Wenn ich nicht so unheilbar ehrlich (oder vielleicht auch feige) wäre, dann könnte ich durchaus der Versuchung erliegen und im Schutze der Dunkelheit mit Eimer und Schaufel losziehen.

Flachwachsende Pflanzen wie Steinbrech machen sich gut in einem solchen Faß; sie gleichen einem runden, silbergrauen viktorianischen Nadelkissen, das im Frühling in winzige rosa Blüten ausbricht. Die Arten *Irvingii, Cranbourne, Jenkinsiae* sind alle sehr klein, dicht und hübsch. Aber Sie können für Ihr Faß auch größeren Ehrgeiz haben und auf halber Höhe etwas anderes pflanzen. Etwas, das seitlich wächst zum Beispiel, und das kleine Wasserfälle aus Blüten bringt, kleine Niagarafälle aus Schaum, wie der Steinbrech *Tumbling Waters* – seine Blütenrosetten hängen über vierzig Zentimeter herab, sie sind sehr schön und doch sehr zart. In die seitlichen Löcher des durchgesägten Fasses würde ich *Lewisien* setzen. Lewisien sind nicht allzu pflegeleicht, vielleicht ist das der Grund, warum wir sie nur so selten sehen; aber sie sind auf jeden Fall allen Gärtnern zu empfehlen, die vor einer Herausforderung nicht zurückschrecken. Ihre Blätterrosetten und ihre rosa oder cremefarbenen Blüten, die aus Chintz gemacht sein könnten, haben ein elegantes und altmodischen Aussehen. Sie sollten im Faß seitwärts gesetzt werden, sie wachsen nämlich sehr gern aus einer mörtellosen Mauer heraus. Wir dürfen aber nicht vergessen, daß sie Kalk nicht leiden können. Gestört werden wollen sie auch nicht, am besten ziehen wir sie deshalb aus Samen.

Darf ich meine Leser an die winterblühende Rosenkirsche erinnern, an *Prunus subhirtella Autumnalis?* Ich weiß, daß ich sie schon erwähnt habe, aber das ist lange her, und im Wechsel der Jahreszeiten erinnern wir uns vor allem an die Pflanzen, die wir voller Undank in den reichen Monaten des Frühlings und des Sommers vergessen. Es gibt eine Variante dieser Kirsche namens *rosea*, ihre Blüten sind ganz leicht rosig angehaucht. Ich ziehe die weiße vor, aber das ist schließlich Geschmackssache. Es gibt noch eine weitere winterblühende Zierkirsche, *Prunus serrulata Fudanzakura*, doch ich gebe zu, daß ich sie weder anpflanze noch kenne, und ich möchte nicht gern Pflanzen empfehlen, mit denen ich keine persönlichen Erfahrungen habe. Doch der Rat von Captain Collingwood Ingram, des »Kirsch-Ingram«, berühmt für seine japanischen Kirschen, ist gut genug für mich und sollte das für alle sein. Auch diese Kirsche hat rosa Knospen, die sich zu weißen Einzelblüten öffnen, wir können sie jederzeit zwischen November und April im Garten bewundern oder sie zur Zierde unserer Wohnungen in Vasen stellen. Ein so umgänglicher Besuch aus dem Fernen Osten sollte in unseren Gärten doch willkommen sein.

Übrigens, ich nehme doch an, daß alle, die in den trübsten Monaten Blumen im Haus haben wollen, die abgeschnittenen Zweige, wie die der winterblühenden Kirschen, in fast kochendheißes Wasser tunken? Das finden sie, salopp gesprochen, einfach toll.

Habe ich je, wenn von frühblühenden Sträuchern die Rede war, *Corylopsis pauciflora* erwähnt, die Scheinhasel? Ich glaube schon, aber es kann ja nichts schaden, noch einmal daran zu erinnern. Es handelt sich um einen kleinen Busch, der höchstens einen Meter fünfzig hoch und breit wird und an dessen blattlosen Zweigen von März bis April elegante gelbe Blüten hängen, er ist so hübsch, daß er wirklich ein Schatz ist. Das läßt sich auch für *Corylopsis spicata* sagen, der allerdings höher wird, bis zu einem

Meter achtzig, und der womöglich noch frostresistenter
ist. An den Boden stellen beide keine besonderen Ansprüche, sie haben es jedoch gern ein wenig windge-
schützt, zum Beispiel hinter anderen windbrechenden
Sträuchern.

Spatzen … sie picken die Knospen weg, deshalb sollten
Sie Ihre Sträucher im Oktober oder November mit alten
Obstnetzen bedecken. In diesem Jahr sind die Spatzen
zum ersten Mal aus purer Bosheit über meinen Winterblüten-Strauch hergefallen, es ist eine den Vögeln eigene Art
von jugendlichem Rowdytum, hören Sie also auf meinen
Rat, und decken Sie die Knospen ab, ehe es zu spät ist.

Die Wochen zwischen dem 1. Dezember und dem
1. Januar sind vermutlich die allerschwierigsten für
alle Gärtner, die um Blumen für das Haus gebeten werden.
So ein armer Gärtner soll eine Folge von Sträußen und
Zweigen liefern, die die Zimmer freundlicher machen, vor
allem zu Weihnachten. Seine Chrysanthemen sind jetzt
verblüht, und das ist nur gut so, wenn sie von der zottigen
Variante waren, deren Blüte so groß ist wie das Gesicht
eines englischen Schäferhundes. Die viel hübscheren
koreanischen Chrysanthemen sind schon längst hinüber,
falls wir sie nicht unter Glas ziehen können. Unser ge-
plagter Gärtner muß deshalb auf die im Herbst blühende
Kirsche, auf den Winterjasmin, auf *Viburnum fragrans*, den

Duftschneeball, auf den beerentragenden Cotoneaster und auf die wächsernen Blütentrauben und die roten Früchte des *Arbutus unedo* (Erdbeerbaum) zurückgreifen, wenn er in weiser Voraussicht vor Jahren einen in seinem Garten gepflanzt hat. Ansonsten wird er nicht viel finden, falls nicht einige verstreute Winteriris aus ihren un-ordentlichen Blättern lugen.

Der besorgte Gärtner genießt mein tiefstes Mitgefühl, da ich doch selber eine besorgte Gärtnerin bin, deren Haus nach Blumen schreit, während ich keine habe. Der gute Tip für diesen Fall lautet: *Helleborus niger*, die Christrose. Falls Sie einen alten Wurzelklumpen im Garten haben, sollten Sie Teile davon ausgraben und in tiefe Töpfe setzen; bedecken sie jeden mit einem umgestülpten Topf, stellen Sie sie für einige Wochen an eine dunkle Stelle, und warten Sie ab, was passiert. Sie werden feststellen, daß die Stiele länger werden, während die Blüten so weiß und rein sind, wie das im Freien niemals möglich wäre, nicht einmal im Schutz einer Glocke.

Ich weiß, Sie werden jetzt sagen, daß Christrosen nicht gestört werden wollen. Sie gehören zu den Pflanzen, von denen das kolportiert wird, aber ich bin nicht so sicher, ob sie das wirklich verdient haben. Wenn Sie Ihren Wurzelklumpen mit genügend Erde ausgraben, dann wird er sich widerspruchslos neu pflanzen lassen. Vielleicht liefert er im ersten Jahr nicht gerade Bestleistungen, weshalb es ratsam ist, die getopften Pflanzen nach und nach wieder im Freien anzusiedeln.

Das Beschneiden der wunderbar duftenden Winterblüte *Chimonanthus fragrans* macht mir seit vielen Jahren Sorgen, und ich nehme an, das geht auch anderen Amateurgärtnern so, die klug genug waren, sich diesen Strauch anzuschaffen. Die Ratschläge der Fachleute scheinen in der Praxis nicht zu funktionieren. Alle sind sich darüber einig, daß eine im Freien stehende Winterblüte überhaupt nicht beschnitten werden muß, aber da wir sie zumeist eine Mauer hochwachsen lassen, sollten wir uns anhören, was einige Autoritäten dazu zu sagen haben:

Beschneiden Sie die blühenden Triebe kurz nach dem Blühen so dicht am Hauptstiel wie nötig, das stärkt die neuen Zweige des Sommers, an denen im Winter die Blüten sitzen werden. – W. Arnold Forster, *Shrubs for the Milder Counties.*

Bei Mauerpflanzen sollten nach dem Blühen die älteren Triebe beschnitten werden, das tut den neuen gut. – Patrick Synge, *Flowers in Winter.*

Sie sollten sofort nach dem Blühen beschnitten werden; abgeblühte Triebe sollten glatt abgeschnitten werden, um die Entwicklung von neuem Holz anzuregen, aus denen im Winter die Blüten erwachsen. – A. W. Darnell, *Winter Blossoms from the Outdoor Garden.*

Und dann haben wir noch den großen Mr. Bean in eigener Person, dessen dreibändiges Werk *Trees and Shrubs Hardy in the British Isles* als Bibel aller Baum- und Strauchliebhaber gilt; und Mr. Bean rät uns, das Beschneiden nicht viel länger als bis zum Februar aufzuschieben, damit

die neuen Triebe Zeit genug haben, um sich zu entwik-
keln – und davon hängt schließlich die winterliche Ausbeute an Blüten ab.

Ich habe mich ganz brav an alle diese Ratschläge gehalten, die eigentlich allesamt vorschlagen, im Februar alles
bis auf das alte Holz zurückzuschneiden. Ich habe gehor-
sam alle abgeblühten Triebe weggeschnitten, und was war
die Folge? Ich erhielt lange junge Triebe von bester Gesundheit, die aber nicht die kleinste Blüte zu verheißen
schienen. Das waren die jungen Triebe, die mir im Winter
Blüten bringen sollten. Aber meine Beobachtungen lassen mich jetzt annehmen, daß diese jungen Triebe nicht
in diesem Januar blühen werden, sondern erst im nächsten. Die Lösung liegt also darin, zwei Büsche zu setzen,
die abwechselnd blühen, in diesem Jahr der eine, im nächsten der andere.

Wie angenehm ist es doch, mitten im Winter plötzlich an den Sommer erinnert zu werden! Eigentlich mag ich keine Schmeißfliegen, aber als ich zur völlig
falschen Jahreszeit eine auf meiner Fensterbank brummen
hörte, erinnerte sie mich mit diesem halb schläfrigen, halb
aktiven, schweren Geräusch an Bienen, das für mich einfach den Sommer ausmacht. Eine solche Kleinigkeit kann
uns mit sich reißen, ob es sich nun um einen Klang, einen
Geruch oder eine Berührung handelt. Ich hörte meiner

Schmeißfliege zu, vergaß den Nebel, der eiskalt aus dem Tal aufstieg, öffnete ein nettes Büchlein, das mir unter anderem von den Gartenpflanzen erzählte, die die Bienen am meisten lieben, und sofort sagte der Kalender nichts mehr vom Dezember.

Das nette Büchlein stammt von einer sehr tapferen Dame, die sich ganze Hände voll von Bienen in die Strümpfe steckt, um die Wirkung der Stiche auf ihren Rheumatismus zu testen. Sie ist außerdem eine erfahrene Imkerin, die über eine eigene Immenallee oder eine ganze Folge von Bienenstöcken verfügt und deren Rat wir deshalb nicht ignorieren sollten. Ich fand es interessant, daß sie treu und brav die entzückende gelbweiße kleine Einjährige Sumpfblume *Limnanthes douglasii* ganz oben auf ihre Liste setzt, die im März oder April dort gesät werden sollte, wo sie später auch blühen soll, am besten an einer sonnigen Stelle, die sich als Einfassung oder als Bodenbedeckung eignet. Sie hält sich zu Recht sehr eng an den bekannten Entwurf eines Bienengartens, den die verstorbene Miss Eleanor Sinclair Rohde uns hinterlassen hat, und empfiehlt außerdem Ochsenzunge, Gänsekresse, Blaukissen, Zitronenminze, Vergißmeinnicht, Krokus, Traubenhyazinthen, Steinklee, Majoran, Resede, Astern, Katzenminze, Salbei, Thymian und Goldlack. An Sträuchern rät sie zu Rosmarin, Lavendel, Cotoneaster, Berberitze und Malven und natürlich auch zu Heidekraut, wenn Sie das Glück haben, in einer Heidegegend zu wohnen. An Bäumen erwähnt sie die selbstverständlichen Arten wie

alle Obstbäume, Linde, Weiß- und Rotdorn und Bergahorn.

Ich selber hasse Bienen, ein Stich reicht, um mich fast
eine Woche lang unter Qualen ans Bett zu fesseln. Aber
ich muß doch zugeben, daß ich eine Art romantische
Liebe zu dieser selbstgenügsamen Welt aus kleinen Lebe-
wesen hege, die ihr ganz eigenes Leben führen und trotzdem davon abhängig sind, was wir für sie anpflanzen. Wir
können nicht alle weite Kleefelder anlegen, und wir können es auch nicht mit dem Honig vom Berg Hymettus in
Griechenland aufnehmen, des besten Honigs sämtlicher
Welten, noch besser als der Heidehonig aus dem schottischen Hochland.

Weihnachten rückt näher, und vielleicht sollte ich
über Misteln und Stechpalmen schreiben, aber ich
möchte lieber an den Sommer zurückdenken und einige
seiner warmen Freuden zum Leben erwecken. Der November war einfach scheußlich, das Wetter ließ wirklich nichts
aus: Frost, Schnee, Regen, Überschwemmung, Stürme;
aber noch während dieser unangenehmen Wochen bestand eine kleine Kletterpflanze darauf weiterzublü-
hen, und ich möchte hiermit meine Dankbarkeit zum
Ausdruck bringen. Sie hatte schon Anfang Mai zu blühen
begonnen und am 1. Dezember noch immer nicht damit
aufgehört.

Die Rede ist von *Abutilon megapotamicum*, der Schönmalve. Dieser scheinbar beunruhigende Name verweist
ganz einfach auf ein arabisches Wort, das mit Malven zu
tun hat, einer botanischen Familie, zu der auch die uns
vertraute Stockrose gehört. Mit *Megapotanicum*, »der
große Fluß«, ist der brasilianische Amazonas gemeint.

Abutilon megapotanicum hat keinerlei Ähnlichkeit mit
den Stockrosen, die wir aus Cottage-Gärten kennen. Er
möchte an einer sonnigen Südwand wachsen dürfen; und
wenn Sie zufällig eine weißgetünchte oder eine Mauer aus
grauen Steinen haben, zeigt er sich besonders vorteilhaft.
Er hat lange, spitze Blätter und eine seltsam geformte
Blüte, dunkelrot und gelb, ein wenig wie die der Fuchsien,
sie hängt an biegsamen, eleganten Zweigen. Er ist ziemlich empfindlich und mag keine Minusgrade, im Winter
sollten Sie ihn also einwickeln. Aber vielleicht wissen Sie
das alles ja schon.

Ich wollte hier eine Idee zur Sprache bringen, auf die
ich ganz zufällig gekommen bin, wie das im Garten ja
bisweilen passiert. Ich überlegte mir, wie hübsch sich *Abutilon* als Hochstämmchen machen würde. Er könnte seine
Zweige dann nach unten hängen lassen, wie eine Trauer-
weide oder -kirsche, wenn Sie eine Stütze geben und
alle seitlichen Ausläufer kurzhalten und zurückschneiden,
bis Sie einen dicken, runden Kopf erhalten, der wie ein
Springbrunnen während des ganzen Sommers seine roten
und gelben Blüten hinaussprudeln läßt.

Gefällt Ihnen die Idee? Ich habe sie noch nicht auspro-

Abutilon megapotamicum

biert, aber versuchen werde ich es auf jeden Fall. Wer allerdings ein Gewächshaus hat, so klein und unbeheizt es auch sein mag, kann einen kleinen *Abutilon* in einem großen Blumentopf durchaus bis in den Winter hinein am Blühen erhalten und zu Weihnachten ins Haus holen.

Da dieser Artikel unmittelbar vor Weihnachten erscheint, möchte ich über das für diese Zeit unangemessenste Thema schreiben, das mir überhaupt nur einfällt: über Rosen. Bis Weihnachten kann es ja noch schneien, und der bloße Gedanke an eine Rose wird uns dann erwärmen. Außerdem lassen Rosen sich jederzeit zwischen Dezember und März pflanzen, es ist also nicht zu spät, exzessive Bestellungen auf alle Pflanzengeschenkscheine aufzugeben, die Sie eventuell unter Ihren Weihnachtsgeschenken finden.

Es gibt solche und solche Rosen. Mein Rosengeschmack wird vielleicht nicht von allen geteilt, und ich fürchte, daß ich zu oft versucht habe, ihn den Lesern des *Observer* aufzudrängen. Ich weiß, daß ich einen Hang zu den großen wilden, strauchartigen Rosen habe, die sich überall breitmachen, statt mich an die kleinen adretten, harten, dichten und geizigen Zwerge zu halten, die wir Teehybriden nennen.

Was ich von den Teehybriden halten soll, weiß ich einfach nicht. Ich bin hin und hergerissen. Gut, sie sind schön, sie sind nützlich, ich kann sie den ganzen Sommer hindurch und bis in den Herbst hinein pflücken. Ich kann noch im Dezember Schalen mit ihnen füllen, und dann entwickeln sie sogar bisweilen eine Blüte von lebhafterer Färbung und süßerem Duft. Aber aus irgendeinem Grund rühren sie nicht an mein Herz. Trotz allem habe ich in der Ecke des Küchengartens ein Dutzend gepflanzt, vor allem zum Schneiden. Und zwar *Ena Harkness, Ophelia, Etoile d'Hollande, Charles Mallerin, Christopher Stone, Lady Sylvia, Mrs. Van Rossem, Emma Wright, Crimson Glory, Mrs. Sam McGredy, The Doctor, McGredy's Sunset.* Ich hoffe, sie werden nicht vom Mehltau befallen, aber ich nehme an, es wird sich nicht vermeiden lassen.

Unter Fachleuten herrschen geteilte Meinungen darüber, wie mit dieser Plage umzugehen ist, die in schlimmen Fällen zu vollständiger Entlaubung führt und die Pflanze zerstört, da sie nicht mehr durch ihre Blätter atmen kann. Manche Rosenzüchter empfehlen eine dicke Schutzdecke aus frischgemähtem Rasen, aus altem Torf und Moos-Gemisch oder sogar aus Sägemehl. Noch andere setzen ihr Vertrauen in reichhaltige Ernährung, da eine gesunde, wohlgenährte Pflanze einer Infektion besser widerstehen kann. Ich muß zugeben, daß ich mit dieser Methode gute Erfahrungen gemacht habe. Es hört sich vielleicht unwissenschaftlich an, schließlich haben wir es mit einem Pilz zu tun, und eigentlich sollten Pilze zwischen starken und schwachen Pflanzen keine Unterschiede machen; aber ich bin keine wissenschaftliche Gärtnerin und kann nur von meinen Ergebnissen ausgehen. Die Folge von zwei Karrenladungen Kompost war: Zwei Sommer hindurch keinerlei Krankheitsfälle bei einigen besonders empfindlichen Rosen, nicht einmal in dem feuchten Sommer, den wir in diesem Jahr durchleiden mußten.

Ich habe schon einmal auf das maiglöckchenduftende, winterblühende Berberitzengewächs hingewiesen, das heute als *Mahonia japonica* bekannt ist. Es ist ein sehr empfehlenswerter Strauch, der keine großen Ansprüche an den Boden stellt. Er mag Lehmboden, hat aber nichts gegen einen gewissen Kalkanteil einzuwenden. Was er wirklich verabscheut, ist kalter Wind aus Norden oder Osten, und wer hätte dafür kein Verständnis? Vor uns liegen die entsetzlichen Monate, in denen Nord- und Ostwind uns wie mit Messern durchschneiden, wenn wir zittern und schaudern und nie sicher sind, ob wir uns nicht erkältet haben. Wir können ins Haus gehen und uns aufwärmen, unsere Pflanzen dagegen müssen im Kalten verharren und ihr Bestes tun, um für uns durchzuhalten. Wir sollten ihnen dankbar sein, und ich bin der maiglöckchenduftenden Mahonie dankbar, die einige Minusgrade erträgt und mir im Januar oder Februar ihre gelben Blütentrauben schenkt. Die Entdeckung dieser Pflanze auf den Chushaninseln im Jahre 1848 war damals sicher ein großes Erlebnis für den Pflanzensammler Robert Fortune. Und jetzt sehen wir seine Entdeckung überall in unseren Gärten.

Sie hat den großen Vorteil, eine immergrüne Pflanze zu sein. Ihr Nachteil ist, daß sie sich nur ungern verpflanzen läßt. Das heißt, Sie müssen sie von einem fähigen Gärtner beziehen, der sie mit genügend Erdreich um die Wurzeln auf die Reise schickt, so daß sie kaum bemerkt, daß sie ausgegraben worden ist; wenn sie sich an ihrem neuen Wohnort wohl fühlt, wird sie sich jedes Jahr mit neuen duftenden Blütendolden bei Ihnen dafür bedanken, die Sie sich ins Haus holen können.

Darf ich nun noch allen ein gesegnetes Weihnachtsfest wünschen?

Heute, am zweiten Weihnachtstag, dürfen wir anfangen, uns auf das nächste große, glückliche Kirchenfest zu freuen, auf Ostern. Wir wissen, daß die Abende langsam länger werden und daß jetzt der Augenblick gekommen ist, um die Kataloge hervorzuholen und Bestellungen aufzugeben.

Wir müssen nach vorn schauen, aber auch zurück. Wenn wir zurückblicken, fällt uns vermutlich eine häßliche kahle Stelle ein, die sich seit November in unseren Gärten aufgetan hat. Die normalen koreanischen Chrysanthemen haben sehr gut gehalten und noch nach dem ersten Frost neue Blüten entwickelt; sie sind wirklich un-

bezahlbare Pflanzen, denen die Grobheit der Gewächs-
hausungeheuer gänzlich fehlt (ich weiß, daß ich mir mit
dieser Bemerkung Ärger einhandeln werde). Es gibt sie
inzwischen in einer reichen Auswahl an hinreißenden
Farben, in staubigem Rosa, in Farnbraun, in Ziegelrot, in
Maisgelb, in Portweinrot und vielen anderen Tönen, die
Sie in Gärtnereikatalogen aufgezählt finden. Jetzt sollten
Sie für den Frühling bestellen, falls Sie nicht schon welche
haben, die Sie vermehren möchten. In diesem Fall können Sie jederzeit bis in den März hinein Ableger von den
Wurzeln nehmen und sie in sandigem Boden in Töpfe
oder Kästen stecken. Sie wurzeln bereitwilliger, wenn Sie
sie in ein Gewächshaus mit einer Temperatur zwischen
4 und 7° unterbringen können.

Ich wollte noch erwähnen, daß eine spätblühende Ab-
teilung der Koreaner uns über die schwierigen Wochen
des späten Novembers und Dezembers hinweghelfen
kann. Sie blühen am längsten, wenn sie nicht im Freien,
sondern in Töpfen oder Kästen in einem unbeheizten Gewächshaus untergebracht sind und dann im Haus als
Schnittblumen dienen, also genau das, was wir uns um
diese Jahreszeit wünschen. Es gibt fünf verschiedene Sorten: *Crimson Bride*, *Lilac Time*, *Primrose Fairweather*, *Red
Letter Day* und *Wedding Day*. Wie der Name schon andeutet, so ist *Wedding Day* weiß und gilt als erste weiße koreanische Chrysantheme, die überhaupt auf den Markt gekommen ist.

Es gibt eine weitere koreanische Gruppe, genannt

Zwerg- oder Kissenkoreaner. Sie werden kaum jemals größer als fünfzig Zentimeter und sind damit ideale Pflanzen
für Rabatten oder windige Stellen. Vom August bis in den
November hinein blühen sie bereitwillig, je nachdem,
welche Variante Sie nehmen, und sie weisen dieselbe
wunderschöne Farbskala auf wie ihre größeren Cousinen.

Bestellen Sie Ihre koreanischen Pflanzen jetzt, dann
werden sie im Frühling geliefert. Sie werden winzig und
zart aussehen, aber bis zum Ende des Sommers wachsen sie
zu großen Blumen heran.

Jetzt, wo niemand an harte Arbeit im Freien denken
mag, scheint mir der richtige Moment gekommen zu
sein, um die Herausforderung eines Herrn aus Stafford-
shire anzunehmen, der mich bittet, etwas zur Verteidigung
der faulen Gärtner zu schreiben.

Sein Brief ist sehr witzig, er ist absolut unvertretbar und
enthält doch mehrere Körnchen Wahrheit. Er mühe sich
nicht ab, teilt dieser Herr mit, freue sich jedoch sehr über
seinen vernachlässigten Garten. Wenn er über seinen un-
gemähten Rasen geht, färben die Pollen der Butterblumen
seine Hosen gelb. Durch sein Fenster sieht er voller Ver-
wunderung, daß ein einziges Samentütchen so viele Ringelblumen ergibt. Er hat weder Zeit noch Energie, um
seine Kletterrosen zu beschneiden, aber er ist glücklich
darüber, daß sie weiterhin blühen wie die Wilden. Seine

wenigen winterharten Pflanzen, die ein Vormieter ihm hinterlassen hat, genießt er ganz einfach. Er rechnet einfach nicht damit, daß irgend etwas wächst, und er freut sich, wenn es doch der Fall ist.

Ich schnappte zuerst nach Luft, weil diese Haltung nun wirklich nicht meiner Einstellung zur Gärtnerei entspricht, aber bei genauerem Nachdenken ging mir dann auf, daß er eben doch nicht ganz unrecht hat. Es stimmt bis zu einem gewissen Punkt, daß der faule Gärtner Zeit, Frieden und Muße hat, um seinen Garten zu betrachten, während der aktive Gärtner nur seine Arbeit sieht und gar nicht zum Genießen kommt. Es stimmt auch, was der Herr jedoch nur andeutet, daß man auch die Ordnung übertreiben kann. Niemand sieht gern Nesseln, Ampfer oder Zwergholunder, aber eine gewisse Unordnung unter den Blumen ist einer zu strengen Reglementierung zweifellos vorzuziehen. Sie an Stöcken zu befestigen muß zum Beispiel mit erlesenem Taktgefühl geschehen; wir wollen keine großen Astern als aufgeweichte Masse auf dem Boden liegen sehen, aber sie sollen auch nicht an ihren Schandpfahl gebunden werden wie eine Hexe auf dem Scheiterhaufen. Was Gras betrifft, so übertrifft nichts die Schönheit einer gepflegten Rasenfläche, aber wenn eine solche Fläche nicht sehr weitläufig angelegt werden kann, dann sehe ich darauf gern einige Gänseblümchen – allerdings bitte keinen Wegerich oder Löwenzahn.

Mein fauler Gärtner hat trotzdem die lobenswerte Angewohnheit, an Winterabenden Gartenbücher zu lesen, auch wenn er durchaus nicht vorhat, ihre guten Ratschläge in die Praxis umzusetzen.

W arum wurde es als golden bezeichnet, und warum als Zweig, dieses graugrüne, mit winzigen Monden gesprenkelte Büschel? Offenbar, weil es golden wird, wenn Sie es lange genug aufbewahren, doch da wir hierzulande Misteln normalerweise mit den anderen Weihnachtsdekorationen aus dem Haus schaffen, hat ein solches Büschel nie Gelegenheit, diese andere Art von Schönheit zu entwickeln.

Für Shakespeare waren Misteln Unglücksbotinnen, doch wie alle wissen, verfügen sie auch über höchst nützliche Eigenschaften, wenn sie richtig behandelt werden. Sie können Blitz und Donnerschläge abwenden, schützen vor Magie und Hexerei, können Feuer löschen; sie können vergrabenes Gold finden, sie heilen Geschwüre und Epilepsie, sie fördern die Fruchtbarkeit von Frau und Vieh. Doch bei falscher Behandlung können sie auch Grauenhaftes anrichten. Sie könnten uns sogar den Tod bringen, wie das Baldur, dem Gott des Lichtes, widerfuhr, dessen Mutter von der Mistel nicht den Eid verlangte, ihrem Sohn nichts zu tun, denn die Mistel war ihr zum Schwören noch zu jung vorgekommen.

Es kommt also ganz offensichtlich darauf an, so schnell

und so gründlich wie möglich den richtigen Umgang mit
Misteln zu erlernen.

Sie dürfen sie niemals mit Eisen schneiden, sondern
immer nur mit Gold. Misteln dürfen niemals den Erd-
boden berühren, sie müssen mit einem weißen Tuch
aufgefangen werden. Das ist nicht weiter schwer, jedenfalls im Vergleich zur ersten Bedingung, denn die meisten
Menschen verfügen über irgendeine Art von weißem
Tuch, ein Laken oder ein großes Taschentuch, doch nur
die wenigsten unter uns nennen eine goldene Sichel oder
auch nur ein Messer mit einer Klinge aus purem Gold ihr
eigen. Niemals dürfen Misteln in eine Vase gestellt werden, sie müssen immer befestigt werden, und nach jedem
Weihnachtskuß muß der Mann eine Frucht abpflücken –
übrigens keine Beere, auch wenn sie so aussieht –; wenn
alle Früchte gepflückt sind, ist auch die Magie des Kusses
verflogen.

Ammenmärchen? Es wäre ein gar zu kühner Versuch,
so alte und weit verbreitete Vorstellungen wegdiskutieren
zu wollen, die wir vom Fernsten Osten über Europa bis
nach Afrika überall antreffen. Diese Überlieferungen, die
in allen Ländern und allen Jahrhunderten als gleichermaßen geheimnisvoll und magisch gelten, können wir in
Sir James Frazers Monumentalwerk nachlesen, das die Mistel, diese seltsame Parasitin, in seinem Titel *Der goldene
Zweig* ehrt.

Ich möchte mich nun aber auf einige botanische Tatsachen konzentrieren, die Sir James Frazer nicht erwähnt,

Viscum album

und versuchen, einige weitverbreitete Mißverständnisse über das Wesen der Mistel zu korrigieren.

Wir halten sie für eine Parasitin, aber das trifft nicht ganz zu, eigentlich ist sie nur eine Semi-Parasitin, die nicht ganz und gar von ihrem Wirt abhängig ist, sondern die aus ihren eigenen Blättern auch dem Wirt Nahrung gibt. Sie gehört zu einer außergewöhnlichen Familie, den *Loranthaceae*, die aus über fünfhundert Mitgliedern besteht, von denen nur eins ein einheimischer Brite ist – *Viscum album*, der lateinische Name für unsere englische Mistel.

Die uns bekannte Mistel wächst an manchen Bäumen und an manchen nicht. Unser schlimmster Fehler ist die Vorstellung, daß sie Eichen bevorzugt. Dort ist sie nur selten anzutreffen, weshalb die Druiden vor allem die von Eichen getragenen Misteln schätzten, sie waren selten und damit von besonderem Wert. Die Mistel zieht weichrindige Bäume vor: Apfel, Esche, Weißdorn, Birke, Pappel, Weide, Ahorn, schottische Kiefer, Bergahorn, Linde, Zeder. Wir finden sie nur selten an Birnen, Erlen oder Buchen, am seltensten aber wächst sie an Eichen.

Ein weiteres verbreitetes Mißverständnis bezieht sich auf die Vermehrung dieser seltsamen Pflanze. Oft wird angenommen, Vögel trügen ihre Samen weiter. Das ist aber nur die halbe Wahrheit. In Wirklichkeit kommt es zu einem dieser außergewöhnlich komplizierten Arrangements, die die Natur zu bevorzugen scheint: Der Vogel (zumeist die Misteldrossel) pickt die weiße Frucht ab, um an

den Samen in ihrem Inneren zu gelangen, doch die kleb-
rige Masse um die Samenkörner gefällt ihm nicht, deshalb
wischt er sich den Schnabel ab, so, wie wir unsere schmut-
zigen Schuhe an einer Fußmatte abwischen. Auf diese
Weise reibt er Samen in die Risse der Rinde, wo sie dann
keimen oder auch nicht.

Das waren einige wenige Sagen und Tatsachen über
diese seltsamen und übermütigen Zweige, die wir zum
Weihnachtsfest irgendwo in unserem Haus aufhängen.

Ich besuchte die Weihnachtsparty eines Nachbarn, dessen Familie seit Generationen als Züchter bekannt ist
und sich auf fast feudale Weise an ihren Familientraditio-
nen orientiert. Sein Taufname, äußerst passend zu dieser
Jahreszeit, ist Noël. Alles, was zu einer Cocktailparty gehört, war auf den Tischen vorhanden; mein Blick aber fiel
sofort auf einen Topf mit Alpenveilchen, wie ich seit Jahren keine mehr gesehen hatte.

Diese zarten Blumen mit ihrem Duft, der an den von
Waldveilchen erinnert, standen ganz für sich in einer Ecke
und nahmen sich unter ihren viel auffälligeren Nachbarn
so bescheiden und Jane-Austen-gleich aus. Sie waren von
einer Frische und einer Unschuld, ein wenig jugendlich
sahen sie aus, und sie schienen sich in der Gesellschaft
von Orchideen, auserlesenen Azaleen und Gläsern voller
Champagnercocktails ziemlich zu fürchten.

Es handelte sich um das kleine persische Alpenveilchen in Originalgröße, ehe es von Züchtern »veredelt« und zu seiner derzeitigen übermäßigen Größe aufgeblasen wurde. Darf ich hier einen Protest gegen die Mode, die Größe von Blumen zu übertreiben, einfügen? Größer bedeutet nicht immer besser. Diese gewaltigen Begonien, diese baumstammdicken Rittersporne, diese wischmopähnlichen Chrysanthemen, alles, was *giganteum* genannt wird – gefallen sie wirklich irgendwem, abgesehen natürlich von den Züchtern, denen sie Goldmedaillen einbringen?

Ach nein, dachte ich, als ich das kleine persische Alpenveilchen sah, weiß, mit rosa Kante, scheu, unaufdringlich, bescheiden; so liebe ich meine Blumen, nicht wie mit einem Blasebalg aufgebläht, meine Blumen sollen nicht nach dem Lob bewundernder Gaffer schreien!

Ich habe diese Blume in Persien noch nie wild wachsen sehen. Angeblich aber wächst sie auch noch auf Zypern und in Rhodos.

Ich wünschte, sie wäre leichter zu beziehen. Sie können in jedem Blumenladen große Alpenveilchen bekommen, und ich will auch kein Wort dagegen sagen. Um diese Jahreszeit sind sie eine große Hilfe, und wenn wir sie gut genug versorgen, dann sollten ihre Knollen viele Jahre überleben, sie erwachen im Juli oder August zum Leben und blühen dann vor Weihnachten noch einmal. Sie sind zwar schön, diese großen Weihnachtsgeschenk-Alpenveilchen, aber ihnen fehlt doch der Blaumeisen-, Zaunköniginnen-, Häschenohrencharakter der kleinen Persischen.

Es ist ein guter Zeitpunkt, um die Christrose zu erwähnen, *Helleborus niger*, im Niederländischen als Christkraut bezeichnet, da »es um die Geburt Unseres Herrn geblüht«. Ihre weißen Blüten zieren längst unsere Tische oder sollten das zumindest tun. Es gibt eine Variante namens *altifolius*, die aufgrund ihrer längeren Stiele angeblich vorzuziehen ist; doch sie wird oft durch ein etwas schmuddeliges Rosa entstellt, mir ist deshalb die reine, weiße lieber. Christrosen fühlen sich im Halbschatten in ziemlich feuchtem, reichem Boden wohl; sie haben nichts gegen Kalk, und sie wollen nicht gestört werden. Wenn Sie aber dennoch Wurzelklumpen umsetzen wollen, dann machen Sie das unmittelbar nach dem Blühen, was noch ein guter Grund ist, um sie jetzt zu erwähnen. Wenn sie noch alte, aktive Klumpen haben, dann sollten Sie ihnen im Februar eine nahrhafte Decke aus Kompost oder verrottetem Dung spendieren oder sie mit flüssigem Dünger gießen und sie im Sommer niemals austrocknen lassen. Ich brauche vielleicht nicht darauf hinzuweisen, daß sie durch eine Glocke beschützt werden sollten, wenn die Knospen sich öffnen, nicht, weil sie nicht winterfest wären, sondern weil die tiefwachsenden Blüten von Regen und Schlamm sonst besudelt und verdorben werden.

Die Christrose ist zwar keine Einheimische, aber sie ziert schon seit Jahrhunderten die britischen Gärten. Spenser erwähnt sie in seiner *Faerie Queene*, John Gerard beschreibt sie bereits 1508 in seinem *Herball*, wo er ein

Klistier mit Christrosen als heilsame Kur für »tolle und wüthende Mannsbilder« empfiehlt. Ein solcher Absud würde sich vielleicht auch heute noch sinnvoll einsetzen lassen! Vielleicht zitierte Gerard Epictet, der im ersten Jahrhundert n. Chr. erklärt: Je tiefer der Irre in seinen Irrsinn verstrickt sei, um so mehr Christrosen würden benötigt. Leider ist diese nützliche Pflanze nicht gerade billig, aber andererseits ist sie eine gute Investition, denn ich weiß aus eigener Erfahrung, daß sie fünfzig Jahre und mehr überleben und während dieser ganzen Zeit sogar noch stärker werden kann. Es ist möglich und auch nicht sehr schwer, sie von Samen zu ziehen, aber wenn Sie das wollen, dann sollten Sie sich frischgereiften Samen besorgen, sonst sehen Sie nach zwölf Monaten noch immer keine Anzeichen von Keimung.

Ich mag alle Christrosensorten sehr und werde das Thema noch einmal aufgreifen, um mich unseren beiden einheimischen Sorten *H. viridis* und *H. foetidus* zu widmen.

Es mag seltsam anmuten, um diese Jahreszeit über Iris zu schreiben, über diese samtwarmen Blumen, die wir mit Juni verbinden – allein schon das Wort *Juni* erwärmt mich, wenn ich es hinschreibe. Draußen ist alles trüb; das Gras sieht verhungert und schmuddelig aus, das Winterwetter schmeichelt dem Garten ebensowenig wie dem menschlichen Gesicht. Wir alle sehen bedrückt und kältestarr aus. Aber die längste Nacht und der kürzeste Tag liegen seit dem 21. Dezember hinter uns, die dunkelsten Tage sind vorbei.

Zu meinen Iris-Überlegungen hat mich ein Exemplar des Jahrbuches der britischen Iris-Gesellschaft inspiriert. Ich nehme an, daß wir alle irgendwelche Iris anpflanzen, auch wenn wir weder Fachleute noch Experten sind. Die meisten Irissorten sind ungeheuer pflegeleichte Pflanzen, die sich manche Vernachlässigung gefallen lassen und die nur wenig mehr verlangen als einen Platz an der Sonne, was eine bescheidene Forderung ist. Einen solchen Platz hätten wir schließlich alle gern. Die Iriszüchter sollten alle der Iris-Gesellschaft beitreten, denn jedes Mitglied erhält das Iris-Jahrbuch gratis.

Ich habe schon häufiger über Iris geschrieben, aber die Arten *Oncocyclus*-Iris und *Regelia*-Iris habe ich wohl noch nicht erwähnt. Ich erwähne sie auch nur zögernd, denn sie sind nicht sehr leicht zu züchten, deshalb sind die folgenden Zeilen nur für Gärtner bestimmt, die zusätzliche Mühe, und zwar nicht wenig zusätzliche Mühe, auf sich nehmen wollen. Sie sollten sie wenn möglich in einem erhöhten Beet unter einer Südwand anpflanzen, in sehr sandigen, kalkhaltigem Boden, denn sie brauchen eine gute Entwässerung. Wenn Sie eine warme, geschützte Ecke unter einer Hausmauer haben, wo sie ein kleines, erhöhtes Beet einrichten und es mit dem passenden Boden füllen können, dann sollten Sie einige Wurzelstöcke von *Iris su-*

siana setzen, einer schwarz-weißen, sehr großen Blume, so phantastisch, daß wir unseren Augen nicht trauen. Sie wird als schwarz-weiß bezeichnet, aber in Wirklichkeit ist sie grau mit tieflila Adern, das sehen wir, wenn wir sie ins Licht halten. Und dann erinnern die Adern an eine anatomische Zeichnung, oder, poetischer ausgedrückt, an ein altes Bleiglasfenster.

Setzen sie auch einige Wurzelstöcke von *I. Charon* oder *I. hoogiana* oder *I. korolkowii.* Ich behaupte nicht, daß Sie mit vielen Blüten rechnen können, und warne Sie lieber gleich vor mancher Enttäuschung, aber der Stolz auf Ihre Erfolge wird das alles wieder ausgleichen. Denken Sie vor allem an folgendes: a) gute Entwässerung, b) genügend Sonne, c) im Sommer Feuchtigkeit vermeiden, indem Sie eine Glasscheibe über den schlafenden Wurzelstock legen. Diese Irissorten stammen aus Wüstengegenden, deshalb müssen wir versuchen, ihre angestammten Lebensbedingungen so weit wie möglich wieder herzustellen.

Januar

Wie kostbar sind uns doch die Blumen in der Mitte des Winters! Nicht die aus dem Gewächshaus, nicht einmal die auf künstliche Weise zum Blühen gebrachten Fliederdolden, die aus den Niederlanden stammen, wenn ich das richtig verstanden habe, sondern die wahren Kämpfer, die aus irgendeinem seltsamen Grund um diese Jahreszeit im Freien ihre Schönheit zeigen. Die Winterblüte entfaltet vor einer Mauer ihren gelben Seestern, und die verworrenen Bänder der Zaubernuß befreien sich von ihren blattlosen Zweigen. Diese beiden süßduftenden Winterblüher sollten doch ganz oben auf der Liste stehen, wenn die Pflanzengeschenkscheine eingelöst werden.

Garrya elliptica sehen wir nicht sehr oft, obwohl es hierzulande schon seit 1818 bekannt ist; es ist ein immergrüner, buschiger Strauch, der ab Dezember seine weichen, an die dreißig Zentimeter langen, graugrünen Kätzchen hängen läßt, wie Raupendolden zwischen seinen sehr dunklen Blättern. Manche finden sein Aussehen traurig, aber dieser Strauch bietet einen beeindruckenden Anblick, wenn wir nur geduldig genug warten. Er verlangt Geduld, denn er möchte nicht versetzt werden und muß deshalb sehr früh gepflanzt werden; außerdem brauchen Sie eine männliche Pflanze, sonst gibt es keine Kätzchen. Die weibliche

Pflanze liefert nur schwarze Früchte. Dieser Strauch fühlt sich vor einer Nordwand wohl, wo nur wenige andere Gewächse gedeihen, und deshalb kann er dort sicher in Ruhe heranwachsen, statt anderweitig benötigten Platz zu besetzen.

Ich wünschte, die bedingt winterharten Pflanzen würden sich weniger mühsam ziehen lassen, denn zu ihnen gehören einige der schönsten: Nemesien, Petunien, Zinnien, Portulak, Kapkörbchen, Venidio-Arctotis und andere Südafrikanerinnen, außerdem die Lobelien, die an der richtigen Stelle, wo sie aber leider nur selten anzutreffen sind, eine so wunderschöne Wirkung haben können. Die kurze und grelle Farbenpracht, die die bedingt Winterharten entfalten, belebt den Sommergarten, aber wenn Sie nicht die Möglichkeit haben, sie zunächst an einer warmen Stelle aufzubewahren, also in einem beheizten Gewächshaus, und danach die Muße, sie in Samenkästchen zu setzen, sie dann zum Abhärten in einen Rahmen zu pflanzen und sie schließlich immer wieder zu besuchen, während sie aufs Auspflanzen warten – nun, dann müssen Sie auf die bedingt Winterharten verzichten.

Natürlich können sie Mitte Mai sofort im Freien gesät werden, wenn es Sie nicht stört, daß sie dann um einiges später blühen.

Die winterfesten Einjährigen hingegen brauchen nicht

dermaßen verhätschelt zu werden. Sie können im März oder April gleich dort gesät werden, wo Sie sie behalten wollen; sie verlangen dann nur energisches, strenges Ausdünnen der Setzlinge, wenn sie durch die Erdkruste lugen. Das hört sich sehr einfach an, so, als könnten Sie einfach eine Tüte Samen kaufen und sie in Kreisen oder Furchen oder Vierecken säen und sie dann ihrem Schicksal überlassen. Glauben Sie das ja nicht! Jeder Setzling verlangt vom Setzenden Zuwendung, und für den Umgang mit winterharten Einjährigen möchte ich drei Kardinalregeln aufstellen. Erstens, lockern Sie den Boden zu einer leichten, krümeligen Erde auf, geben Sie, wenn nötig, Sand hinzu. Zweitens, säen Sie sehr weit auseinander. Drittens, dünnen Sie erbarmungslos aus, Einjährige brauchen Platz, wenn sie sich entwickeln sollen. Weitere Vorsichtsmaßnahmen, wie die Fernhaltung von Schnecken, können dem gesunden Menschenverstand überlassen werden, und daß die kleinen Pflanzen nicht austrocknen dürfen, ist auch selbstverständlich, außerdem eine Gefahr, die ihnen im April oder Mai kaum droht.

Farbige Blätter sind um diese Jahreszeit nützlich, sie lassen den Garten ein wenig interessanter aussehen, und wir können sie auch ins Haus holen. Die wappenförmigen Blätter der Elfenblume, *Epimedium,* von denen einige grün bleiben, während andere bronzebraun oder grünbraun werden, sehen zusammen mit weißen Christrosen sehr hübsch aus; außerdem machen sich Elfenblumen im Garten auch als flache Bodenbedeckung nützlich, die im

Halbschatten gut gedeiht. An den Boden stellen sie keine besonderen Ansprüche, Lehm mit einer Schaufel Torf ist ihnen besonders lieb. Ich habe außerdem festgestellt, daß die verbreitetste aller Mahonien, *Mahonia aquifolium*, die oft im Wald als Deckung für Fasane gepflanzt wird, sich im Moment wirklich bezahlt macht. Füllen Sie eine flache Schale mit ihren rötlichen, stacheligen Blättern, und stecken Sie alles dazwischen, was Sie gerade finden – vereinzelte Polianthes, einen Zweig Schneeball oder Zaubernuß, dann, etwas später, ein wenig gelben Eisenhut. Es ist eine Pflanze für rauhe Ecken, wo sie vergessen werden kann, bis sie gebraucht wird. Sie kann ziemlich viel Schatten vertragen und wächst deshalb so ungefähr überall.

Was wächst in Gartentrögen? Wir können darüber keine Gesetze erlassen, sondern nur Vorschläge machen. Sie wünschen sich vielleicht eine bunte Mischung, vielleicht möchten Sie sich auch an eine Familie halten, wie an die Steinbrechgewächse, die irgendwann eine dichte silbrige Matte bilden, zu allen Jahreszeiten schön, aber geradezu lieblich ist, wenn sie mit ihren winzigen rosa, gelben, weißen oder roten Blüten besetzt ist. Eine vollständige Liste aufzustellen ist unmöglich, deshalb rate ich, Ihre Wahl in einer Gärtnerei zu treffen, wo sie zumeist in kleinen Töpfen gezogen werden, die Sie zur Blütezeit mitnehmen und sofort auspflanzen können. Sie sollten daran denken, daß fast alle Steinbrechgewächse alkalischen Boden benötigen.

Die Fette Henne ist vielleicht die pflegeleichteste Bewohnerin unseres Gartentroges. Sie ist so gut wie unverwüstlich und könnte sich für ein am Garten interessiertes Kind eignen, das einen eigenen Kübel anlegen darf. Die symmetrischen Rosetten der Fetten Henne sind witzig und attraktiv.

Wenn Ihnen andererseits eine bunte Mischung lieber ist, die Ihnen durch Frühling und Sommer hindurch erhalten bleibt, bei der es immer etwas Neues zu sehen gibt, etwas, das immer einen neuen und frischen Anblick gibt, dann rate ich Ihnen abermals, sich in einer Gärtnerei umzusehen. Es gibt Dutzende von kleinen, zähen Geschöpfen, sie bilden Teppiche wie das Schleierkraut *Gypsophila repens* oder *Raoulia australis*, Büschel wie die kleine Grasnelke *Armeria caespitosa*, und einige der kleineren Federnelken und Veilchen. Sie haben die freie Auswahl, und vergessen Sie nicht, daß Sie überall kleine Zwiebeln dazwischen setzen können, die dann irgendwann zur Blüte kommen, wodurch die zur Verfügung stehende Fläche sich verdoppelt, ohne daß ihre Bewohner darunter Schaden leiden. Vor allem eignen sich die Zwiebeln von Krokus, Tulpen, Narzissen und Iris.

Ein solcher Garten im Garten macht sehr viel Freude. Wir können nach Herzenslust damit experimentieren und unserer Phantasie freien Lauf lassen. Mit ein bißchen Geld ist ein Kübel bepflanzt, und wenn eine Pflanze eingeht, ist sie leicht zu ersetzen. Der Einwand, daß das Geld auch für den Erwerb von Trog oder Sinkkasten reichen muß, ist allerdings korrekt; ein Trog aus Cotswolds-Stein kann leicht vier oder fünf Pfund kosten, und dann muß er auch noch transportiert werden. Aber jeder halbwegs geschickte Mensch kann aus alten Ziegeln oder allerlei Steinen vor der Hausmauer einen vielleicht einen Meter hohen Behälter bauen, und schon haben Sie Ihren Trog zum Experimentieren.

Noch ein guter Rat: Ich lasse zwischen der Hausmauer und dem Kübel ein bißchen Platz, sonst wird die Hausmauer auf die Dauer feucht.

Ach du meine Güte, das sage ich oft zu mir selber, wenn ich mich an meinen wöchentlichen Artikel setze, was schreibe ich doch nur für eine dünne Suppe – und dann schäme ich mich manchmal, weil ich nichts Nahrhafteres zu bieten habe. Ich wünschte, alle meine Artikel wären so reich und köstlich und von so prangender Pracht wie die Geschenke, die am heutigen Tag die Heiligen Drei Könige gebracht haben. Und bei einem so umfassenden Thema wie den Blumen einer ganzen weiten Welt sollte ich doch einen Wandteppich weben können, der dieser Schöpfung würdig ist.

Doch die Wahrheit ist, an diesem ersten Sonntag im Jahr denke ich nur an die düstere Konifere.

Manche mögen Koniferen. Ich mag sie nicht, wenn ich ehrlich sein soll. Das klingt vielleicht oberflächlich. Niemand kann so töricht sein, die weiten, dunklen, wohltätigen Arme von *Pinus insignis* nicht zu bewundern, die schottische Kiefer, deren Stamm den Sonnenuntergang einfängt; die italienische Zypresse oder das hohe Ausrufezeichen des *Libocedrus decurrens*, um nur einige zu erwähnen. Ich muß auch zugeben, daß Koniferen in einem Garten effektive Kontraste bilden und von architektonischem Wert sind, wenn sie an der richtigen Stelle stehen, aber dazu gehört ein großer Garten, und außerdem ein alter Garten, in dem sie während vieler Jahre zu würdevoller Reife gelangen durften. Ich wollte sagen, daß ich keine verstaubten, angerosteten Exemplare von sagen wir *Thuja* mag, die ohne Sinn und Zweck mitten auf einem Rasen stehen, obwohl der Rasen viel glücklicher aussähe, wenn man ihn friedvoll seiner selbst überlassen hätte.

Und ich weiß noch immer nicht, was ich von diesen kleinen, düsteren Obelisken halten soll, die manche Leute in ihrem Steingarten schätzen. Ich nehme an, es läßt sich manches zu Gunsten des Wacholders *Juniperus communis Compressa* sagen, der zu Lebzeiten seines Pflanzers kaum mehr als fünfzig Zentimeter hoch werden wird, aber erinnert er denn nicht doch zu sehr an die mit künstlichen Mitteln klein gehaltenen Bäume, die die Japaner so lieben? In Japan machen sie sich vielleicht gar nicht so schlecht, bei uns aber kommen sie mir fehl am Platze vor, schließlich sind wir Bäume gewohnt, die uns alle um einiges überragen.

Bäume sollten edel sein. Selbst der irische Wacholder *J. communis Hibernica* zeigt schon längst, ehe er seine volle Höhe von mehr als sechs Metern erreicht hat, in seiner schlanken Haltung jugendliche Würde. Überhaupt läßt sich über Wacholder manches Gute sagen, ob wir nun die schwärzlich-grauen oder die bläulich-grauen Sorten vorziehen, die in bestimmtem Licht graugrün aussehen wie eine Felsenlache; und wer in seinem Garten Kalkboden hat, weiß sicher zu schätzen, daß diese Wacholdersorten nicht nur nichts dagegen haben, sondern Kalkboden geradezu lieben.

Ich habe, so kommt es mir jedenfalls vor, eine Unmenge von Artikeln über säure- und alkalihaltige Böden geschrieben. Vielleicht habe ich des Guten zuviel getan, aber es ist eben doch ein wichtiges Thema, denn es gibt nur wenig, das für das Wohlbefinden einer Pflanze wichtiger ist als der Boden, in dem sie leben muß. Ich könnte eine lange, traurige Geschichte über Pflanzen erzählen, die ich verloren habe, durch Vernachlässigung, Vergeßlichkeit, weil ich sie nicht richtig befestigt hatte und der Wind sie deshalb entwurzeln konnte, durch Trockenheit sogar in den Herbstmonaten Oktober und November, wo wir doch damit rechnen können, daß der Regen nur so vom Himmel strömt.

Aber nun wurde ich brieflich um einen Artikel über Gärten mit Lehmboden gebeten, was sicher ein Problem ist, mit dem viele umzugehen haben. Ich stand im ersten Garten, den ich jemals hatte, fünfzehn Jahre lang vor diesem Problem, deshalb lernte ich sehr viel darüber, und es waren bittere Lektionen. Ich möchte ganz ehrlich sein: Es ist ein harter, plagsamer (man kann es nicht besser ausdrücken), tückischer und undankbarer Boden, der vielleicht fünf Tage im Jahr bearbeitet werden kann, an den restlichen dreihundertsechzig dagegen trifft die Lexikondefinition zu: »Lehm ist eine zähe, formbare Masse; wenn sie getrocknet wird, wird sie hart und läßt sich zu Ziegeln, Fliesen usw. verarbeiten.« Bildhauern und Baumeistern ist das sicher nur recht so, der Gärtner aber sieht es anders. Lehmboden ist entweder so klebrig, daß er sich nicht umgraben läßt, oder so hart, daß Sie ihn nur mit der Breithacke brechen können, und daran läßt sich auch nicht viel ändern. Verkrümelter Kalk ist eine gute Hilfe, ebenso grobes Umgraben im Herbst, worauf der Winterfrost die Bodenschollen dann mürbe macht. Holzasche macht ihn leichter, und wenn Sie ein Schwelfeuer anlegen oder anlegen lassen können, welches, wenn es richtig gemacht worden ist, tagelang vor sich hinschwelt und einen nützlichen Haufen verbrannten Tons hinterläßt, wird Ihnen auch das weiterhelfen. Aber ehrlich gesagt, Ton ist wirklich eine Plage.

Als Trost wird uns gerne erzählt, daß Rosen Lehmboden lieben. Und das stimmt wirklich; meine Rosensträucher lebten lange bei bester Gesundheit. Natürlich haben wir ihnen durch Zugabe von Lauberde und Torf einen guten Start ermöglicht; es ist besser, diese Bodenmischung im Boden zu verteilen, als ein Loch zu graben und es damit zu füllen; ein solches Loch würde wie ein Eimer wirken, aus dem kein Wasser abfließen kann. Ich habe außerdem festgestellt, daß Flieder und Lupinen diesen Boden mögen. Ein weiterer Trost ist noch, daß die Farben stärker werden, aber ansonsten habe ich kaum einen guten Rat für Sie – außer dem, so schnell wie möglich umzuziehen.

Heute würde ich gern ein gutes Wort für die Lobelie einlegen, die manche Gärtner in Vororten und fast alle in den Städten lieben, während diejenigen unter uns, die sich ihres besseren Geschmacks rühmen, sie zumeist verachten. Die arme Lobelie hat unter ihrer herkömmlichen Verwendung und unter schlechter Gesellschaft entsetzlich und zu Unrecht leiden müssen. Schlechte Gesellschaft ist oft die schlimmste Feindin vieler Pflanzen. Wahrscheinlich ist jemand, der zum ersten Mal rosa Tulpen zwischen Vergißmeinnicht wachsen sah, in Freudenschreie ausgebrochen. Auch war früher vermutlich die edwardianische Kombination von Lobelien und Steinkraut ein Quell der Freude. Aber das ist jetzt nicht mehr so.

Dennoch: Machen Sie den Versuch, sich von Ihren Vor-

Lobelia erinus

urteilen zu verabschieden, und tun Sie so, als hätten Sie noch nie eine Lobelie gesehen. Sie hat doch so ein schönes Blau, so schön wie Enzian, finden Sie nicht? Und sie wächst so kompakt, so dicht wie ein enggewebter Teppich, durch den Sie eine Stecknadel hindurchstecken können, aber keinen Finger. Wenn Sie sich über die Lobelie solche Gedanken machen, dann werden Sie sie sofort in einem anderen Licht sehen und ganz neue Möglichkeiten erkennen.

Denken Sie sich die Lobelie wie einen großartigen blauen Weiher. Denken Sie an Wellen und Wasser, denken Sie an das Mittelmeer, wenn es am schönsten ist; denken Sie an Weite und Ausdehnung, an Grafschaften und Amtsbezirke und Kirchspiele. Oder, wenn Sie nicht ganz so viel Platz haben, dann pflanzen Sie sie doch wenigstens in ziemlich großzügigen Mengen, nicht nur als Kante, und denken Sie an die Variante Cambridge Blue, die ihrem Namen wirklich alle Ehre macht.

Wenn Sie Lobelien als Einfassung wollen und wenn Sie sie unbedingt mit Steinkraut kombinieren wollen, dann versuchen Sie es mit den Steinkrautsorten Lilac Queen, Violet Queen und Royal Carpet statt mit den herkömmlichen weißen. Das Blau der Lobelien paßt wunderbar zu ihren Rosa- und Lilatönen. Und ich habe im letzten Jahr eine witzige und originelle Idee gesehen. Dunkelblau und Hellblau waren in Vierecken auf beiden Seiten eines schmalen Weges gepflanzt, der vom Gartentor zur Haustür führte. Es sah aus wie ein Stück Schachbrett, wie ein Oxford-und-Cambridge-Schachbrett.

Habe ich nun genug gesagt, um für die Lobelie eine freundlichere Behandlung zu erwirken? Sie ist eine so alte Freundin unserer Gärten, die vor zweihundert Jahren zu uns kam, 1752 schon, vom Kap der Guten Hoffnung. Ihr Name soll einen Botaniker ehren, der vor viel längerer Zeit hierzulande tätig war, Mathias de l'Obel, den Leibarzt König Jakobs I. Eine romantische Geschichte, so romantisch, finde ich, daß unsere Lobelien mit mehr Phantasie angepflanzt werden sollen, als wir gemeinhin für sie aufbringen.

In der Regel versuche ich in diesen Artikeln, praktisch zu sein und nur Pflanzen zu empfehlen, die dem Amateurgärtner, der nicht auf Glashäuser oder ähnlichen Luxus zurückgreifen kann, doch einige Hoffnung auf Erfolg verheißen. Aber dieses eine Mal möchte ich eine Kletterpflanze vorstellen, die vor Frost geschützt werden muß, auch wenn sie den ganzen Sommer über zufrieden in ihrem Topf im Freien stehen kann. Wer kein Gewächshaus hat, sollte sie im Winter in ein warmes Zimmer holen. Das ist aber nur möglich, wenn Sie ihr Wachstum in vernünftigen Grenzen halten. Sie ist so hübsch, sie blüht fast ununterbrochen und sie duftet so wunderbar süß, daß sie diese ganze zusätzliche Mühe rechtfertigt.

Ihr Name ist *Jasminum polyanthum*, und wir haben sie erst kürzlich aus China bekommen, wo sie, glaube ich, von

Jasminum

Major Lawrence Johnston entdeckt wurde, diesem großen
Gärtner und Schöpfer des Gartens von Hidcote. Bisher ist
sie hierzulande noch nicht sehr bekannt, weshalb sie billig
zu haben ist, und da sie aus Ablegern leicht zu ziehen ist,
können wir bei Bedarf in kurzer Zeit einen großen Vorrat
anlegen. Sie ähnelt im Aussehen dem vertrauten weißen
sommerblühenden Jasmin *officinale*, hat jedoch größere
Blüten, einen zwanzigmal stärkeren Duft, und die rosigen,
spitzen Knospen sehen zwischen den dunkelgrünen Blättern so reizend aus wie kleine Juwelen. Auf meinem Tisch
steht ein achtzehn Zentimeter langer Zweig, der heute, an
diesem Tag im Januar, zweiundzwanzig Knospen trägt, der
Name *polyanthum*, was »mit vielen Blüten« bedeutet, ist
also nicht übertrieben. Die Pflanze, von der der Zweig
stammt, steht in einem unbeheizten Glasanbau, einige
Blüten haben sich schon geöffnet, und das ist im Januar
ein wirkliches Geschenk. Ich hoffe, ich habe genug gesagt,
um Sie in Versuchung zu führen.

In milderen Gegenden kann diese Jasminart natürlich
auch im Freien wachsen, ich habe in Major Sterns berühmtem Garten in Highdown bei Goring-on-Sea ein
wunderbares Exemplar gesehen, das bis zum Giebel reichte.
Es wird von der Mauer vor dem Nordwind geschützt, und
die Meeresluft bedeutet weniger Frost. In Devon und Cornwall oder in geschützten Gegenden in Somerset, Dorset
oder Wales müßte dieser Jasmin üppig wachsen und große
Höhen erreichen. Wie alle Wesen, die sich winden, gerät
er immer wieder in wilde Verschlingungen, und alle Gärt-

471

ner wissen aus bitterer Erfahrung, daß das zu viel totem Holz in der Mitte führt und nur schwer unter Kontrolle zu bringen ist. Am besten lösen wir diesen luftlosen, lichtlosen Dschungel auf, indem wir einige starke Triebe zur Seite lenken, fort vom Hauptstiel; sonst stehen wir vor der Aufgabe, mehrere Meilen von wüstverknotetem Garn zu entwirren.

Wer jetzt ein Interesse am chinesischen Jasmin entwickelt hat, hört vielleicht auch gern vom südafrikanischen Jasmin *J. angulare*, der angeblich noch süßer duftet.

Zwei Tage nach Erscheinen dieses Artikels wird seine Autorin eine Schiffsreise nach Indonesien antreten. Eine seltsame Kombination von Umständen schickt mich auf die andere Seite des Erdballs. Ich weiß nicht, was mich dort erwarten wird. Freunde haben mir von Orchideenhecken erzählt, sie behaupten gar, ich könnte dort Orchideen pflücken, wie man Klee bei einem Spaziergang über eine englische Wiese pflückt.

Ich frage mich, ob ich das wirklich glauben soll, und ob es mir überhaupt gefallen würde.

Es ist schon aufregend, sich in ein unbekanntes Klima wie die Tropen zu begeben. Was werden wir dort sehen oder finden oder entdecken? Werden wir neidisch soviel exotische Üppigkeit betrachten, Pflanzen, die in der Natur wachsen, statt in einem Gewächshaus zu stehen oder in einem Blumenladen ausgestellt zu werden? Ich habe immer die Pflanzenjäger bewundert, die unter Gefahr für Leib und Leben ferne Berge bezwingen, die mit einer aus zwei verknoteten Lianen bestehenden Brücke wilde Stromschnellen überqueren, die sich in Felsspalten hinablassen, um eine unerreichbare Pflanze zu untersuchen, die extreme Kälte oder Hitze, Dürre und Regen ertragen, die sich tagelang in Höhlen verstecken, um der Verfolgung durch wilde Banditen zu entgehen, die mit gebrochenem Bein auf einem schmalen Klippenpfad liegen, während eine Karawane aus fünfzig Mauleseln über ihren ausgestreckten Körper dahinschreitet, und die dennoch zwischen Löschblättern Pflanzen pressen und Samen und Zwiebeln sammeln, die sie schließlich auf irgendeine Weise nach Hause schaffen.

Diesen tapferen und entschlossenen Wesen verdanken wir so viele Schätze unserer Gärten, die wir für dermaßen selbstverständlich halten, daß wir sie ganz lässig aus einem Gärtnereikatalog bestellen. Wir geben eine Bestellung für eine geringe Summe auf und erhalten daraufhin ein adrett in Stroh verpacktes Bündel. Wie oft überlegen wir uns überhaupt dabei, was die Entdeckung dieser Pflanze irgendeinen furchtlosen Reisenden gekostet haben mag? Ich wüßte auch gern, wie vielen Amateurgärtnern überhaupt bewußt ist, daß noch heute mutige junge Botaniker zu ähnlichen Expeditionen aufbrechen und daß solche Expeditionen teilweise aus Mitteln finanziert werden, die Gartenliebhaber in der Hoffnung aufbringen, am Ende ihren Anteil an der Beute zu erhalten.

Ich werde sicher kein dermaßen romantisches oder ertragreiches Abenteuer erleben, und ich erzähle vor allem von meiner Reise, um mich bei allen *Observer*-Lesern zu entschuldigen, die mir vielleicht schreiben und zwei Monate auf eine Antwort warten müssen. Ich versuche sonst immer, alle Briefe postwendend zu beantworten, aber wenn ich irgendwo in der Nähe des südchinesischen Meeres unterwegs bin, ist das einfach nicht möglich.

Der Januar scheint nicht gerade die passende Jahreszeit zu sein, um an das Pflanzen von Zwiebeln zu denken, aber da manche Zwiebeln im März oder April in die Erde müssen, sollten wir sie jetzt bestellen. Ich möchte den Spaltgriffel empfehlen, dessen offizieller Name *Schizostylis coccinea* lautet, und seine hübsche rosa Variante *Mrs. Hegarty*. Beide sehen aus wie kleine Gladiolen und haben für uns den Vorteil, daß sie im Oktober und November blühen, wenn es nicht leicht ist, draußen noch Blumenschmuck für das Haus zu finden.

Ein Dutzend Spaltgriffel ist eine gute Investition, wenn Sie sie an der richtigen Stellen pflanzen und sich genügend um sie kümmern. Der richtige Ort ist ein leichter, gut entwässerter Boden, auf den der Sonnenschein voll auftrifft. Um sich genügend um die Spaltgriffel zu küm-

mern, müssen Sie sie während ihrer Wuchszeit, wenn die
Blätter sich entfalten, sehr viel gießen, wie Sie es auch bei
der Belladonnalilie machen würden. Sie müssen sich vor
Augen halten, daß Spaltgriffel nur bedingt winterhart
sind, in den meisten Teilen Englands überstehen sie den
Winter aber einigermaßen unbeschadet; eine dünne
Decke aus Farn oder trockenen Blättern im nächsten
Winter kann für sie Jahre der Sicherheit bedeuten. Es ist
ganz erstaunlich, wieviel ein wenig Farn für Zwiebeln ausmacht. Was mich betrifft, so stelle ich mir eine zugige
Farndecke als wenig hilfreich für eine Frostnacht vor, mir
wären ein dickes Federbett oder Wolldecken und eine
Wärmflasche lieber, aber tief in der Erde vergrabene Zwiebeln werden auch durch eine sehr dünne Schutzschicht
zuverlässig vor Frost geschützt.

Eine weitere Zwiebel oder Knolle, die Sie jetzt bestellen und im März pflanzen sollten, ist *Tigridia*, die mexika-
nische Pfauenblume, ein auf wilde Weise schönes, exotisch aussehendes Geschöpf. Sie hat immer nur eine
Blüte, und diese Blüte lebt nur einen Tag, aber sie ist wunderschön, und auf sie folgen Tag für Tag viele ebenso wunderschöne Blüten, so daß sich die Anschaffung von einem
Dutzend gemischter Sorten wirklich bezahlt macht. Sie
müssen an einer sonnigen Stelle stehen und sollten, wie
Dahlien, im Winter herausgenommen und im Haus aufbewahrt werden.

In der Welt der Gärtnerei herrschen noch immer unterschiedliche Ansichten darüber, in welcher Jahreszeit Rosen beschnitten werden sollen. Die alte orthodoxe Theorie empfahl die zweite Märzhälfte oder Anfang April. Heute bevorzugen wir jedoch mehr und mehr den Winter. Ich will mich nicht als Expertin ausgeben, halten Sie sich also bitte nicht an meinen Rat, wenn Sie anderer Ansicht sind, aber für mich scheint der gesunde Menschenverstand nahezulegen, daß eine Pflanze beschnitten werden sollte, wenn sie gerade Winterschlaf hält, und nicht dann, wenn der Saft schon steigt und sie folglich aus der Wunde bluten wird.

Aber die Ansichten zu diesem Thema sind dermaßen unterschiedlich, daß ich es nur unter großen Vorbehalten aufgreife. In einer Hinsicht bin ich mir allerdings sicher: Es ist immer richtig, einen Strauch von totem Holz zu befreien. Wieviel wirres Zeug finden wir am Fuß des alten Falschen Jasmins! Und wie viele unbrauchbare Zweige verunstalten den Flieder! Holen Sie Säge und Gartenschere, und schaffen sie Atemraum, vor allem in der Mitte. Lassen Sie Licht und Luft heran. Dieser Rat gilt ganz allgemein, denn es gibt keinen Strauch, der nicht davon profitieren würde. Natürlich haben wir schreckliche Angst, wir könnten aus versehen lebendiges Holz anschneiden oder zum falschen Zeitpunkt loslegen, aber selbst ganz unerfahrene Gärtner können gelassen den toten Abfall wegschneiden, den die Natur selber auch schon verworfen hat. Das gilt übrigens auch für die kleinen, schwächlichen Auswüchse, aus denen niemals etwas wird und die eigentlich durch ihre unergiebigen, aber zähen Überlebensversuche dem Zweig nur seine Kraft stehlen. Schneiden Sie alles weg. Schwächlinge müssen geopfert werden, das ist das harte Gesetz der Natur.

Amerikaner sind sicher viel nachbarschaftlicher veranlagt als wir, denn es macht ihnen nichts aus, beobachtet zu werden. Sie brauchen keinen privaten Bereich. Niemals legen sie Hecken an, um sich vor den Blicken der Vorübergehenden zu verstecken, sie setzen auch keine Hecke zwischen ihren und den Garten des Nachbarn. Alles ist offen. Hereinspaziert, hereinspaziert, scheinen sie herzlich einzuladen. Vielleicht sollten wir uns diesen demokratischen Geist zu eigen machen, aber ich glaube nicht, daß uns das je gelingen wird. Es widerspricht zu sehr unserer althergebrachten Vorstellung, daß unser eigenes Stück Boden, das unser Haus umgibt, daß unser Heim, sei es nun groß oder klein, für uns heilig ist. Was immer unsere amerikanischen Freunde auch machen werden, wir werden weiterhin Hecken pflanzen, um uns unsere Nachbarn vom Leibe zu halten.

Eine Bekannte ist noch einen Schritt weiter gegangen. Statt eine schnöde Hecke zu pflanzen, legt sie das an, was sie ein »Dickicht« nennt. Mir scheint das eine sehr gute Idee für alle zu sein, die ein Stück leeren Boden füllen möchten, zwischen dem eigenen Land und der Straße, zwischen dem eigenen und dem Garten des Nachbarn, oder ganz einfach ein Stück Boden, das mit blühenden Sträuchern und Bäumen vollgestopft werden soll, für die anderswo kein Platz ist. Ein Dickicht läßt sich überall anlegen, kann jegliche Form haben und aus allen Pflanzen bestehen, die Ihnen gerade gefallen. Wenn ich selber Platz für ein Dickicht hätte und damit rechnen könnte, es auch in zwanzig Jahren mit Vergnügen zu betrachten, dann wüßte ich, was ich zu tun hätte: Ich würde es anfangs viel zu dicht und übervoll anlegen, dann würde ich es nach und nach ausdünnen, während meine Bäume und Sträucher immer größer würden und sich gegenseitig verdrängten; ich würde alle wegnehmen, die mir weniger gut gefallen, und würde sie von Zeit zu Zeit durch etwas ersetzen, das ich schöner finde. Das wäre einer der vielen Vorteile eines Dickichts: Wir können immer wieder wegnehmen, hinzufügen und ändern. Und Spaß und Interesse und Abwechslung würden nie ein Ende nehmen.

Ich würde unter mein Dickicht Zwiebeln setzen, nicht nur die selbstverständlichen Osterglocken, sondern auch die vielen Lilien, die sich im Schutz der Sträucher, den Windbrechern, auf die viele Lilien angewiesen sind, eben wohl fühlen würden. Ein Dickicht bietet viele Möglichkeiten. Ich wünschte, ich hätte eins. Aber ich kann immerhin anderen von dieser Idee erzählen.

Zwischenzeitlich habe ich mich mit Literatur zum Thema Rittersporn beschäftigt und darin neues Wissen gefunden, das mir in meiner Ignoranz bisher unbekannt war. In der Hoffnung, daß andere ebenso ignorant und ebenso interessiert sind, möchte ich einiges davon weiterreichen. Es geht um die Herkunft dieser wunderbaren Pflanze, um die Geheimnisse der Gartenhybriden, um Vermehrungsmöglichkeiten und um Pflegetips. Ich bin immer wieder fasziniert von der Herkunft unserer Gartenpflanzen. Es ist einfach eine romantische Vorstellung, daß unsere geliebten und verhätschelten Schätze einst wilde Wesen in irgendeinem abgelegenen Tal oder an einem Hang in Asien, Afrika oder Amerika waren. Nicht nur wilde Wesen, sondern sogar Unkraut . . .

Ich wußte, daß es überall auf der Welt Rittersporn gibt, doch mir war nicht klar, wie weit verbreitet er ist. Es gibt ihn überall zwischen Kalifornien und Tibet und China, er durchquert die Alpen und zieht dann weiter nach Rußland, Persien, Kaschmir und Sikkim, er wandert durch die Ausläufer des Himalaya und dann weiter nach Abessinien und Kenia. Was für eine Reise – wir müßten den halben Erdball umwandern, um ihm zu folgen, und könnten unterwegs überall wilden Rittersporn pflücken.

Diese wilden Rittersporsorten, diese Eingeborenen fremder Länder, haben nur wenig Ähnlichkeit mit dem uns vertrauten Rittersporn. Die Entwicklung unserer Gartenhybride ist unbekannt und ungedeutet. Mr. Allen

Langdon, dem ich mein Wissen verdanke, vertritt die Ansicht, daß eine zufällige Befruchtung zu den wunderschönen, hochaufragenden blauen Gewächsen geführt hat, die vom Verhältnis her so hoch sind, wie die Kathedrale von Salisbury sich in den englischen Sommerhimmel erhebt. Er hält die als *Delphinium elatum* bekannte Art für einen Elternteil. Eine andere Informationsquelle teilt mir mit, daß sich diese Art überall zwischen den Pyrenäen und der Mongolei finden läßt. Wie Mr. Langdon ganz richtig bemerkt – und wer wüßte es besser als er! –, hat das Fehlen eines Stammbaums die Aufgabe der modernen Hybridenzüchter nicht gerade erleichtert, und seine Behauptung, daß diese trotzdem »die allerschönste aller krautartigen Pflanzen« hervorgebracht haben, die eine »gewaltige Verbesserung bedeutet, da keine andere Sorte es auch nur im entferntesten mit der modernen Hybride aufnehmen kann«, ist sicherlich gerechtfertigt. Die anderen Arten sind seiner Ansicht nach wenig wert, sie sind unscheinbar und unattraktiv. Oder, um es ganz offen zu sagen, sie sind öde, magere Geschöpfe, was man der modernen Abart nun wirklich nicht nachsagen kann. Diese fällt auf, und ich glaube, ich werde in einem zukünftigen Artikel noch mehr darüber schreiben.

Bis dahin sollten Sie eine Handvoll sehr grober Asche über jede Krone streuen, zum Schutz gegen Raupen, und Sie sollten alle schwachen Triebe ausdünnen. Je weniger Triebe eine Wurzel hat, um so schöner wird Ihr blauer Rittersporn.

Die Zusammenstellung von Pflanzen gehört zu den faszinierendsten und unterhaltsamsten Nebenaspekten des Gärtnerns. Und vielleicht ist es gar nicht richtig, von Nebenaspekten zu sprechen, denn ebenso wie der Ehrgeiz eines Malers sprießt, erkennt er, wie wichtig dieses Element für die Vervollkommnung seines Bildes ist, und was ist denn letztlich ein Garten anderes, wenn nicht die Schöpfung eines Bildes oder einer Bilderserie? Das Schöne an diesem Aspekt des Gärtnerns ist, daß es sich jeglichem Maßstab anpassen läßt, sei dieser nun grandios oder winzig. Wir finden die großen Parks wie Bodnant, Sheffield Park oder Stourhead, die durch ihre Größe einen Teil der Landschaft bilden; und wir finden die winzigen Steingärten, in denen ein kleine, ausgefranste Federnelke zusammen mit einer Zwergprimel ein perfektes Kompositionselement sein kann.

Manchmal kommen wir bei Ferien im Ausland auf neue Ideen, wenn wir die einheimische Flora in ihrem natürlichen Rahmen erleben können. Alle, die je über hochgelegene Alpenwiesen gewandert sind, werden mir da zustimmen. Ich erinnere mich vor allem an diesem kalten Januarmorgen an einen duftenden Nadelwald in den Dolomiten, wo sich *Clematis alpina* durch einige verkümmerte Bäume hindurchgeschlängelt hatte und ihre bleichen lila Gesichter hoch über den Türkenbundlilien hängen ließ, die darunter im lockeren Boden wuchsen. Es war ein so natürliches Bild, so richtig, so angemessen, so passend. Ich dachte damals wie heute, daß man dieses Arrangement in einer Ecke des eigenen Gartens nachstellen sollte.

Ich stelle mir einen erhöhten Hang vor, am besten gestützt von einer flachen Mauer. Auf diesem Hang oder Sockel, der für gute Entwässerung sorgen würde, könnten Sie Rosmarin und Lavendel pflanzen. (Es gibt viele unterschiedliche Lavendel- und Rosmarinsorten, hohe, kurze, aufrechte, liegende, dunkelblühende, hellblühende, auf die ich besser in einem späteren Artikel noch einmal zurückkomme. Es ist ein weites und angenehmes Thema.) Wenn Sie oben auf Ihrem Sockel Rosmarin und Lavendel gepflanzt haben, könnten Sie *Clematis alpina* zwischen die Büsche setzen und horizontal dazwischen umherranken lassen. Sie könnten auch einige Zwiebeln der Türkenbundlilie *Lilium martagon* pflanzen, die sich im Schutz von Rosmarin und Lavendel wohl fühlt und eine der pflegeleichtesten Lilien überhaupt ist, eigentlich müßte sie Jahr um Jahr aufs neue zufrieden ihren Auftritt haben und sich noch vermehren; angeblich hat die Türkenbundlilie sich in einigen Gegenden unseres Landes häuslich niedergelassen, eine ermutigende Nachricht für alle unter uns, die Lilien schwierig und enttäuschend finden.

Es lohnt sich, über die Clematiswurzeln einen umgedrehten Firstziegel zu legen, damit ihre faserigen Wurzeln nicht brechen, wenn wir im Beet harken. Sie brechen so leicht, und mit so fatalen Folgen! Aber vergessen Sie nicht, daß Schnecken Schlupfwinkel wie umgedrehte

Firstziegel lieben und außerdem gern die jungen Clematistriebe anknabbern, legen Sie also gleichzeitig ein wenig Schneckentod aus.

Ab und zu erhalte ich Briefe von Besitzern sehr kleiner Gärten, die um meinen Rat bitten. Diese Briefe stammen zumeist von wirklich engagierten Amateurgärtnern, sonst würden sie sich schließlich nicht die Mühe machen, mir zu schreiben. Darf ich aus einem typischen Brief zitieren?

»Unser Grundstück ist das übliche Rechteck von 15 mal 60 Metern, aber ich bin wild entschlossen, nicht den üblichen Garten zu haben. Unser Haus liegt etwas über zwölf Meter von der Straße entfernt, vor dem Haus haben wir eine Art Taschentuch von Garten ... Wir möchten einen Kamillenrasen anlegen, und ich träume auch von einer Lavendelhecke, außerdem wünschen wir uns ein oder zwei Bäume, aber nicht die übliche Vorortzierkirsche. Ich dachte schon an die Hängende Silberlinde *Tilia Petiolaris* ...«

Das ist einwandfrei eine Gärtnerin nach meinem Herzen, wie es sie sicher überall im Land gibt. Ihr Raum ist begrenzt, ihre Phantasie dagegen nicht. Warum sollte überhaupt irgendwer in einem üblichen Rechteck den üblichen Garten anlegen? Es gibt endlose Variationsmöglichkeiten, und wir könnten endlose Mengen von Vorschlägen machen. Wenn ich plötzlich meinen Garten verlassen und in einen Bungalow in einer Neubausiedlung ziehen müßte, dann würde ich hemmungslos den Vorgarten zu einem wilden, unsystematischen Chaos werden lassen, das einem Cottage-Garten, diese auf ihre bescheidene und kleine Weise wahrscheinlich hübscheste Gartenform, die wir hierzulande je entwickelt haben, so ähnlich wie möglich wäre. Ich würde das Chaos nur mit besten Waren bepflanzen, und nur mit den besten Arten der besten Waren, womit ich meine, daß alles absolut auserlesen sein sollte. Wenn Sie nur wenig Platz haben, müssen Sie einfach so wählerisch vorgehen. Wenn ich also einen Rasen hätte, dann sollte er vom reinsten Grün sein; hätte ich Sträucher, dann nur ganz ausgesuchte, den feinsten Flieder und die allerbesten Säckelblumen; wenn ich für den Frühling Zwiebeln setzen würde, dann nur von den hübschesten, elegantesten Sorten, die zwischen Veilchenbüschen aus dem Boden lugen würden, Zwiebeln von Scilla und Chionodoxa, dem Schneeglanz, und Muscari, der Traubenhyazinthe, Hundszahn und noch einige Kaiserkronen, aber immer die besten und ungewöhnlichsten Sorten; und wenn ich Ein- und Zweijährige in die Lücken setzen wollte, dann würde ich immer die besten nehmen, egal ob Stiefmütterchen oder Nelken.

Natürlich gibt es für jeden Garten ein eigenes Gesetz. So vieles hängt ab von Boden, Lage und dem Geschmack des Besitzers. Von seinem Geschmack hängt noch mehr ab als von seinem Geldbeutel. Und das ist doch eine tröstliche Überlegung am Ende dieses Artikels.

Über Kletterpflanzen habe ich schon öfter geschrieben, aber es gibt so viele, daß ich gar nicht alle erwähnen konnte. Ich möchte heute ein gutes Wort für die Passionsblume einlegen, *Passiflora caerulea*, die winterhart ist, obwohl viele das nicht wissen. Ihre Wurzeln liefern jedes Jahr neue Triebe, selbst wenn der Frost das Exemplar arg mitgenommen und ihm scheinbar jeglichen Lebenswillen geraubt hat. Ihre seltsam geformten Blüten sehen aus der Ferne nicht gerade umwerfend aus, aber aus der Nähe sind sie wunderbar, mit ihrem Strahlenkranz, der sie ihren Namen verdankt. Sie sollte vor einer warmen Wand stehen, obwohl ich fürchte, daß sie nicht einmal dann hierzulande ihre orangefarbenen Früchte produzieren würde.*

***

Berberidopsis corallina (Korallenstrauch) aus Chile, deren zweiter Name die Farbe ihrer Blüten beschreibt, hat den Vorzug, immergrün zu sein und keine Einsprüche gegen eine schattige Mauer zu erheben, wo ihre wunderschönen Rosetten in reichem Rot glühen. Ich finde, daß diese Farben, orange, korallenrot oder rot, im Schatten noch überwältigender leuchten. *Berberidopsis* hat jedoch auch zwei

---

* Das muß ich zurücknehmen. Hier in der Umgebung, in Kent, produzieren diese Pflanzen in zwei Gärten eine wirkliche Fruchtfülle. Ich wußte nicht, um welche Pflanzen es sich handelte, bis ich mich dort erkundigt hatte. Seltsamerweise schauen beide Pflanzen nach Osten und bekommen zweifellos kaum Sonne ab.

Nachteile: Sie mag keinen kalkhaltigen Boden und ist nicht gerade für ihre Zähigkeit berühmt. Aber in einer geschützten Ecke müßte sie die meisten Winter doch überleben, vor allem im Süden oder Westen.

Es wird bisweilen behauptet, daß grüne Blumen keine große Begeisterung erregen, weil wir Blumen vor allem deswegen lieben, weil sie nicht grün sind. Wenn das stimmt, dann können wir unsere beiden einheimischen Nieswurzsorten vergessen. Aber das glaube ich nicht. Die grüne Rose, *R. viridiflora,* finde ich recht witzig, und ich habe mir immer ein Exemplar der grünen Primel gewünscht. Mir gefallen grüne Blüten, vor allem, wenn sie von einem hellen Apfelgrün sind, wie bei *Helleborus viridis,* der Grünen Nieswurz, oder bei *Helleborus foetidus,* gemeinhin auf wenig charmante Weise als Stinkender Nieswurz bekannt, den wir in Buchenwäldern oft in Gesellschaft von Lorbeerseidelbast und Wolfsmilch finden. Ansonsten gefällt mir jede Pflanze, die mich im Januar oder Februar im Freien mit Blüten überrascht.

Vielleicht kann es durch Vorurteile verhärtete Herzen erweichen, wenn ich noch hinzufüge, daß *Helleborus* zur selben botanischen Familie gehört wie die Hahnenfußgewächse, die *Ranunculaceae.* Nur wenige Engländer – wir sind eben ein äußerst sentimentales Volk – können dem Charme der Butterblumen widerstehen, den gelbgesprenkelten Wiesen unserer Kindheit und dem Hahnenfuß (*R. lingua*)an den Ufern eines Baches.

Unsere beiden einheimischen Nieswurze kommen jetzt immer seltener vor, wenn Sie also das Glück haben, sie irgendwo in den South Downs in der Natur zu finden, graben Sie sie bitte nicht aus, sondern lassen sie sich aus einer Gärtnerei Samen oder Pflanzen kommen. Frische Samen sind sehr schnell zum Keimen zu bringen. Angeblich werden sie in der Natur von Ameisen verteilt; aber da wir uns nicht auf einen hilfsbereiten Ameisenhaufen verlassen können, sollten wir doch lieber eine Packung frischen Samen kaufen, ihn sofort in einer Keimschale aussäen und die Setzlinge später ganz normal auspflanzen.

Ich möchte nicht behaupten, daß unsere beiden Einheimischen so hübsch sind wie ihr korsischer Vetter *Helleborus corsicus*, der so stark und kräftig ist, daß seine Blätter allein schon von der architektonischen Qualität des Bärenklau sind, ganz zu schweigen von Schönheit und Wert der Blüten. Aber ich behaupte, daß unsere beiden Einheimischen es verdienen, in jegliche Nieswurzsammlung aufgenommen zu werden. Sie sind bescheiden und stellen kaum Ansprüche. Sie lassen sich recht viel Schatten gefallen und haben nichts gegen Kalk, sie mögen ihn sogar, und das sollte doch alle ansprechen, in deren Gärten es schwierige Stellen gibt.

Machen Sie sich keine Sorgen, wenn *H. viridis* im Herbst abstirbt, er ist nicht tot, er ruht sich nur aus und wird wieder aufleben. *H. foetidus* dagegen ist immergrün.

Als die frühen Siedler sich in ihrem freiwilligen Exil in dem wilden und gefährlichen Territorium Nordamerikas niederließen, das ihren Nachkommen heute unter dem Namen Virginia bekannt ist, entdeckten sie in Dickicht und Unterholz eine Art Strauch, der sie an den aus England noch vertrauten, ganz normalen Haselbusch erinnerte. Sie schnitten die gegabelten Zweige ab und benutzten sie als Wünschelruten, wie sie das in der alten Heimat mit Haselnußzweigen gemacht hatten. Bei diesem Strauch handelte es sich um *Hamamelis virginiana* (Zaubernuß). Sie nannten ihn »Witch-hazel«, Hexenhasel, denn ein Zweig, der in der Hand zuckt, muß doch etwas mit Hexen und Zauber zu tun haben. Es ist ein hübscher Name, aber unsere heimischen Haselsträucher sind durchaus nicht mit *Hamamelis* verwandt, und so sehr wir im Frühling ihre Kätzchen und die Eichhörnchen im Herbst ihre Nüsse lieben, so dürfen wir uns durch diesen Namen doch nicht in die Irre führen lassen.

Die Zaubernußsorten, die jetzt in unseren Gärten stehen, sind denen, die die alten Siedler in Virginia gefunden haben, um vieles vorzuziehen. *Hamamelis virginiana* kann es wirklich nicht mit der chinesischen *Hamamelis mollis* oder der japanischen *Hamamelis japonica* aufnehmen. Beide haben nach dem Dreikönigstag ihre volle Schönheit erreicht. Es sind seltsam aussehende Pflanzen mit ihrem verkrümmten Wuchs und ihren verworrenen Blütenbändern. Man bedauert es immer, nicht mehr von einer Sorte gepflanzt zu haben, die uns gefällt. Grammati-

Helleborus foetidus

kalisch ist dieser Satz sicher nicht einwandfrei, aber es ist ein guter Gartenrat. Wenn ich zwanzig Jahre zurückgehen könnte, dann würde ich einen ganzen kleinen Hain aus diesen beiden Asiaten anlegen, und dann hätte ich jetzt viele hohe Sträucher zur Auswahl und brauchte nicht so geizig zu sein, wenn Freunde mich um einen Zweig bitten. Zaubernuß mag nicht gern geschnitten werden, was schade ist, denn in der Vase ist sie ideal, sie ist sehr langlebig, dekorativ und kann ein ganzes Zimmer zum Duften bringen. Aber sie bekommt nicht wie die meisten anderen blühenden Büsche nach dem Schneiden neue Blüten, beim Schneiden verderben Sie sich also die Aussichten auf die Blütenpracht des nächsten Jahres. Über solche Probleme steht in Büchern eigentlich niemals etwas. Wir müssen das alles aus eigener Erfahrung lernen.

Abgesehen von diesem Nachteil gibt es wirklich keinen pflegeleichteren Strauch. Er entwickelt sich vielleicht sehr langsam, aber er beginnt schon in recht jungem Alter zu blühen und akzeptiert jeglichen vernünftigen Boden, vor allem, wenn er lehmig ist. Er hat gern Sonnenlicht, damit sein Holz reifen kann, kann aber sogar kalte Ost- und Nordwinde hinnehmen, und seine Blüten sind außergewöhnlich frostresistent. An Wintermorgenden leuchtet das gekräuselte Gold unter seiner Reifdecke wie kristallisierte und kandierte Früchte. Wenn ich dann noch hinzufüge, daß die Blätter im Herbst quittengelb werden, dann habe ich vielleicht genug gesagt, um Sie zum Pflanzen dieses seltsam vernachlässigten Schatzes zu bewegen.

Vor kurzem habe ich versprochen, über Rosmarin und Lavendel zu schreiben. Es kam mir vor wie ein nettes, warmes, sommerliches Thema für einen Wintertag, an dem man kaum glauben mag, daß der Garten jemals wieder wie ein Garten aussehen wird.

Die meisten von uns haben einige Büsche dieser lieben, großmütterlichen Pflanzen. Manche Gärtner sind noch immer klug genug, um sie entlang eines Pfades als Hecken oder in Büscheln neben der Haustür zu pflanzen, wo sie dann beim Ein- und Ausgehen zulangen können. Eine witzige, aber recht unfreundliche Bemerkung einer Freundin, die selber eine fähige Gärtnerin ist, hätte mir fast das Vergnügen am aromatischen Rosmarinduft verdorben. Sie sagt, dieser Geruch erinnere sie an Desinfektionsmittel.

Das mag so sein, aber ich werde an meinen Türen weiterhin Rosmarin pflanzen.

Dann habe ich mir aber überlegt, daß es vielleicht Sorten gibt, die weniger verbreitet sind als der alte englische Lavendel, *Lavandula spica,* als der niederländische *Lavandula vera* oder der gemeine Rosmarin, *Rosmarinus officinalis*. Leider sind einige dieser Sorten nicht winterhart und müssen deshalb beschützt werden, aber alle sind sehr leicht von Ablegern zu ziehen, und deshalb können wir in einem Frühbeet oder unter einer Glocke eine Reservezucht anlegen. Der Schopflavendel, *L. stoechas*, ist ungewöhnlich und attraktiv, seine Blütenähre ist etwas kürzer und stacheliger als die der meisten anderen Lavendelsorten. Er wächst wild überall auf den steinigen Hügeln der Mittelmeerländer, in Spanien, Südfrankreich und Nordafrika. Die Hidcote genannte Lavendelsorte ist recht zäh und sehr schön, von tiefem, reichem Lila. Was den Rosmarin betrifft, so gibt es den korsischen (*R. angustifolius Corsicus*), sehr schön mit seinen fedrigen Blättern und seinen sehr hellblauen Blüten, nur ist er leider nicht sonderlich winterhart. Dann gibt es noch *Tuscan Blue*, der, wie Mr. Arnold-Forster, der ihn bei uns eingeführt hat, bemerkt, in der Toscana zu Hecken wächst, die durch ihr »Säckelblumenblau schon aus der Ferne zu erkennen sind«. Er schlägt vor, die langen Blütenähren zu kürzen, damit diese Sorte auch hierzulande zu schöner Blüte gelangt. Ich habe wunderschöne Exemplare in Cornwall gesehen, die, flach an einer Wand hochgeführt, eine Höhe von über drei Metern erreichten, und ich halte das für die sicherste Methode, ihr Gedeihen zu sichern, es sei denn, man lebt in einer eher milden Gegend. Diese Methode hat noch den Vorteil, daß Sie normale Netze, wie die, mit denen später im Jahr die Knospen von Obstbäumen geschützt werden, als Wind- und Frostbrecher aufspannen könnten. Der toskanische Rosmarin ist sehr steif und stattlich, ganz anders als sein weicher korsischer Vetter, seine dunkelgrünen Blätter sehen ein wenig aus wie Leder und machen ihn zu einer gutaussehenden Pflanze, selbst wenn er bei uns doch nicht so üppig blühen mag wie unter der Sonne Italiens.

Aus Prinzip empfehle ich eigentlich nichts, womit ich selber noch keine Erfahrungen sammeln konnte, aber in diesem Fall will ich es doch riskieren. Es geht um eine neue Art von Glocke, die nicht aus Glas besteht, sondern aus Plastik, federleicht und unzerbrechlich, solange wir keinen Felsbrocken darauf fallen lassen. Es gibt sie in verschiedenen Größen, eingefaßt von galvanisiertem Metall, mit vier Metallbeinchen, die wir in den Boden drücken können, damit sie fest und sicher steht, denn sonst müßten wir befürchten, daß ganze Glockenschwärme abheben und davonfliegen, blaß wie Zellophan, ein gespenstisches Geschwader unter einem windigen Mond.

Die Hersteller behaupten, diese Glocke ließe mehr Infrarotlicht durch als normales Glas, weshalb die Setzlinge von Blumen oder Gemüse rascher und besser wachsen. Das ist die herkömmliche und orthodoxe Verwendung solcher Glocken. Ich habe bisher noch nicht einmal etwas so Nützliches wie zum Beispiel einen frühen Kopf Salat mit einer solchen Glocke gezogen, aber immerhin habe ich versucht, damit empfindsame, frierende Geschöpfe zu schützen, die scharfen Wind viel mehr fürchten als einen ehrlichen Frost oder eine Schneedecke. Nach meiner Erfahrung verwandeln die kalten Nordostwinde Blätter in verschrumpelte braune Krüppel; wir würden unsere Pflanzen so gern in irgendeine Schutzhülle wickeln, wir benutzen Sackleinen, aber keine Pflanze möchte gern über längere Zeit licht- und luftlos unter Jute oder Sackleinen ersticken. Sie kann dann nicht atmen. Deshalb probiere ich jetzt aus, ob diese Glocken auch als Schutz gegen kalte Windstöße eingesetzt werden können. Aufgrund ihrer Maße lassen sie sich nur bei niedrig-wachsenden Pflanzen verwenden (ich kann aber noch hinzufügen, daß das Plastikmaterial auch separat in Bögen von 8 x 18 cm erhältlich ist). Mein Garten sieht deshalb aus wie eine Armee von winzigen Rittern, die sich in ihren durchsichtigen Rüstungen zur Schlacht aufgestellt haben.

Ich hoffe, es klappt. Ich sehe keinen Grund, warum es nicht klappen sollte. Vor allem Setzlinge von bedingt winterharten Einjährigen müßten davon profitieren, vor allem Mitte Mai, in den gefährlichen Frostnächten. Im Gemüsegarten könnte eine Reihe solcher Glocken sich als unbezahlbar erweisen. Sie lassen sich leichter versetzen als Glasglocken, denn sie können unterwegs nicht zerbrechen und ihre Splitter überall auf dem Gartenweg verstreuen.

Februar

Plötzlich ging mir auf, daß ich in meiner Kolumne noch nie über Laubengänge geschrieben habe, und ich weiß auch nicht, ob Laubengänge hierzulande überhaupt so empfehlenswert sind. Sie tropfen. Und viel zu oft werden sie als Gerüst für die weniger wünschenswerten Arten von Kletterrosen benutzt, während ihre Eignung für interessantere Kletterer übersehen wird. Im Grunde machen sich alle blühenden Kletterer gut, wenn wir sie in einem Laubengang von unten betrachten, und außerdem können wir noch die vielen Sorten von Zierwein hinzufügen, sogar die winterharten, fruchttragenden Weinsorten. Was ist schließlich hübscher als eine Dolde kleiner grüner oder schwarzer Trauben, die an ihrem Spalier baumelt?

Auch wer sich ganz und gar auf Rosen beschranken will, hat die Auswahl unter sehr schönen und kräftigen Sorten. Dazu gehören auch alte Lieblinge: *Gloire de Dijon*, *Lady Hillingdon*, *Mme. Alfred Carrière*, *William Allen Richardson*. Es gibt aber auch noch lose, große, einfache oder halbgefüllte Blüher: *Allen Chandler*, leuchtendrot mit goldener Mitte, *Cupid*, von silbrigem Muschelrosa, *Emily Gray*, buttergelb mit glänzenden dunklen Blättern und rötlichen Stielen, und die bekannte *Mermaid*, eine späte Blüherin von zartem Gelb. Auch viele der beliebtesten Teehybriden sind als Kletterpflanzen erhältlich: *Crimson*

Glory, Etoile d'Hollande, Ophelia, Mme. Edouard Heriot.
Dann gibt es noch *Paul's Lemon Pillar,* eine der vollkommenst geformten Rosen, die ich überhaupt kenne, dazu von einer so speziellen Farbe, daß ich nicht weiß, ob ich sie Elfenbein- oder Schwefel- oder Eisberggrün nennen soll. *Lawrence Johnstone,* einst auch bekannt als *Hidcote Yellow,* ist von einem sehr reichen Gelb. Wenn Sie eine Mischung aus Gelb und Rot wünschen, die ein sehr leuchtendes Orange ergibt, dann nehmen Sie *Réveil Dijonnais,* die große Ähnlichkeit mit der alten *Austrian Copper* hat. Und das ist kein Wunder, denn die gehört zu ihren Eltern, nur hat *Réveil Dijonnais* sehr viel größere Blüten. Doch wenn sie sich erst geöffnet hat, dann hat sie die leidige Angewohnheit, zu einem wirklich entsetzlichen, trüben Rosa zu verblassen.

Dies sind nur einige wenige Rosensorten, durch die ich meine alten Feindinnen *American Pillar* und *Dorothy Perkins* gern ablösen lassen würde.

Ist der Winterling zu bekannt, um überhaupt noch eine Erwähnung zu verdienen? Bestimmt nicht. Wir können gar nicht häufig genug an einen so lieben und frühen Bekannten erinnert werden. Hier in Kent fing er am 20. Januar an zu blühen; ich habe es in meinem Tagebuch notiert. Dann kam der Frost und verwandelte die Blüten in kleine kandierte Aprikosen, wie man sie früher zu Weihnachten geschenkt bekam. Sie glitzerten, sie funkelten im Frost. Dann verzog sich der Frost, und sie entfalteten an einem Februartag ihr volles, weiches Butterblumengelb, das uns sofort ein Frühlingsgefühl eingab, das Gefühl, das wir haben, wenn die erste schwache Sonnenwärme auf unsere bloßen Hände trifft.

Ich liege übrigens ganz richtig, wenn ich das lackierte Gelb des Winterlings mit dem unserer gemeinen Butterblume vergleiche, denn beide gehören zur selben botanischen Untergruppe der *Ranunculaceae*.

Der korrekte Name des Winterlings ist *Eranthis*. *Eranthis hyemalis* ist die am häufigsten auftretende Sorte, mit der wirklich alle zufrieden sein können. Billig ist sie auch, aber wenn Sie etwas noch Besseres wollen, dann bestellen Sie den teureren *E. tubergenii*. Ich halte das wirklich für einen lohnenden Versuch, wenngleich ich sehr zufrieden bin mit dem Goldflecken, den ich dem *hyemalis* verdanke (das bedeutet: winterlich). Dieser Winterling hat den großen Vorteil, daß er fast überall blüht, im Schatten oder in der Sonne, unter Bäumen oder auf freiem Feld, und daß er eine großzügige Ernte aus Senf-und-Kresse-ähnlichen, selbstsäenden Setzlingen produziert, die Sie ausgraben und verpflanzen können. Ältere Pflanzen sollten Sie stehen lassen, der Winterling ist eine sehr heimattreue Pflanze, die lieber an der Scholle haftet und erst nach einigen Jahren des Eingewöhnens ihr Bestes gibt. Werden Sie also nicht ungeduldig mit Ihrem Winterling. Lassen Sie ihm Zeit.

Es gibt viele kleine frühe Pflanzen, die sehr gut zu ihm

passen; ich stelle mir eine Winterecke vor, die ich auch anlegen werde, voller kleiner Gesellen, die zur selben Zeit ihren Kindergeburtstag feiern: *Narcissus minimus* und *Narcissus nanus*; die leuchtendblauen Fingerhüte der frühesten Traubenhyazinthe *Muscari azureum*; den zarten Wildkrokus *tomasinianus*, der sich selber munter aussät und überall Dutzende von kleinen Thomassen hinter-läßt ... aber jetzt muß ich aufhören.

W ie Misteln effektiv verbreitet werden, darüber habe ich bereits geschrieben. Es ist meistens die Mistel-drossel, daher der Name, die die Samen in Rindenritzen einreibt. Aber es stimmt nicht, daß die Menschen mit ihren Kunstgriffen da nicht mithalten könnten. Der ver-storbene Mr. E. A. Bowles hat mit seinem dreibändigen Werk *My Garden in Spring, Summer, Autumn and Winter* seine Erfahrungen in dieser Hinsicht ausführlich mitge-teilt.

Bewahren Sie Ihre Weihnachtsdekorationen auf, sagt er, oder noch besser, besorgen Sie sich im Februar oder März einige frische Beeren. Sie werden weniger welk und damit besser zum Keimen geeignet sein. Drücken Sie die Beere, bis sie platzt, und kleben Sie den Samen dann mit Hilfe des klebrigen Saftes auf die Unterseite eines gesun-den jungen Zweiges. Machen Sie das mit so vielen Samen wie möglich, und versuchen Sie auch, sich mehr als eine

Eranthis hyemalis

Pflanze zu beschaffen, das ist wichtig für die Befruchtung;
mit anderen Worten, ohne eine zweite Pflanze bekommen Sie auch keine Beeren. Die besten Wirtsbäume sind
Apfel und Pappel, obwohl Mr. Bowles behauptet, auch
bei Weißdorn erfolgreich besamt zu haben. Manchmal
wird empfohlen, so sagt er, den Zweig anzuschneiden
oder abzukratzen, ehe der Samen aufgetragen wird, aber
er hält das für unnötig. Und, mehr noch, die besten Re-
sultate hat er bei gesunden Zweigen mit glatter, sauberer
Rinde erzielt.

Und danach müssen Sie offenbar sehr viel Geduld
haben. Selbst wenn es zu einer Keimung gekommen ist,
wird die junge Pflanze sich während ihrer ersten beiden
Lebensjahre sehr still verhalten. In ihrem ersten April,
also einige Monate nach dem Aussäen, sollte sie ein grünes Scheibchen oder einen »Finger« zeigen, und mehr
können Sie bis zum nächsten Frühling dann nicht mehr
von ihr erwarten. Dann sollten die ersten beiden Blätter
erscheinen, die danach in Form einer »geometrischen
Reihe« immer mehr werden, bis sie dann Ihren selbstgezo-
genen beerenbesetzten Zweig über Ihren Eßtisch hängen
können.

Das klingt alles so überzeugend und machbar und ist
bestimmt ein unterhaltsames Experiment für einen Amateur mit viel Muße und einem Obstgarten mit alten Apfelbäumen zum Üben. Und rein geschäftlich könnte es
sich lohnen. Unsere Weihnachtsmisteln sind ziemlich
teuer und werden, so viel ich weiß, in großen Mengen aus

dem Ausland eingeführt. Reisende zwischen Calais und Paris haben sicher die dicken Klumpen gesehen, die wie Elsternnester die vielen vernachlässigt aussehenden Bäume an der nordfranzösischen Bahnlinie verdüstern. Vielleicht werden diese Bäume ganz bewußt vernachlässigt; vielleicht bringt diese Vernachlässigung auf unseren Märkten dann ihren Besitzern großen Profit.

Einjährige, die sich für sonnige Stellen eignen, sind zumeist so bekannt und verbreitet, daß es fast schon eine Beleidigung wäre, sie aufzuzählen. Es wäre Platzverschwendung, Sie an Pflanzen wie Klarkie, Steinkraut, Schleifenblume, Eschscholzia, Petunie oder sogar Nemesie zu erinnern, die zweifellos, was die Leuchtkraft der Farben angeht, Höchstleistungen erbringen. Jeder Gärtnereikatalog wird Ihre Erinnerung in Richtung des Selbstverständlichen lenken.

Es wäre deshalb wohl sinnvoller, wenn ich einige wenige vorstellte, die zwar ebenfalls pflegeleicht sind, die aber auf seltsam zurückhaltende Art jegliche Publicity scheuen. Ich erwähne immer wieder gern *Phacelia campanularia,* und ich bin immer wieder überrascht, wenn Besucher meines Gartens mich nach der auch Bienensaug genannten Pflanze fragen. Versuchen Sie es einmal. Säen Sie sie in vierzehntägigem Abstand von April an aus, legen Sie Schneckentod aus, vereinzeln Sie sie auf achtzehn

Zentimeter Zwischenraum; und dann lassen Sie sich von
dem schönen Blau überraschen. Dann gibt es die Südafri-
kaner: *Venidio-Arctotis*, *Ursinia*, *Dimorphoteca*, das Kapkörbchen mit einer Farbskala von Gelb bis Orange, und
wenn Sie noch mehr Orange für die Palette Ihrer Rabatte
wünschen, dann greifen Sie zur Kosmea, dem Schmuck-
körbchen *Cosmos Sunny Red*, dreißig Zentimeter hoch,
mit fedrigen Blättern, sternenförmiger Blüte, langer Le-
bensdauer und in einem bunten Strauß so hübsch, daß
sogar Mrs. Constance Fry zufrieden sein muß. Am Fuße
dieser gelb bis orangefarbenen Geschöpfe könnten Sie
einen großen Flecken *Limnanthes douglasii* säen, beliebt
bei Bienen und in England bekannt unter dem aussage-
kräftigeren Namen »Verlorenes Ei-Blume«. Ich hätte sie
nicht so genannt, ich finde, sie sieht viel mehr aus wie
Rührei mit gehackter Petersilie; »verlorenes Ei« erinnert
an etwas viel Runderes und Zusammenhängenderes. Ich
weiß, daß diese Einjährige sehr häufig empfohlen wird,
aber alte Lieblinge geraten so leicht in Vergessenheit, daß
eine Erinnerung doch angebracht sein kann.

Beim Überfliegen dessen, was ich bisher geschrieben
habe, sehe ich, daß ich von einem »großen Flecken«
schreibe. Ich bin sicher, daß das ein guter und vernünftiger
Rat ist. Übertreiben ist immer besser, als knickrig zu sein.
Massen sind effektiver als Einzelstücke.

Zum Abschluß. Haben Sie schon einmal *Moluccella
laevis* gepflanzt? Sie wurden im Jahre 1570 aus Syrien in
unser Land gebracht, vor fast vierhundert Jahren also, und

sie scheinen ein wenig vernachlässigt worden zu sein, bis ihre Beliebtheit in jüngster Zeit zu neuer Blüte gelangt ist. Ich habe einen Versuch gemacht und war zuerst enttäuscht; doch je mehr sie sich entwickelte, um so deutlicher wurde, daß sie ihren anderen Namen, Muschelblume, wirklich verdient, hat und meine Enttäuschung schlug in innige Zuneigung um. Wir müssen Geduld mit ihr haben, sie braucht lange, ruhige Sommerwochen, bis sie dann endlich zeigt, was sie kann.

Ich hatte gehört, daß sie während des Winters als Schnittblume im Haus sehr lange überlebt, doch leider schlug die erbarmungslose Hacke zu, ehe ich einschreiten konnte, und meine Muschelblume wurde auf den Müllhaufen gekarrt.

Als meine Söhne noch sehr viel jünger waren, tadelten sie mich bisweilen so: »Wenn du das noch nicht gemacht hast, dann solltest du davon.« Diese wunderbar ungrammatikalische Aufforderung spukt mir seit dreißig Jahren im Kopf herum. Und macht mir noch immer zu schaffen. Wenn ich es noch nicht gemacht habe, dann sollte ich davon.

Ich hätte schon längst Samen bestellen müssen. Die Kataloge strömen nur so ins Haus und bieten verwirrende Mengen an Schätzen an. Angesichts so vieler Versuchungen wissen wir nicht mehr ein noch aus. Sollen wir Samen

für winterharte Pflanzen bestellen, die zwei Jahre brauchen, ehe sich die Investition bezahlt macht? Sollen wir
Einjährige bestellen, die im kommenden Sommer ihren
kurzen Auftritt haben werden? Vielleicht sollte ich mich
in diesem Artikel auf Einjährige beschränken, aber es gibt
auch einen hervorragenden Winterharten, der wie ein
Einjähriger behandelt werden sollte. Wenn wir ihn jetzt
unter Glas aussäen, dann müßte er eigentlich von Juli bis
Oktober blühen. Ich rede vom Rittersporn der Pacific-Se-
rie. Dazu gehören blaue Sorten wie *Blue Jay* und *Summer
Skies*, violette wie *King Arthur*, weiße wie *Galahad* und *Per-
cival*. Es sind wunderbare Blumen, die im März oder April
auch im Freien gesät werden können.

Die meisten Gärtner bleiben den üblichen Einjährigen
ihrer Wahl treu, aber einige Vorschläge werden sicher
trotzdem gern gehört. Es gibt eine ziemlich neue Wicke,
die als dichter, kleiner, runder Ball ungefähr dreißig Zentimeter hoch wird; sie bietet sich an, um leere Stellen vorne
in einer Rabatte zu füllen. Sie trägt den sentimentalen
Namen *Little Sweetheart*. Dann gibt es *Cleome Pink Queen*,
die Spinnenpflanze; Spinnenhasser brauchen aber nicht
davor zurückzuschrecken, denn sie sieht eigentlich gar
nicht so aus. Mit ihren neunzig Zentimetern empfiehlt sie
sich als Lückenschließerin in der Mittelrabatte. Schließlich möchte ich noch den roten Bergspinat *Atriplex hor-
tensis* erwähnen, ohne Blüten, aber durch seine dunklen
Blätter sehr dekorativ, außerdem für Salate geeignet.

Wenn Sie etwas Auffälligeres wollen, vor allem in

Hellblau, dann brauchen Sie *Cynoglossum amabile*. Mit dieser auch Hundszunge genannten Pflanze war ich im letzten Sommer dermaßen zufrieden, daß ich sie gern überall aussäen würde, damit sie in jeder Ecke hervorkommen kann, die ihr gerade paßt. Und dann gibt es noch diese enzianblaue Einjährige, die ich immer wieder gern empfehle, *Phacelia campanularia*. Aber bitte, säen Sie sie zwischen April und Juni alle vierzehn Tage aus, das liefert Ihnen den ganzen Sommer über fortlaufend Farbe. Wie munter und leuchtend diese Einjährigen doch sind. Wie schade, daß ihr Leben so kurz bemessen ist, aber vielleicht macht ja gerade das ihren Charme aus; schnell gekommen, schnell gegangen, ein Auflodern von Schönheit, dann für sie der Tod, für uns jedoch ein neues Leben, denn wir können ihre Samen aussäen und sie damit wieder zum Leben erwecken.

Heute, in der traurigen Weisheit meiner alten Tage, passiert es mir nicht mehr oft, daß ich mich von Katalogbeschreibungen dazu verleiten lassen, etwas zu bestellen, von dem ich weiß, daß es fast mit Sicherheit eine Enttäuschung werden muß. Und doch erliege ich ab und zu noch einmal einer solchen Versuchung. Ich bereue das nicht. Wenn wir dazu nicht mehr in der Lage wären, dann hätten wir die vertrauensvollen Wiesen der Jugend verlassen und die skeptischen Wüsten des Alters erreicht, was traurig für jeden Gärtner wäre, denn Gärtnerei ist eine zutiefst hoffnungsvolle, optimistische Beschäftigung.

Meine unwiderstehliche Versuchung in diesem Fall war ein billiges Tütchen *Senicio maritima* var. Diamond. Verwechseln Sie diese Pflanze nicht mit der Aschenpflanze, dieser hübschen, schmetterlingshaften Topfblume, die jeder Besitzer eines kleinen, beheizten Gewächshauses im Winter vorweisen kann. *Senicio maritima* ist etwas ganz anderes. Es ist eine graublättrige Pflanze mit silbrigen, tief eingekerbten Blättern, die sich als Hintergrund für andere Pflanzen hervorragend macht. Die Variante Diamond wird als »von fast reinem Weiß« beschrieben. Kein Wunder, daß ich nicht widerstehen konnte! Wenn sie wirklich weißer ist als die verbreitetere *S. maritima*, dann muß sie wirklich wunderschön sein.*

Leider ist *S. maritima* nicht ganz winterhart. Sie kann milde Winter überstehen und schießt selbst dann wieder in die Höhe, wenn Wind und Regen sie zu Boden geworfen haben. Und wenn sie diesen Winter überlebt, dann hat sie wirklich jegliches Lob verdient. Da ihre Ableger sehr leicht Wurzeln schlagen, sollten wir für Notfälle immer einen Topfvoll aufbewahren.

Ich bestellte auch ein Tütchen mit einer alten Freundin, *Euphorbia marginata*, einer winterharten einjährigen Wolfsmilch, die auch unter dem attraktiveren Namen Bergschnee bekannt ist. Sie wird ungefähr sechzig Zenti-

---

* Diamond erwies sich dann als ziemliche Enttäuschung.

Cynoglossum amabile

meter hoch; ihre langen, spitzen, blaßgrünen Blätter haben weiße Ränder, manche sind auch rein weiß, anstelle von Blüten gibt es weiße Deckblätter. Sie ist nicht nur sehr produktiv, sie hält auch für Monate vor. Zusammen mit der schaumigen *Gypsophila paniculata Bristol Fairy* tritt sie, vor dem Hintergrund einiger hoher krautartiger Pflanzen wie *Veronica spicata alba* (Ehrenpreis), dem großen weißen Rittersporn, dem hübschen Lilienschweif *Eremurus himalaicus*, vor weißen Gladiolen oder *Hyacinthus candicans* oder irgendeiner hohen weißen Lilie, in einem kühlen Sommerbild auf, das wir nicht verachten sollten.

Einmal habe ich über blühende Bäume geschrieben, die an Drähten in Vorgärten wachsen, und dabei habe ich auch erwähnt, daß Heckenrosen entlang der Bürgersteige einer Dorfstraße wachsen könnten. Das heißt, es muß nicht unbedingt ein Dorf sein, eine kleine Stadt oder sogar ein Vorort oder eine Neubausiedlung bieten sich an, alles, wo eine Hecke benötigt wird, die den Vorgarten von der Straße abschirmt.

In einer hübschen, kleinen und alten Stadt in meiner Nähe hatte jemand genug Phantasie, um eine solche Hecke aus Kletterrosen anzulegen. Diese Hecke zieht sich an seinem gesamten Grundstück entlang, und in den Sommermonaten kommen Leute aus der ganzen Umgebung, um sie zu bewundern. Ich muß zugeben, sie bietet einen beeindruckenden Anblick; eine leuchtende Farbenpracht, einen langen, wütenden, verwirrenden Strich, als habe jemand einen Buntstift genommen und ein schmales grünes Dickicht mit dichten roten Blütenbüscheln bemalt. Eine hervorragende Idee, sehr effektiv, aber ach, wie grob! Ich kneife bei diesem Anblick die Augen zusammen, und danach weine ich. Es sind nicht nur die grellen Farben, die mir Tränen in die Augen treiben, sondern vor allem die Trauer darüber, daß eine so feine Idee nicht eleganter in die Tat umgesetzt worden ist.

Die Hecke besteht aus *American Pillar*, einer Rose, die zusammen mit *Dorothy Perkins* für immer aus unseren Gärten verbannt werden sollte. Ich weiß, dieser Angriff auf zwei beliebte Rosen wird mir allerlei Ärger eintragen, aber wer Gartenartikel schreibt, muß zu seiner Meinung stehen. Ich hasse, hasse, hasse *American Pillar* und ihre süßlich rosa Genossin *Perkins*. Was ich an ihrer Stelle pflanzen würde? Nun, es gibt *Goldfinch*, einen alten Kletterer, sehr lebhaft, sehr süß duftend, und wenn ich von süßem Duft rede, dann meine ich süßen Duft, denn ich versuche, in meinen Artikeln bei der Wahrheit zu bleiben und niemanden in die Irre zu führen. *Goldfinch* ist mein Liebling, mein Goldstück, mein Schatz; ein riesiges Rührei. Dann möchte ich noch *Félicité Perpétue* nennen, weiß, rosig angehaucht. Und *Mme. Plantier*, mit ihren weißen, größeren Blüten. Und *Albertine*, sehr stark mit einzelnen zartrosa

Blüten, die aussehen wie in Tee getunkt. Und schließlich noch *François Juranville*, der auch in eine Teetasse gefallen zu sein scheint.

E ine Dame erzählt mir brieflich von einer scheußlichen Veranda und fragte, mit welchem immergrünen Kletterer sie zu tarnen sei? Am liebsten würde sie die Veranda während des ganzen Jahres verstecken. Sie ist sicher nicht die einzige mit einem ähnlichen Problem, weshalb einige Bemerkungen zum Thema wohl nicht fehl am Platze sind. Das Problem ist, daß neben Efeu nur wenige Kletterer immergrün sind; und diese wenigen sind zumeist nicht winterhart. Von den wirklich immergrünen Kletterern würde ich zwei Geißblattsorten empfehlen, *Lonicera giraldii* und *L. henryi*, eine von jeder Sorte, jede auf einer Seite der Veranda, müßten sehr bald so weit gewachsen sein, daß sie sich oben miteinander verschlingen. Aber das bringt uns nicht sehr viel weiter, wir müssen noch nach weiteren Möglichkeiten Ausschau halten.

Die finden wir vielleicht bei den hochwüchsigen Sträuchern, die als eine Art Puffer oder Seitenpfosten benutzt werden können; mit Hilfe von Draht können wir sie außerdem veranlassen, oben waagerecht über das Verandadach zu wachsen. Die Säckelblumen *Ceanothus rigidus* und *Ceanothus thyrsiflorus* fallen mir als erste ein, mit ihren dunkelgrünen Blättern und pulverblauen Blüten. Sie sind einigermaßen winterhart, können bis zu drei beziehungsweise zehn Metern hoch werden. Sie sehen jedoch nie so ordentlich aus wie Pflanzen, die beschnitten werden können, und deshalb denke ich auch noch an den Lorbeer *Laurus nobilis*. Sie wissen doch, wie manchmal alte Häuser auf dem Land eine Art tiefer, dichter Veranda aufweisen, wie aus Eibe oder Buchsbaum herausgeschnitzt, die der Haustür etwas Solides und Geheimnisvolles gibt, das vor allem vielleicht bei einem ganz neuen und vielleicht nicht besonders beeindruckenden Wohnhaus willkommen wäre? Es gibt keinen Grund, warum unser Lorbeer mit seinen aromatischen Blättern nicht zu einem ähnlichen Zweck benutzt werden könnte, nämlich die ungeliebte Veranda einzurahmen und zu verkleiden. Er wächst recht schnell und läßt sich in jegliche Form bringen. Innerhalb weniger Jahre müßte er die Haustür in eine schützende grüne Höhle gesteckt haben.

***

Wenn meine Briefschreiberin das alles zu düster findet, obwohl ich ja meine, daß ein wenig Düsterkeit einen Garten immens ziert, als Hintergrund für bunte Blumen nämlich, dann sollte sie zwei pappelähnliche Kirschen wie Wachtposten zu beiden Seiten der Veranda pflanzen. Sie sind zwar nicht immergrün, aber ihre reichen blaßrosa Blüten sind im Frühling eine wahre Wonne von Jugendlichkeit. *Prunus Amanogawa* ist ihr Name, das bedeutet

Himmlischer Fluß, wie die Japaner die Milchstraße nennen.

Darf ich allen beneidenswerten Lesern danken, die mir mitgeteilt haben, daß ihre Passionsblumen in ihren Gärten tatsächlich Früchte tragen? Diese Gärten liegen zumeist im Westen, das muß ich noch hinzufügen, aber immerhin kam auch ein triumphierender Brief aus Hampshire, das doch ein wenig weiter östlich gelegen ist.

Ich werde häufig gebeten, etwas über die *Saintpaulia* zu schreiben, allgemein bekannt als Usambaraveilchen, obwohl es botanisch nichts mit den Veilchen zu tun hat, sondern zu derselben Familie gehört wie die Gloxinie. Sie ist bestimmt eine der hübschesten kleinen Topfpflanzen, mit ihren veilchenähnlichen lila-blauen Blüten, die sich zwischen den samtweichen Blättern zusammendrängen. Sie steht fast das ganze Jahr hindurch in Blüte, ach, wir können eigentlich nur Gutes über sie sagen, nur leider können die Züchter sich nicht darüber einigen, wie sie behandelt werden sollte.

Manche raten, die Pflanzen in den Schatten zu stellen, andere empfehlen fluoreszierende Beleuchtung. Manche gießen von oben, andere lassen das lieber. Manche isolieren sie, andere mischen sie mit anderen Pflanzen. Manchen gelten sie als ideale Hausgenossen, andere glauben, sie verlangten die Feuchtigkeit eines Gewächshauses. Ich glaube, es wäre schade, wenn wir uns von diesen widersprüchlichen Ratschlägen entmutigen ließen; wir sollten uns lieber auf die Punkte konzentrieren, in denen eine gewisse Übereinstimmung herrscht.

Es ist bestimmt erfolgversprechender, sie in einem Gewächshaus zu ziehen statt in einem normalen englischen Zimmer, in dem die Temperaturen ja doch sehr stark schwanken, sie mögen 13° bis 18° Grad. Sie ziehen feuchte Atmosphäre vor, aber ich muß auch zugeben, daß ich nicht begreife, wieso sie dann in den zentralbeheizten Wohnzimmern der USA gedeihen können, was einwandfrei der Fall ist, dort sind sie nämlich dermaßen in Mode gekommen, daß sich Usambaravereine gegründet haben, die eine ganze Literaturrichtung entwickeln. (Ich kann nur annehmen, daß die Amerikaner auf ihre ausgesprochen zivilisierte Weise eine Möglichkeit gefunden haben, um die Luft anzufeuchten.) Sie mögen Luftzug nicht und gehen ein, wenn sie sich erkälten. Sie lassen sich sehr leicht vermehren, entweder aus im März auf ein Gemisch aus Sand und Torf gesäten Samen oder durch Teilen der Knollen in mit einem Auge versehene Stücke. Machen Sie das im März, und setzen Sie sie dann in kleine Töpfe, die Sie mit je einem Teil Sand, Torf und Lehm gefüllt haben. Nehmen Sie keine zu großen Töpfe. Wie Alpenveilchen haben sie es gern ein wenig enger. Gießen Sie im Winter nur wenig, im Sommer dann großzügiger, und dann mögen Ihre Pflanzen auch ein wenig flüssigen Dünger. Gießen Sie nie zuviel, dann faulen sie; lassen Sie sie aber auch niemals austrocknen, sonst verwelken sie, und niemals darf sich auf den Blättern Wasser sammeln.

Der enorme Preis der Winteriris, *I. unguicularis* oder *I. stylosa*, hat in diesem Winter bereits allerlei Wehgeschrei hervorgerufen. Ich hatte aber nichts anderes erwartet. Im letzten Sommer hatten sie viel zu wenig Sonne. Und die Annahme scheint sich zu bestätigen, daß die Blätter im Juni fast ganz zurückgeschnitten werden sollten, damit alle erreichbaren Sonnenstrahlen bis zur Wurzel durchdringen; ich nehme mir das auch immer vor, aber dann vergesse ich es.

Doch, mir ist bewußt, daß auch in dieser Hinsicht die Meinungen nicht immer übereinstimmen, aber es klingt doch sehr vernünftig. Es sieht dann auch ordentlicher aus – aber das ist wirklich kein Argument, das für den Gärtner, der für seine Pflanzen nur das Beste will, eine Rolle spielen sollte.

Diese hübsche, zarte kleine Gladiole *colvillei The Bride* hätte schon vor Weihnachten eingetopft werden sollen, aber es ist noch nicht zu spät. Wenn ich eine steinige, in der Sonne brütende Terrasse an der Riviera hätte, dann würde ich sie zu Hunderten setzen; statt dessen gebe ich mich mit einem Dutzend in zwei Töpfen unter Glas zufrieden. Ich weiß sehr gut, daß sie auch in England im Freien wächst, dann werden jeden Herbst die Knollen aus der

Erde genommen, wie wir das auch bei anderen Gladiolen machen; aber ihre weiße Zartheit empfiehlt sie eher als Schnittblume, im Wettbewerb des Gartens würde sie untergehen.

Manche Gärtner vertreten die Theorie, daß Knollen nach dem ersten Jahr nicht mehr aufbewahrt werden sollten und daß es besser ist, sie jedes Jahr zu erneuern. Ich halte das für eine unnötig extravagante Idee. Die kleinen Auswüchse, die sich an der elterlichen Knolle einstellen, können weiterwachsen, bis sie im zweiten Jahr ihre Blütegröße erreicht haben. Natürlich bedeutet das, daß zunächst eine Saison übersprungen wird, aber wenn sie erst einmal ihren Rhythmus gefunden haben, ist der Nachschub gesichert. Ich habe festgestellt, daß dieses System sich auch auf *G. callianthus* anwenden läßt, eine weitere Gladiolenart, ebenso auf die kleinen sternförmigen Narzissen *watieri*, die auf andere Weise sehr schnell eingehen und außerdem im Laden ziemlich teuer sind. Sie sind übrigens ein wahrer Schatz für eine Schale im Haus oder in einem erhobenen Trog im Freien, wo wir sie mehr oder weniger auf Augenhöhe in aller Ruhe betrachten können.

Ein Schatz, der sich auf einem Regal im Winter unter Glas einfacher aufbewahren läßt, ist der Winterling. Ich grub im Garten ziemlich nervös einige Wurzelballen aus, als sie sich gerade auf ihre verhuschte Art beim ersten Schneefall durch den Boden drängen wollten, und versetzte sie mit einem fetten Erdklumpen in einige flache Schalen. Das scheint ihnen nichts ausgemacht zu haben, sie blühen wie kleine Sonnen, was an einem Wintermorgen einen fröhlichen Anblick bietet. Es ist ganz erstaunlich, wie frostresistent ihre weichen Blütenblätter sind. Das Gewächshaus ist nicht beheizt, und die Schalen sind hart gefroren, doch die goldenen Blütenblätter lassen sich davon nicht stören, und ich weiß, daß nach der Schneeschmelze ihre Verwandtschaft im Garten hemmungslos prangen wird, egal, wie kalt es sein mag, wenn sie ihre warme weiße Decke verloren haben.

Als ich über Einjährige als Lückenbüßer im Steingarten schrieb, fiel mir ein, daß viele Steingartenbesitzer sicher ihre alpinen Pflanzen selber vermehren oder durch Aussäen Abwechslung in ihre Sammlung bringen möchten.

Es gibt drei Hauptmethoden der Vermehrung: durch Teilung, durch Ableger und durch Samen. Teilung sollten Sie im Frühling vornehmen, wenn eine leistungsfähige Pflanze, die Sie ausgraben und vorsichtig zerlegen, vier bis sechs neue ergeben sollte; pflanzen Sie die neuen sehr fest ein, und lassen Sie es nicht an Wasser fehlen, bis sich ein neues Wurzelsystem gebildet hat. Schützen Sie sie außerdem vor zu starker Sonne. Ein umgestülpter Blumentopf ist da eine gute Hilfe.

Ableger sind um einiges komplizierter, selbst wenn Ihnen die Grundprinzipien vertraut sind, vor allem weil die Ableger der meisten Alpinen so winzigklein sind. Wer hat nicht voller Bewunderung die adretten Reihen im eingerahmten Beet des Züchters betrachtet und sich überlegt, daß diese Operation nur mit der Präzision von Juweliersfingern möglich ist!? Aber wenn Sie es doch versuchen wollen, dann besorgen Sie sich eine alte Holzkiste, nehmen Sie den Boden heraus und stellen Sie sie auf einen Untergrund aus sehr grober Asche oder Schlacke. Bedecken Sie diesen zur Entwässerung dienenden Boden mit ein oder zwei Fingerbreit feinerer Asche, und füllen Sie den Rahmen dann mit feinem, scharfem Sand, nicht mit Bausand, sondern damit, was Gärtner Silbersand oder Gewaschenen Flußsand nennen. Drücken Sie die Oberfläche so fest und glatt zusammen wie nur möglich, bedecken Sie den Rahmen mit einer Glasscheibe, und ihr selbstgebautes Zuchtbeet ist einsatzbereit.

Einzelheiten, an die Sie denken sollten: Zwischen Glas und Ablegern muß noch genug Luft bleiben. Die Unterseite des Glases muß jeden Tag von Feuchtigkeit befreit werden, am besten sogar zweimal täglich, sonst tropft sie auf die Ableger, die dadurch verfaulen. Es geht schneller, das Glas umzudrehen, als es abzuwischen. Drücken Sie die Ableger immer sehr fest in ihr Sandbett; ein Ableger, der sich durch ein Fingerschnippen lockert, sitzt nicht fest genug, wie viele angehende Gärtner zu ihrem Kummer erfahren mußten, wenn der Chef des Weges kam.

Jetzt hat mich meine Begeisterung für Ableger und ihre

Vermehrung dermaßen mitgerissen, daß ich keinen Platz mehr habe, um über die Vermehrung von Alpinen durch Samen zu schreiben.

Neben anderen Samen für die Frühjahrssaat habe ich mir eine Tüte *Mimosa pudica* bestellt, die Sinnpflanze. Die meisten Menschen, auch einige Gärtner, nennen sie die »Sensible Pflanze«. Dieser Name sollte eigentlich der *Mimosa sensitiva* vorbehalten sein, die aber seltsamerweise weniger sensibel ist als M. *pudica*. Die Sinnpflanze ist so empfindsam und so geschämig, daß ein bloßes Antippen mit dem Finger oder einfach ein Anhauchen ausreicht, um sie augenblicklich zu einem Häufchen Elend in sich zusammensinken zu lassen. Wir pflanzen sie einfach nur, um den Kindern eine Freude zu machen. Ein normales Kind, wenn es nicht von unerträglicher Tugendhaftigkeit ist, ist schrecklich gern gemein zu anderen Geschöpfen, und hier finden die jungen Menschen einen harmlosen Auslauf für diesen Trieb. Entzückensschreie werden ausgestoßen und noch verstärkt durch das sadistische Vergnügen, es immer wieder tun zu können. »Laß uns mal nachsehen, ob sie sich schon wieder aufgerichtet hat.« Das hat sie vermutlich, denn sie scheint diese grausame Behandlung mit endloser Geduld über sich ergehen zu lassen.

Ich muß zugeben, daß ich sie gern in ihrer eigentlichen

Heimat, dem tropischen Amerika, sehen würde, wo, wie ich gehört habe, weite, mit einem Miniaturwald bewachsene Flächen bei der ersten Brise in Ohnmacht fallen. Sie gilt zwar als winterhart, sollte aber hierzulande nur wie eine bedingt winterharte Pflanze behandelt werden. Das bedeutet, daß wir unsere Samen in einem Topf oder einer Schale unter Glas oder auf der Fensterbank in einem warmen Zimmer säen müssen. Im Spätsommer hat sich dann eine ziemlich hohe Pflanze von an die dreißig Zentimeter entwickelt, und dann können Sie feststellen, daß sie, wie die meisten empfindsamen Menschen, nicht nur empfindsam, sondern auch ziemlich ekelhaft sein kann. Sie bekommt lange, spitze Dornen, kann sich aber nicht von ihrer zitternden Angst befreien. Auf diese Weise ist sie nicht nur ein Vergnügen für die Kinder, sondern auch ein Symbol für viele unserer Freunde.

Wenn Sie sich für solche witzigen Pflanzen interessieren, dann kann ich Ihnen noch weitere vorschlagen. Zum Beispiel den Brennenden Busch *Dictamnus albus* oder Diptam, den Sie, vor allem an einem heißen Sommertag, zu einer blauen Flamme anzünden können, ohne ihm damit Schaden zuzufügen. Die Erklärung dieses scheinbaren Wunders ist, daß er ein flüchtiges Öl enthält, aber warum sollten Sie nach Erklärungen suchen, wenn Sie Ihre jungen Gäste so leicht unterhalten können?

In einem milden Jahr sollte die Winteriris, normalerweise *Iris stylosa* genannt, auch wenn *Iris unguicularis* korrekter wäre, im November zu blühen anfangen und dann

bis März weitermachen. Es gibt diese Iris in einer Farbskala zwischen Lavendelblau und Tieflila (auch eine weiße
Art gibt es), sie werden zwischen achtzehn und vierundzwanzig Zentimeter hoch.

Die Wurzelballen sollten unter eine Südwand gesetzt
werden, wo sie viel Sonne bekommen, und sie lieben den
sandigsten Boden, den man sich überhaupt nur vorstellen
kann. Sie lieben alten Mörtelschutt, Kies, Asche, zerbro-
chene Ziegel; sie gedeihen bei einer Hungerdiät, mögen
nicht verpflanzt oder auf andere Weise gestört werden,
und Sie sollten sie pflücken, wenn sie noch aussehen wie
eine Flagge, die sich fest um den Fahnenmast gewickelt
hat. Später in Ihrem warmen Zimmer entfalten sie sich,
und Sie können ihnen dabei zusehen.

Manchmal macht es Spaß, nicht an unsere gärtnerischen Pflichten zu denken, sondern an fremde
Pflanzen, ob wir nun hoffen können, sie selber mit Erfolg
zu ziehen, oder nicht. Ein nasser Januarabend scheint wie
geschaffen dafür, sich in solche Träume zu vertiefen, und
sofort füllte sich mein Zimmer (das sich bisher nur einiger
bescheidener Zwiebeln in Schalen hatte rühmen können)
mit Blumen der seltensten Farben, Formen und Beschaffenheit. Die ersten, die sich einstellten, auf wundersame
Weise einfach aus der Luft herbeigezaubert, zeigten alle
dieses besondere Blaugrün, daß wir an altem Kupfer, Pfau-

enfedern, Käferrücken oder im Meer an der Stelle sehen, wo seichtes und tiefes Wasser ineinander übergehen.

Zuerst sah ich eine schlanke Südafrikanerin, *Ixia viridiflora*, mit grünen, zu Kobaltblau changierenden Blüten mit einem lila Tupfer: Ich hatte sie früher einmal in einer sehr sandigen Schale in einem unbeheizten Gewächshaus gezogen und freute mich über unser Wiedersehen. Dann kam die winzige meergrüne Persische Iris, die nur neun Zentimeter hoch wird, die ich aus ihrer Wüstenheimat in Blüte stehend kenne, aber nie dazu überreden konnte, auch bei mir eine Blüte zu produzieren. Danach erschien *Delphinium macrocentrum*, eine Ostafrikanerin, die ich noch nie gesehen hatte, die es in ihrer Färbung aber angeblich mit der chilenischen *Puya alpestris* aufnehmen kann.

Und *Puya alpestris* kannte ich immerhin. Eine wild und wütend aussehende und sehr zurückhaltende Pflanze. Ich ging meiner in einem Topf gepflanzten *Puya* sieben Jahre lang um den Bart, ehe sie sich endlich zum Blühen herabließ. Danach entwickelte sie eine Blütenähre und überraschte alle mit ihren tückisch aussehenden, pfauenblauen Trompeten, ihren orangefarbenen Staubbeuteln und ihren seitlichen Ausläufern, auf denen offenbar Hummeln sich niederlassen sollten, um die Blüten zu befruchten.

Und hier sah ich sie nun wieder, in meinem Zimmer, diesmal in Begleitung der Hummeln, die leider gefehlt hatten, als sie nach den sieben Jahren endlich blühte. Inzwischen wimmelte es in meinem Zimmer nun schon von

Vögeln wie von Blumen. Denn nun war auch *Strelitzia reginae* eingetroffen, in Begleitung der kleinen afrikanischen Paradiesvögel, die sich darauf niederlassen, um ihre Brustfedern mit Pollen zu bestreichen. Es kommt nur selten vor, daß Pflanzen die Befruchtung von Vögeln erledigen lassen und nicht von Insekten, aber hier hatte ich nun schon zwei Exemplare. *Strelitzia reginae* sieht selber auch ein wenig wie ein Vogel aus, sie ähnelt einem wilden, spitzen Vogel mit Kamm, der in einem orangenen Boot unter stacheligen blauen und orangefarbenen Segeln dahinschwimmt. Sie wurde zwar nach der Gemahlin Georgs III. Regina genannt, aber ich ziehe ihren anderen Namen vor: Paradiesvogelblume.

Dann gab es einen Wechsel zu eher unscheinbaren Pflanzen, in Form von alten Primeln, mit denen ich mir so große Mühe gegeben hatte, um sie in sorgfältig zusammengestellten Mischungen aus Lauberde und Lehm zum Blühen zu bringen. Und hier waren sie nun, sie blühten zufrieden zwischen den Bodenbrettern. *Jack-in-the-Green, Prince Silverwings, Galligaskins, Tortoiseshell, Cloth of Gold*; und als ich sie nun in einer Fülle vor mir sah, wie ich sie niemals zuvor zustande gebracht hatte, fiel mir ein, daß die gesamte Primelfamilie zur Geselligkeit neigt und die Einsamkeit der einzelnen, teuren Pflanze haßt. Sie kuscheln sich gern aneinander, ganz anders als die Flechten, die so wenig Gesellschaft verlangen, daß sie (zumindest in Südamerika) sogar in hoher Isolation auf Telegraphendrähten wachsen.

Die Eigenheiten der Pflanzen scheinen kein Ende zu finden, ob sie nun besondere Sitzgelegenheiten für ihre Besucher bereithalten oder sich zu Fleischfressern entwickeln wie die Kannenpflanzen. Warum wächst Wein in der nördlichen Hemisphäre von links nach rechts, will in der südlichen aber nur von rechts nach links wachsen? Warum findet sich die Mohnart *Macoumii* nur auf einer einzigen winzigen Insel in der Behringsee und sonst nirgends? Wie ist sie dort überhaupt hingelangt? In einem Zimmer, das inzwischen von Blüten der Phantasie wirklich überwuchert war, fallen solche Spekulationen leicht, und ich hatte gar keine Zeit mehr, um über das ebenso seltsame Verhalten der Menschen zu spekulieren.

Die Zimmerwände schmolzen dahin und machten einem Garten Platz, wie ihn die Kaiser von China einst genießen konnten, einem weiten Garten mit unterschiedlichen Landschaften, einem Garten, in dem alles gedieh und in dem die Schätze der Erde in Schönheit und Brüderlichkeit vereint waren. Aber dann fiel ein Holzscheit im Kamin um, eine Stimme sagte: »Hier ist BBC London, es folgen die Nachrichten«, und ich erwachte.

In einem Brief werde ich um »einige zusätzliche Tips für das Ziehen der Winteriris« gebeten. Ich halte das für eine gute Idee. Sie sind wirklich pflegeleichte Pflanzen, die sogar Mißhandlung überstehen, aber ein wenig zusätzliche Freundlichkeit und etwas Verständnis bringen bessere Ergebnisse. Das gilt ja für die meisten unter uns, für Pflanzen und für Menschen.

Freundlichkeit bedeutet, was die Winteriris angeht, sie hungern zu lassen. Gute Ernährung läßt sie Blätter entwickeln, statt zu blühen. Am liebsten wächst sie in erbärmlich armem Boden, der vor allem aus altem Kalk, Mörtelschutt und sogar Kies besteht: In einer sandigen Mischung vor einer sonnigen Mauer, je sandiger und sonniger, desto besser. Um ihr ein Maximum an Sonne zu geben, damit sie im Sommer zur Reife gelangen kann, sollten Sie ihre Blätter im Mai oder zu Anfang Juni beschneiden und ihr soviel Sonne zukommen lassen, wie unser Klima überhaupt nur hergibt. Mehr können Sie nicht für sie tun, außer natürlich, sie vor Schnecken und Raupen zu beschützen. Das müssen Sie unbedingt tun, wenn Sie nicht wollen, daß diese Tiere, die so zufrieden in Blättern und Mauerritzen überwintern, die Blätter zernagen und zerfetzen. Jedes effektive Schneckenmittel erledigt diese Arbeit für Sie. Es ist vielleicht den Schnecken gegenüber nicht sehr freundlich, aber wir müssen unsere Prioritäten setzen.

Die Winteriris ist den meisten unter uns als *Iris stylosa* bekannt. Aber eigentlich sollte sie *Iris unguiculus* genannt werden, das ist ihr älterer botanischer Name, *unguiculus* bedeutet eine kleine, schmale Klaue. Aber sollten wir uns darüber wirklich den Kopf zerbrechen? Wir wollen lieber daran erinnern, daß sie ein Kind des steinigen Bodens von

Algerien, Griechenland, Kreta, Syrien und Kleinasien ist und daß sie sich auf unserer Insel sehr bereitwillig einlebt, manchmal blüht sie noch vor Weihnachten, vor allem nach einem heißen, trockenen Sommer, und macht bei mildem Wetter bis in den März hinein weiter. Sie sollten die grasähnlichen Blätter jeden Tag nach Knospen absuchen und die verheißungsvolle Knospe wegnehmen, solange sie noch aussieht wie ein winziger, fest geschlossener Regenschirm. Bringen Sie sie ins Haus, und beobachten Sie sie unter einer Lampe. Wenn Sie geduldig genug warten, dann werden Sie miterleben, wie das Wunder geschieht.

Wenn Sie noch keine Iris im Garten haben, aber gerne welche hätten, dann pflanzen Sie sie im März oder April; zum Verpflanzen ist am besten der September geeignet. Sie mag nicht zerteilt und versetzt werden, und sorgen Sie dafür, daß sie nicht austrocknet und sich in aller Ruhe einleben kann. Danach wird sie Ihnen keine Probleme mehr machen.

Nicht allen ist bewußt, daß Mitte oder sogar Ende März noch immer die Möglichkeit besteht, im letzten Moment noch Bäume und Sträucher zu pflanzen, falls der Boden weder gefroren noch triefnaß ist. Wir dürfen mit einiger Berechtigung auf passende Wetterverhältnisse irgendwann zwischen jetzt und Mitte März hoffen, und ich möchte Sie daran erinnern, daß eine Schaufel Torf, die Sie ins Grabloch geben und über die faserigen Wurzeln verteilen, ehe Sie den Boden festtreten, von enormem Wert ist: Torf bewahrt Feuchtigkeit auf und ermöglicht die Entwicklung des Wurzelsystems, das jegliches Pflanzenleben nun einmal braucht. Die Empfehlung, beim Pflanzen Torf hinzuzugeben, bezieht sich nicht nur auf torfliebende Pflanzen wie Azaleen, Eucryphien, Rhododendren, Kalmien und sämtliche Heidekrautgewächse, sondern auch auf Pflanzen, bei denen Sie gar nicht damit rechnen, wie z. B. Rosen. Manche Pflanzen hassen Kalk, aber nur sehr wenige hassen Torf.

Auch eine Handvoll Knochenmehl ist immer hilfreich.

Diese Überlegungen über das Pflanzen im letzten Moment haben mich an einen kleinen, aufrechten Laubbaum erinnert, den ich bisher wohl noch nie erwähnt habe. Dieser ursprünglich aus Nordchina stammende Baum heißt *Xanthoceras sorbifolium*, oder, und das ist doch um einiges einfacher, Gelbwurz. Sein aufrechter Wuchs empfiehlt ihn für kleine Gärten mit begrenztem Platz, im Mai bietet er mit seinen weißen Blütenähren, die geradewegs aus ihrem sanftgrünen Blütengrund herauswachsen, einen sehr hübschen Anblick. Er ist mit der Roßkastanie verwandt und durchaus winterhart, allerdings sollten die Blüten doch ein wenig vor spätem Frost geschützt werden; wenn Frost bevorsteht, können Sie die Blütendolden abpflücken, sie lassen sich auch im Haus zum Blühen bringen.

Wer Bekannte hat, die einen solchen Baum besitzen, wird in der Nähe des Baumes sicher viele Setzlinge finden und einen oder zwei an sich bringen. Im Handel dagegen wird er nicht oft angeboten.

Der Märzenbecher *Leucojum vernum*, der Anfang des Monats angefangen hat zu blühen, sollte jetzt mit Nachbestellungen bedacht werden. Er gehört zu den Geschöpfen, in das Sie genaueren Einblick nehmen sollten, indem Sie seine weiße, grüngetupfte Glocke nach oben drehen, wie Sie das mit einem Kind machen würden, dem Sie einen Finger unters Kinn legen. Jedes Kind mit Selbstachtung wird sich gegen diese Behandlung wehren, der Märzbecher hat keine andere Wahl. Sehen Sie sich seine zarte Struktur und deren Maserung an, das ist immer die beste Methode, um die Schönheit der winzigen Hängeblüten zu erkennen. Nicht daß der Märzbecher im Garten nicht seine eigene kleine Wirkung entfalten würde. Er begleitet Schneeglöckchen und Eisenhut und ist damit an einem trüben Morgen, wenn jeder Vorbote und Prophet den Beginn des Frühlings ankündigt, ganz besonders willkommen.

Noch ein praktischer Hinweis: Pflanzen Sie die Zwiebeln früh, etwa Anfang September. Seien Sie nicht enttäuscht, wenn im ersten Jahr nicht viel passiert. Sie brauchen ein Jahr, um sich einzuleben; also dürfen Sie nach dem Einpflanzen nicht stören. Sie haben ein wenig Schatten gern, und deshalb können Sie mit ihnen eine schattige Ecke füllen, in der andere Zwiebeln vielleicht nicht gedeihen.

Leucojum vernum

Um diese Jahreszeit machen viele sich Sorgen um ihre Töpfe mit Alpenveilchen, sie fragen sich, wie sie sie in den folgenden Monaten behandeln sollen. Ich nehme an, alle wissen, daß Alpenveilchen langsam austrocknen müssen und erst im Juli oder August wieder zum Leben erweckt werden dürfen, aber da ich mich vor kurzem mit einem Züchter unterhielt, dachte ich, ich könnte doch noch einige von seinen Tips weiterreichen.

Er riet mir, die Töpfe draußen an einer schattigen Stelle in ein Bett aus Torf oder Asche zu versenken, und zwar bis an die Kante. Auf diese Weise bleibt ihnen genau die richtige Menge an Feuchtigkeit, und wir brauchen in den Monaten, in denen die Knolle Ruhe haben will, nicht mehr zu gießen.

Er rät davon ab, eine Knolle länger als zwei oder drei Jahre zu behalten. Nach dieser Zeit verschlechtert sich die Qualität der Blüten, obwohl eine Knolle im zweiten Jahr mehr Blüten hervorbringt als im ersten. Mich würde es nicht stören, wenn die Blüten kleiner würden, ich finde wilde Monster von Blumen nämlich nicht weiter charmant, aber das ist eine Geschmacksfrage. Der erwähnte Züchter schlägt vor, im Juni Samen in Samenschachteln zu säen, was bedeutet, daß die kleinen Pflanzen in achtzehn Monaten groß genug zum Blühen sein werden: also rechtzeitig zum übernächsten Weihnachtsfest. Natürlich brauchen wir dafür ein beheiztes Gewächshaus, in dem sie überwintern können, und das haben schließlich die wenigsten. Ich glaube schon, daß Menschen mit ganz besonders grünen Daumen sie auch auf einer Fensterbank in einer immer warmen Küche ziehen könnten. Das wäre jedenfalls die billigste Methode, um sich einen dauerhaften Vorrat anzulegen.

Mein guter Freund, der Züchter, der, wie die meisten wahren Gärtner, nur zu gern sein Wissen weitergibt, hatte noch weitere beherzigenswerte Ratschläge auf Lager. Niemals, sagt er, sollten Sie ein vergilbendes Blatt abknipsen. Dabei kann es nämlich passieren, daß Sie ein Stück von der Knollenhaut einreißen und die Knolle dadurch verletzen. Schneiden Sie es mit dem Messer ab. Ziehen Sie nicht daran. Andererseits sollten Sie den Stiel senkrecht wegziehen, wenn Sie ihn von der Knolle lösen wollen. Das wußte ich alles schon, nur die Sache mit dem Blatt war mir neu. Wie wenig wir im Grunde wissen, und wieviel wir in einem zehnminütigen Gespräch mit einem Experten lernen können!

Mein guter Freund erzählte mir weiterhin, daß wir jetzt eine bestimmte süßduftende Alpenveilchenart züchten können. Wenn wir Duft und Farbe miteinander verbinden könnten, was hätten wir dann für eine wunderbare Topfblume! Er hat mir für den nächsten Juni Samen versprochen.

Aber obwohl er doch so ein weiser und erfahrener Züchter ist, konnte er eine Frage nicht beantworten. Warum gehen manche Alpenveilchentöpfe plötzlich ein, warum sehen sie nach zwei Tagen im Haus bereits jämmerlich elend aus, während andere Töpfe unter genau denselben

Bedingungen wochenlang blühen und gedeihen? Er konnte meine Frage nicht beantworten. Er betrachtete seine riesige Kathedrale mit ihrem gläsernen Dach, in der Tausende von kerngesunden Alpenveilchen einen rosenroten, kirschroten, muschelrosa, orchideenlila, blutroten, jungfräulich weißen Teppich bildeten, und bedachte mich mit einem mitleidigen Lächeln.

Unlängst schrieb ich über witzige Pflanzen, mußte dann aber aus Platzgründen abrupt abbrechen. Ich wollte noch von der Wunderblume sprechen, *Mirabilis jalapa*, manchmal auch Four o'clock genannt, weil sie sich um die Teezeit öffnet und vor dem Frühstück wieder schließt. Es ist eine altmodische, krautartige Pflanze, die wir jetzt nur noch selten sehen, mit ihren bunten Farben, gelb, weiß, rot oder lila, manchmal gestreift oder gesprenkelt wie bestimmte Nelken. Diese sehr dekorative Pflanze läßt sich als bedingt winterharte Einjährige von im Frühling ausgesätem Samen ziehen, und wenn Sie die Wurzeln behalten wollen, müssen Sie sie im Herbst ausgraben, wie die der Dahlien. Es kommt mir aber leichter vor, sie jedes Jahr frisch aus Samen zu ziehen.

Dann gibt es noch die Gelenkblume *Physostegia virginiana*. Diese Pflanze trägt zu unserer Unterhaltung dadurch bei, daß ihre Blüten in jeder Position verharren, in der Sie sie um den Stengel wickeln. Mir ist das nie gelungen, bis mir eine schottische Freundin sagte, daß ich einfach nicht fest genug drücke. Wenn Sie genau hinschauen, dann sehen Sie eine Art kleiner Gelenke. Sie ist winterhart und ziemlich steif, sie wird an die sechzig Zentimeter lang und blüht netterweise im Spätsommer. Die Sorte, die in Gärtnereien normalerweise angeboten wird, heißt *Vivid,* aber ich finde ihre Rosatönung nicht besonders angenehm. Wer meine Abneigung gegen ein Gemisch aus Rosa und Magenta teilt, sollte zur weißen *Summer Snow* greifen.

Die seltsamste Pflanze von allen ist vielleicht der Eidechsenschwanz, *Sauromatum venosum* syn *S. guttatum.* Dieser Name setzt sich zusammen aus *saurus,* Eidechse, und aus *guttatum,* fleckig oder gesprenkelt. Seine Blüte, die von der Form her einer Gartenlilie ähnelt, ist auch wirklich gefleckt und gesprenkelt wie manche orientalischen Eidechsen, nur eben in anderen Farben. Der Eidechsenschwanz hüllt sich in ein dekadentes Gewand in Grün und Lila, mit lila Flecken auf dem bleichen Grün. Seine Färbung ist aber noch nicht das Seltsamste. Viel seltsamer ist die Art, in der er wächst. Sie legen die Wurzelknolle auf eine Untertasse, einfach so, plonk!, ohne Erde, ohne Wasser, und schon bald wird er keimen und nach wenigen Wochen mit dem Blühen anfangen.

Nach der Blüte setzen Sie die Wurzelknolle in eine ziemlich feuchte Gartenecke, wo sie während des Sommers ihre Blätter entwickelt. Im August oder September sollten Sie die Knolle aus der Erde nehmen, abtrocknen und wieder auf die Untertasse legen, wo sie dann ihr Kunststück noch einmal zeigt, Jahr für Jahr. Die erste Knolle ist nicht billig, aber Sie werden so viele Ableger bekommen, daß Sie sie ihren Nichten und Neffen zum Geburtstag schenken oder sogar Ihren eigenen Kindern auf die Fensterbank im Kinderzimmer stellen können.

Ein Brief aus Amerika erinnert mich daran, daß wir jetzt Samen bestellen sollten, wenn wir in diesem Sommer Zierkürbisse ziehen wollen. Zierkürbisse gibt es in allerlei Formen und Farben, von den großen orangefarbenen Kürbissen (*potirons*), die auf den Feldern Frankreichs einen so vertrauten Anblick bieten, bis zu den kleinen gestreiften weißgrünen, die nicht größer werden als ein Tennisball. Wir sollten sie behandeln wie den Eierkürbis; sie werden gepfluckt, wenn sie reif sind, und dann leicht lackiert, damit sie im Haus den Winter überleben.

In North Carolina gibt es offenbar eine Kürbisgesellschaft. Unsere amerikanischen Freunde machen eben keine halben Sachen; und obwohl ihr Hang zu trickreichen Erfindungen unsere Fähigkeiten manchmal übertrifft, möchte ich doch einige ihrer Vorschläge weiterreichen, vielleicht hat ja jemand Zeit und Lust, sie in die Tat umzusetzen. Der längliche Pfeifenkürbis zum Beispiel kann ausgehöhlt und als Schöpflöffel verwendet werden. Die runden, mittelgroßen Sorten können ebenfalls ausgehöhlt und zu Schüsseln gemacht werden. Das ist eine nette Beschäftigung für einen Kranken – möglicherweise auch das, was der amerikanische Katalog als »Spaß für Eingesperrte« bezeichnet.

Das feinste Beispiel für die in North Carolina auftretende Findigkeit liefert eine Frau, die sich an der Ausstellung der Kürbisgesellschaft beteiligte. Sie hatte aus einem riesigen Kürbis eine Kutsche für Aschenbrödel gemacht, die von acht mausgroßen Zierkürbissen gezogen wurde. Was für eine hübsche Idee für die Herbstausstellungen unserer Frauenorganisationen!

Eine sehr, sehr liebe Nachbarin brachte mir in dieser Woche ein »tussie-mussie«. Das Wörterbuch definiert »tussie-mussie« oder »tuzzie-muzzie« als Blumenstrauß oder Angebinde und fügt gemeinerweise hinzu, dieses Wort sei veraltet. Ich weigere mich, es als veraltet zu betrachten. Es ist ein bezauberndes Wort, ich habe es immer benutzt und werde es auch weiterhin benutzen, egal, was das große Oxford Dictionary zu sagen hat. Und ich werde jetzt das tussie-mussie meiner Nachbarin zum Beispiel dafür nehmen, was Phantasie, Geschmack und Wissen selbst im Februar aus einem Garten herausholen können.

Meine Nachbarin mußte mit allerlei Schwierigkeiten fertig werden. Sie ist nicht mehr jung, sie hat ihr siebtes Jahrzehnt schon erreicht. Sie hat keine Haushaltshilfe.

Ihr Garten ist windgebeutelt, der Boden ist starrer Weald of Kent-Lehm. (Nur wer je versucht hat, auf solchem Boden einen Garten anzulegen, weiß, was das bedeutet.) Ein Aushilfsgärtner von Zeit zu Zeit ist alles, worauf sie zurückgreifen kann. Sie macht fast die ganze Arbeit selbst. Aber sie hat es geschafft, einen Strauß zusammenzustellen, wie ich ihn jetzt beschreiben werde.

Der Strauß besteht aus mindestens fünf allesamt perfekt ausgesuchten, verschiedenen Blumen. Meine Nachbarin nimmt immer nur das Beste, und ich bin sicher, daß das eines der Geheimnisse der erfolgreichen Gärtnerin ist: Nehmen Sie das Beste von allen Sorten, die Sie pflanzen wollen. In ihrem Strauß fand ich deshalb rosa Veilchen von der Sorte, die *Coeur d'Alsace* genannt wird, die eine *Iris reticulata* war von der Sorte *Hercules*, die ein helleres Rot hat als das vertraute lila und gold. Die Traubenhyazinthen waren die kleinen blauen *azureum*, die früher blühen und hübscher sind als die spätere dunkelblaue Art. Der Krokus in ihrem Strauß war nicht von der üblichen gelben Sorte, sondern hatte außen braune Flecken; es könnte *C. susianus* oder *Moonlight* sein, ich habe vergessen, sie zu fragen. Die Anemone muß eine unternehmungslustige frühe *Anemone St. Bavo* sein, amethystfarbene Blütenblätter mit elektrisch blauer Mitte. Wie klug es doch ist, *Anemone St. Bavo* zu pflanzen und nicht die gröbere *Anemone St. Brigid*.

Die Moral dieses Artikels, falls ein Artikel überhaupt eine Moral haben darf, ist, daß wir viel erreichen, wenn wir es wirklich wollen. Ich bin in vielen Briefen gebeten worden: »Sagen Sie uns, was wir mit einem kleinen Garten machen können.« Das tussie-mussie meiner Nachbarin ist die Antwort. Sie pflanzt alle diese wunderschönen Blumen auf einer kleinen Grasfläche unter Apfelbäumen an und erzielt eine Art Juweleneffekt, ähnlich wie der Vordergrund auf Botticellis *Primavera*. Alle ihre Blumen sind klein und wunderschön und nicht schwieriger zu ziehen als ihre verbreiteteren Verwandten.

Eines Tages muß ich einen Artikel darüber schreiben, wie meine Nachbarin ihren Garten angelegt hat; und vielleicht auch darüber, was ihr in ihrem kleinen, unbeheizten Gewächshaus alles gelingt. Sie werden überrascht sein!

Der Mut mancher kleiner und scheinbar zarter Blumen überrascht mich immer wieder. Hier haben wir Menschen bei Frostwetter blaue Wangen und rote Nasen und sehen einfach entsetzlich aus, und da sind die kleinen Blumen, die tapfer und munter ganz unangefochten von Frost und Schnee in Blüte stehen. Der Winterling bohrt sich fröhlich durch den weißen Grund und hat überall auf seinem hellen, blanken Gesicht Schneeflecken kleben. Aber das tut seiner Januar-Februar-Schönheit keinen Abbruch, und seine selbstgesäten Sämlinge vermehren sich von Jahr zu Jahr.

Wir alle haben die Winteriris – und ich wünschte mir übrigens, ich fände einen Züchter, der ihre unterschiedlichen Sorten anbietet, da einige Wurzelknollen viel früher blühen als andere, sogar im November, während andere bis März warten. Außerdem gibt es auch bei den Farben große Unterschiede, sie reichen vom üblichen blassen Lavendelton bis zu einem wirklich schönen, reichen Lila. (Wenn wir William Robinson glauben wollen, dann handelt es sich bei dieser farbenprächtigen Variante um *speciosa.*) Ich nehme an, die Erklärung liegt in ihrer Herkunft, denn sie stammen durchaus nicht alle aus Algerien, es gibt sie auch in Griechenland, Kleinasien, Syrien und sogar ganz weit im Osten wie am Ufer des Schwarzen Meers. Ich möchte heute allerdings nicht über diese Iris schreiben, sondern über die viel weniger verbreitete *I. histrioides*, die meiner Ansicht nach *I. unguicularis* oder, wie die meisten sagen, *I. stylosa* vorzuziehen ist. *Histrioides* schenkt uns zwar keine verlängerte Blütezeit, sie blüht nur einmal, im Februar, und deshalb können wir uns nicht darauf freuen, viele Wochen lang davon pflücken zu können. Aber nachdem wir *stylosa* in dieser Hinsicht ihre Überlegenheit zugebilligt haben, können wir ansonsten nur noch Gutes über unsere strahlendblaue kleine Schauspielerin aus dem Norden Kleinasiens sagen. Sie blüht schon, noch ehe die Blätter sich entfaltet haben, und wenn sie es dann tun, sehen sie viel adretter aus als das, ehrlich gesagt, unansehnliche Chaos, das uns dazu veranlaßt, *stylosa* in eine versteckte Ecke zu verbannen.

Außerdem sind ihre Blütenblätter von strahlendem Kobaltblau, und sie sind ungeheuer wetterfest. Seit drei Wochen ist meine kleine Gruppe nun schon schutzlos Regen und Sturm und Kälte und Schnee ausgesetzt; jeden Tag rechne ich damit, sie verwüstet und zerfetzt vorzufinden, aber diese tapferen kleinen Geschöpfe – sie sind nur zwölf Zentimeter groß, auch wenn die Blüte vergleichsweise groß ist, größer noch als die ihrer Verwandten *I. reticulata* – lassen sich nicht umwerfen.

Wenn sie glücklich ist, an einer sonnigen Stelle mit etwas Kalk, dann sollte sie sich durch die Auswüchse an der elterlichen Zwiebel bald vermehren; und da *Iris histrioides* im Moment nicht sehr häufig angeboten wird, sollten Sie die Auswüchse aufbewahren und in Töpfen bis zur Blühreife weiterwachsen lassen, das dauert ein oder zwei Jahre. Diese Art der Gärtnerei braucht Zeit und Liebe, das weiß ich, aber wie groß sind dann doch Befriedigung und Belohnung!

Register der Pflanzen

Daniel Blajan

Sonnentau und Goldregen

Geheimnisse eines ländlichen Gartens.
192 Seiten. Geb. Aus dem Englischen von
Birgit Brandau und Hartmut Schickert.

Daniel Blajan war ein Stadtmensch mit
ausgeprägtem Faible für kühles Design, der
niemals Ungeziefer mit bloßen Händen angefaßt
hätte, ehe es ihn aufs Land verschlug. Wie er sich
langsam, aber sicher in einen überzeugten
Hobbygärtner und Liebhaber der ländlichen
Tier- und Pflanzenwelt verwandelte, schildert er
in diesen entzückend zu lesenden Bekenntnissen –
wunderbaren Anekdoten rund um Bienen und
Osterglocken, Nachtkerzen und Spitzmäuse,
denen der hinreißend trockene Humor des
Autors besonderen Charme verleiht. Mit Daniel
Blajan entdecken wir, daß der Garten Eden vor
der eigenen Haustür liegen und sich in lieben
kleinen Gefährten wie einem Igel offenbaren,
daß Gartenarbeit zur Weltanschauung und zur
Leidenschaft werden kann.
Ein kurzweiliges, verspielt ausgestattetes Buch
zur warmen Jahreszeit, wenn endlich die Natur
wieder aus ihrem Winterschlaf erwacht, das
nicht nur diejenigen, die ohnehin schon für das
Leben auf dem Land schwärmen, sondern auch
hartgesottene Skeptiker und Großstadtfreaks
begeistern wird.

KABEL